KB201361

박윤식 목사 유고집

하나님의 구속사적 경륜으로 본

여호와 삼마
에스겔 성전

Rev. Abraham Park's Posthumous Collection

Jehovah Shammah
Ezekiel's Temple

in Light of God's Administration in the History of Redemption

Huisun
Seoul, Korea

| 저자 서문
AUTHOR'S FOREWORD

박윤식 목사 |

　지금까지 구속사 시리즈를 출판하게 해주신 하나님의 크신 사랑과 은혜에 진심으로 감사를 드립니다. 사도 바울은 자신의 인생을 마무리하면서 "내가 선한 싸움을 싸우고 나의 달려갈 길을 마치고 믿음을 지켰으니 ⁸ 이제 후로는 나를 위하여 의의 면류관이 예비되었으므로 주 곧 의로우신 재판장이 그날에 내게 주실 것이니 내게만 아니라 주의 나타나심을 사모하는 모든 자에게니라"라고 고백하였습니다(딤후 4:7-8). 오직 예수님의 십자가의 피로 죄 사함을 받고(엡 1:7) 주의 종으로 부름 받아, 이제 내 자신의 삶이 얼마 남지 않은 가운데, '내가 과연 하나님께서 부르시는 그날에 사도 바울과 같은 고백을 할 수 있을까?'라고 몇 번이고 되새기고 되새기고 또 되새겨 봅니다.

　저는 목회 초기에 지리산에서 3년 6개월 7일 동안 기도하는 가운데 성경을 열심히 정독하며 연구하였습니다. 성경책 여러 권이 해져서 넘기는 면이 둘둘 말리고 닳아 없어질 정도로 읽었습니다. 덩 그런 동굴에 무슨 참고 서적이 있었겠습니까? 오직 성경을 읽고 난 하주(欄下柱)의 관련 구절들을 찾아보면서 성령님께서 강한 조명으로 깨우쳐 주시기만을 기도할 뿐이었습니다. 지리산에서 기도하면서 가장 마지막에 깨닫게 된 크고 놀라운 은혜는 에스겔 성전에 대한 것이었습니다. 에스겔 성전에 대하여 기록된 에스겔 40장부터 48장까지의 말씀을 처음 읽을 때는 성경을 아무리 읽어도 무슨 뜻인지 도대체 알 수 없었습니다. 그러나 성경을 수백 번 읽고 성령님의 도우심을 간구하며 간절히 기도하고 매달린 끝에 서서히 에스겔 성전에 대한 말씀이 조금씩 선명해지기 시작하였습니다.

저는 지리산에서의 기도 수련이 끝난 후에, 수많은 주의 종들과 후학들이 부족한 종처럼 세월을 허송하지 않도록 성령님께서 에스겔 성전을 바로 깨닫는 지름길로 안내하여 주시기를 간절히 열망하게 되었습니다. 그래서 에스겔 성전에 관한 책과 에스겔 성전의 재현도를 세상에 내어놓기 위해 준비하였습니다. 그러나 그것은 산모가 아이를 잉태하여 마침내 해산하기까지 짊어져야 하는 수고와 고통, 아니 그 이상의 고된 씨름이었습니다. 그러나 하나님께서 쏟아부어주시는 주체할 수 없는 은혜와 인도하심에 사로잡혀, 말씀을 묵상하고 그림을 그리다 보면 어느새 먼동이 터오는 날이 한두 번이 아니었습니다. 때로는 말씀과 그림들이 분명히 알아볼 수 있게 정리가 되지 않아, 쓰다가 버린 원고지들이 수북이 쌓이곤 했습니다. 끝없이 계속되는 강행군 속에 잠을 제대로 자지 못하고 육신이 너무도 아프고 힘들 때도 있었지만, 이제 이렇게 원고를 정리하고 보니 옥동자를 낳아 가슴에 안고 있는 기쁨과 감사뿐입니다. 요한복음 16:21의 "여자가 해산하게 되면 그때가 이르렀으므로 근심하나 아이를 낳으면 세상에 사람 난 기쁨을 인하여 그 고통을 다시 기억지 아니하느니라"라고 하신 말씀이 너무도 실감나게 다가옵니다.

에스겔 성전은 역사적으로는 건축되지 않았습니다. 이 성전은 새 예루살렘 성의 청사진과 같은 것으로, 하나님께서는 우리가 이 에스겔 성전을 통해서 자신의 부끄러움을 깨닫고 진심으로 회개하기를 강력하게 요구하고 계십니다. 에스겔 43:10-11에서 "인자야 너는 이 전을 이스라엘 족속에게 보여서 그들로 자기의 죄악을 부끄러워하고 그 형상을 측량하게 하라 ¹¹ 만일 그들이 자기의 행한 모든 일을 부끄러워하거든 너는 이 전의 제도와 식양과 그 출입하는 곳과 그 모든 형상을 보이며 또 그 모든 규례와 그 모든 법도와 그 모든 율례를 알게 하고 그 목전에 그것을 써서 그들로 그 모든 법도와 그 모든 규례를 지켜 행하게 하라"라고 말씀하고 있습니다. 저는 기도처에서 에스겔 성전에 대하여 깊이 묵상하는 가운데 저 자신에 대하여 부끄러움을 크게 느끼고 바위를 치면서 눈물로 회개하며 기도하는 가운데 온 몸이 몇 날 며칠 눈물과 땀으로 범벅이 되곤 하였습니다.

또 스룹바벨 성전은, 에스겔이 주전 573년에 성전의 계시를 받은 후에, 이스라엘 백성이 바벨론 포로에서 돌아와서 주전 516년에 건축을 완성한 성전입니다. 이 스룹바벨 성전은 주전 20년경 헤롯 대왕에 의해서 개축되어 헤롯 성전으로 불렸으며, 이 성전은 예수님께서 초림하셨을 때 존재했던 성전입니다(요 2:19-22). 학개 선지자는 "이 전의 나중 영광이 이전 영광보다 크리라 만군의 여호와의 말이니라 내가 이곳에 평강을 주리라 만군의 여호와의 말이니라"라고 말씀하면서(학 2:9), 분명 스룹바벨 성전에 하나님의 영광이신 예수님께서 임하실 것을 예언하였습니다(요 1:14). 실로 스룹바벨 성전과 관련된 구속사에는 놀라운 하나님의 구속 경륜이 담겨 있습니다.

  이렇게 성경에 감추어졌던 신비한 보화인 에스겔 성전과 스룹바
벨 성전에 대하여, 불초한 종이 책을 쓰게 된 것은 전적으로 하나님
의 돌보심과 은혜입니다. 이스라엘은 유럽과 아시아와 아프리카 대
륙이 만나는 세계의 중심(טַבּוּר, '타부르')으로, 사람의 몸에 비한다면
'배꼽'과도 같은 나라입니다(겔 38:12). 하나님께서는 이스라엘을 선
민으로 택하시고 구속사적 경륜을 전진시켜 오셨습니다(신 7:6-7).
이제 구속사를 관통하는 하나님의 구속 경륜을 조금이나마 깨닫고
보니, 에스겔 성전과 스룹바벨 성전을 통해 역사하신 하나님의 거
룩한 뜻을 믿음으로 받드는 백성이 곧 세계의 중심인 것을 확신하
게 됩니다. 바라옵기는 이번 「구속사 시리즈」 제11권을 통하여 예수
그리스도를 믿음의 구주로 고백하는 모든 성도들마다 세계의 중심
으로 하나님께 크게 쓰임받는 역사가 있기를 간절히 소망합니다.

  무엇보다도 이 책의 원고 정리를 위하여 수고하신 수많은 분들
에게 눈물겹게 감사할 뿐입니다. 자주 바뀌는 맞춤법에 익숙하지
못한 저의 글을 일일이 교정하고, 현대적인 감각으로 발간된 그 어
떤 책에도 뒤떨어지지 않도록 정성을 다해 다듬어 주느라고 뒤에서
수고하신 동역자들에게 진심으로 다시 한 번 감사의 말씀을 드립니
다. 참으로 이 충성스러운 주의 일꾼들의 수고를 하나님께서 기억
해 주실 줄 믿습니다(고전 4:1-2).

  확신하건대 주님의 초림이 성경대로 이루어졌듯이 주님의 재림

도 오직 성경대로 이루어질 것입니다. 전 세계에 세워진 주님의 몸 된 교회들마다 오직 성경만을 사랑하고 오직 성경대로 예수님을 믿고 살아가는 가운데, 위로부터 쏟아부어 주시는 "예수 그리스도의 나타나실 때에 너희에게 가져올 은혜"(벧전 1:13)를 받아, 장차 성경대로 오시는 예수 그리스도의 영광스러운 재림을 다 맞이하시기를 간절히 기도드립니다.

2012년 12월 25일*
천국 가는 나그네 길에서
예수 그리스도 안에 있는 작은 지체 **박 윤 식**

* 본 서는 이미 2012년 12월에 저자가 원고를 마무리해 놓고 미처 출간하지 못했던 것으로, 2014년 12월 17일 저자가 천국에 입성한 후에 남겨진 엄청난 분량의 유작(遺作)들 중의 하나입니다.

이해도움 1 · 수치로 본 에스겔 성전 간략도
이해도움 2 · 에스겔 성전의 '사비브 사비브'와 성전에서 흘러나오는 물

저자 서문 · 3

제 1 장   **에스겔서 이해** · 13
    Ⅰ. 에스겔 선지자
        1. 이름과 소명   2. 역사적 상황

    Ⅱ. 에스겔서 개관
        1. 에스겔서의 구성과 내용
        2. 에스겔서를 기록한 목적

    Ⅲ. 에스겔서의 연대 기록 방식
        1. 에스겔서의 연대 계산 방식
        2. 에스겔서의 주요 연대

제 2 장   **에스겔의 소명과 사명** · 39
    Ⅰ. 에스겔이 본 네 가지 환상
        1. 네 생물의 환상(겔 1:4-14)   2. 네 바퀴의 환상(겔 1:15-21)
        3. 궁창 형상의 환상과 궁창 위 보좌의 환상(겔 1:22-28)

    Ⅱ. 에스겔의 소명과 두루마리 책
        1. 에스겔의 소명(겔 2:1-7)
        2. 두루마리 책과 사명 부여(겔 2:8-3:15)
        3. 파수꾼 에스겔(겔 3:16-21)

제 3 장 **에스겔의 행동 예언** · 79

첫 번째 행동 예언: 벙어리가 된 에스겔
두 번째 행동 예언: 박석 위에 예루살렘을 그려라
세 번째 행동 예언: 390일 동안 좌편으로 누워라
네 번째 행동 예언: 40일 동안 우편으로 누워라
다섯 번째 행동 예언: 부정한 떡을 먹어라
여섯 번째 행동 예언: 머리털과 수염을 깎아라
일곱 번째 행동 예언: 손뼉을 치고 발을 굴러라
여덟 번째 행동 예언: 쇠사슬을 만들어라
아홉 번째 행동 예언: 성벽을 뚫고 행구를 옮겨라
열 번째 행동 예언: 떨면서 식물을 먹고
　　　　　　　　　놀라고 근심하면서 물을 마셔라
열한 번째 행동 예언: 슬피 탄식하라
열두 번째 행동 예언: 네 넓적다리를 쳐라
열세 번째 행동 예언: 칼을 세 번 휘둘러라
열네 번째 행동 예언: 길을 그려라
열다섯 번째 행동 예언: 한 가마를 걸어라
열여섯 번째 행동 예언: 슬퍼하지 말아라
열일곱 번째 행동 예언: 두 막대기가 하나 되게 하라

소결론: 행동 예언들의 구속 경륜

제 4 장 **에스겔 성전의 개요** · 179

I. 에스겔 성전의 척량
　1. 새 성전의 이상을 받은 시기와 장소
　2. 거룩한 것과 속된 것의 구분
　3. 에스겔 성전 척량에 사용된 단위

II. 에스겔 성전의 위치
   1. 에스겔 성전의 위치와 열두 지파의 분깃
   2. 에스겔 성전의 위치와 예물로 드리는 땅
   3. 예물로 드리는 땅에 담긴 구속 경륜

제 5 장 **에스겔 성전의 제사장** · 223

I. 에스겔 성전 제사장의 직무
   1. 성전과 제단을 수직하는 제사장   2. 말씀을 가르치는 제사장
   3. 거룩의 본이 되는 제사장   4. 직분의 이행과 제사장

II. 절기를 지키는 제사장
   1. 세 가지 절기   2. 안식일과 월삭   3. 기타 규례

소결론: 제사장의 기업은 하나님 자신

제 6 장 **에스겔 성전의 '사비브 사비브'** · 257

   1. 산꼭대기 지점의 '사비브 사비브'
   2. 외곽 담의 '사비브 사비브' (1)
   3. 외곽 담의 '사비브 사비브' (2)
   4. 성전 담의 '사비브 사비브'
   5. 바깥뜰의 '사비브 사비브'
   6. 박석 깔린 땅의 '사비브 사비브'
   7. 백성의 제물을 삶는 부엌의 '사비브 사비브'
   8. 현관(주랑현관)의 '사비브 사비브'
   9. 바깥뜰 동향한 문간 창의 '사비브 사비브'

10. 바깥뜰 남향한 문간 창의 '사비브 사비브'

11. 안뜰 남향한 문간 창의 '사비브 사비브'

12. 안뜰 동향한 문간 창의 '사비브 사비브'

13. 안뜰 북향한문간 창의 '사비브 사비브'

14. 바깥뜰 동향한 문간 벽의 '사비브 사비브'

15. 안뜰 북향한 문간 벽 갈고리의 '사비브 사비브'

16. 서편 뜰(서쪽 구역) 뒤의 건물 벽의 '사비브 사비브'

17. 널판의 '사비브 사비브'

18. 내전과 외전 사면 벽의 '사비브 사비브'(1)

19. 내전과 외전 사면 벽의 '사비브 사비브'(2)

20. 골방 위치의 '사비브 사비브'

21. 골방 벽의 '사비브 사비브'

22. 골방 높이의 '사비브 사비브'

23. 골방 지대의 '사비브 사비브'

24. 골방 삼면 구역의 '사비브 사비브'

25. 골방 빈 터의 '사비브 사비브'

소결론: '사비브 사비브'의 구속사적 교훈

제 7 장   에스겔 성전 방문 · 301

1. 성전의 사면 담(겔 40:5)

2. 바깥뜰 동향한 문간(겔 40:6-16)

3. 박석 깔린 땅과 30개의 방들(겔 40:17-19)

4. 바깥뜰 북향한 문간(겔 40:20-23)

5. 바깥뜰 남향한 문간(겔 40:24-27)

6. 안뜰 남향한 문간(겔 40:28-31)

7. 안뜰 동향한 문간(겔 40:32-34)

8. 안뜰 북향한 문간(겔 40:35-37)

9. 번제물을 씻는 방(겔 40:38-43)

10. 노래하는 자들의 방(겔 40:44-47)

11. 성전 문 현관(겔 40:48-49)

12. 성소와 지성소(겔 41:1-4)

13. 전 삼면의 골방들과 20척의 뜰(겔 41:5-11)

14. 서편 뜰(서쪽 구역) 뒤의 건물(겔 41:12-15上)

15. 그룹과 종려나무가 새겨진 성전 내부(겔 41:15下-20)

16. 나무 제단, 내전과 외전의 문, 나무 디딤판(겔 41:21-26)

17. 제사장들의 거룩한 방(겔 42:1-14)

18. 외곽 사면 담의 척량(겔 42:15-20)

19. 동향한 문과 안뜰과 번제단(겔 43:1-27)

20. 성소 동향한 바깥문과 성전 앞(겔 44:1-46:18)

21. 제사장들을 위한 부엌(겔 46:19-20)

22. 백성의 제물을 삶는 부엌(겔 46:21-24)

23. 성전 문(겔 47:1)

24. 동향한 바깥문(겔 47:2)

25. 성전 문지방 밑에서 나오는 물로 창일해진 강가(겔 47:3-12)

결 론 **에스겔 성전의 구속 경륜** · 421

1. 성전과 하나님의 영광

2. 에스겔 성전에 없는 기구들

3. 에스겔 성전 주요 규격의 구속 경륜

4. 에스겔 성전에서 흘러나오는 생명수의 역사

5. 영원히 지속되는 '여호와 삼마'의 복

편집자 주(註) · 450

찾아보기 · 452

이해도움 3 · 에스겔 성전 평면도

이해도움 4 · 에스겔 성전 전체도

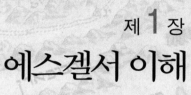

제 **1** 장

에스겔서 이해

Understanding the Book of Ezekiel

에스겔서 이해

UNDERSTANDING THE BOOK OF EZEKIEL

유대인은 구약성경을 '율법서', '예언서', '성문서'의 3부로 나눕니다.[1] 에스겔서는 그 중 제2부인 예언서에 속합니다. 예언서는 다시 전기 예언서와 후기 예언서로 나누어지는데, 에스겔서는 후기 예언서에 속합니다. 전기 예언서는 여호수아, 사사기, 사무엘서, 열왕기로 구성되어 있고, 후기 예언서는 이사야, 예레미야, 에스겔, 소선지서(호세아~말라기)로 구성되어 있으며, 에스겔서는 후기 예언서 가운데 세 번째에 해당됩니다.

에스겔서의 저자는 에스겔 선지자라는 것이 전통적인 견해입니다. 에스겔서 곳곳마다 "여호와의 말씀이 내(에스겔)게 임하여"라고 말씀하고 있습니다(겔 1:3, 3:16, 6:1, 7:1, 11:14, 12:1, 8, 17, 21, 26, 13:1, 14:2, 12, 15:1, 16:1, 17:1, 11, 18:1, 20:2, 45, 21:1, 8, 18, 22:1, 17, 23, 23:1, 24:1, 15, 20, 25:1, 26:1, 27:1, 28:1, 11, 20, 29:1, 17, 30:1, 20, 31:1, 32:1, 17, 33:1, 23, 34:1, 35:1, 36:16, 37:15, 38:1, 총 50회). 이것은 에스겔서의 저자가 에스겔 선지자임을 명백하게 알려 줍니다.

에스겔서는 에스겔 선지자가 바벨론에 포로로 끌려간 상태에서 민족의 해방과 회복을 바라보면서 기술한 하나님의 말씀입니다.

에스겔 선지자에게 보여 주신 에스겔 성전에 대한 환상(겔 40-48장)을 연구하기에 앞서, 에스겔서 전반을 이해하는 데 필요한 내용을 정리하고자 합니다.

I
에스겔 선지자
EZEKIEL THE PROPHET

1. 이름과 소명
Name and Divine Calling

'에스겔'은 히브리어로 '예헤즈켈'(יְחֶזְקֵאל)이며 '여호와께서 강하게 하신다'라는 뜻입니다. 이는 '강하게 하다'라는 뜻의 '하자크'(חָזַק)와 '하나님'을 뜻하는 '엘'(אֵל)의 합성입니다. 에스겔 1:3은 "갈대아 땅 그발강 가에서 여호와의 말씀이 부시의 아들 제사장 나 에스겔에게 특별히 임하고 여호와의 권능이 내 위에 있으니라"라고 말씀하고 있습니다. 여기 '제사장'이라는 단어의 히브리어 '하코헨'(הַכֹּהֵן)은 에스겔이 아니라 '부시'를 수식합니다. 따라서 '제사장 부시의 아들인 나 에스겔'이라는 뜻입니다. 제사장 부시의 아들인 에스겔은 원래 대를 이어 제사장의 직분을 담당할 사람이었지만, 하나님께서는 에스겔을 선지자로 부르셨습니다.

에스겔이 선지자로 부름 받았을 때 하늘이 열렸습니다. 에스겔 1:1에서 "제삼십년 사월 오일에 내가 그발강 가 사로잡힌 자 중에 있더니 하늘이 열리며 하나님의 이상을 내게 보이시니"라고 말씀하고 있습니다. '하늘이 열리다'라는 표현은 에스겔 선지자의 사명의 특수성을 보여 줍니다. 구약성경에서 선지자의 사명과 관련하여 '하늘이 열리다'라는 표현은 유일하게 에스겔의 소명 사건에만 나타나고 있습니다. 당시 이스라엘은 바벨론 포로 생활 가운데 동서 남북 사방이 다 막혀 있는 암울한 상황이지만, 하나님께서 하늘을 열어 이스라엘에게 새로운 구원의 역사를 시작하신 것입니다. 하나님께서는 에스겔 선지자를 통하여 이스라엘 백성에게 강한 용기와 소망과 회복에 대한 확신을 심어 주셨습니다.

예수님께서 세례를 받으시고 기도하실 때 하늘이 열렸습니다. 누가복음 3:21에서 "백성이 다 세례를 받을쌔 예수도 세례를 받으시고 기도하실 때에 하늘이 열리며"라고 말씀하고 있습니다(막 1:10).

스데반 집사는 돌에 맞아 순교하기 전에 하늘이 열리는 것을 보았습니다. 사도행전 7:56에서 "보라 하늘이 열리고 인자가 하나님 우편에 서신 것을 보노라"라고 말씀하고 있습니다.

사도 요한은 밧모섬에 유배당하여 갇혀 있을 때 하늘이 열리는 것을 보았습니다. 하늘의 열린 문에 올라 이후에 마땅히 될 일에 대한 계시를 받았습니다(계 4:1). 그리고 요한계시록 19:11에서 "또 내가 하늘이 열린 것을 보니 보라 백마와 탄 자가 있으니 그 이름은 충신과 진실이라 그가 공의로 심판하며 싸우더라"라고 말씀하고 있습니다. 스데반 집사와 사도 요한은 하늘이 열린 다음에 예수님을 보았습니다.

베드로가 욥바에서 기도하려고 지붕에 올라갔을 때 비몽사몽간에 하늘이 열리며 부정한 짐승들이 가득 담긴 그릇 하나가 내려오는 것을 보았는데 하나님은 그것을 '잡아 먹으라'고 명령하셨습니다. 이방인에게도 복음을 전할 것을 말씀하신 것입니다(행 10:9-23).

에스겔 선지자에게도 하늘이 열리고, 세 가지의 역사가 일어났습니다. 성경은 이때의 상황을 세 가지로 말씀하고 있습니다.

(1) 하나님께서 이상을 보여 주셨습니다.

에스겔 1:1 하반절에서 "하나님의 이상을 내게 보이시니"라고 말씀하고 있습니다. 여기 '이상'은 히브리어 '마르아'(מַרְאָה)로, '환상, 비전'을 뜻합니다. '마르아'에는 '거울'이라는 뜻도 있는데(출 38:8), 유리가 없던 시대의 거울은 늘 깨끗하게 닦고 집중해서 보아야만 뚜렷한 형상을 볼 수 있었습니다. 하나님께서는 하늘을 여시고 에스겔에게 하나님의 이상을 보여 주시되, 집중해서 보게끔 하신 것입니다. 그 이상은 일차적으로 에스겔 1:4-28의 내용이며, 나아가 에스겔서 전체의 내용이라고 할 수 있습니다.

에스겔이 이 이상을 본 때는 '사로잡힌 지 오년'으로(겔 1:2), 주전 593년경입니다. 이때는 주전 605년(여호야김 왕 때)에 제1차로 바벨론에 끌려온 지 햇수로 13년 되던 때이며, 주전 597년(여호야긴 왕 때)에 제2차로 바벨론에 끌려온 사람들에게는 햇수로 5년이 되던 때입니다.

바벨론에 포로로 끌려온 이스라엘 백성은, 바벨론의 그발강 주변에 거주하면서 대운하 공사에 동원되어 노예처럼 일을 해야 했습니다. 이들은 고역 속에서 하나님께 버림받은 것과 같은 절망에 빠져 있었습니다. 그런데 사로잡힌 지 이십오 년에 하나님께서 에스겔을 통해서 새 성전의 이상을 보여 주심으로(겔 40:1), 하나님께서 결코 그들을 완전히 버리지 않으셨으며(참고-시 27:10, 사 49:15) 반드시 이스라엘이 회복될 날이 있음을 확실하게 보여 주셨습니다.

(2) 하나님의 말씀이 특별히 임하였습니다.

에스겔 1:3에서 "여호와의 말씀이 부시의 아들 제사장 나 에스겔에게 특별히 임하고"라고 말씀하고 있습니다.

여기 '특별히 임하고'는 히브리어로 '하요 하야'(הָיֹה הָיָה)인데 '… 이다, 있다'라는 뜻의 '하야'(הָיָה)의 부정사형과 동사형이 연결되어 동사의 뜻을 한층 강조하는 용법입니다. 에스겔 선지자에게 확실하고 명백하게 하나님의 말씀이 임하였다는 것입니다. 영어 성경 KJV이나 NASB에서는 '하요 하야'를 'expressly'(확실히, 명백히)라고 번역하고 있습니다.

하나님께서는 에스겔 선지자를 주권적으로 택하셔서 그에게 확실하고 강력하게 하나님의 말씀이 임하게 하셨습니다.

하나님께서 에스겔 선지자에게 확실한 말씀을 주신 것은 그로 하여금 받은 말씀을 반드시 전하라는 강력한 권고였습니다. 에스겔 2:7에서 "그들은 심히 패역한 자라 듣든지 아니 듣든지 너는 내 말로 고할찌어다"라고 말씀하고 있으며, 에스겔 3:1에서 "인자야 너는 받는 것을 먹으라 너는 이 두루마리를 먹고 가서 이스라엘 족속에게 고하라"라고 말씀하고 있습니다.

(3) 여호와의 권능이 임하였습니다.

에스겔 1:3 하반절에서 "여호와의 권능이 내 위에 있으니라"라고 말씀하고 있습니다. 여기 '권능'으로 번역된 단어는 히브리어 '야드'(יָד)로, '손'이라는 뜻입니다. 손은 사람의 의지를 실현시키기 위해 움직이며 힘과 능력을 발휘하므로, 권세와 능력을 상징하기도 합니다(신 8:17, 렘 32:36). 하나님의 손 역시 하나님의 권능을 나타냅니다(민 33:3, 신 3:24). 하나님의 강하신 손에는 권세와 능력이 있습니다(대상 29:12, 대하 20:6, 시 89:13, 21). 출애굽기 13:3에서 "여호와께서 그 손의 권능으로"라고 말씀하고 있으며, 출애굽기 13:14, 16에서도 "여호와께서 그 손의 권능으로"라고 말씀하고 있습니다.

에스겔서에는 하나님의 권능의 손이 임했다는 표현이 일곱 번이나 기록되어 있습니다(겔 1:3, 3:14, 22, 8:1, 33:22, 37:1, 40:1). 하나님께서 에스겔 선지자에게 '권능의 손'으로 임하신 것은, 지금은 이스라엘 백성이 바벨론에 포로로 끌려와 있지만, 장차 반드시 해방될 것을 보여 주신 것입니다. 이스라엘 백성이 대적 바로의 손에서 해방되어, 애굽에서 탈출하게 된 것도 하나님의 권능의 손이 역사하셨기 때문입니다. 출애굽기 13:16에서 "여호와께서 그 손의 권능으로 우리를 애굽에서 인도하여 내셨음이니라"라고 말씀하고 있으며(출 13:3, 14, 15:6), 출애굽기 32:11에서도 "그 큰 권능과 강한 손으로 애굽 땅에서 인도하여 내신 주의 백성"이라고 말씀하고 있습니다(신 6:21, 7:8, 느 1:10).

이스라엘을 애굽의 노예 생활에서 해방시키신 것도, 바벨론의 포로 생활에서 해방시키신 것도 모두가 하나님의 권능의 손의 역사인 것입니다.

2. 역사적 상황
Historical Background

(1) 이상을 받은 시기

이스라엘 백성은 바벨론에 세 차례에 걸쳐서 끌려갔습니다. 티쉬리 기준 방식(1년의 시작을 7월 1일부터 계산하는 방식)으로 볼 때, 제1차로 주전 605년(여호야김 왕 때)에 끌려갔고, 제2차로 주전 597년

(여호야긴 왕 때)에 끌려갔으며, 제3차로 주전 586년(시드기야 왕 때)에 끌려갔습니다.

에스겔 선지자는 주전 597년에 백성과 함께 바벨론에 제2차로 끌려왔습니다. 에스겔 1:1에서 "내가 그발강 가 사로잡힌 자 중에 있더니"라고 말씀하고 있습니다. 에스겔 선지자가 처음 이상을 받은 때는 그의 나이 30세로, 사로잡힌 지 5년 4월 5일이었습니다.

에스겔 1:1 "제삼십년 사월 오일에 내가 그발강 가 사로잡힌 자 중에 있더니 하늘이 열리며 하나님의 이상을 내게 보이시니"

여기 '30년'은 에스겔의 나이를 가리킵니다. 제사장이 성전에서 직무를 수행할 수 있는 나이는 30세부터인데(민 4:3), 하나님께서는 에스겔이 30세가 되는 바로 그때 선지자로 부르셨습니다.

이때는 제2차로 바벨론에 끌려갔던 주전 597년으로부터 5년째 되는 주전 593년(티쉬리 기준) 4월(담무스월) 5일이었습니다. 에스겔 1:2에서 "여호야긴 왕의 사로잡힌 지 오년 그달 오일이라"라고 말씀하고 있습니다. 그리고 에스겔 선지자가 마지막으로 이상을 받은 때는 사로잡힌 지 27년째 되는 주전 571년(티쉬리 기준)으로, 그의 나이 52세였습니다. 에스겔 29:17에서 "제이십칠년 정월 초일일에 여호와의 말씀이 내게 임하여 가라사대"라고 말씀하고 있습니다. 그러므로 에스겔 선지자는 주전 593년부터 주전 571년까지 햇수로 23년 동안 선지자로 사역하면서 하나님의 이상을 받아 전하였던 것입니다.

(2) 이상을 받은 장소

에스겔 선지자가 이상을 받은 장소는 그발강 가 델아빕입니다. 에스겔 1:3에서 "갈대아 땅 그발강 가에서 여호와의 말씀이 부시의 아들 제사장 나 에스겔에게 특별히 임하고 여호와의 권능이 내 위에 있으니라"라고 말씀하고 있습니다.

그발강은 유프라테스(유브라데)강과 연결된 약 150km의 작은 강으로, 바벨론 위쪽에서 시작되어 당시 이스라엘 백성이 거주하던 장소를 지나가고 있었습니다. 에스겔 3:15을 볼 때, "이에 내가 델아빕에 이르러 그 사로잡힌 백성 곧 그발강 가에 거하는 자들에게 나아가 그중에서 민답(悶沓, '번민할 민, 겹칠 답': 안타깝고 답답하다)히 칠 일을 지내니라"라고 말씀하고 있습니다. 여기 '민답히'는 히브리어 '샤멤'(שָׁמֵם)으로, '황폐하다, 오싹하게 하다, 넋을 잃게 하다'라는 뜻입니다. 표준새번역에서는 '얼이 빠진 사람처럼', 우리말성경에서는 '놀란 상태로'로 번역하였습니다. 하나님께서 그발강 가 델아빕에서 이상을 보여 주셨을 때, 에스겔 선지자는 그 이상으로 인하여 공포와 전율 속에 칠 일 동안이나 얼이 빠진 사람처럼 앉아 있었던 것입니다.

그런데 하나님께서 에스겔 선지자에게 이상으로 보여 주신 에스겔 성전이 있는 곳은 이스라엘 땅이었습니다. 에스겔 40:1-2에서 "우리가 사로잡힌 지 이십오년이요 성이 함락된 후 십사년 정월 십일 곧 그날에 여호와의 권능이 내게 임하여 나를 데리고 이스라엘 땅으로 가시되 ² 하나님의 이상 중에 나를 데리고 그 땅에 이르러 나를 극히 높은 산 위에 내려놓으시는데 거기서 남으로 향하여 성읍 형상 같은 것이 있더라"라고 말씀하고 있습니다. 하나님께서 에스겔 선지자를 이상 중에 그발강 가의 델아빕에서 멀리 이스라엘 땅까지 데리고 가신 것은, 지금은 이스라엘 백성이 바벨론에 포로로 끌려와 있지만, 반드시 이스라엘 땅으로 돌아갈 날이 도래할 것임을 명백하게 보여 주신 것입니다.

II
에스겔서 개관
OVERVIEW OF THE BOOK OF EZEKIEL

1. 에스겔서의 구성과 내용
Structure and Content of the Book of Ezekiel

에스겔서는 1장부터 48장까지 총 1,273구절로 이루어져 있습니다.

(1) 구성

에스겔 1-3장은 에스겔 선지자의 소명과 사명에 대하여, 4-24장은 남 유다의 범죄와 그에 대한 하나님의 심판을, 25-32장은 열방을 향한 하나님의 심판을 말씀하고 있습니다. 그리고 33-39장은 이스라엘의 회복에 대하여, 40-48장은 새 성전의 완성과 메시아 왕국에 대하여 말씀하고 있습니다. 이것을 다시 크게 세 부분으로 나누면 다음과 같습니다.

1부(겔 1-24장)		2부(25-32장)	3부(33-48장)	
남 유다의 멸망		열방을 향한 하나님의 심판	이스라엘의 회복과 새 성전	
1-3장	4-24장	25-32장	33-39장	40-48장
소명과 사명	남 유다의 범죄와 그에 대한 하나님의 심판	암몬, 모압과 세일, 에돔과 블레셋, 두로, 시돈, 애굽의 심판	이스라엘의 여덟 가지 회복	새 성전

(2) 각 부의 내용
① 1부

에스겔서의 제1부(1-24장)는 남 유다의 멸망에 대한 예언입니다. 주전 597년 제2차 바벨론 포로 이후 주전 586년에 남 유다가 완전히 멸망하기 전까지, 거짓 선지자들은 여전히 예루살렘이 멸망하지 않을 것이라고 하면서 백성을 현혹하였습니다(겔 13:10, 16). 그러나 에스겔 선지자는 반드시 예루살렘이 멸망할 것이라고 확실하게 예언의 말씀을 선포하였습니다. 이는 이스라엘 백성에게 마지막으로 철저한 회개를 촉구한 것입니다.

에스겔 22:15-16을 볼 때 "내가 너를 열국 중에 흩으며 각 나라에 헤치고 너의 더러운 것을 네 가운데서 멸하리라 ^{16} 네가 자기 까닭으로 열국의 목전에서 수치를 당하리니 나를 여호와인 줄 알리라 하셨다 하라"라고 말씀하였으며, 에스겔 24:21을 볼 때 "너는 이스라엘 족속에게 이르기를 주 여호와의 말씀에 내 성소는 너희 세력의 영광이요 너희 눈의 기쁨이요 너희 마음에 아낌이 되거니와 내가 더럽힐 것이며 너희의 버려둔 자녀를 칼에 엎드러지게 할찌라"라고 말씀하고 있습니다.

② 2부

에스겔서의 제2부(25-32장)는 열방을 향한 하나님의 심판에 대한 예언입니다. 하나님께서 열방을 심판하시는 이유는 무엇입니까?

첫째, 남 유다가 멸망당할 때 열방이 조롱하였기 때문입니다.

에스겔 25:6-7에서 암몬의 심판을 말씀하시면서 "나 주 여호와가 말하노라 네가 이스라엘 땅을 대하여 손뼉을 치며 발을 구르며 마음을 다하여 멸시하며 즐거워하였나니 7 그런즉 내가 손을 네 위에 펴서 너를 다른 민족에게 붙여 노략을 당하게 하며 너를 만민 중에 끊어 버리며 너를 열국 중에서 패망케 하여 멸하리니 네가 나를 여호와인 줄 알리라 하셨다 하라"라고 말씀하고 있습니다(겔 25:2-3).

둘째, **열방이 스스로 높아져서 교만했기 때문입니다.**

에스겔 28:2에서 "인자야 너는 두로 왕에게 이르기를 주 여호와의 말씀에 네 마음이 교만하여 말하기를 나는 신이라 내가 하나님의 자리 곧 바다 중심에 앉았다 하도다 네 마음이 하나님의 마음 같은 체할찌라도 너는 사람이요 신이 아니어늘"이라고 말씀하고 있습니다(겔 28:5). 17절에서도 "네가 아름다우므로 마음이 교만하였으며 네가 영화로우므로 네 지혜를 더럽혔음이여 내가 너를 땅에 던져 열왕 앞에 두어 그들의 구경거리가 되게 하였도다"라고 말씀하고 있습니다(겔 29:3, 9, 30:6).

③ 3부

에스겔서의 제3부(33-48장)는 이스라엘의 회복과 새 성전에 대한 말씀입니다. 여기서 여덟 가지의 회복을 말씀하고 있는데, 이것을 표로 정리하면 다음과 같습니다.

회복의 내용	에스겔서	핵심 구절
목자의 회복	34장	"내가 한 목자를 그들의 위에 세워 먹이게 하리니 그는 내 종 다윗이라 그가 그들을 먹이고 그들의 목자가 될찌라"(겔 34:23)
땅의 회복	35:1-36:15	"내가 또 사람을 너희 위에 많게 하리니 이들은 이스라엘 온 족속이라 그들로 성읍들에 거하게 하며 빈 땅에 건축하게 하리라"(겔 36:10)

회복의 내용	에스겔서	핵심 구절
영의 회복	36:16-38	"또 내 신을 너희 속에 두어 너희로 내 율례를 행하게 하리니 너희가 내 규례를 지켜 행할찌라"(겔 36:27)
백성의 회복	37:1-14	"이에 내가 그 명대로 대언하였더니 생기가 그들에게 들어가매 그들이 곧 살아 일어나서 서는 데 극히 큰 군대더라"(겔 37:10)
언약의 회복	37:15-28	"내가 그들과 화평의 언약을 세워서 영원한 언약이 되게 하고 또 그들을 견고하고 번성케 하며 내 성소를 그 가운데 세워서 영원히 이르게 하리니"(겔 37:26)
주권의 회복	38-39장	"이와 같이 내가 여러 나라의 눈에 내 존대함과 내 거룩함을 나타내어 나를 알게 하리니 그들이 나를 여호와인 줄 알리라"(겔 38:23)
성전의 회복	40-46장	"성신이 나를 들어 데리고 안뜰에 들어가시기로 내가 보니 여호와의 영광이 전에 가득하더라"(겔 43:5)
임재의 회복	47-48장	"그 사면의 도합이 일만 팔천 척이라 그날 후로는 그 성읍의 이름을 여호와 삼마라 하리라"(겔 48:35)

2. 에스겔서를 기록한 목적
Purpose of Writing the Book of Ezekiel

에스겔 선지자는 여호야긴 왕의 사로잡힌 지 5년(주전 593년) 4월 5일에 하나님의 이상을 받았으며(겔 1:1-2), 이때로부터 마지막으로 여호와의 말씀이 에스겔 선지자에게 임했던 제27년(주전 571년, 겔 29:17)까지 햇수로 22년 동안 선지자로 활동하였습니다. 그렇다면 에스겔서를 기록한 목적은 무엇입니까?

(1) 에스겔서는 예루살렘의 확실한 멸망을 예언하여
마지막으로 회개를 촉구하기 위하여 기록되었습니다.

　　에스겔 선지자가 바벨론에 포로로 끌려간 때는 주전 597년으로, 예루살렘이 완전히 멸망한 주전 586년보다 햇수로 약 12년 전이었습니다. 이 기간에 에스겔은 선지자로 부름 받은 후 남 유다를 향한 하나님의 심판을 예언하면서 이스라엘 백성의 마지막 회개를 촉구하였습니다.

　　먼저 에스겔 선지자는 멸망의 내용을 선포하였습니다.

첫째, 이스라엘의 멸망은 전무후무한 멸망이었습니다.

　　에스겔 5:9-10에서 "네 모든 가증한 일로 인하여 내가 전무후무하게 네게 내릴찌라 ¹⁰ 그리한즉 너의 중에서 아비가 아들을 먹고 아들이 그 아비를 먹으리라 내가 벌을 네게 내리고 너의 중에 남은 자를 다 사방에 흩으리라"라고 말씀하고 있습니다.

둘째, 열국 중에 흩어지는 멸망이었습니다.

　　에스겔 22:15-16에서 "내가 너를 열국 중에 흩으며 각 나라에 헤치고 너의 더러운 것을 네 가운데서 멸하리라 ¹⁶ 네가 자기 까닭으로 열국의 목전에서 수치를 당하리니 나를 여호와인 줄 알리라 하셨다 하라"라고 말씀하고 있습니다(겔 12:14-15, 20:23, 36:19).

셋째, 비참한 멸망이었습니다.

　　심지어 왕의 두 눈이 뽑혀서 끌려갈 정도로 비참한 멸망입니다. 에스겔 선지자는 시드기야 왕에 대해서 "내가 또 내 그물을 그의 위에 치고 내 올무에 걸리게 하여 그를 끌고 갈대아 땅 바벨론에 이르리니 그가 거기서 죽으려니와 그 땅을 보지 못하리라"라고 예언하였습니다(겔 12:13). 이 예언은 남 유다가 주전 586년에 완전히 멸망하기 약 6년 전에 선포된 말씀입니다(참고-겔 8:1, '제육년(주전 592년)').
　그런데 이 예언대로 남 유다의 마지막 왕인 시드기야 왕이 바벨론에 포로로 끌려갈 때 두 눈이 뽑혀서 바벨론 땅을 볼 수 없었습니다. 열왕기하 25:7에서 "시드기야의 아들들을 저의 목전에서 죽이고 시드기야의 두 눈을 빼고 사슬로 결박하여 바벨론으로 끌어갔더라"라고 말씀하고 있습니다(렘 52:11).

　다음으로 에스겔 선지자는 멸망의 원인을 선포하였습니다. 그것은 이스라엘이 온갖 가증한 일을 행하여 하나님께서 성소를 떠나시게 했기 때문입니다. 에스겔 8:6에서 "그가 또 내게 이르시되 인자야 이스라엘 족속의 행하는 일을 보느냐 그들이 여기서 크게 가증한 일을 행하여 나로 내 성소를 멀리 떠나게 하느니라 너는 다시 다른 큰 가증한 일을 보리라 하시더라"라고 말씀하고 있습니다. 이스라엘과 유다 족속의 죄악이 심히 중하여 그 땅에 피가 가득하며 그 성읍에 불법이 찼기에 하나님께서 그 땅을 떠나신 것입니다(겔 9:9). 이스라엘의 죄는 크게 우상숭배와 음행과 교만이었습니다.

　첫째, **우상숭배**에 대하여 에스겔 6:9에서 "그들이 음란한 마음으로 나를 떠나고 음란한 눈으로 우상을 섬겨 나로 근심케 한 것을 기억하고 스스로 한탄하리니 이는 그 모든 가증한 일로 악을 행하였음이라"라고 하였고(겔 6:2-14), 에스겔 7:20에서 "가증한 우상과 미운 물건을 지었은즉 내가 그것으로 그들에게 오예물(汚穢物: 지저분하고 더러운 물건, 오물)이 되게 하여"라고 말씀하고 있습니다(겔 8:3-

17, 14:3-4, 16:17-21, 36, 23:49). 에스겔 8:5을 볼 때, 이스라엘은 심지
어 성전의 제단 문 어귀 북편에 "투기의 우상"(공동번역: 질투의 우상)
을 세웠습니다. 하나님은 이스라엘이 우상숭배한 것을 가리켜 "나
를 배반"하였다고 말씀하셨습니다(겔 14:5).

둘째, **음행**에 대하여 에스겔 16:15에서 "그러나 네가 네 화려함을
믿고 네 명성을 인하여 행음하되 무릇 지나가는 자면 더불어 음란을
많이 행하므로 네 몸이 그들의 것이 되도다"라고 말씀하고 있습니
다(겔 16:16-43). 에스겔 23:35에서는 "그러므로 나 주 여호와가 말하
노라 네가 나를 잊었고 또 나를 네 등 뒤에 버렸은즉 너는 네 음란과
네 음행의 죄를 담당할찌니라"라고 말씀하고 있습니다(겔 23:2-49).

셋째, **교만**에 대하여 에스겔 7:10에서 "볼찌어다 그날이로다 볼찌
어다 임박하도다 정한 재앙이 이르렀으니 몽둥이가 꽃피며 교만이
싹 났도다"라고 말씀하고 있습니다. 에스겔 7:24에서는 "내가 극히
악한 이방인으로 이르러 그 집들을 점령하게 하고 악한 자의 교만
을 그치게 하리니 그 성소가 더럽힘을 당하리라"라고 말씀하고 있습
니다.

하나님께서는 이스라엘이 죄악으로 완전히 멸망할 것을 선포하
시며, 마지막으로 회개할 것을 촉구하셨습니다. 하나님께서는 악인
의 죽음을 기뻐하시는 분이 아니라, 악인이 죄악된 길을 떠나고 생
명 얻는 것을 기뻐하십니다(겔 18:23, 33:11).

에스겔 18:30-32 "나 주 여호와가 말하노라 이스라엘 족속아 내가 너
희 각 사람의 행한 대로 국문할찌라 너희는 돌이켜 회개하고 모든 죄
에서 떠날찌어다 그리한즉 죄악이 너희를 패망케 아니하리라 [31] 너희
는 범한 모든 죄악을 버리고 마음과 영을 새롭게 할찌어다 이스라엘

족속아 너희가 어찌하여 죽고자 하느냐 ³² 나 주 여호와가 말하노라 죽는 자의 죽는 것은 내가 기뻐하지 아니하노니 너희는 스스로 돌이키고 살찌니라"

(2) 에스겔서는 바벨론에 포로로 끌려간 이스라엘 백성에게 반드시 다시 예루살렘으로 돌아올 날이 있다는 회복의 메시지를 전하기 위하여 기록되었습니다.

에스겔 32-48장은 예루살렘이 바벨론에게 멸망을 당한 후에 기록된 말씀입니다. 에스겔 32:1에서 "제십이년 십이월 초일일에 여호와의 말씀이 내게 임하여 가라사대"라고 말씀하고 있는데(겔 33:21), 이때는 제2차 바벨론 포로 때로부터 12년이 되는 해로(주전 585년 12월 1일, 니산 기준 방식), 주전 586년(티쉬리 기준 방식, 본 서 34페이지 참조)에 예루살렘이 완전히 멸망한 후입니다. 이 말씀은 주로 회복에 초점을 맞추고 있습니다.

특히 에스겔 37장은 회복의 내용을 상세히 설명하고 있습니다. 하나님께서는 골짜기의 마른 뼈들이 기적적으로 살아나는 것을 보여 주셨는데, 이 뼈들은 이스라엘 족속을 가리킵니다. 에스겔 37:11에서 "또 내게 이르시되 인자야 이 뼈들은 이스라엘 온 족속이라 그들이 이르기를 우리의 뼈들이 말랐고 우리의 소망이 없어졌으니 우리는 다 멸절되었다 하느니라"라고 말씀하고 있습니다.

하나님께서는 이스라엘이 지금까지는 아무런 소망이 없었지만, 이제 무덤 같은 바벨론에서 반드시 해방될 것을 보여 주셨습니다.

에스겔 37:12-13 "그러므로 너는 대언하여 그들에게 이르기를 주 여호와의 말씀에 내 백성들아 내가 너희 무덤을 열고 너희로 거기서 나오게 하고 이스라엘 땅으로 들어가게 하리라 ¹³ 내 백성들아 내가 너희 무덤을 열고 너희로 거기서 나오게 한즉 너희가 나를 여호와인 줄 알리라"

이렇게 무덤 같은 바벨론에서 해방이 되면 반드시 고토(故土, 고향 땅)로 돌아가게 됩니다. 에스겔 37:14에서 "내가 또 너희를 너희 고토에 거하게 하리니"라고 하였고, 21절에서도 "그 고토로 돌아가게 하고"라고 말씀하고 있습니다.

(3) 에스겔서는 영원한 새 성전을 바라보게 하기 위하여 기록되었습니다.

에스겔 40-48장은 에스겔에게 보여 주신 새 성전에 관하여 기록하고 있는데, 이 환상은 하나님께서 영원히 함께하시는 성전에 대한 계시입니다. 하나님께서는 에스겔 성전을 통하여 앞으로 우리가 반드시 들어가야 할 천국을 미리 보여 주셨습니다.

① '여호와 삼마'의 장소입니다.

에스겔 48:35에서 "그 사면의 도합이 일만 팔천 척이라 그날 후로는 그 성읍의 이름을 여호와 삼마라 하리라"라고 말씀하고 있습니다. '여호와 삼마'는 히브리어로 '예호바 샴마'(יְהוָה שָׁמָּה)로, '여호와께서 거기 계시다'라는 뜻입니다. 에스겔 48:31-34에서는 성읍의 동서남북 문들에 각각 세 지파씩, 열두 지파의 이름이 있다고 말씀하고 있는데, 이것은 새 예루살렘 성의 모습과 같습니다. 새 예루살렘 성에도 열두 문이 있고 그 위에 이스라엘 열두 지파의 이름들이 쓰여 있습니다(계 21:12-13). 새 예루살렘 성이 영원한 성이듯이, 에스겔 성전과 성읍도 영원한 곳임을 미리 보여 주신 것입니다.

요한계시록 21:22 "성 안에 성전을 내가 보지 못하였으니 이는 주 하나님 곧 전능하신 이와 및 어린양이 그 성전이심이라"

전능하신 하나님과 어린양은 영원한 분이십니다. 그분들 자신이 성전이십니다. 그러므로 에스겔 성전은 영원한 성전이 되시는 예수님을 예표하고 있습니다(요 2:21).

② 화평의 언약이 성취되는 곳입니다.

하나님께서는 이스라엘 백성과 화평의 언약을 세우시고 그 백성 가운데 성소를 두시겠다고 약속하셨습니다. 에스겔 37:26-27에서 "내가 그들과 화평의 언약을 세워서 영원한 언약이 되게 하고 또 그들을 견고하고 번성케 하며 내 성소를 그 가운데 세워서 영원히 이르게 하리니 ²⁷ 내 처소가 그들의 가운데 있을 것이며 나는 그들의 하나님이 되고 그들은 내 백성이 되리라"라고 말씀하고 있습니다. 그 성소는 일시적인 임재의 장소가 아니라, 하나님께서 이스라엘 가운데 영원히 함께하시는 성소입니다(겔 37:28).

III
에스겔서의 연대 기록 방식
CHRONOLOGY OF THE BOOK OF EZEKIEL

이스라엘 백성이 출애굽 할 때 하나님께서는 새로운 달력을 주셨습니다. 출애굽기 12:2을 볼 때 "이달로 너희에게 달의 시작 곧 해의 첫 달이 되게 하고"라고 말씀하셨습니다. 이때부터 사용된 달력은 달의 움직임을 중심으로 한 태음력입니다(^{참고}시 104:19). 1년이 대략 354일이었으며, 유대인들은 태양력과의 차이를 맞추기 위하여 19년에 일곱 번 정도 제2아달월이라는 열세 번째 달을 추가하여 사용하였습니다.[2]

이 달력을 사용할 때, 한 해를 어느 달로 시작하느냐에 따라 두 가지 방식이 있었습니다. '니산 기준 방식'은 니산월(제1월, 태양력으로 3-4월에 해당) 1일부터 한 해가 시작되어서 제12월 말까지를 1년으로 계산하는 방식입니다. '티쉬리 기준 방식'은 티쉬리월(제7월, 태양력으로 9-10월에 해당) 1일부터 한 해가 시작되어서 돌아오는 제6월 말까지를 1년으로 계산하는 방식입니다. 일상생활에서는 이른 비가 내려 농사가 시작되는 티쉬리월(제7월)을 시작으로 하는 티쉬리 기준 방식으로 한 해를 계산했지만, 종교 생활에서는 유월절이 있는 니산월(제1월)을 기준으로 한 해를 계산하였습니다. 국정 운영은 백성의 농업 활동과 밀접한 연관이 있기에, 왕의 통치연도를 티쉬리 기준 방식으로 연대를 계산하였습니다. 이스라엘이 남북으로 분열된 이후, 다윗 왕가가 계속해서 통치했던 남 유다는 티쉬리 기준 방식을 그대로 사용하였지만, 북 이스라엘은 남 유다와의 왕권 분리를 위해서 왕의 통치연도를 니산 기준 방식으로 변경하였습니다.

1. 에스겔서의 연대 계산 방식 : '니산 기준 방식'
Reckoning Method of Years in the Book of Ezekiel: Nisan-Years

에스겔 33:21에서 "우리가 사로잡힌 지 십이년 시월 오일에 예루살렘에서부터 도망하여 온 자가 내게 나아와 말하기를 그 성이 함락되었다 하였는데"라고 말씀하고 있습니다. 주전 586년(티쉬리 기준 방식)에 예루살렘 성이 함락된 후, 한 사람이 도망쳐서 멀리 바벨론에 있는 에스겔 선지자에게 와서 그 소식을 전한 것입니다.

예루살렘 성이 함락된 것은 주전 586년 4월 9일입니다. 열왕기하 25:3-4에서 "그 사월 구일에 성중에 기근이 심하여 그 땅 백성의 양식이 진하였고 ⁴ 갈대아 사람이 그 성읍을 에워쌌으므로 성벽에 구멍을 뚫은지라 모든 군사가 밤중에 두 성벽 사이 왕의 동산 곁문 길로 도망하여 아라바 길로 가더니"라고 말씀하고 있습니다. 이날은 서양력으로 주전 586년 7월 18일에 해당합니다.

그렇다면 '티쉬리 기준 방식'으로 계산할 때, 예루살렘 성이 함락된 것은 사로잡힌 지 몇 년일까요?

	7월 (티쉬리)	7월 (티쉬리)	7월 (티쉬리)	7월 (티쉬리)	7월 (티쉬리)	7월 (티쉬리)	7월 (티쉬리)	7월 (티쉬리)
주전	597	596	595	…	588	587	586	
포로로 끌려온 지	제1년	제2년	제3년	…	제10년	제11년	제12년	

에스겔
사로잡혀 옴

4월 9일
예루살렘 함락

　예루살렘 성이 함락된 것은 주전 586년 4월 9일로, 에스겔 선지자가 포로로 끌려온 지 제12년 되는 해입니다. 그런데 에스겔 선지자가 예루살렘으로부터 도망쳐 온 사람에게서 예루살렘 성이 함락되었다는 보고를 들은 것은 그해의 10월 5일이었습니다(겔 33:21). '티쉬리 기준 방식'으로 볼 때, 이 10월 5일은 주전 585년이 되고, 에스겔 선지자가 보고를 받은 것은 사로잡힌 지 제13년이 되는 것입니다. 이 경우에 에스겔 33:21의 "우리가 사로잡힌 지 십이년"이라는 기록과 맞지 않게 됩니다. 그러므로 우리는 에스겔서에서 연도를 계산할 때 티쉬리 기준 방식이 아니라, 니산 기준 방식을 사용하고 있다는 것을 알 수 있습니다. 참고로 에스겔 선지자가 예루살렘 함락 소식을 들은 주전 585년 10월 5일은 서양력 기준으로 주전 585년 1월 8일에 해당합니다.

　'티쉬리 기준 방식'과 '니산 기준 방식'을 도표로 비교하여 계산해 보면, '우리가 사로잡힌 지 십이년'이라는 표현이 '니산 기준 방식'으로 연도를 표기한 사실이 더욱 분명해집니다. 에스겔 선지자가 바벨론에 포로로 끌려온 때는, 당시 남 유다가 사용했던 티쉬리 기준 연대로[3] 주전 597년 1월 10일이며(대하 36:10, 겔 40:1), 서양력으로는 주전 597년 4월 22일에 해당합니다.

| 1 | 7 | 1 | 7 | 1 | 7 | 1 | 7 | 1 | 7 | 1 | 7 | 1 | 7 | 1 | 7 | 1 | 7 |

티쉬리 기준 597 596 595 594 593 … 587 586 585

니산 기준 597 596 595 594 593 … 587 586 585

사로잡힌 지 제1년 제2년 제3년 제4년 … 제10년 제11년 제12년

에스겔 사로잡혀 옴   **예루살렘 함락**   **보고**
(니산월 10일)   (제12년 4월 9일)   (제12년 10월 5일)

    같은 날을 '니산 기준 방식'으로 보면, 바벨론에 포로로 끌려온 때가 주전 596년 1월 10일이었으며, 예루살렘 성이 함락된 것은 주전 585년 4월 9일인데, 성이 함락되었다는 보고를 받은 것은 같은 해 10월 5일이었던 것입니다. 이처럼 에스겔서는 '니산 기준 방식'을 사용하였기 때문에, 예루살렘 성이 함락되었다는 보고를 받은 때를 '사로잡힌 지 12년'이라고 말씀하고 있는 것입니다.

    그러나 본 「구속사 시리즈」에서는 세 번에 걸쳐서 바벨론 포로로 끌려간 연대를 모두 '티쉬리 기준 방식'으로 계산하여, 주전 605년(제1차), 주전 597년(제2차), 주전 586년(제3차)으로 표기하였습니다. 그래서 에스겔서가 연대를 표기할 때 '니산 기준 방식'을 사용하고 있지만, 본 서에서는 그 연대를 '티쉬리 기준 방식'으로 환산하여 표기함으로써, 본 시리즈 전체의 일관성을 유지하고 독자들의 정확한 이해를 돕도록 하였습니다. 에스겔 33:21의 "우리가 사로잡힌 지 십이년 시월 오일"은 '니산 기준 방식'이나 '티쉬리 기준 방식'이나 주전 585년에 해당됩니다. '니산 기준 방식'(1월부터 한 해를 계수)과 '티쉬리 기준 방식'(7월부터 한 해를 계수)의 7월부터 12월 사이에 일어난 사건은 두 방식에서 모두 같은 연도로 표기가 되고, 1월부터 6월 사이에 일어난 사건은 1년씩 차이가 나는 것입니다.

2. 에스겔서의 주요 연대
Chronology of the Book of Ezekiel

에스겔 선지자는 햇수로 22년 동안(주전 593-571년) 활동을 하였는데, 에스겔서에 열세 번에 걸쳐서 '사로잡힌 지 ~년'이라는 기록이 발견됩니다. 이것을 표로 정리하면 다음과 같습니다. 여기에 기록한 연대 역시 앞에서 밝힌 것처럼, '니산 기준 방식'을 '티쉬리 기준 방식'으로 환산하여 표기하였습니다.

사로잡힌 지	니산 기준 연대	티쉬리 기준 연대	성경 본문	서양력
5년 4월 5일	주전 592년	주전 593년	"제삼십년 사월 오일에 내가 그발강 가 사로잡힌 자 중에 있더니 하늘이 열리며 하나님의 이상을 내게 보이시니 ² 여호야긴 왕의 사로잡힌 지 오년 그달 오일이라"(겔 1:1-2)	주전 593년 7월 1일
6년 6월 5일	주전 591년	주전 592년	"제육년 유월 오일에 나는 집에 앉았고 유다 장로들은 내 앞에 앉았는데 주 여호와의 권능이 거기서 내게 임하기로"(겔 8:1)	주전 592년 8월 19일
7년 5월 10일	주전 590년	주전 591년	"제칠년 오월 십일에 이스라엘 장로 두어 사람이 여호와께 물으려고 와서 내 앞에 앉으니"(겔 20:1)	주전 591년 8월 12일
9년 10월 10일	주전 588년	주전 588년	"제구년 시월 십일에 여호와의 말씀이 내게 임하여 가라사대"(겔 24:1)	주전 588년 1월 16일
11년 ?월 1일	주전 586년	주전 587년 또는 586년	"제십일년 어느 달 초일일에 여호와의 말씀이 내게 임하여 가라사대"(겔 26:1)	주전 587년 또는 586년

사로잡힌 지	니산 기준 연대	티쉬리 기준 연대	성경 본문	서양력
10년 10월 12일	주전 587년	주전 587년	"제십년 시월 십이일에 여호와의 말씀이 내게 임하여 가라사대"(겔 29:1)	주전 587년 1월 7일
27년 1월 1일	주전 570년	주전 571년	"제이십칠년 정월 초일일에 여호와의 말씀이 내게 임하여 가라사대"(겔 29:17)	주전 571년 3월 27일
11년 1월 7일	주전 586년	주전 587년	"제십일년 정월 칠일에 여호와의 말씀이 내게 임하여 가라사대"(겔 30:20)	주전 587년 3월 31일
11년 3월 1일	주전 586년	주전 587년	"제십일년 삼월 초일일에 여호와의 말씀이 내게 임하여 가라사대"(겔 31:1)	주전 587년 5월 23일
12년 12월 1일	주전 585년	주전 585년	"제십이년 십이월 초일일에 여호와의 말씀이 내게 임하여 가라사대"(겔 32:1)	주전 585년 3월 3일
12년 어느 달 (12월?)* 15일	주전 585년	주전 585년(?)	"제십이년 어느 달 십오일에 여호와의 말씀이 내게 임하여 가라사대"(겔 32:17)	주전 585년 3월 17일**
12년 10월 5일	주전 585년	주전 585년	"우리가 사로잡힌 지 십이년 시월 오일에 예루살렘에서부터 도망하여 온 자가 내게 나아와 말하기를 그 성이 함락되었다 하였는데"(겔 33:21)	주전 585년 1월 8일
25년 1월 10일	주전 572년	주전 573년	"우리가 사로잡힌 지 이십오년이요 성이 함락된 후 십사년 정월 십일 곧 그날에 여호와의 권능이 내게 임하여 나를 데리고 이스라엘 땅으로 가시되"(겔 40:1)	주전 573년 3월 28일

* 여기 "어느 달"은 히브리어 '라호데쉬'(חֹדֶשׁ לַ)로, 여기에 정관사 '하'(הַ)가 들어 있는 것을 볼 때, 에스겔 32:1의 12월을 가리킵니다.

** '사로잡힌 지 12년 12월 15일'은 서양력 주전 585년 3월 17일에 해당합니다.

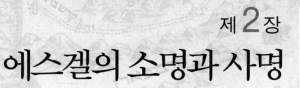

제 **2**장
에스겔의 소명과 사명
Ezekiel's Calling and Commission

에스겔의 소명과 사명

EZEKIEL'S CALLING AND COMMISSION

에스겔 선지자는 30세에 소명을 받았습니다. 에스겔 1:1에서 "제삼십년 사월 오일에 내가 그발강 가 사로잡힌 자 중에 있더니 하늘이 열리며 하나님의 이상을 내게 보이시니"라고 말씀하고 있습니다. 이때는 주전 593년(티쉬리 기준 방식)으로, 에스겔이 30세 때였습니다. 에스겔은 주전 623년경에 태어났으며, 그때 남 유다는 요시야 왕(주전 640-609[b])이 통치하고 있었습니다.

에스겔 1-3장은 에스겔 선지자의 소명과 사명에 대하여 기록하고 있습니다. 에스겔 1장에서는 하나님께서 에스겔 선지자에게 보이신 이상, 곧 네 생물의 환상(4-14절), 네 바퀴의 환상(15-21절), 궁창 형상의 환상(22-25절), 궁창 위 보좌의 환상(26-28절)을 기록하고 있습니다. 에스겔 2-3장에서는 하나님께서 에스겔을 선지자로 부르셔서 두루마리를 먹으라고 명령하시고, 말씀을 선포하는 파수꾼의 사명을 주신 것을 기록하고 있습니다.

이번 장에서는 에스겔 1-3장의 내용을 중심으로 하나님께서 에스겔을 선지자로 부르신 소명(召命)과 그에게 주신 사명에 대하여 살펴보도록 하겠습니다.

I
에스겔이 본 네 가지 환상
THE FOUR VISIONS OF EZEKIEL

하나님께서는 에스겔이 선지자로 소명을 받기 전에 네 가지 환상을 보여 주셨습니다.

네 생물의 환상	네 바퀴의 환상	궁창 형상의 환상	궁창 위 보좌의 환상
겔 1:4-14	겔 1:15-21	겔 1:22-25	겔 1:26-28

1. 네 생물의 환상(겔 1:4-14)
Vision of the Four Living Creatures (Ezek 1:4-14)

하나님께서 에스겔 선지자에게 가장 먼저 네 생물의 환상을 보여 주셨는데, 그 특징들은 다음과 같습니다.

(1) 네 생물은 네 가지 얼굴을 가지고 있습니다.

네 생물의 얼굴은 사람의 얼굴, 사자의 얼굴, 소의 얼굴, 독수리의 얼굴입니다. 에스겔 1:10에서 "그 얼굴들의 모양은 넷의 앞은 사람의 얼굴이요 넷의 우편은 사자의 얼굴이요 넷의 좌편은 소의 얼굴이요 넷의 뒤는 독수리의 얼굴이니"라고 말씀하고 있습니다.

네 생물의 네 가지 얼굴의 모습은 네 생물이 가진 사명을 나타냅니다. 에스겔 선지자가 소명을 받기 전에 하나님께서 네 생물의 모습을 먼저 보여 주신 것은 에스겔 선지자가 네 생물과 같은 사명을 감당해야 함을 나타냅니다.

① 사람의 얼굴은 지혜를 나타냅니다.

사람은 본래 하나님의 형상대로 지음 받은 존재이므로(창 1:27) 사람 속에는 하나님의 지혜가 깃들어 있습니다. 지혜는 생명과 직결됩니다. 잠언 3:18에서 "지혜는 그 얻은 자에게 생명나무라 지혜를 가진 자는 복되도다"라고 말씀하고 있으며, 잠언 13:14에서 "지혜 있는 자의 교훈은 생명의 샘이라 사람으로 사망의 그물을 벗어나게 하느니라"라고 말씀하고 있습니다(잠 16:14).

지혜의 근본은 여호와를 경외하는 것입니다. 잠언 9:10에서 "여호와를 경외하는 것이 지혜의 근본이요 거룩하신 자를 아는 것이 명철이니라"라고 말씀하고 있습니다. 그러므로 사람은 하나님의 말씀을 따라갈 때 지혜를 얻을 수 있습니다(잠 22:17, 23:19, 고전 12:8). 골로새서 3:16에서 "그리스도의 말씀이 너희 속에 풍성히 거하여 모든 지혜로 피차 가르치며"라고 말씀하고 있습니다.

② 사자의 얼굴은 용기를 나타냅니다.

사자는 모든 짐승 가운데 가장 강합니다. 그래서 예레미야 선지자는 바벨론을 동원하여 이스라엘을 심판하신다는 메시지를 '사자가 올라온다'(렘 4:7, 5:6, 49:19, 50:44)라고 선포하였습니다. 잠언 30:30에서 "곧 짐승 중에 가장 강하여 아무 짐승 앞에서도 물러가지 아니하는 사자와"라고 말씀하고 있습니다. 잠언 28:1에서 "악인은 쫓아오는 자가 없어도 도망하나 의인은 사자같이 담대하니라"
라고 말씀하고 있습니다.

용기가 있는 자는 사자처럼 담대하게 심판을 선포합니다. 하나님
께서는 에스겔 선지자에게도 사자와 같은 용기를 가지고 예루살렘
의 멸망을 선포하라고 말씀하신 것입니다(사 21:8).

③ 소의 얼굴은 충성과 헌신을 나타냅니다.

소는 주인을 위해서 충성스럽게 일합니다. 소는 수레나 쟁기나
타작용 써레*를 끌면서 열심히 일을 합니다(참고-민 7:3, 삼상 6:10-12).
소는 죽은 다음에도 모든 부위가 제물을 비롯한 여러 가지 모양으
로 바쳐집니다(레 3:1-5). 하나님께서는 소처럼 충성스럽게 일하고
하나님의 제물이 되는 일꾼을 반드시 돌보아 주시고 그에게 모든
것을 공급해 주십니다. 디모데전서 5:18에서 "성경에 일렀으되 곡
식을 밟아 떠는 소의 입에 망을 씌우지 말라 하였고 또 일군이 그
삯을 받는 것이 마땅하다 하였느니라"라고 말씀하고 있습니다(신
25:4, 고전 9:9).

그러나 가축에 불과한 소도 제 주인을 알아보고 충성스럽게 일을
하는데, 이스라엘 백성은 하나님을 알아보지 못하였습니다(사 1:3).
하나님께서는 에스겔 선지자에게도 소와 같이 충성스럽게 생명 바
쳐, 범죄한 백성의 죄를 깨우치라고 말씀하신 것입니다.

---

* 써레 : 갈아 놓은 논바닥의 흙덩이를 부수거나 바닥을 평평하게 고르는 데 쓰이는 연장

④ 독수리의 얼굴은 신속성과 믿음을 나타냅니다.

독수리는 새 중의 왕으로 매우 날쌔고 재빠릅니다. 욥기 9:26에서 "그 지나가는 것이 빠른 배 같고 움킬 것에 날아 내리는 독수리와도 같구나"라고 말씀하고 있습니다(합 1:8). 세상에서도 재빠르게 행동하거나 일을 처리할 때 흔히 '날개가 달렸다'라고 비유합니다.

또한 독수리가 창공을 향해 비상하는 모습은 성도가 하나님만을 앙망하는 절대 신앙을 나타냅니다. 이사야 40:31에서 "오직 여호와를 앙망하는 자는 새 힘을 얻으리니 독수리의 날개 치며 올라감 같을 것이요 달음박질하여도 곤비치 아니하겠고 걸어가도 피곤치 아니하리로다"라고 말씀하고 있습니다.

하나님께서는 에스겔 선지자를 부르시고, 그에게 네 생물과 같은 사명을 감당해야 할 것을 보여 주셨습니다.

에스겔 1:10과 요한계시록 4:7의 '네 생물'을 에스겔 10:14에서는 '그룹들'이라고 표현하고 있습니다. 15절에서 "그룹들이 올라가니 그들은 내가 그발강 가에서 보던 생물이라"라고 말씀하였고, 20절에서 "그것은 내가 그발강 가에서 본 바 이스라엘 하나님의 아래 있던 생물이라 그들이 그룹들인 줄을 내가 아니라"라고 말씀하고 있습니다. 따라서 에스겔 1장의 네 생물과 에스겔 10장의 그룹들은 같은 존재입니다. 네 생물과 그룹들에 대한 묘사는 다음과 같습니다.

에스겔 1:10 "그 얼굴들의 모양은 넷의 앞은 사람의 얼굴이요 넷의 우편은 사자의 얼굴이요 넷의 좌편은 소의 얼굴이요 넷의 뒤는 독수리의 얼굴이니"

에스겔 10:14 "그룹들은 각기 네 면이 있는데 첫 면은 그룹의 얼굴이요 둘째 면은 사람의 얼굴이요 세째는 사자의 얼굴이요 네째는 독수리의 얼굴이더라"

요한계시록 4:7 "그 첫째 생물은 사자 같고 그 둘째 생물은 송아지 같고 그 세째 생물은 얼굴이 사람 같고 그 네째 생물은 날아가는 독수리 같은데"

에스겔 1:10	사람	사자	소	독수리
요한계시록 4:7	사람	사자	송아지	독수리
에스겔 10:14	사람	사자	그룹	독수리

※ 에스겔 1:10의 순서에 따라서 정리

에스겔 10:14에서 "첫 면은 그룹의 얼굴"이라고 했는데, 에스겔 1:10과 요한계시록 4:7에서는 '소'(송아지)로 기록되어 있습니다. 세 구절을 비교해 볼 때, 그룹을 대표하는 얼굴이 소(송아지)의 얼굴임을 알 수 있습니다. 네 생물의 발바닥도 송아지 발바닥 같습니다. 에스겔 1:7에서 "그 다리는 곧고 그 발바닥은 송아지 발바닥 같고 마광한 구리같이 빛나며"라고 말씀하고 있습니다. 이것은 네 생물, 곧 그룹의 사명 가운데 무엇보다 소와 같은 충성이 중요함을 나타냅니다(시 101:6, 잠 25:13). 주님께서 재림하실 때 주님을 맞이하여 복을 받을 자는, 충성되고 지혜로운 종이 되어 때를 따라 양식을 나누어 주는 자입니다(마 24:44-46).

(2) 네 생물은 보좌 가운데와 보좌 주위에 있습니다.

요한계시록 4:6에서 "보좌 앞에 수정과 같은 유리 바다가 있고 보좌 가운데와 보좌 주위에 네 생물이 있는데 앞뒤에 눈이 가득하더라"라고 말씀하고 있습니다. 이것은 네 생물이 보좌 가운데와 보좌 주위를 왔다 갔다 하면서 사명을 감당하는 모습을 나타낸 것입니다.

예수님은 본래 보좌 가운데 계시는 분인데, 인간의 죄를 속하시기 위해 성육신하시어 십자가에서 죽으시고 부활하시고 승천하셔서 보좌 우편에 앉으셨습니다. 빌립보서 2:6-8에서 "그는 근본 하나님의 본체시나 하나님과 동등됨을 취할 것으로 여기지 아니하시고 ⁷오히려 자기를 비어 종의 형체를 가져 사람들과 같이 되었고 ⁸사람의 모양으로 나타나셨으매 자기를 낮추시고 죽기까지 복종하셨으니 곧 십자가에 죽으심이라"라고 말씀하고 있습니다. 히브리서 12:2 하반절에서 "십자가를 참으사 부끄러움을 개의치 아니하시더니 하나님 보좌 우편에 앉으셨느니라"라고 말씀하고 있습니다(마 26:64, 막 16:19, 행 2:25, 35, 7:55-56, 롬 8:34, 골 3:1, 히 1:3, 13, 8:1, 10:12, 벧전 3:22).

> **히브리서 10:12-14** "오직 그리스도는 죄를 위하여 한 영원한 제사를 드리시고 하나님 우편에 앉으사 ¹³그 후에 자기 원수들로 자기 발등상이 되게 하실 때까지 기다리시나니 ¹⁴저가 한 제물로 거룩하게 된 자들을 영원히 온전케 하셨느니라"

그러나 이제 모든 구속사가 완성되는 때에, 예수님께서는 다시 보좌 가운데 좌정하시게 됩니다. 요한계시록 7:17에서 "보좌 가운데 계신 어린양"이라고 말씀하고 있으며, 요한계시록 22:3에서도 "하나님과 그 어린양의 보좌가 그 가운데 있으리니"라고 말씀하고 있습니다.

네 생물의 사역하는 모습은 예수님의 사역과 유사성이 있습니다. 네 생물이 보좌 가운데와 보좌 주위를 왔다 갔다 하는 모습은 하나님과 인간들 사이에서 구속 사역을 돕는 사명을 나타냅니다. 그러나 네 생물은 보좌 가운데 앉는 존재가 아니라 보좌 가운데 앉아 계시는 하나님의 심부름을 하는 존재로, 성경에서는 이러한 그룹에 대하여 여호와께서 "그룹을 타고 날으심이여"(삼하 22:11, 시 18:10), "타시는 처소된 그룹들"(대상 28:18)이라고 표현하고 있습니다(^{참고}삼상 4:4, 삼하 6:2, 시 80:1, 사 37:16).

네 생물과 예수님의 모습을 사복음서를 중심으로 비교하면 다음과 같습니다.

	마태복음	마가복음	누가복음	요한복음
예수님	왕이신 예수님	종이신 예수님	인자이신 예수님	하나님의 아들 예수님
네 생물	사자의 모습	소의 모습	사람의 모습	독수리의 모습
	짐승의 왕	종 같은 충성	만물의 영장	높이 올라감

마태복음은 왕이신 예수님을 증거하고 있습니다. 빌라도 총독이 예수님께 "네가 유대인의 왕이냐?"라고 물었을 때 예수님께서는 "네 말이 옳도다"라고 대답하셨습니다(마 27:11). 사자가 짐승의 왕이듯이 예수님께서는 만왕의 왕이십니다(계 17:14, 19:16).

마가복음은 종이신 예수님을 증거하고 있습니다. 마가복음 10:44-45을 볼 때 예수님께서는 "너희 중에 누구든지 으뜸이 되고자 하는 자는 모든 사람의 종이 되어야 하리라 ⁴⁵인자의 온 것은 섬김을 받으려 함이 아니라 도리어 섬기려 하고 자기 목숨을 많은 사람의 대속물로 주려 함이니라"라고 말씀하셨습니다. 소는 종처럼 주인을 위해서 모든 것을 바칩니다. 예수님께서도 여호와의 종이 되어(히 3:2), 희생 제물로서 자신의 모든 것을 바쳐 구속을 완성하셨습니다(사 42:1-4, 고전 5:7).

누가복음은 인자이신 예수님을 증거하고 있습니다. 이것은 예수님의 완전한 인성을 강조하는 것입니다. 누가복음 19:10을 볼 때 예수님께서는 "인자의 온 것은 잃어버린 자를 찾아 구원하려 함이니라"라고 말씀하셨습니다. 네 생물이 가진 사람의 모습은 하나님의 형상을 회복한 피조물의 모습을 나타냅니다. 그러나 예수님께서는 완전한 인성뿐 아니라 완전한 신성을 가지신 분으로서 타락한 인생들의 유일한 구원자가 되십니다.

요한복음은 하나님의 아들이신 예수님을 증거하고 있습니다. 예수님은 하나님의 독생자이십니다(요 3:16, 18). 요한복음 1:18에서 "본래 하나님을 본 사람이 없으되 아버지 품속에 있는 독생하신 하나님이 나타내셨느니라"라고 말씀하고 있습니다. 독수리가 높이 올라가듯이, 하나님의 아들이신 예수님께서는 십자가에서 죽으시고 부활하시어 하늘에 오르사 보좌 우편에 앉으셨습니다. 베드로전서 3:22에서 "저는 하늘에 오르사 하나님 우편에 계시니 천사들과 권세들과 능력들이 저에게 순복하느니라"라고 말씀하고 있습니다.

근본 하나님의 본체이신 예수님께서 본래의 보좌를 버리시고 낮아지신 것처럼, 하나님의 사명자는 네 생물과 같이 참사람으로 회복되어 예수님을 닮아 항상 자기보다 남을 낮게 여기면서 자신을 낮추는 삶을 살아야 합니다.

빌립보서 2:3 "아무 일에든지 다툼이나 허영으로 하지 말고 오직 겸손한 마음으로 각각 자기보다 남을 낮게 여기고"

야고보서 4:10 "주 앞에서 낮추라 그리하면 주께서 너희를 높이시리라"

(3) 네 생물은 각각 네 날개가 있습니다.

에스겔 1:6에서 "각각 네 얼굴과 네 날개가 있고"라고 말씀하고 있습니다. 그러나 이사야 선지자가 본 스랍이나 사도 요한이 본 네 생물은 날개가 여섯 개입니다. 이사야 6:2에서 "스랍들은 모셔 섰는데 각기 여섯 날개가 있어 그 둘로는 그 얼굴을 가리었고 그 둘로는 그 발을 가리었고 그 둘로는 날며"라고 말씀하고 있으며, 요한계시록 4:8에서도 "네 생물이 각각 여섯 날개가 있고"라고 말씀하고 있습니다.

에스겔 선지자가 본 네 생물이 스랍이나 요한계시록의 네 생물보다 날개가 두 개씩 부족한 것은 얼굴을 가릴 필요가 없기 때문입니다. 네 생물의 머리 위에 궁창의 형상이 펴져서 얼굴을 가리는 두 날개의 역할을 대신하였기 때문입니다. 에스겔 1:22에서 "그 생물의 머리 위에는 수정 같은 궁창의 형상이 펴 있어 보기에 심히 두려우며"라고 말씀하고 있습니다.

① 날개 밑에 사람의 손이 있습니다.

에스겔 1:8에서 "그 사면 날개 밑에는 각각 사람의 손이 있더라"라고 말씀하고 있습니다. 에스겔 10:8에서도 "그룹들의 날개 밑에 사람의 손 같은 것이 나타났더라"라고 했으며, 21절에서도 "각기 네 얼굴과 네 날개가 있으며 날개 밑에는 사람의 손 형상이 있으니"라고 말씀하고 있습니다.

손은 일하는 기관입니다. 네 생물은 날개를 통해서 하늘로 올라가며(겔 10:19), 날개를 드리울 때 서게 되며(겔 1:24), 날개로 몸을 가리기도 합니다(겔 1:11). 그러나 날개 밑에 사람의 손이 있다는 것은 날개가 그 외에도 많은 일들을 하고 있음을 나타냅니다. 예수님께서도 쉬지 않고 일을 하시면서 "내 아버지께서 이제까지 일하시니 나도 일한다"라고 말씀하셨습니다(요 5:17).

② 날개가 서로 연(連)하였습니다.

에스겔 1:9에서 "날개는 다 서로 연하였으며"라고 하였고, 11절에서 "그 얼굴은 이러하며 그 날개는 들어 펴서 각기 둘씩 서로 연하였고"라고 말씀하고 있습니다. 여기 '연하였다'는 히브리어 '하바르'(חָבַר)로, '결합하다, 동맹하다, 단결하다'라는 뜻입니다. 생물들의 날개가 서로 연하였다는 것은 하나님의 일을 할 때 서로 협력해서 수행하는 것을 의미합니다. 로마서 8:28에서는 "우리가 알거니와 하나님을 사랑하는 자 곧 그 뜻대로 부르심을 입은 자들에게는 모든 것이 합력하여 선을 이루느니라"라고 말씀하고 있습니다. 여기서 '합력하여'는 헬라어 '쉬네르게오'(συνεργέω)로, '동역자가 되다, 협력하다, 함께 일하다'라는 뜻입니다.

또한 에스겔 1:23에서는 "그 궁창 밑에 생물들의 날개가 서로 향하여 펴 있는데 이 생물은 두 날개로 몸을 가리웠고 저 생물도 두 날개로 몸을 가리웠으며"라고 말씀하고 있습니다. 여기 '펴 있는데'는 '평탄하다, 곧다, 똑바르다'라는 뜻의 히브리어 '야샤르'(יָשַׁר)로, 날개가 곧게 위로 향해 있는 모습을 의미합니다. 날개를 편 것은 네 생물이 하나님을 경외하는 자세를 보여 줍니다.

③ 날개 둘이 몸을 가렸습니다.

에스겔 1:11과 23절에서 날개 둘이 몸을 가린 것은 네 생물이 하나님 앞에 자기 영광을 드러낼 수 없는 피조물임을 나타낸 것으로, 자신들의 영광은 가리고 겸손히 하나님의 영광만을 드러내야 함을 나타냅니다(^{참고}창 2:25, 3:7, 겔 43:10, 계 4:9-11). 성도 역시 자신의 영광은 가리고 오직 하나님의 영광만을 드러내야 합니다(고전 10:31). 하나님께서 사람을 창조하신 목적은 오직 하나님께 영광을 돌리게 하기 위함입니다.

> **이사야 43:7** "무릇 내 이름으로 일컫는 자 곧 내가 내 영광을 위하여 창조한 자를 오게 하라 그들을 내가 지었고 만들었느니라"

④ 네 생물의 날개 소리는 하나님의 말씀하시는 음성 같았습니다.

날개가 움직일 때 소리가 났습니다. 생물들이 행할 때 나는 날개 소리는 그들이 움직이며 일을 하고 있음을 나타냅니다. 날개 움직이는 소리가 '하나님의 말씀하시는 음성'과 같고 '군대의 소리' 같았습니다. 에스겔 1:24에서 "생물들이 행할 때에 내가 그 날개 소리를 들은즉 많은 물소리와도 같으며 전능자의 음성과도 같으며 떠드는 소리 곧 군대의 소리와도 같더니 그 생물이 설 때에 그 날개를 드리우더라"라고 말씀하고 있습니다. 에스겔 10:5에서도 "그룹들의 날개 소리는 바깥뜰까지 들리는데 전능하신 하나님의 말씀하시는 음성 같더라"라고 말씀하고 있습니다.

이것은 앞으로 에스겔 선지자의 사명이 하나님의 말씀을 선포하는 것임을 나타냅니다. 말세에 하나님의 군대로 쓰임 받는 성도들 역시 무슨 일을 하든지 그곳에서 하나님의 말씀을 선포하는 사명이 있습니다(딤후 2:3-4, 4:2).

(4) 네 생물의 왕래가 번개같이 빠릅니다.

에스겔 1:14에서 "그 생물의 왕래가 번개같이 빠르더라"라고 말씀하고 있습니다. 이는 네 생물이 하나님의 일을 할 때 신속히 행함을 나타냅니다. 시편 119:60에서 "주의 계명을 지키기에 신속히 하고 지체치 아니하였나이다"라고 말씀하고 있습니다.

이렇게 네 생물이 빨리 행할 수 있었던 것은 하나님께서 무엇을 지시하시든지 돌이키지 않고 그 방향으로 곧게 나아갔기 때문입니다. 에스겔 1:9에서 "행할 때에는 돌이키지 아니하고 일제히 앞으로 곧게 행하며"라고 하였고, 12절에서도 "신이 어느 편으로 가려면 그 생물들이 그대로 가되 돌이키지 아니하고 일제히 앞으로 곧게 행하며"라고 말씀하고 있습니다.

에스겔 10:11에서도 "그룹들이 행할 때에는 사방으로 향한 대로 돌이키지 않고 행하되 돌이키지 않고 그 머리 향한 곳으로 행하며"라고 말씀하고 있습니다.

오늘날 하나님께 쓰임 받는 사명자들 역시 하나님께서 명령하시면 지체하지 않고 명령하신 그곳으로 곧바로 움직일 수 있는 즉각적인 순종이 필요합니다(시 119:60, 막 1:16-20).

2. 네 바퀴의 환상(겔 1:15-21)
Vision of the Four Wheels (Ezek 1:15-21)

하나님께서 에스겔 선지자를 부르시면서 먼저 네 생물의 환상을 보여 주시고(겔 1:4-14), 이어서 네 바퀴의 환상을 보여 주셨습니다(겔 1:15-21). 네 바퀴의 환상에 나타난 특징들은 다음과 같습니다.

(1) 네 생물의 네 얼굴을 따라 바퀴가 하나씩 있습니다.
에스겔 1:15에서 "내가 그 생물을 본즉 그 생물 곁 땅 위에 바퀴가 있는데 그 네 얼굴을 따라 하나씩 있고"라고 말씀하고 있습니다.

① 네 바퀴의 위치는 각 생물 곁, 땅 위입니다.

에스겔 1:15에서 "그 생물 곁 땅 위에 바퀴가 있는데"라고 말씀하고 있습니다. 이것은 바퀴가 네 생물과 붙어 있는 것이 아니라 네 생물 가까이, 땅 위에 있는 모양입니다.

② 네 바퀴의 형상은 황옥 같습니다.

에스겔 1:16에서 "그 바퀴의 형상과 그 구조는 넷이 한결같은데 황옥 같고"라고 말씀하고 있으며, 에스겔 10:9에서 "그룹들 곁에 네 바퀴가 있는데 ... 그 바퀴 모양은 황옥 같으며"라고 말씀하고 있습니다.

여기 '황옥'은 히브리어 '타르쉬쉬'(תַּרְשִׁישׁ)인데, 대제사장의 흉패에서 네 번째 줄의 '녹보석'과 같은 단어입니다(출 28:20). 영어 성경 NASB에서는 'beryl'로 번역하였습니다. 황옥은 녹색의 보석인데 약간의 황금빛 광채가 납니다. 이것은 당시에 전쟁에서 승리한 자들이 가지고 다니는 보석으로 알려졌습니다. 그러므로 황옥은 네 생물이 세상을 정복하고 하나님의 나라를 확장시키는 사명을 감당해야 함을 나타냅니다.

③ 네 바퀴의 구조는 바퀴 안에 바퀴가 있는 것 같습니다.

에스겔 1:16에서 "그 바퀴의 형상과 그 구조는 넷이 한결같은데 황옥 같고 그 형상과 구조는 바퀴 안에 바퀴가 있는 것 같으며"라고 하였고, 에스겔 10:10에서도 "그 모양은 넷이 한결같은데 마치 바퀴 안에 바퀴가 있는 것 같으며"라고 말씀하고 있습니다. 바퀴 안에 바퀴가 있다는 것은, 겉 바퀴 속에 그것을 돌리는 속 바퀴가 있음을 의미합니다.

바퀴는 인류 문명을 진일보시킨 놀라운 발명품입니다. 그런 점에서 동서고금을 막론하고 바퀴는 역사의 흐름을 나타낼 때 많이 사용됩니다. 야고보서 3:6에서 "생의 바퀴"라는 표현이 등장합니다. 이를 공동번역은 "세상살이의 수레바퀴"라고 하였고, 표준새번역은 "인생의 수레바퀴"라고 번역하고 있습니다. 그런데 바퀴는 그냥 돌아가는 것이 아닙니다. 자동차의 바퀴 안에 있는 속 바퀴가 돌아가야 밖에 있는 겉 바퀴가 돌아가듯이, 인류의 역사도 구속사와 밀접하게 맞물려서 돌아가고 있습니다.

인류의 역사가 겉 바퀴라면 그 겉 바퀴를 돌리는 속 바퀴는 하나님의 구속사입니다. 속 바퀴가 돌아가는 것에 맞추어 겉 바퀴가 돌아가듯이, 인류의 역사는 구속사의 바퀴가 돌아가는 것을 따라 구속사의 완성을 향하여 진행됩니다. 그러므로 하나님의 구속사를 이루는 사명자들은 구속사의 바퀴에 맞물려 하나님께서 이끄시는 대로 따라가는 자들입니다.

그래서 에스겔 1:17에서 바퀴가 "행할 때에는 사방으로 향한 대로 돌이키지 않고 행하며"라고 말씀하고 있습니다. 이것을 현대인의성경에서는 "그것이 움직일 때에는 아무 방향이라도 원하는 대로 돌지 않고 곧장 갔으며"라고 번역했습니다. 이는 하나님께서 정하신 목표를 향해 곧장 순종하며 따라가는 사명자의 모습을 보여줍니다.

(2) 바퀴 둘레의 모습
① 높고 무섭습니다.

에스겔 1:18에서 "그 둘레는 높고 무서우며"라고 말씀하고 있습니다. 바퀴의 둘레가 굉장히 크고 무시무시하다는 것입니다. 여기

'높고'는 히브리어 '고바흐'(נָּבֹהַּ)로, '높이, 승귀(높임), 위엄'을 뜻하며, '무서우며'는 히브리어 '이르아'(יִרְאָה)로, '두려움, 무시무시함, 경외함'을 뜻합니다. 그러므로 바퀴는 무시무시하면서도 위엄 있고 경외감을 불러일으키는 신비로운 모습을 하고 있었던 것을 알 수 있습니다.

② 네 둘레로 돌아가면서 눈이 가득합니다.

에스겔 1:18에서 "그 네 둘레로 돌아가면서 눈이 가득하며"라고 하였고, 에스겔 10:12에서도 "네 그룹의 바퀴의 둘레에 다 눈이 가득하더라"라고 말씀하고 있습니다. 또한 요한계시록 4:6에서는 "네 생물이 있는데 앞뒤에 눈이 가득하더라"라고 말씀하고 있습니다.

눈이 많으면 많은 것을 볼 수 있습니다. 이는 네 생물을 통해서 일하시는 하나님의 감찰(鑑察)하심을 나타냅니다. 하나님께서는 모든 사람과 모든 행사를 다 지켜보고 계십니다(창 31:42, 대상 28:9, 대하 16:9, 욥 28:24, 34:21, 시 102:19, 잠 15:3).

시편 33:13-15 "여호와께서 하늘에서 감찰하사 모든 인생을 보심이여 ¹⁴ 곧 그 거하신 곳에서 세상의 모든 거민을 하감하시도다 ¹⁵ 저는 일반의 마음을 지으시며 저희 모든 행사를 감찰하시는 자로다"

특히 네 생물의 바퀴 둘레로 돌아가며 눈이 가득하다는 것은 모든 흘러가는 역사의 전체 영역을 하나님께서 빠짐없이 감찰하시고 섭리하신다는 것을 가리킵니다. 그러므로 인생들이 하나님의 눈을 피해서 숨을 수 있는 곳은 그 어디에도 없습니다. 시편 139:1을 보면 "여호와여 주께서 나를 감찰하시고 아셨나이다"라고 한 다음에 7절에서 "내가 주의 신을 떠나 어디로 가며 주의 앞에서 어디로 피

하리이까"라고 고백하고 있습니다.

　　잠언 5:21 "대저 사람의 길은 여호와의 눈 앞에 있나니 그가 그 모든 길을 평탄케 하시느니라"

　　타락한 인생들은 캄캄한 데서 죄를 짓습니다. 그러나 하나님께는 캄캄함이나 빛이 일반입니다. 시편 139:12에서 "주에게서는 흑암이 숨기지 못하며 밤이 낮과 같이 비춰나니 주에게는 흑암과 빛이 일반이니이다"라고 말씀하고 있습니다. 우리는 여호와의 눈이 온 땅을 두루 감찰하심을 믿고 전심으로 하나님의 눈 앞에서 살아갈 때 하나님의 능력을 덧입게 됩니다(대하 16:9).

(3) 바퀴의 움직임
① 생물이 움직이는 대로 따라 움직입니다.

　　에스겔 1:19에서 "생물이 행할 때에 바퀴도 그 곁에서 행하고 생물이 땅에서 들릴 때에 바퀴도 들려서"라고 말씀하고 있습니다(겔 10:16). 21절에서도 "저들(네 생물)이 행하면 이들(네 바퀴)도 행하고 저들이 그치면 이들도 그치고 저들이 땅에서 들릴 때에는 이들도 그 곁에서 들리니 이는 생물의 신이 그 바퀴 가운데 있음이더라"라고 말씀하고 있습니다(겔 10:17). 이것은 네 생물과 바퀴의 일체성을 보여 줍니다. 네 생물의 움직임이 곧 네 바퀴의 자취가 되는 것입니다.

② 움직임의 근원은 영(spirit)입니다.

　　에스겔 1:20-21에서 "어디든지 신이 가려 하면 생물도 신의 가려 하는 곳으로 가고 바퀴도 그 곁에서 들리니 이는 생물의 신이 그 바퀴 가운데 있음이라 ²¹ 저들이(네 생물) 행하면 이들도(네 바퀴) 행하고 저들이 그치면 이들도 그치고 저들이 땅에서 들릴 때에는 이들도 그 곁에서 들리니 이는 생물의 신이 그 바퀴 가운데 있음이더라"라고 말씀하고 있습니다(겔 10:17). 여기 생물의 '신'(神)은 히브리어 '루아흐'(רוּחַ)로, '하나님의 영'을 가리킵니다. 그러므로 네 생물은 자신의 힘으로 움직이는 것이 아니라 성령이 역사하시는 대로 움직이는 것입니다. 하나님의 사명자는 네 생물의 바퀴와 같은 존재들입니다(참고-시 104:3-4). 그러므로 하나님의 사명자는 반드시 하나님의 영(성령)이 인도하시는 대로 움직여야합니다(참고-행 8:26-39). 사도 바울은 갈라디아 교회의 성도들에게 '성령의 인도하시는 바'를 따라야 한다고 권면하였습니다(갈 5:16, 18).

3. 궁창 형상의 환상과 궁창 위 보좌의 환상(겔 1:22-28)
Vision of Something like an Expanse
and the Throne above the Expanse (Ezek 1:22-28)

하나님께서 에스겔 선지자를 부르시면서 네 생물의 환상(겔 1:4-14)과 네 바퀴의 환상(겔 1:15-21)을 보여 주시고, 이어서 궁창 형상의 환상(겔 1:22-25)과 궁창 위 보좌의 환상(겔 1:26-28)을 보여 주셨습니다.

(1) 궁창 형상의 환상
① 궁창의 형상은 생물의 머리 위에 있었습니다.
에스겔 1:22에서 "그 생물의 머리 위에는 수정 같은 궁창의 형상이 펴 있어 보기에 심히 두려우며"라고 말씀하고 있습니다. 여기

'궁창'은 히브리어 '라키아'(רָקִיעַ)로, '하늘, 넓은 공간'이라는 뜻이며, '형상'은 히브리어 '데무트'(דְּמוּת)로, '닮음, 같은 것, 같은 모양'이라는 뜻입니다. 그러므로 궁창 자체를 본 것이 아니라 '궁창의 형상'을 본 것으로, 생물들 위에는 눈에 보이는 어떤 넓은 공간이 있었던 것입니다.

② 궁창의 형상은 수정 같았습니다.

에스겔 1:22에서 "수정 같은 궁창의 형상"이라고 말씀하고 있습니다. '수정 같다'는 표현은 궁창의 형상이 마치 유리와 같이 매우 맑고 투명함을 나타냅니다. 요한계시록 21:11에서 새 예루살렘 성의 빛을 "수정같이 맑더라"라고 표현하고 있으며, 요한계시록 22:1에서 생명수의 강을 "수정같이 맑은 생명수의 강"이라고 표현하고 있습니다.

요한계시록 4:6 "보좌 앞에 수정과 같은 유리 바다가 있고 보좌 가운데와 보좌 주위에 네 생물이 있는데 앞 뒤에 눈이 가득하더라"

성도가 하나님의 보좌에 가까이 가려면 예수님의 십자가의 피로 씻어 깨끗케 함을 받아야 합니다(히 10:22, 계 7:14).

③ 궁창의 형상은 심히 두려우며, 궁창 위에서부터 음성이 납니다.

에스겔 1:22 하반절에서 궁창의 형상에 대해서 "보기에 심히 두려우며"라고 말씀하고 있습니다. 여기 '심히 두려우며'는 히브리어 '야레'(יָרֵא)로, '두려워하다, 경외하다'라는 뜻입니다. 그러므로 궁창의 형상은 심히 두려우면서도 경외함을 불러일으키는 신비로운 모습을 하고 있다는 것입니다. 이는 네 생물의 바퀴 둘레의 모습이 높고 무서운 것과 유사합니다(겔 1:18).

또한 네 생물의 머리 위에 있는 궁창 그 위에서부터 음성이 들렸습니다. 에스겔 1:25 상반절에서 "그 머리 위에 있는 궁창 위에서부터 음성이 나더라"라고 말씀하고 있습니다. 이는 보좌에 앉으신 하나님으로부터 말씀이 선포되는 것을 가리킵니다. 그리고 하반절에서 "그 생물이 설 때에 그 날개를 드리우더라"라고 말씀하고 있습니다. 이렇게 하나님의 말씀이 선포될 때, 네 생물은 움직임을 멈추고 날개를 내렸습니다.

이는 하나님의 사명자는 하나님의 말씀이 선포되면, 그 말씀을 듣기 위하여 모든 활동을 중지해야 함을 알려 줍니다. 예수님께서 여러 가지 일에 분주했던 마르다보다 마리아를 칭찬하신 이유는, 마리아는 무엇보다 주님의 말씀 듣는 것을 중요시했기 때문입니다. 누가복음 10:39-42을 볼 때, 예수님께서는 마리아에 대해서 "마리아는 이 좋은 편을 택하였으니 빼앗기지 아니하리라"라고 칭찬하셨습니다. 전도서 5:1에서도 "너는 하나님의 전에 들어갈 때에 네 발을 삼갈찌어다 가까이하여 말씀을 듣는 것이 우매자의 제사 드리는 것보다 나으니 저희는 악을 행하면서도 깨닫지 못함이니라"라고 말씀하고 있습니다.

(2) 궁창 위 보좌의 환상

에스겔 1장에 기록된 네 가지 환상 가운데 마지막 환상은 궁창 위 보좌의 환상(겔 1:26-28)입니다.

① 궁창 위에 보좌의 형상이 있는데 남보석 같습니다.

에스겔 1:26에서 "그 머리 위에 있는 궁창 위에 보좌의 형상이 있는데 그 모양이 남보석 같고"라고 했으며, 에스겔 10:1에서도 "이에 내가 보니 그룹들 머리 위 궁창에 남보석 같은 것이 나타나는데 보좌 형상 같더라"라고 말씀하고 있습니다.

궁창 위에 보좌의 형상이 있는 것은, 하나님의 보좌는 모든 피조 세계보다 높은 곳에 있음을 나타냅니다. 이사야 6:1에서 "주께서 높이 들린 보좌에 앉으셨는데"라고 말씀하고 있으며, 예레미야 17:12 에서 "영화로우신 보좌여 원시부터 높이 계시며 우리의 성소이시며"라고 말씀하고 있습니다.

보좌의 형상은 남보석 같은데, '남보석'은 히브리어로 '에벤 사피르'(אֶבֶן סַפִּיר)입니다. 남보석은 대제사장 흉패에 있는 열두 개의 보석 가운데 둘째 줄에 있는 보석입니다(출 28:18). '사피르'는 '사파이어'(sapphire)를 가리키며, 아름다움과 가치가 그 어떤 보석보다도 탁월한 보석입니다(참고-아 5:14, 애 4:7-8. '청옥'). 출애굽기 24:10에서 "이스라엘 하나님을 보니 그 발 아래에는 청옥을 편 듯하고 하늘같이 청명하더라"라고 말씀하고 있는데, 여기 '청옥'이 바로 히브리어 '사피르'(남보석)입니다. 참고로, 이사야 54:11에서 새 예루살렘 성의 기초도 '청옥'(사피르)으로 쌓았다고 말씀하고 있습니다(참고-계 21:19).

② 보좌의 형상 위에 사람의 모양 같은 형상이 있습니다.

에스겔 1:26 하반절에서 "그 보좌의 형상 위에 한 형상이 있어 사람의 모양 같더라"라고 말씀하고 있습니다. 여기 '보좌의 형상 위에 있는 사람의 모양 같은 이'는 결코 피조물일 수 없습니다. 에스겔 1:28에서는 이 형상을 "여호와의 영광의 형상"이라고 표현하고 있는데, 피조물인 사람은 감히 하나님의 보좌에 앉을 수가 없습니다. 이런 의미에서 시편 80:1, 99:1을 볼 때, '여호와께서 그룹 사이에 좌정하신다'고 말씀하고 있습니다. 이를 에스겔 10:1, 시편 18:10 에서는 '그룹들 머리 위에 계시고 그룹을 타고 날으신다'고 말씀하 였습니다.

그러므로 '보좌의 형상 위에 있는 사람의 모양 같으신 분'은 장 차 성육신하실 성자 예수님의 모습을 나타냅니다.

요한복음 1:14 "말씀이 육신이 되어 우리 가운데 거하시매 우리가 그 영광을 보니 아버지의 독생자의 영광이요 은혜와 진리가 충만하더라"

빌립보서 2:6-8 "그는 근본 하나님의 본체시나 하나님과 동등됨을 취 할 것으로 여기지 아니하시고 ⁷ 오히려 자기를 비어 종의 형체를 가져 사람들과 같이 되었고 ⁸ 사람의 모양으로 나타나셨으매"

③ 사람의 모양 같은 이는 불 같습니다.

에스겔 1:27에서 "내가 본즉 그 허리 이상의 모양은 단쇠 같아서 그 속과 주위가 불 같고 그 허리 이하의 모양도 불 같아서 사면으로 광채가 나며"라고 말씀하고 있습니다. 여기 사람의 모양 같은 이의 '허리 이상의 모양이나 허리 이하의 모양'의 공통점은 불 같다는 것 입니다. 에스겔 8:2에서도 "내가 보니 불 같은 형상이 있어 그 허리 이하 모양은 불 같고 허리 이상은 광채가 나서 단쇠 같은데"라고 말씀하고 있습니다. 이것은 사람의 모양 같으신 분의 모습이 감히 사람이 가까이할 수 없는 불 같은 위엄으로 가득 차 있음을 보여 줍 니다. 거기에다가 사면으로 광채가 나니 인간은 감히 가까이할 수 없는 것입니다.

또한 에스겔 8:2에서는 그 광채가 단쇠* 같다고 말씀하고 있습니 다. '단쇠'에 해당하는 히브리어 '하쉬말'(חַשְׁמַל)은 '용암, 보석 가운데 호박처럼 강한 빛이 나는 물질'로, 성경 중에 에스겔서에서만 세 번 사용된 단어입니다(겔 1:4, 27, 8:2). 이 단어를 표준새번역에서는 '환하게 빛나는 금붙이'로 번역하였고, 영어 성경 NIV, NASB에서 는 'glowing metal'(이글거리는 금속)로 번역하였습니다. 강한 빛이 나 는 단쇠는 하나님의 불 같은 위엄을 나타내는 데 사용되었습니다 (참고·신 5:24).

④ 그 사면 광채의 모양은 비 오는 날 구름에 있는 무지개 같습니다.

에스겔 1:28에서 "그 사면 광채의 모양은 비 오는 날 구름에 있는 무지개 같으니 이는 여호와의 영광의 형상의 모양이라"라고 말씀 하고 있습니다.

구름에 있는 무지개의 모습은 대홍수 후에 하나님께서 노아와 맺은 언약 속에 나타납니다. 창세기 9:13에서 "내가 내 무지개를 구 름 속에 두었나니 이것이 나의 세상과의 언약의 증거니라"라고 하 였으며, 16절에서도 "무지개가 구름 사이에 있으리니 내가 보고 나 하나님과 땅의 무릇 혈기 있는 모든 생물 사이에 된 영원한 언약을 기억하리라"라고 말씀하고 있습니다.

구름 속에 나타난 무지개는 십자가 상에서 선포하신 예수님의 최후 일곱 말씀을 생각나게 합니다. '보좌 위의 사람의 모양 같은 이의 형상'이 "여호와의 영광의 형상의 모양"이었습니다(겔 1:26- 28). 이는 하나님의 영광의 형상이신 예수님을 나타냅니다(고후 4:4, 골 1:15). 히브리서 1:3에서 예수님을 가리켜 "이는 하나님의 영광의 광채시요 그 본체의 형상이시라"라고 말씀하고 있습니다.

---

* 단쇠 : 높은 열에 달아서 뜨거워진 쇠

이러한 환상을 통하여, 하나님께서는 에스겔 선지자에게 성전을 떠난 하나님의 영광(겔 10:18-19, 11:22-24)이 다시 돌아오실 것을 확신시켜 주셨습니다(겔 43:2-5).

이 모든 환상을 본 에스겔 선지자는 어떻게 하였습니까? 에스겔 1:28 하반절에서 "내가 보고 곧 엎드리어 그 말씀하시는 자의 음성을 들으니라"라고 말씀하고 있습니다. 이것은 하나님의 사명자는 하나님의 말씀이 선포될 때에 반드시 엎드려야 함을 보여 줍니다. 여기 '들으니라'에 쓰인 히브리어 '샤마'(שָׁמַע)에는 단순히 귀로만 듣는 것이 아니라 말씀에 순종한다는 뜻이 담겨 있습니다(출 24:7, 잠 12:15, 사 42:24). 그러므로 하나님의 사명자는 말씀을 들을 뿐만 아니라 말씀을 지키는 자리까지 나아가야 합니다(계 1:3).

하나님께서는 에스겔 선지자에게 보여 주신 여호와의 영광의 환상을 통해, 역사의 주관자가 바벨론 왕 느부갓네살이 아니라 오직 영광의 하나님이심을 이스라엘 백성에게 선포하셨습니다. 오직 하나님만이 하늘 높은 곳에 불 같은 위엄과 영광 중에 좌정하시어 자기 백성에게 구속 경륜을 계시하여 주시고, 절대 권능으로 역사를 주관하십니다.

II
에스겔의 소명과 두루마리 책
EZEKIEL'S CALLING AND THE SCROLL

1. 에스겔의 소명(겔 2:1-7)
Ezekiel's Calling (Ezek 2:1-7)

하나님께서는 에스겔을 선지자로 부르시고, 그에게 하나님의 말씀 주시기를 원하셨습니다. 하나님의 말씀을 받으려면 일어나야 합니다. 에스겔 2:1에서 "인자야 일어서라 내가 네게 말하리라"라고 말씀하고 있습니다. 그리고 하나님의 신이 에스겔에게 임하여 그를 일으켜 세우시므로 에스겔은 하나님의 음성을 들을 수 있었습니다 (겔 2:2). '인자'는 히브리어로 '벤 아담'(בֶּן־אָדָם)이며, 흙으로 지음을 받았던 아담(창 2:7)의 후손으로서 '사람의 아들'을 가리킵니다. 에스겔은 죄악된 인간으로서 도저히 하나님의 말씀을 받을 수 없는 존재이지만, 하나님의 신이 임하시므로 이제 하나님의 말씀을 받을 수 있게 된 것입니다.

에스겔 1장을 볼 때 하나님께서 먼저 여호와의 영광의 형상을 보여 주시고, 이어서 2장에서 패역한 백성 이스라엘의 모습을 보여 주시면서 그들에게 어떻게 하나님의 말씀을 전해야 하는지를 알려 주셨습니다.

(1) 이스라엘 백성의 모습

① 패역한 백성

에스겔 2:3에서 "인자야 내가 너를 이스라엘 자손 곧 패역한 백성, 나를 배반하는 자에게 보내노라"라고 말씀하고 있습니다. '패역한'과 '배반하는'은 모두 히브리어 '마라드'(מָרַד)로, '반역하다'라는 뜻입니다. 이는 정치적인 반란을 의미하는 단어로 이스라엘 백성이 그들의 왕이신 하나님께 반역했다는 뜻입니다. 히브리어 원문에는 '마라드'라는 단어가 다시 나오는데, 한글 개역성경에서는 "배반하는 자"라고 번역하고 있습니다. 이러한 반역의 죄는 현재 이스라엘 백성의 죄뿐만 아니라 그 열조의 지은 죄까지를 가리킵니다(겔 2:3).

에스겔 2:5에서도 "패역한 족속"이라고 말씀하고 있습니다. 7절에서도 "그들은 심히 패역한 자라"라고 말씀하고 있습니다. 여기 '패역한'은 히브리어 '메리'(מְרִי)이며 '반역하는, 배신하는'이라는 뜻으로, 이스라엘 백성이 하나님을 배반하였음을 나타냅니다.

> **에스겔 20:38** "너희 가운데서 패역한 자와 내게 범죄한 자를 모두 제하여 버릴찌라 그들을 그 우거하던 땅에서는 나오게 하여도 이스라엘 땅에는 들어가지 못하게 하리니 너희가 나를 여호와인 줄 알리라"

② 얼굴이 뻔뻔하고 마음이 강퍅한 자

에스겔 2:4 상반절에서 "이 자손은 얼굴이 뻔뻔하고 마음이 강퍅한 자니라"라고 말씀하고 있습니다(겔 3:7). 여기 '뻔뻔하고'는 히브리어 '카쉐'(קָשֶׁה)인데, '야비한, 마음이 딱딱한, 완고한'이라는 뜻입니다. 쉽게 말해 '바늘로 찔러도 피 한 방울 나오지 않을 정도로 마음이 굳어 있음'을 가리킵니다. 성경에서는 주로 '목이 곧은 교만함'을 가리킬 때 사용되었습니다(출 32:9, 33:3, 5, 34:9, 신 9:6, 13, 31:27).

또한 '강퍅한'은 히브리어 '하자크'(חָזַק)로, '강한, 완고한'이라는 뜻입니다. 이는 마음이 콘크리트처럼 단단하여 하나님의 말씀을 받아들이지 않는 굳은 마음을 가리킵니다. 하나님께서 애굽에 열 가지 재앙을 일으키실 때, 하나님께 끝까지 도전했던 애굽 왕 바로의 굳은 마음을 가리킬 때도 이 단어가 사용되었습니다(출 4:21, 7:13, 22, 8:19, 9:12, 35, 10:20, 27, 11:10, 14:4, 8).

(2) 말씀을 전하는 자세

하나님께서는 말씀을 전할 때 필요한 태도를 에스겔 선지자에게 알려 주셨습니다.

첫째, 듣든지 아니 듣든지 전해야 합니다.

에스겔 2:7에서 "그들은 심히 패역한 자라 듣든지 아니 듣든지 너는 내 말로 고할찌어다"라고 말씀하고 있습니다(겔 3:11). 또한 5절에서 "그들은 패역한 족속이라 듣든지 아니 듣든지 그들 가운데 선지자 있은 줄은 알찌니라"라고 말씀하고 있습니다. 하나님께서는 이스라엘 백성이 패역하여 듣지 않을지라도 하나님의 선지자가 그들에게 분명히 말씀을 전하게 하심으로써, 훗날 그들이 듣지 못했다고 핑계하지 못하게 하셨습니다(겔 3:19).

사도 바울은 디모데에게 "너는 말씀을 전파하라 때를 얻든지 못 얻든지 항상 힘쓰라 범사에 오래 참음과 가르침으로 경책하며 경계하며 권하라"라고 권면하였습니다(딤후 4:2).

둘째, 두려워 말고 전해야 합니다.

에스겔이 하나님의 말씀을 전할 때 큰 핍박이 닥칠 것인데, 그 큰 핍박을 에스겔 2:6에서는 '가시와 찔레와 전갈'로 표현하고 있습니다. '가시와 찔레'는 날카롭게 찌르는 성질이 있습니다. '전갈'은 사람의 목숨을 빼앗아 갈 정도의 강력한 독을 가지고 있습니다. 이는 에스겔 선지자가 하나님의 말씀을 전할 때 극심한 핍박과 환난, 심지어 목숨까지 위협을 받게 될 것을 의미합니다.

그러나 하나님께서는 에스겔에게 그들을 두려워 말며 무서워 말라고 말씀하셨습니다. 6절에서 '두려워 말라'는 히브리어 '알 티라'(אַל־תִּירָא)인데, 한 문장에 세 번이나 반복해서 사용되어 하나님께서 에스겔을 말씀으로 강하게 붙잡고 계심을 강조하고 있습니다. 에스겔이 비록 생명의 위협을 느낄 만큼 핍박을 받는다고 할지라도 하나님께서 함께하시므로 반드시 승리한다는 것입니다(신 31:8, 수 1:9, 시 23:4, 사 41:10, 43:5).

2. 두루마리 책과 사명 부여(겔 2:8-3:15)
The Scroll and the Commission (Ezek 2:8-3:15)

하나님께서는 에스겔에게 두루마리 책을 보여 주시면서 그것을 받아 먹고 가서 이스라엘 백성에게 고하라고 명령하셨습니다.

(1) 두루마리 책의 특징

하나님께서 에스겔 선지자에게 보여 주신 두루마리 책은 몇 가지 특징을 가지고 있습니다.

첫째, 펼쳐진 책입니다.

에스겔 2:9-10을 볼 때, 한 손이 에스겔을 향하여 펴지고 그 손에 두루마리 책이 있는데 하나님께서 그 두루마리를 에스겔 앞에 펴셨습니다. 그러므로 이 두루마리 책은 '펼쳐진 책'입니다. 요한계시록 10:2에도 '작은 책'이 나오는데 역시 '펴 놓인 작은 책'이라고 말씀하고 있습니다. 이는 하나님께서 감추셨던 구속 경륜을 펼쳐서 알려 주신다는 뜻입니다. 하나님께서 사도 바울에게 은혜를 주신 것은 "영원부터 만물을 창조하신 하나님 속에 감취었던 비밀의 경륜이 어떠한 것을 드러내게 하려 하심"이었습니다(엡 3:9).

둘째, **안팎으로 쓰인 책입니다.**

하나님께서 에스겔 앞에 책을 펴시니, "그 안팎에 글이 있는데"라고 말씀하고 있습니다(겔 2:10). 이는 두루마리 앞면과 뒷면에 글이 기록되어 있음을 의미합니다. 앞면과 뒷면에 글이 가득 차 있다는 것은 그 내용의 방대함과 조금도 틈이 없는 완결성을 의미합니다. 그러므로 이 책은 세계의 구속(救贖)에 대한 방대한 내용을 담고 있으며, 에스겔은 거기에 자신의 생각을 조금도 덧붙여 기록할 수 없습니다. 즉 이 말씀은 온전한 하나님의 말씀이며, 거기에 사람의 생각이 들어가서는 안 된다는 것을 알려 줍니다.

사도 요한에게도 유사한 계시가 주어졌습니다. 요한계시록 5:1에서 "내가 보매 보좌에 앉으신 이의 오른손에 책이 있으니 안팎으로 썼고 일곱 인으로 봉하였더라"라고 말씀하고 있습니다.

셋째, **애가와 애곡과 재앙의 말이 기록되었습니다.**

에스겔 2:10 하반절에서 "애가와 애곡과 재앙의 말이 기록되었더라"라고 말씀하고 있습니다.

'애가'는 히브리어 '키나'(קִינָה)로, '장송곡'을 뜻합니다. '장송곡'

은 사람이 죽었을 때 부르는 슬픔의 노래입니다. 이는 앞으로 남 유다가 완전히 망할 것을 미리 선포하라는 하나님의 말씀입니다. 에스겔 19:1에서도 "너는 이스라엘 방백들을 위하여 애가를 지어"라고 말씀하고 있습니다(겔 19:14).

'애곡'은 히브리어 '헤게'(הֶגֶה)로, '신음 소리, 비탄(悲歎, 슬퍼하며 탄식함)'을 의미합니다. 이 단어가 시편 90:9에서는 "우리의 모든 날이 주의 분노 중에 지나가며 우리의 평생이 일식간에 다하였나이다"라는 말씀 가운데 '일식간에(순식간에)'에 사용되고 있습니다. 여기 '일식간에'와 대응하는 말은 '주의 분노'입니다. 그러므로 '일식간에'에는 이스라엘의 죄악을 향한 하나님의 분노의 심판으로, 이스라엘 백성이 쏟아 낼 비탄이 담겨 있습니다.

'재앙'은 히브리어 '히'(הִי)로, '화(禍)'를 의미합니다. 이 단어는 구약성경에서 여기에 단 한 번 사용된 단어로, 남 유다의 멸망과 하나님의 심판을 통해서 이스라엘이 당하게 될 모든 불행을 나타냅니다. 요한계시록에도 하나님의 재앙이 나오는데, 요한계시록 15:1에서는 "또 하늘에 크고 이상한 다른 이적을 보매 일곱 천사가 일곱 재앙을 가졌으니 곧 마지막 재앙이라 하나님의 진노가 이것으로 마치리로다"라고 말씀하고 있습니다(계 8:13).

이 두루마리 책은 남 유다와 열방의 멸망을 예언하고 있으며, 나아가 전 세계가 하나님의 심판을 받아 멸망할 것이라는 종말적인 의미를 담고 있습니다(참고-슥 5:1-4). 하나님의 말씀은 구원 받을 자들에게는 기쁨의 소식이지만 멸망 받을 자들에게는 심판의 선포인 것입니다.

(2) 책을 받는 자의 자세

하나님께서는 에스겔 선지자에게 두루마리 책을 주셨습니다. 책을 받은 자는 어떻게 해야 합니까?

첫째, **책을 먹어야 합니다.**

에스겔 2:8에서 하나님께서는 에스겔에게 "내가 네게 주는 것을 먹으라"라고 하셨고, 에스겔 3:1에서도 "인자야 너는 받는 것을 먹으라"라고 명령하셨습니다. 하나님께서는 사도 요한에게도 작은 책을 "갖다 먹어 버리라"라고 명령하셨습니다(계 10:9).

사람이 밥을 먹어야 살 듯이 선지자는 하나님의 말씀을 먹어야 삽니다. 사람의 양식이 밥이듯이 선지자의 양식은 하나님의 말씀입니다. 예수님께서는 "사람이 떡으로만 살 것이 아니요 하나님의 입으로 나오는 모든 말씀으로 살 것이라"라고 말씀하셨습니다(마 4:4).

> **욥기 23:12** "내가 그의 입술의 명령을 어기지 아니하고 일정한 음식보다 그 입의 말씀을 귀히 여겼구나"

> **예레미야 15:16** "만군의 하나님 여호와시여 나는 주의 이름으로 일컬음을 받는 자라 내가 주의 말씀을 얻어 먹었사오니 주의 말씀은 내게 기쁨과 내 마음의 즐거움이오나"

두루마리 책을 먹으려면 먼저 입을 열어야 합니다. 에스겔 2:8에서도 먹으라는 말씀 앞에 "네 입을 벌리고"라고 하였습니다(시 81:10). '벌리고'는 히브리어 '파차'(פָּצָה)로, '입을 최대한 크게 벌린다'는 의미입니다. 에스겔 3:2의 "내가 입을 벌리니"라는 말씀은 원어로 볼 때 1절의 "먹으라 … 먹고 가서 이스라엘 족속에게 고하라"라는 말씀에 이어지는 와우계속법이 사용되어, 에스겔이 하나님의 명령에 즉시 입을 벌렸음을 강조합니다. 그때 하나님께서는 에스겔에게 두루마리를 먹이셨습니다. 하나님께서는 간절히 사모하는 마음으로 입을 벌리는 자에게 말씀을 먹이십니다.

둘째, 배에 넣으며 창자에 채워야 합니다.

에스겔 3:3을 볼 때, "인자야 내가 네게 주는 이 두루마리로 네 배에 넣으며 네 창자에 채우라"라고 말씀하고 있습니다. 하나님의 말씀을 받은 자에게는 두 가지 현상이 일어나야 합니다.

먼저, 말씀이 입에서 달아야 합니다.

에스겔 3:3 하반절에서 "내가 먹으니 그것이 내 입에서 달기가 꿀 같더라"라고 말씀하고 있습니다. 요한계시록 10:9에서도 "네 입에는 꿀같이 달리라"라고 하였고, 10절에서도 "먹어 버리니 내 입에는 꿀같이 다나"라고 말씀하고 있습니다.

하나님의 말씀은 꿀같이, 송이꿀같이 단 말씀입니다. 시편 19:10에서 "금 곧 많은 정금보다 더 사모할 것이며 꿀과 송이꿀보다 더 달도다"라고 말씀하고 있으며, 시편 119:103에서는 "주의 말씀의 맛이 내게 어찌 그리 단지요 내 입에 꿀보다 더하니이다"라고 말씀하고 있습니다(잠 24:13-14).

다음으로, 말씀을 배에 넣으며 창자에 채워야 합니다.

에스겔 3:3을 볼 때, "이 두루마리로 네 배에 넣으며 네 창자에 채우라"라고 명령하고 있습니다. 배와 창자는 우리 몸의 내부에 있는 기관입니다. 그러나 이는 고대 히브리인들에게 있어서 단순히 신체의 일부가 아니라 인격의 처소로 여겨졌습니다. 그러므로 에스겔은 그 자신이 먼저 하나님께서 주신 말씀을 먹고 그 인격이 점점 말씀화되어야 했습니다(골 3:16). 이러한 뜻으로 10절에서는 "인자야 내가 네게 이를 모든 말을 너는 마음으로 받으며"라고 말씀하고 있습니다.

3절의 '넣으며'는 '삼키다'라는 뜻을 가진 히브리어 '아칼'(אָכַל)의 히필(사역)형 미완료가 쓰였습니다. 하나님의 말씀은 일부만 선택해서 받아들여서는 안 되고, 어떤 말씀이든지 통째로 삼키듯이 받아들여야 하며, 한 번만 받아들이는 것이 아니라 계속 받아들여야 합니다.

'채우라'는 '가득하다, 충만하다'라는 뜻의 히브리어 '말레'(מָלֵא)의 강조미완료형으로, 더 이상 다른 것이 들어갈 수 없을 만큼 가득차서 흘러넘치는 상태를 가리킵니다. 하나님께서는 에스겔 선지자에게 하나님의 말씀을 가득 채워 흘러넘치게 하셨습니다. 그의 입에서 선포되는 모든 말씀 속에 사람의 말이 섞이지 않고 오직 하나님의 말씀만 나오게 하신 것입니다.

셋째, 말씀을 고하여야 합니다.

에스겔 3:1에서 "너는 이 두루마리를 먹고 가서 이스라엘 족속에게 고하라"라고 하였고, 4절에서 "이스라엘 족속에게 가서 내 말로 그들에게 고하라"라고 말씀하고 있습니다. 11절에서도 "사로잡힌 네 민족에게로 가서 그들이 듣든지 아니 듣든지 그들에게 고하여 이르기를 주 여호와의 말씀이 이러하시다 하라"라고 말씀하였습니다.

에스겔 선지자가 하나님의 말씀을 선포해도 이스라엘 족속은 듣지 않았을 것입니다. 이는 그들이 에스겔의 말을 듣지 않는 것이 아니라 하나님의 말씀을 듣지 않는 것입니다. 그 이유는 그들의 이마가 굳고 마음이 강퍅하기 때문입니다(겔 3:7). 그러나 에스겔 선지자가 두려워할 필요가 없는 이유는 하나님께서 에스겔의 얼굴과 마음을 이스라엘 백성보다 더 굳세게 하셨기 때문입니다. 에스겔 3:8에서 "내가 그들의 얼굴을 대하도록 네 얼굴을 굳게 하였고 그들의 이마를 대하도록 네 이마를 굳게 하였으되"라고 말씀하고 있습니다. 이 구절을 바른성경은 "보아라, 내가 그들의 얼굴과 맞설 수 있도록 네 얼굴을 굳게 하였고, 그들의 이마와 맞설 수 있도록 네 이마를 굳게 하였다"라고 번역하고 있습니다. 에스겔 3:9에서는 "네 이마로 화석보다 굳은 금강석같이 하였으니 그들이 비록 패역한 족속이라도 두려워 말며 그 얼굴을 무서워 말라"라고 말씀하고 있습니다. 여기 '화석'은 히브리어 '초르'(צֹר)로, '부싯돌, 차돌'을 가리키며(출 4:25), '금강석'은 히브리어 '샤미르'(שָׁמִיר)로, '다이아몬드'를 가리킵니다. 아무리 '화석'이 강할지라도 '금강석'보다는 약합니다. 이처럼 아무리 이스라엘 백성이 패역할지라도 하나님의 말씀을 가진 에스겔을 이길 수는 없습니다(참고-렘 1:18, 15:20).

말씀을 받는 궁극적인 목적은 그 말씀을 선포하는 것입니다. 이런 의미에서 하나님께서는 사도 요한에게도 천사를 통해 "네가 많은 백성과 나라와 방언과 임금에게 다시 예언하여야 하리라"라고 말씀하셨습니다(계 10:11).

에스겔이 말씀을 받을 때, 주의 신이 에스겔을 들어 올려서 데리고 가셨으며 여호와의 권능이 힘있게 에스겔을 감동하였습니다(겔 3:12, 14). 이때 에스겔 선지자가 "근심하고 분한 마음으로" 행하였다고 말씀하고 있습니다. 여기 '근심하고'는 히브리어 '마르'(מַר)로, '쓴'이라는 뜻이며, '분한'은 히브리어 '헤마'(חֵמָה)로, '뜨거운, 분노한'이라는 뜻입니다. 그러므로 에스겔은 거룩한 분노 가운데 하나님의 말씀을 전하겠다는 뜨거운 마음으로 가득찼던 것입니다. 이것은 예레미야 선지자가 "내가 다시는 여호와를 선포하지 아니하며 그 이름으로 말하지 아니하리라 하면 나의 중심이 불붙는 것 같아서 골수에 사무치니 답답하여 견딜 수 없나이다"라고 고백한 것과 같습니다(렘 20:9).

이 계시를 받고 에스겔 선지자는 "민답히 칠 일"을 지냈습니다(겔 3:15). '민답히'는 히브리어 '샤멤'(שָׁמֵם)으로, '경악하다, 넋을 잃다'라는 뜻입니다. 에스겔 선지자는 이스라엘 백성이 극도로 패역함에 경악하고, 범접할 수 없는 심오한 하나님의 말씀의 영광에 사로잡혀서, 말씀 선포의 사역을 앞두고 칠 일을 기다렸던 것입니다.

3. 파수꾼 에스겔(겔 3:16-21)
Ezekiel the Watchman (Ezek 3:16-21)

하나님께서는 칠 일 후에 에스겔 선지자에게 다시 말씀을 주시고(겔 3:16) 그를 파수꾼으로 세우셨습니다. 에스겔 3:17에서 "인자야 내가 너를 이스라엘 족속의 파숫군으로 세웠으니 너는 내 입의 말을 듣고 나를 대신하여 그들을 깨우치라"라고 말씀하고 있습니다. '파수꾼'은 히브리어 '차파'(צָפָה)로, 성벽의 높은 곳이나 망대에서 적의 침투 여부와 주변의 상황을 살피며 지키는 사람입니다. 파수꾼은 그냥 살필 뿐만 아니라 정확한 상황을 알리는 사명이 있습니다. 그래서 에스겔 선지자에게도 "그들을 깨우치라"라고 명령하셨습니다. '깨우치라'는 히브리어 '자하르'(זָהַר)로, '경고하다, 가르치다'라는 뜻입니다. 이사야 21:6에서도 "주께서 내게 이르시되 가서 파숫군을 세우고 그 보는 것을 고하게 하되"라고 말씀하고 있습니다(렘 6:17).

파수꾼이 말씀을 전할 때 네 가지의 상황이 발생합니다.

첫째, 에스겔 선지자가 악인에게 말씀을 전하지 않음으로 악인을 깨우치지 않는 경우입니다. 에스겔 3:18에서 "가령 내가 악인에게 말하기를 너는 꼭 죽으리라 할 때에 네가 깨우치지 아니하거나 말로 악인에게 일러서 그 악한 길을 떠나 생명을 구원케 하지 아니하면 그 악인은 그 죄악 중에서 죽으려니와 내가 그 피 값을 네 손에서 찾을 것이고"라고 말씀하고 있습니다. 악인에게 말씀을 전하지 않으면 악인은 죄 가운데 죽고, 에스겔 선지자도 책임을 져야 합니다(겔 33:6).

둘째, 에스겔 선지자가 악인에게 말씀을 전하였는데도 악인이 돌이키지 않는 경우입니다. 에스겔 3:19에서 "네가 악인을 깨우치되 그가 그 악한 마음과 악한 행위에서 돌이키지 아니하면 그는 그 죄악 중에서 죽으려니와 너는 네 생명을 보존하리라"라고 말씀하고 있습니다. 말씀을 듣고도 돌이키지 않은 악인은 죽고, 그에게 말씀을 전해준 에스겔 선지자의 생명은 보존됩니다(겔 33:9).

셋째, 에스겔 선지자가 의인이 악을 행할 때에 깨우치지 않는 경우입니다. 에스겔 3:20에서 "또 의인이 그 의에서 돌이켜 악을 행할 때에는 이미 행한 그 의는 기억할 바 아니라 내가 그 앞에 거치는 것을 두면 그가 죽을찌니 이는 네가 그를 깨우치지 않음이라 그가 그 죄 중에서 죽으려니와 그 피 값은 내가 네 손에서 찾으리라"라고 말씀하고 있습니다. 악을 행한 의인은 죄 중에 죽지만, 그를 깨우치지 않은 에스겔 선지자도 책임을 져야 합니다.

넷째, 에스겔 선지자가 악을 행하는 의인을 깨우쳐 그 의인이 죄를 짓지 않는 경우입니다. 에스겔 3:21에서 "그러나 네가 그 의인을 깨우쳐 범죄치 않게 하므로 그가 범죄치 아니하면 정녕 살리니 이는 깨우침을 받음이며 너도 네 영혼을 보존하리라"라고 말씀하고 있습니다. 이 경우에는 의인도 살고 에스겔 선지자도 삽니다.

에스겔 선지자에게는 악인을 깨우치는 사명이 있을 뿐만 아니라 의인도 깨우쳐서 죄를 짓지 않게 하는 사명이 있습니다(겔 33:1-19). 만약 파수꾼의 사명을 제대로 감당하지 못한다면 그 파수꾼에게도 화가 미치는 것입니다(겔 33:6, 고전 9:16). 파수꾼의 사명을 감당하지 못하는 자들은 소경이요, 벙어리 개와 같은 자들로서(사 56:10), 탐욕이 가득하고 깨닫지 못하는 목자가 되어 세상에 취해 있기 때문에 화를 면치 못하는 것입니다(사 56:11-12). 하나님께서는 이 시대에 에스겔 선지자와 같은 신앙의 파수꾼을 찾고 계십니다.

이사야 62:6-7 "예루살렘이여 내가 너의 성벽 위에 파숫군을 세우고 그들로 종일 종야에 잠잠치 않게 하였느니라 너희 여호와로 기억하시게 하는 자들아 너희는 쉬지 말며 ⁷ 또 여호와께서 예루살렘을 세워 세상에서 찬송을 받게 하시기까지 그로 쉬지 못하시게 하라"

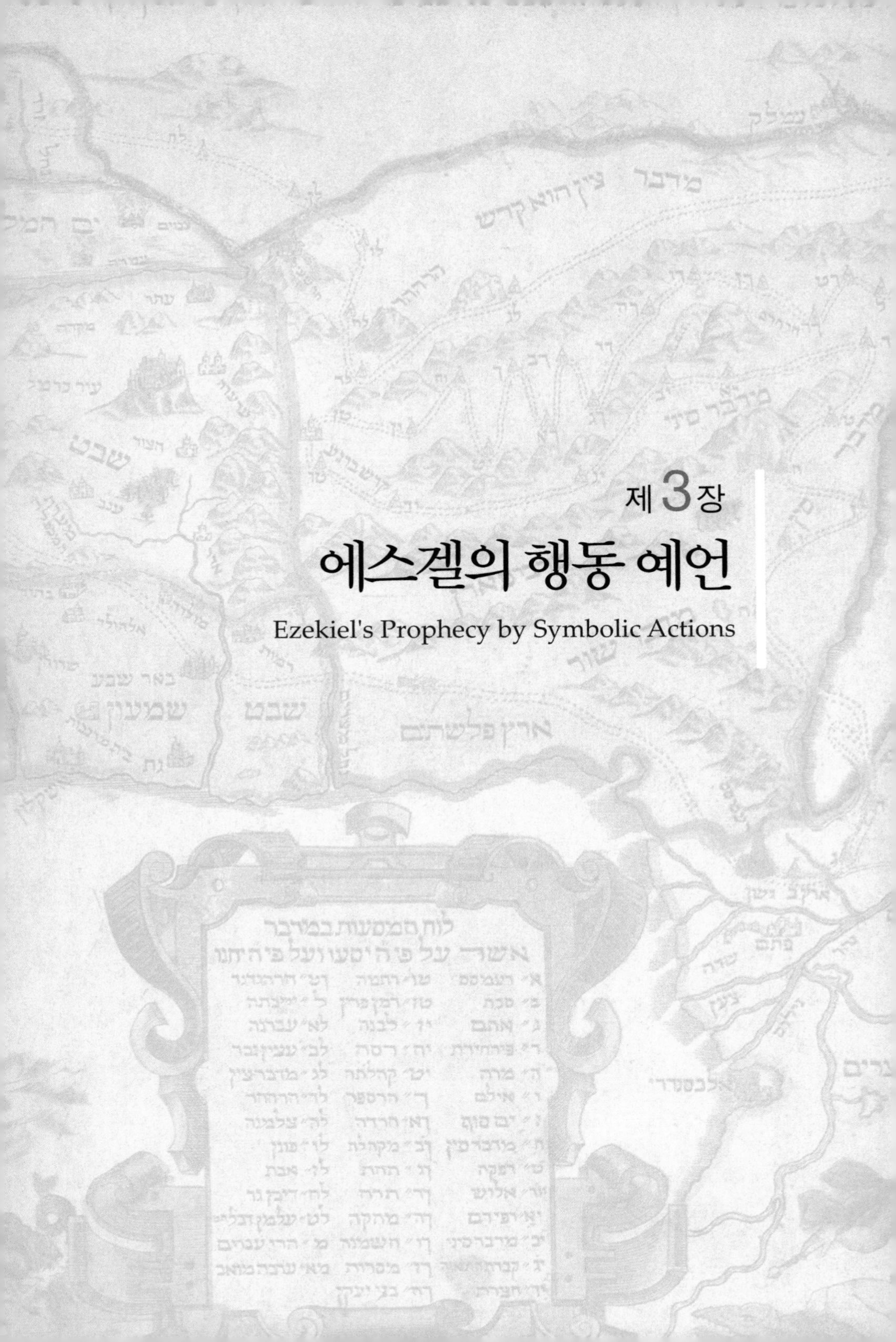

제 3 장

에스겔의 행동 예언

Ezekiel's Prophecy by Symbolic Actions

에스겔의 행동 예언
EZEKIEL'S PROPHECY BY SYMBOLIC ACTIONS

※ 유구한 역사 속에서 세계 최초로 성경적으로 체계화 정리

하나님께서는 에스겔 선지자를 부르신 후에, 이스라엘이 반드시 멸망할 것이라는 것을 '상징적인 행동 예언'(prophecy by symbolic action)을 통하여 선포하게 하셨습니다.

이것은 말이 아니라 이상한 행동을 통해 하나님의 말씀을 선포하는 행위였습니다. 말로 해도 듣지 않는 사람들이 혹시 행동을 보면 깨우치지 않을까 기대하시는 하나님의 무궁한 긍휼과 사랑의 표시였습니다. 에스겔 12:3에서는 "인자야 너는 행구를 준비하고 낮에 그들의 목전에서 이사하라 네가 네 처소를 다른 곳으로 옮기는 것을 그들이 보면 비록 패역한 족속이라도 혹 생각이 있으리라"라고 말씀하고 있습니다. 하나님께서는 에스겔 선지자의 기이하고도 미치광이 같은 행동을 통해 하나님의 말씀을 강력히 전달하신 것입니다.

또한 행동 예언은 예루살렘의 멸망이 도래하였음을 알리며 회개를 촉구하시는 하나님의 사랑의 표시였습니다. 하나님께서는 예루살렘이 바벨론에게 완전히 망하기 약 7년 전인 주전 593년부터 에스겔의 행동 예언을 통해서 이스라엘의 회개를 촉구하셨습니다.

에스겔 선지자는 하나님께서 명령하신 행동 예언을 하나도 빠짐없이 그대로 순종하여 행하였습니다. 이제 그 행동 예언들을 하나하나 상고하면서 그 속에 담겨 있는 하나님의 놀라운 구속 경륜에 대하여 살펴보겠습니다.

벙어리가 된 에스겔
EZEKIEL'S MUTENESS

에스겔 3:26-27, 33:21-22

1. 행동 예언의 개요(벙어리 된 기간)
Overview of Symbolic Action (Duration of Muteness)

하나님께서 에스겔 선지자에게 요구하신 첫 번째 행동 예언은 벙어리가 되는 것이었습니다. 놀랍게도 에스겔 선지자는 약 7년 6개월 동안 벙어리로 있었습니다. 그 기간 동안 자기 부인이나 가족들이 아무리 말을 해도 대답을 할 수 없었으니 얼마나 답답했겠습니까?

에스겔 선지자가 처음 벙어리가 된 것은 사로잡힌 지 5년 4월 12일이었습니다. 이때는 에스겔이 처음 이상을 받은 때인 사로잡힌 지 5년 4월 5일로부터(겔 1:1-2) 7일이 지난 후였습니다. 에스겔 3:15에서 "이에 내가 델아빕에 이르러 그 사로잡힌 백성 곧 그발강 가에 거하는 자들에게 나아가 그 중에서 민답히 칠 일을 지내니라"라고 말씀하고 있습니다.

여기서 '민답'이란 한자로 '번민할 민(悶), 겹칠 답(沓)'이며, '사정이 딱하여 안타깝고 답답하다'라는 뜻입니다. 개역개정에서는 "두려워 떨다"(겔 3:15, 4:16-17)로 번역했습니다. 히브리어로는 '샤멤(שָׁמֵם)'의 히필(사역)형으로, '오싹해지다, 소스라치게 놀라다, 황폐화

되다'라는 뜻입니다. 원어의 의미를 살려 말하자면, 동족의 비참한 운명과 조국의 패망이라는 충격적인 계시를 받은 에스겔 선지자가 큰 슬픔에 잠겨, 몸이 극도로 쇠약해져 아무 일도 못 하고 넋이 나간 채 7일을 지냈다는 것입니다. 그 후에 다시 하나님의 말씀이 그에게 임하여 파수꾼의 사명을 주셨습니다(겔 3:16-21). 그런데 다시 여호와의 권능이 에스겔에게 임하고 하나님께서는 그를 벙어리가 되게 하셨습니다(겔 3:22-27). 에스겔 3:26에서 "내가 네 혀로 네 입천장에 붙게 하여 너로 벙어리 되어 그들의 책망자가 되지 못하게 하리니 그들은 패역한 족속임이니라"라고 말씀하고 있습니다. 패역한 족속을 보면서 말을 못 하는 에스겔의 심정이 어떠했겠습니까(참고-욥 32:18, 시 39:3, 렘 6:11)?

에스겔 선지자가 벙어리에서 풀린 것은 사로잡힌 지 12년(주전 585년) 10월 5일이었습니다. 이때는 바벨론에게 예루살렘이 완전히 멸망을 당한 다음이었습니다. 에스겔 33:21-22에서 "우리가 사로잡힌 지 십이년 시월 오일에 예루살렘에서부터 도망하여 온 자가 내게 나아와 말하기를 그 성이 함락되었다 하였는데 ²² 그 도망한 자가 내게 나아오기 전날 저녁에 여호와의 손이 내게 임하여 내 입을 여시더니 다음 아침 그 사람이 내게 나아올 임시에 내 입이 열리기로 내가 다시는 잠잠하지 아니하였노라"라고 말씀하고 있습니다(참고-렘 52:7).

2. 벙어리의 상태
State of Muteness

에스겔 선지자가 벙어리가 되었던 7년 6개월 동안 계속 말하지 못한 것은 아니었습니다. 평소에는 벙어리로 있다가도, 에스겔에게 하나님의 말씀이 임하여 입을 열어 주실 때에는 여호와의 말씀을 선포하였습니다.

에스겔 3:26-27 "내가 네 혀로 네 입천장에 붙게 하여 너로 벙어리 되어 그들의 책망자가 되지 못하게 하리니 그들은 패역한 족속임이니라 27 그러나 내가 너와 말할 때에 네 입을 열리니 너는 그들에게 이르기를 주 여호와의 말씀이 이러하시다 하라 들을 자는 들을 것이요 듣기 싫은 자는 듣지 아니하리니 그들은 패역한 족속임이니라"

벙어리로 있었던 기간 가운데 하나님의 말씀이 임하여 예언한 경우가 여러 번 등장합니다. 에스겔 6:1-2에서 "여호와의 말씀이 내게 임하여 가라사대 2 인자야 너는 이스라엘 산을 향하여 그들에게 예언하여"라고 말씀하고 있습니다. 에스겔 12:10에서도 "너는 그들에게 말하기를 주 여호와의 말씀에 이것은 예루살렘 왕과 그 가운데 있는 이스라엘 온 족속에 대한 예조라 하셨다 하고"라고 하였고, 23절 또한 "그러므로 너는 그들에게 이르기를 주 여호와의 말씀에 내가 이 속담을 그치게 하리니 사람이 다시는 이스라엘 가운데서 이 속담을 못 하리라 하셨다 하고 또 그들에게 이르기를 날과 모든 묵시의 응함이 가까우니"라고 말씀하고 있습니다. 에스겔 13:2에서도 "인자야 너는 이스라엘의 예언하는 선지자를 쳐서 예언하되 자기 마음에서 나는 대로 예언하는 자에게 말하기를 너희는 여호와의 말씀을 들으라"라고 말씀하고 있습니다.

그러므로 에스겔 선지자는 벙어리로 있는 동안 사람의 말은 한 마디도 하지 않고 오직 하나님의 말씀만을 전했던 것입니다.

3. 벙어리로 만드신 구속 경륜
Redemptive Administration of Making Him Mute

(1) 사람의 말은 하지 말고 하나님의 말씀만 전하라는 것입니다.

에스겔은 벙어리로 있으면서도 오직 하나님의 말씀이 임할 때에만 그 입이 열려 말씀을 전했습니다. 그러므로 에스겔 선지자의 입에서 나오는 말은 사람의 말이 섞이지 않은 하나님의 말씀뿐이었습니다. 에스겔 2:7에서 "그들은 심히 패역한 자라 듣든지 아니 듣든지 너는 내 말로 고할찌어다"라고 하였고, 에스겔 3:4 하반절에서도 "이스라엘 족속에게 가서 내 말로 그들에게 고하라"라고 말씀하고 있습니다.

베드로전서 4:11을 볼 때, "누가 말하려면 하나님의 말씀을 하는 것같이 하고"라고 하였습니다. 성도는 분열과 다툼을 일으키는 '사람의 말'을 전하는 자가 아니라 오직 '하나님의 말씀'만을 전하는 자가 되어야 합니다(렘 1:9).

(2) 패역한 족속들을 꾸짖지 못하게 하신 것입니다.

에스겔 3:26에서 "내가 네 혀로 네 입천장에 붙게 하여 너로 벙어리 되어 그들의 책망자가 되지 못하게 하리니 그들은 패역한 족속임이니라"라고 말씀하고 있습니다. 사람이 책망을 받을 때는 그래도 회개할 기회가 있습니다. 그러나 하나님께서 아예 책망을 받지 못하게 하실 때는 회개할 기회조차 주어지지 않는 것입니다. 에베소서 5:13에서 "그러나 책망을 받는 모든 것이 빛으로 나타나나니 나타나지는 것마다 빛이니라"라고 말씀하고 있습니다.

당시 바벨론에 포로로 끌려온 사람들은 여전히 예루살렘은 망하지 않을 것이라고 잘못 생각했습니다. 그런데 에스겔 선지자가 예루살렘이 바벨론에게 망한다고 하니, 에스겔 선지자를 핍박하며 그의 말을 들으려고 하지 않았습니다. 에스겔 3:25에서 "인자야 무리가 줄로 너를 동여매리니 네가 그들 가운데서 나오지 못할 것이라"라고 말씀하고 있습니다. 이러한 상황에서 하나님께서는 예루살렘이 망한 주전 586년(티쉬리 기준 방식)까지 에스겔 선지자를 벙어리가 되게 하셔서, 패역한 백성의 인간적인 생각의 결과가 어떻게 되는지를 그들의 눈으로 확인할 때까지 내버려두신 것입니다.

(3) 하나님의 말씀을 듣고 회개할 사람이 있을 때는 일시적으로 에스겔 선지자의 입을 열어 하나님의 말씀을 전하게 하셨습니다.

에스겔 3:27에서 "그러나 내가 너와 말할 때에 네 입을 열리니 너는 그들에게 이르기를 주 여호와의 말씀이 이러하시다 하라 들을 자는 들을 것이요 듣기 싫은 자는 듣지 아니하리니 그들은 패역한 족속임이니라"라고 말씀하고 있습니다. 하나님이 보셔서 회개할 자가 있으면 에스겔 선지자의 입을 열어서 말씀을 전하게 하신 것입니다.

4. 벙어리에서 풀림
Released from Muteness

에스겔 선지자가 벙어리에서 풀린 것은 하나님께서 예언하신 대로 이루어진 것입니다. 하나님께서는 에스겔이 벙어리에서 풀리기 약 3년 전에 예언하셨습니다. 에스겔 24:1을 볼 때, 바벨론 포로로 끌려온 지 제9년 10월 10일에 여호와의 말씀이 에스겔에게 임하였습니다. 27절을 볼 때, "그날에 네 입이 열려서 도피한 자에게 말하고 다시는 잠잠하지 아니하리라 이와 같이 너는 그들에게 표징이 되고 그들은 내가 여호와인 줄 알리라"라고 말씀하고 있습니다. 여기 '그날'은 예루살렘이 멸망 당한 후 도피한 자가 그 일을 에스겔 선지자에게 알려 주는 날입니다. 그래서 25-26절에 "인자야 내가 그 힘과 그 즐거워하는 영광과 그 눈의 기뻐하는 것과 그 마음의 간절히 생각하는 자녀를 제하는 날 26 곧 그날에 도피한 자가 네게 나아와서 네 귀에 그 일을 들리지 아니하겠느냐"라고 예언하고 있습니다. 도피한 자가 와서 예루살렘의 멸망 소식을 전해 준 때는 주전 585년(티쉬리 기준 방식) 10월 5일이었습니다.

> **에스겔 33:21-22** "우리가 사로잡힌 지 십이년 시월 오일에 예루살렘에서부터 도망하여 온 자가 내게 나아와 말하기를 그 성이 함락되었다 하였는데 22 그 도망한 자가 내게 나아오기 전날 저녁에 여호와의 손이 내게 임하여 내 입을 여시더니 다음 아침 그 사람이 내게 나아올 임시에 내 입이 열리기로 내가 다시는 잠잠하지 아니하였노라"

실제로 예루살렘이 멸망한 것은 주전 586년(티쉬리 기준 방식) 4월 9일이었고, 니산 기준 방식으로는 주전 585년 4월 9일이었습니다. 열왕기하 25:2-4을 볼 때, "성이 시드기야 왕 십일년까지 에워싸였더니 3 그 사월 구일에 성중에 기근이 심하여 그 땅 백성의 양식이 진하였고 4 갈대아 사람이 그 성읍을 에워쌌으므로 성벽에 구멍을 뚫은지라"라고 말씀하고 있습니다. 이렇듯 예루살렘이 멸망 당하고 약 6개월이 지난 후 한 사람이 에스겔 선지자가 있는 바벨론에 도착했던 것입니다. 이처럼 하나님께서 미리 말씀하신 대로 예루살렘이 멸망한 소식을 전하는 자가 온 그날, 에스겔은 벙어리에서 풀려 입이 열렸습니다. 실로 하나님의 말씀은 일점일획도 틀림이 없이 반드시 성취됩니다(수 23:14, 사 55:11, 마 5:18).

박석 위에 예루살렘을 그려라
INSCRIBE JERUSALEM ON A BRICK

에스겔 4:1-3

1. 행동 예언의 개요
Overview of Symbolic Action

에스겔 4:1에서 "너 인자야 박석을 가져다가 네 앞에 놓고 한 성읍 곧 예루살렘을 그 위에 그리고"라고 말씀하고 있습니다. 박석은 히브리어 '레베나'(לְבֵנָה)로, 부드러운 진흙으로 만들어 햇볕에 말린 벽돌이나 넓은 토판을 가리킵니다. 한자로는 '엷을 박(薄), 돌 석(石)'으로, '얇고 넓적한 돌'을 가리킵니다. 고대에는 진흙을 구워 만든 벽돌로 튼튼한 건축물을 세우거나, 땅에 박석을 깔아서 좋은 길을 만들었습니다.

여기 '박석'은 사람의 손으로 만든 것으로, 인간의 노력을 상징합니다(참고-창 11:3, 출 1:14, 5:7-8, 14-18, 사 9:10). 하나님께서 예루살렘을 박석 위에 그리게 하시고 멸망을 선언하게 하신 것은, 아무리 인간적인 노력으로 터를 견고히 세운다 해도 이스라엘 백성의 죄악 위에 세워진 예루살렘 성이 반드시 멸망 당한다는 것을 나타내신 것입니다.

2. 그림 주위에 세울 것들
Things to Be Built around the Inscription

하나님께서는 에스겔에게 박석을 가져다가 예루살렘을 그려서 새기게 하신 다음, "그 성읍을 에워싸되 운제를 세우고 토둔을 쌓고 진을 치고 공성퇴를 둘러 세우고"라고 말씀하셨습니다(겔 4:2).

첫째, 운제를 세워야 합니다.

'운제(雲梯)'는 히브리어 '다예크'(דָּיֵק)로, 고대에 전쟁 시 사용된 바퀴가 달린 망대와 같은 성벽 공격용 무기를 말합니다. 운제는 높은 위치에서 상대방의 성을 향하여 화살을 쏘거나 돌을 던져 공격하기 위해 사용되었습니다(왕하 25:1, 렘 52:4, 겔 17:17, 21:22, 26:8).

둘째, 토둔을 쌓아야 합니다.

'토둔(土屯)'은 히브리어 '솔레라'(סֹלְלָה)로, '흙으로 쌓은 자그마한 언덕'을 가리킵니다. 이것은 적의 높은 성을 공격하기 위해 임시로 만든 언덕입니다(삼하 20:15, 왕하 19:32).

셋째, 진을 쳐야 합니다.

'진(陣)'은 히브리어 '마하네'(מַחֲנֶה)로, '야영지, 부대의 진영'을 의미합니다. 진을 치는 것은 적을 공격하기 위하여 진지를 구축하고 병력을 배치하는 것을 가리킵니다(삿 7:1, 8).

넷째, 공성퇴를 둘러 세워야 합니다.

'공성퇴(攻城鎚)'는 히브리어 '카르'(כַּר)로, 이동식 망대에 금속을 부착한 커다란 기둥을 달아 적의 성벽이나 성문에 여러 번 부딪치게 하여 성벽에 구멍을 내고 파괴하는 무기입니다(겔 21:22).

이러한 행동 예언은 그대로 이루어져서 바벨론이 남 유다를 쳐들어와 예루살렘을 포위하였습니다. 열왕기하 25:1-2에서 "시드기야 구년 시월 십일에 바벨론 왕 느부갓네살이 그 모든 군대를 거느리고 예루살렘을 치러 올라와서 진을 치고 사면으로 토성을 쌓으매 ² 성이 시드기야 왕 십일년까지 에워싸였더니"라고 말씀하고 있습니다.

3. 그림을 그린 후의 행동 예언
Symbolic Actions Following the Inscription

(1) 전철로 철성을 쌓아야 합니다.

에스겔 4:3 상반절에서 "또 전철을 가져다가 너와 성읍 사이에 두어 철성을 삼고"라고 말씀하고 있습니다. 여기 '전철'(煎鐵)은 '마하바트 바르젤'(מַחֲבַת בַּרְזֶל)로, '마하바트'는 '냄비'를, '바르젤'은 '철'을 뜻합니다. 전철은 기름을 발라서 음식을 굽는 데 사용하는 철판 그릇을 가리킵니다(레 2:4-6, 7:9, 대상 23:29). 그리고 '철성'(鐵城)은 히브리어 '키르 바르젤'(קִיר בַּרְזֶל)로, '철로 된 성'을 뜻합니다.

그러므로 '전철'로 '철성'을 삼은 것은, 쇠와 같이 강력한 바벨론의 군대가 철저하게 예루살렘을 포위할 것을 나타냅니다. 그 누구도 성에서 도망갈 수 없도록 외부와 철저히 차단하여 하나님의 심판을 피할 수 없게 하신 것입니다.

또한 전철을 에스겔과 성읍 사이에 둔 것은 하나님과 이스라엘 백성 사이가 죄 때문에 가로막혀 있음을 나타냅니다(욥 30:20, 35:12-13, 사 1:15, 애 3:8, 44).

이사야 59:2 "오직 너희 죄악이 너희와 너희 하나님 사이를 내었고 너희 죄가 그 얼굴을 가리워서 너희를 듣지 않으시게 함이니"
예레미야 5:25 "너희 허물이 이러한 일들을 물리쳤고 너희 죄가 너희에게 오는 좋은 것을 막았느니라"

그러므로 죄를 진심으로 회개하지 않으면 하나님의 징치를 받고, 모든 수고가 헛되이 돌아가 열매를 맺지 못하게 됩니다. 레위기 26:18-20에서 "너희가 그렇게 되어도 내게 청종치 아니하면 너희 죄를 인하여 내가 너희를 칠 배나 더 징치할찌라 ¹⁹ 내가 너희의 세력을 인한 교만을 꺾고 너희 하늘로 철과 같게 하며 너희 땅으로 놋과 같게 하리니 ²⁰ 너희 수고가 헛될찌라 땅은 그 산물을 내지 아니하고 땅의 나무는 그 열매를 맺지 아니하리라"라고 말씀하고 있습니다.

(2) 얼굴을 성 쪽으로 향하여야 합니다.

한글 개역성경에서 에스겔 4:3을 보면 "또 전철을 가져다가 너와 성읍 사이에 두어 철성을 삼고"라고 말씀하고 있습니다. 한글 개역성경은 이 문장 다음 이어지는 '바하키노타 에트 파네카 엘레하'(וַהֲכִינֹתָה אֶת־פָּנֶיךָ אֵלֶיהָ)라는 부분의 번역을 생략했습니다. 생략된 부분을 번역하면 '(성읍)을 향하여 너의 얼굴을 고정시켜라'입니다.

여기서 에스겔의 얼굴은 하나님의 얼굴을 대변합니다. '향하다'는 '견고하다, 세우다'라는 뜻의 히브리어 '쿤'(כּוּן)인데, 히필(사역)형이 사용되어 정면을 뚫어지게 응시하는 모습을 나타냅니다. 이러한 행동 예언은 하나님께서 분노하셔서 이미 예루살렘의 심판을 작정하셨음을 보여 줍니다(겔 4:7).

(3) 에워싸는 것처럼 에워싸야 합니다.

에스겔 4:3 하반절에서는 "에워싸는 것처럼 에워싸라 이것이 이스라엘 족속에게 징조가 되리라"라고 말씀하고 있습니다.

여기 '에워싸는 것처럼 에워싸라'는 히브리어로 '베하예타 바마초르 베차레타'(וְהָיְתָה בַמָּצוֹר וְצַרְתָּ)인데, 와우계속법 미완료 형태를 사용해서 그 의미를 강조하고 있습니다. 즉, 바벨론의 강력한 군대가 예루살렘을 포위하되, 절대로 뚫을 수 없도록 계속해서 강력하게 에워쌀 것을 말씀하는 것입니다.

하나님께서는 에스겔의 모든 행동 예언이 징조가 된다고 말씀하셨습니다. '징조('오트', אוֹת)'가 된다는 것은 이 행동 예언이 반드시 이루어지고 그때야 에스겔의 행동 예언이 하나님의 말씀인 것을 사람들이 인정하게 된다는 것입니다. 사람들은 에스겔의 행동을 보면서 어린아이들의 소꿉장난같이 우스꽝스럽게만 생각하였고, 이것이 참되신 하나님의 말씀이라는 사실을 끝까지 깨닫지 못하였습니다. 예수님께서는 자신이 표적임을 강조하시면서 "아침에 하늘이 붉고 흐리면 오늘은 날이 궂겠다 하나니 너희가 천기는 분별할 줄 알면서 시대의 표적은 분별할 수 없느냐"라고 책망하셨습니다(마 16:3). 성도는 시대의 표적을 분별할 줄 알아야 합니다. 예수님께서 말씀하신 세상의 종말은 시시각각 다가오고 있습니다. 그러므로 오직 참된 회개만이 하나님과 우리 사이의 철성과 같은 죄악의 담을 제거할 수 있습니다.

390일 동안 좌편으로 누워라
LIE DOWN ON YOUR LEFT SIDE FOR 390 DAYS

에스겔 4:4-5

1. 행동 예언의 개요
Overview of Symbolic Action

에스겔 4장의 내용은 에스겔 1-3장과 이어지는 것으로, 같은 해인 주전 593년에 일어난 사건입니다. 하나님께서는 에스겔 선지자에게 좌편으로 390일 동안 누워서 이스라엘 백성의 죄악을 담당하라고 명령하셨습니다.

에스겔 4:4에서 "너는 또 좌편으로 누워 이스라엘 족속의 죄악을 당하되 네 눕는 날수대로 그 죄악을 담당할찌니라"라고 말씀하고 있습니다. 여기 '좌편'은 히브리어 '치데카 하쉐말리'(צִדְּךָ הַשְּׂמָאלִי)로, 직역하면 '너의 옆 왼쪽'이라는 의미입니다. '왼쪽'을 의미하는 '쉐말리'(שְׂמָאלִי)는 북쪽을 가리킵니다. 이스라엘에서는 방향의 기준을 동쪽으로 잡았습니다. 따라서 사람이 동쪽을 바라보고 있는 상태에서 왼쪽은 북쪽이 되고, 오른쪽은 남쪽이 됩니다.

에스겔 4:5에서는 "내가 그들의 범죄한 햇수대로 네게 날수를 정하였나니 곧 삼백구십 일이니라 너는 이렇게 이스라엘 족속의 죄악을 담당하고"라고 말씀하고 있습니다. 6절 하반절에서는 "일 일이 일 년이니라"라고 말씀한 것을 볼 때, 390일은 390년을 가리킵니다.

2. 390일에 대한 견해들
Various Viewpoints about the 390 Days

에스겔 4:4에서 "이스라엘 족속의 죄악을 당하되"라고 말씀하고 있습니다. 5절 또한 "이스라엘 족속의 죄악을 담당하고"라고 말씀하고 있는데, 여기 이스라엘 족속은 북 이스라엘을 가리킵니다.

그렇다면 에스겔 선지자가 좌편(북쪽)으로 누워서 북 이스라엘의 죄악을 담당했던 390일은, 구체적으로 어떤 기간을 가리킵니까?

(1) 208년(북 이스라엘의 건국부터 멸망까지)의 기간으로 보는 견해

이스라엘이 남 유다와 북 이스라엘로 분열된 주전 930년부터 북 이스라엘이 앗수르에게 멸망 당한 주전 722년까지의 208년 기간을 가리킨다고 보는 견해입니다. 그러나 이 견해는 390일과는 그 수가 전혀 맞지 않습니다.

(2) 393년(이스라엘의 남북 분열부터 제1차 바벨론 포로 귀환까지)의 기간으로 보는 견해

이스라엘이 남 유다와 북 이스라엘로 분열된 주전 930년부터 바벨론에서 제1차로 귀환한 주전 537년까지의 393년의 기간으로 보는 견해입니다. 이 견해는 숫자가 근접하지만 정확히 맞지는 않습니다.

(3) 390년(이스라엘의 남북 분열부터 바사 왕 고레스의 바벨론 침략까지)의 기간으로 보는 견해

이스라엘이 남 유다와 북 이스라엘로 분열된 주전 930년부터 주전 540년까지의 390년 기간으로 보는 견해입니다. 북 이스라엘은 주전 722년에 앗수르에게 망하였고, 앗수르는 후에 바벨론에게 망하였습니다.

주전 540년에 바벨론은 벨사살 왕(주전 553-539)이 통치하고 있었는데, 그때 바사의 모체인 아케메네스(Achaemenes) 제국을 창건한 고레스 왕이 바벨론 동쪽 구티움(Gutium)에 쳐들어옵니다.[4] 이 사건은 유대인들을 바벨론에서 해방시키는 계기가 되었습니다. 주전 539년에 바벨론 왕 벨사살이 죽임을 당하고(단 5:30), 바벨론은 바사(고레스 왕)와 메대(다리오 왕) 연합군에게 멸망을 당했습니다.

이듬해 주전 538년, 바사 왕 고레스는 바벨론에 끌려왔던 유대인들이 고향으로 돌아가도 좋다는 포로 귀환령을 내렸습니다. 에스라

고레스의 바사 건국과
바벨론 정복
King Cyrus' Founding of Persia
and Conquest of Babylon

범례 | Index

신 바벨론 제국
Neo-Babylonian Empire

메대 제국
Median Empire

바사 제국
Persian Empire

코카서스 산맥

카스피해

흑해

소아시아

❸
사데
주전 546년
사데 점령
Conquered
Sardis

다소
하란
알레포
티그리스강
유브라데강

주전 540년
바벨론 침공 시작
InvadedBabylon

주전 550년
메대 수도 엑바타나 약탈
Plundered Ecbatana,
the Capital of Media

❷ 엑바타나
메대

이란 고원

❹ 구티움
오피스
시파르
바벨론
❺
수사

주전 539년
바벨론 입성
Entered Babylon

우르

파사르가디에 **❶**

페르세폴리스

주전 559년
페르시아 건국
Founded Persia

멤피스

나일강

애굽

홍해

테베

페르시아 만

1:1-3에서 "바사 왕 고레스 원년에 여호와께서 예레미야의 입으로 하신 말씀을 응하게 하시려고 바사 왕 고레스의 마음을 감동시키시매 저가 온 나라에 공포도 하고 조서도 내려 가로되 ²바사 왕 고레스는 말하노니 하늘의 신 여호와께서 세상 만국으로 내게 주셨고 나를 명하사 유다 예루살렘에 전을 건축하라 하셨나니 ³이스라엘의 하나님은 참 신이시라 너희 중에 무릇 그 백성 된 자는 다 유다 예루살렘으로 올라가서 거기 있는 여호와의 전을 건축하라 너희 하나님이 함께하시기를 원하노라"라고 말씀하고 있습니다. 여기 '고레스 원년'의 히브리어는 '비쉬나트 아하트'(בִּשְׁנַת אַחַת)로, '통치 첫 해'라는 뜻이며 주전 538년에 해당합니다. 그러므로 이 조서가 내려지기 직전인 주전 540년에 고레스 왕이 바벨론을 침공한 사건은, 유대인들이 해방되는 실질적인 계기가 되었던 것입니다.

에스겔 4:5 상반절에서는 "그들의 범죄한 햇수대로 네게 날수를 정하였나니"라고 말씀하고 있습니다. 원문을 직역하면 '나는 그들이 범죄한 햇수를 너에게 날로 정했다'라는 말씀입니다. 390일은 개략적인 기간이 아니라 하나님께서 정하신 정확한 기간이 되어야 합니다. 사람의 판단은 공평하지 않지만 하나님의 판단과 심판은 조금도 가감 없이 정확합니다(겔 33:20, 참고-겔 16:59, 18:30). 따라서 390일을 390년으로 보는 견해 중에는 주전 930년부터 주전 540년까지 390년의 기간으로 보는 것이 가장 성경적인 견해입니다.

네 번째 행동 예언 | THE FOURTH PROPHECY BY SYMBOLIC ACTION

40일 동안 우편으로 누워라
LIE DOWN ON YOUR RIGHT SIDE FOR 40 DAYS

에스겔 4:6-8

1. 행동 예언의 개요
Overview of Symbolic Action

하나님께서는 에스겔 선지자에게 좌편으로 390일 동안 누워 있으라고 명령하셨습니다(겔 4:4-5). 하루 이틀도 아니고, 일 년 이상 누워 있는 것은 사람의 힘으로 감당하기 어려운 엄청난 고난이었을 것입니다. 이 390일이 마친 다음에 하나님께서는 다시 에스겔 선지자에게 40일 동안 우편으로 누워 있으라고 명령하셨습니다(겔 4:6).

2. 40일에 대한 견해들
Various Viewpoints about the 40 Days

에스겔 4:6 상반절에서 "유다 족속의 죄악을 담당하라"라고 말씀하고 있는데, 여기 '유다 족속'은 남 유다를 가리킵니다. 그렇다면 에스겔 선지자가 우편으로 누워서 남 유다의 죄악을 담당했던 40일은 구체적으로 어떤 기간을 가리킵니까?

(1) 48년 또는 49년(남 유다의 멸망부터 고레스 왕의 유대인 해방령까지)의 기간으로 보는 견해

남 유다가 멸망한 주전 586년부터 고레스 왕의 유대인 해방령이 내려진 주전 538년까지 48년의 기간으로 보거나, 기점은 같지만 끝점을 실제로 해방된 주전 537년으로 하여 49년의 기간으로 보는 견해입니다. 그러나 어느 쪽도 숫자상으로 전혀 맞지 않습니다.

(2) 40년(솔로몬 왕의 통치 기간)의 기간으로 보는 견해

남 유다는 이스라엘이 남과 북으로 분열된 주전 930년부터 주전 586년에 바벨론에게 망하기까지 존속하였습니다. 그러나 나라가 분열된 근본 원인과 남 유다의 모든 죄악은 솔로몬 왕의 범죄로부터 시작된 것입니다(왕상 11:9-13). 솔로몬 왕의 통치 기간은 주전 970년부터 주전 930년까지 40년입니다. 그래서 에스겔 선지자가 우편으로 누웠던 40일을 40년으로 보는 견해는, 그 40년의 기간을 솔로몬 왕의 통치 기간으로 봅니다.

결국 에스겔 선지자가 좌편으로 누웠던 390일과 우편으로 누웠던 40일 기간을 합한 '430일'은 '430년'을 의미합니다.

그 기간은 솔로몬 왕이 통치를 시작한 주전 970년부터 시작하여, 바벨론이 망하고 남 유다가 포로 생활에서 해방되는 실질적인 계기가 마련된 주전 540년까지의 기간을 가리키는 것입니다.

에스겔 선지자가 북 이스라엘과 남 유다가 범죄한 햇수대로 누웠던 날수 430일이 상징하는 430년 기간은 이스라엘 백성이 애굽에 머물렀던 430년과 같은 기간입니다(출 12:40-41). 이스라엘 백성이 애굽에서 430년 거하는 동안 하나님을 잊어버리고 범죄하였듯이, 솔로몬 왕 때부터 솔로몬이 죽은 후, 나라가 남과 북으로 분열된 다음에도 이스라엘은 계속해서 범죄하였습니다. 결국 하나님께서는 최종적으로 바벨론을 들어서 이스라엘의 범죄를 징치하셨고(레 26:18), 바벨론에서 그들을 귀환시키심으로 이스라엘의 죄악을 징치하는 역사를 마치셨던 것입니다(참고-단 11:36下).

3. 구체적인 행동 예언들
Specific Symbolic Actions

(1) 예루살렘을 향하여 팔을 벗어 메고 예언해야 합니다.

에스겔 4:7에서 "너는 또 에워싼 예루살렘을 향하여 팔을 벗어 메고 예언하라"라고 말씀하고 있습니다. 여기 '벗어 메고'는 히브리어 '하사프'(חָשַׂף)로, '(옷을) 벗기다'라는 뜻입니다. 이는 싸우기 위해서 팔을 걷어붙이는 모습을 나타냅니다. 이사야 52:10에서 이 단어가 팔과 함께 사용되어 하나님께서 열방과 싸우시려는 모습을 나타내고 있습니다. 그러므로 에스겔 4:7의 말씀은 하나님께서 예루살렘과 싸우시려는 모습을 표현한 것으로, 예루살렘의 멸망이 곧 도래할 것임을 보여 줍니다.

(2) 몸이 묶인 상태에서 누워 있어야 합니다.

에스겔 4:8에서 "내가 줄로 너를 동이리니 네가 에워싸는 날이 맞도록 몸을 이리저리 돌리지 못하리라"라고 말씀하고 있습니다. 이것은 에스겔 3:25에 "인자야 무리가 줄로 너를 동여매리니 네가 그들 가운데서 나오지 못할 것이라"라고 하신 말씀대로 이루어진 것입니다. 에스겔 선지자가 하나님의 말씀에 순종하여 밧줄에 묶여 있을 때, 이스라엘 백성은 그를 비웃고, 놀리고, 조롱하였을 것입니다.

그러나 이 행동 예언은 장차 이스라엘 백성이 바벨론의 포로가 되어 밧줄에 묶여 끌려갈 것을 상징적으로 보여 줍니다. 실제로 남유다의 마지막 왕 시드기야는 두 눈이 빠진 채로 쇠사슬에 결박되어 바벨론으로 끌려갔습니다(렘 52:11).

> **열왕기하 25:7** "시드기야의 아들들을 저의 목전에서 죽이고 시드기야의 두 눈을 빼고 사슬로 결박하여 바벨론으로 끌어갔더라"

(3) 몸을 돌리지 못하고 하나님께서 정해 놓으신 편만 바라보아야 합니다.

에스겔 4:8 하반절을 볼 때, 하나님께서는 에스겔에게 "몸을 이리저리 돌리지 못하리라"라고 말씀하셨습니다. 여기 '이리저리'라는 표현은 히브리어 '미치데카 엘치데카'(מִצִּדְּךָ אֶל־צִדֶּךָ)로, 직역하면 '옆에서 옆까지'라는 뜻입니다. 이는 몸을 이쪽이든 저쪽이든 조금도 돌리지 말고 하나님께서 정해 놓으신 쪽만 바라보라는 명령입니다. 참된 성도, 사명의 사람은 하나님께서 정하신 쪽만 바라보아야 합니다(히 12:2, 참고-욥31:1上).

부정한 떡을 먹어라
EAT UNCLEAN BREAD

에스겔 4:9-17

1. 행동 예언의 개요
Overview of Symbolic Action

하나님께서는 에스겔 선지자에게 떡을 만들어 먹으라는 말씀과 함께 먹는 방식에 대하여 구체적으로 명령하셨습니다.

첫째, 여섯 가지 곡식을 섞어서 떡을 만들어 삼백구십 일간
　　　먹어야 합니다.

에스겔 4:9에서 "너는 밀과 보리와 콩과 팥과 조와 귀리를 가져다가 한 그릇에 담고 떡을 만들어 네 모로 눕는 날수 곧 삼백구십 일에 먹되"라고 말씀하고 있습니다. 에스겔은 좌편을 향해 누워 있는 390일 동안 계속 여섯 가지 곡식을 섞어 만든 떡을 먹었음을 알 수 있습니다.

둘째, 하루에 20세겔중씩 먹되, 인분으로 불을 피워서
　　　구워 먹어야 합니다.

에스겔 4:10에서 "너는 식물을 달아서 하루 이십 세겔중씩 때를 따라 먹고"라고 말씀하고 있는데, 여기 한 세겔은 약 11.4g으로, 20

세겔은 약 228g입니다. 아울러 하나님께서는 물을 1/6힌씩 마시라고 하셨는데(겔 4:11), 1힌은 약 3.67ℓ로, 1/6힌은 약 0.6ℓ입니다. 에스겔 4:12에서 "너는 그것을 보리떡처럼 만들어 먹되 그들의 목전에서 인분 불을 피워 구울찌니라"라고 말씀하고 있습니다. 여기서 '인분'은 사람의 대변을 말합니다.

2. 행동 예언의 의미
Meaning of Symbolic Action

하나님께서 여섯 가지 곡식을 섞어서 떡을 만들라고 하신 것은, 남 유다가 바벨론에게 포위를 당하여 혹독한 식량 부족을 겪을 것을 나타냅니다. 유대인들은 식량이 풍족할 때는 밀과 보리만 먹고 다른 곡물을 섞어 먹지 않기 때문입니다. 또한 여러 곡식이 섞여 있는 것은 이스라엘 백성의 신앙이 혼잡되어 있음을 가리키기도 합니다. 하나님께서는 이스라엘 백성에게 혼잡된 삶을 금지하셨습니다. 레위기 19:19에서 "너희는 내 규례를 지킬찌어다 네 육축을 다른 종류와 교합시키지 말며 네 밭에 두 종자를 섞어 뿌리지 말며 두 재료로 직조한 옷을 입지 말찌며"라고 하였고, 신명기 22:9에서 "네 포도원에 두 종자를 섞어 뿌리지 말라 그리하면 네가 뿌린 씨의 열매와 포도원의 소산이 다 빼앗김이 될까 하노라"라고 말씀하고 있습니다.

또한 인분으로 불을 피우게 하신 것은 앞으로 남 유다가 바벨론에게 포위를 당하여 겪게 될 연료의 부족을 가리키며, 동시에 백성의 신앙이 인분같이 더러운 냄새가 나는 부정한 상태가 되었음을 의미하기도 합니다.

3. 에스겔의 괴로움과 하나님의 답변
Ezekiel's Suffering and God's Answer

(1) 에스겔의 괴로움

율법에서는 인분을 극히 부정하게 여겼습니다(참고·신 23:12-14). 따라서 에스겔 선지자는 어떻게 자신이 인분으로 구운 부정한 떡을 먹을 수 있겠느냐고 하나님께 괴로운 심정을 토로하였습니다. 에스겔 4:14에서 "내가 가로되 오호라 주 여호와여 나는 영혼을 더럽힌 일이 없었나이다 어려서부터 지금까지 스스로 죽은 것이나 짐승에게 찢긴 것을 먹지 아니하였고 가증한 고기를 입에 넣지 아니하였나이다"라고 고백하였습니다.

(2) 하나님의 답변

하나님께서는 에스겔의 괴로움을 보시고 인분을 대신하여 쇠똥으로 떡을 굽는 것을 허락하셨습니다. 에스겔 4:15에서 "여호와께서 내게 이르시되 쇠똥으로 인분을 대신하기를 허하노니 너는 그것으로 떡을 구울찌니라"라고 말씀하고 있습니다. 물론 인분으로 굽는 것이 말씀을 더욱 강렬하게 전할 수 있는 방법이지만, 하나님께서는 에스겔의 마음까지 헤아려 주셨고(참고·욥 36:5) 하나님 자신이 양보하실 만큼 배려하시면서 에스겔 선지자가 행동으로 말씀을 전하기를 원하셨던 것입니다.

4. 죄악의 결과는 쇠패함
Wasting Away Because of Sin

하나님께서는 예루살렘이 포위되면, 경겁 중에 떡을 먹고 민답 중에 물을 마시게 된다고 말씀하셨습니다. 에스겔 4:16에서 "내가 예루살렘에서 의뢰하는 양식을 끊으리니 백성이 경겁 중에 떡을 달아 먹고 민답 중에 물을 되어 마시다가"라고 말씀하고 있습니다. 여기 '경겁'은 히브리어 '데아가'(דְּאָגָה)로, '걱정, 슬픔'이라는 뜻입니다. 이는 성이 완전히 포위되고 양식마저 떨어져 죽음의 공포 속에 남은 양식을 저울에 달아 가며 조금씩 아껴 먹는 모습을 가리킵니다. 또한 '민답'은 히브리어 '쉼마몬'(שִׁמָּמוֹן)으로, '공포, 놀람'이라는 뜻으로, 이는 예루살렘의 멸망이 다가옴을 느끼면서 공포 속에서 물을 조금씩 계산하여 아껴 마시는 모습을 가리킵니다.

그러나 결국에는 떡과 물이 다 떨어지고 죄악 중에서 쇠패하게 됩니다. 에스겔 4:17에서 "떡과 물이 결핍하여 피차에 민답하여 하며 그 죄악 중에서 쇠패하리라"라고 말씀하고 있습니다. 여기 '쇠패하리라'는 히브리어 '마카크'(מָקַק)로, '쇠퇴하다, 시들다, 말라 죽다'라는 뜻입니다. 결국 양식이 떨어져서 '아비가 아들을 먹고, 아들이 아비를 먹게 될 것'이라고 말씀하셨습니다(레 26:29, 신 28:53-59, 렘 19:9, 애 2:20, 겔 5:10). 하나님의 언약을 배반하고 죄를 회개하지 않으면 반드시 망하는 것입니다. 욥기 4:7에서 "생각하여 보라 죄 없이 망한 자가 누구인가 정직한 자의 끊어짐이 어디 있는가"라고 하였고, 시편 7:12에서 "사람이 회개치 아니하면 저가 그 칼을 갈으심이여 그 활을 이미 당기어 예비하셨도다"라고 말씀하고 있습니다(계 2:22, 3:3). 회개만이 우리가 살고 나라와 민족이 살 길입니다(행 3:19).

> **역대하 7:14** "내 이름으로 일컫는 내 백성이 그 악한 길에서 떠나 스스로 겸비하고 기도하여 내 얼굴을 구하면 내가 하늘에서 듣고 그 죄를 사하고 그 땅을 고칠찌라"

머리털과 수염을 깎아라
SHAVE YOUR HEAD AND BEARD

에스겔 5:1-4

1. 행동 예언의 개요
Overview of Symbolic Action

하나님께서는 에스겔 선지자에게 날카로운 칼로 머리털과 수염을 깎으라고 명령하셨습니다. 에스겔 5:1에서 "인자야 너는 날카로운 칼을 취하여 삭도를 삼아 네 머리털과 수염을 깎아서 저울에 달아 나누었다가"라고 말씀하고 있습니다.

하나님께서는 머리털과 수염을 깎아서 저울에 달아 나눈 다음에 1/3은 성읍 안에서 불사르고, 1/3은 성읍 사방에서 칼로 치고, 1/3은 바람에 흩으라고 명령하셨습니다. 에스겔 5:2에서 "그 성읍을 에워싸는 날이 차거든 너는 터럭 삼분지 일은 성읍 안에서 불사르고 삼분지 일은 가지고 성읍 사방에서 칼로 치고 또 삼분지 일은 바람에 흩으라 내가 그 뒤를 따라 칼을 빼리라"라고 말씀하고 있습니다. 그리고 3절에서는 터럭(에스겔의 깎은 머리털과 수염) 중에서 조금을 가져 옷자락에 싸라고 말씀하셨습니다.

2. 행동 예언의 의미
Meaning of Symbolic Action

(1) 머리털과 수염을 깎는 의미

머리털과 수염은 이스라엘 백성을 가리킵니다. 에스겔 5:5에서 "이 것이 곧 예루살렘이라"라고 말씀하고 있습니다. 머리털과 수염은 신체의 일부로서, 여기서는 에스겔의 동족인 유다 백성을 가리킵니다. 또한 날카로운 칼은 예루살렘을 멸망시킨 바벨론의 잔인한 군대를 가리킵니다. 그러므로 수염과 머리털이 깎여서 떨어져 나가는 것은 유다 백성이 바벨론에 포로로 끌려가는 것을 나타냅니다(참고·사 7:20).

원래 율법에서는 제사장이 머리털과 수염을 깎는 것을 금하고 있습니다. 레위기 21:5에서 "제사장들은 머리털을 깎아 대머리 같게 하지 말며 그 수염 양편을 깎지 말며 살을 베지 말고"라고 말씀하고 있습니다(레 19:27). 에스겔은 제사장의 아들로서 머리털과 수염을 깎으면 안 되지만, 하나님의 강력한 명령에 순종하여 머리털과 수염을 깎았습니다. 아마도 사람들은 에스겔의 모습을 보고 욕을 퍼붓고 손가락질을 하며 조소했을 것입니다(참고·삼하 10:4-5, 왕하 2:23-24). 그러나 에스겔 선지자는 사람들보다 하나님을 더 두려워하며 하나님의 말씀에 순종하였습니다(시 27:1).

(2) 머리털과 수염을 저울에 다는 의미

저울에 다는 것은 심판을 가리키는 것으로, 장차 예루살렘이 심판 받을 것을 의미합니다. 바벨론의 벨사살 왕이 죽임을 당할 때, 한 손가락이 나타나 왕궁 분벽에 '메네 메네 데겔 우바르신'이라는 글을 기록하였습니다(단 5:24-25). 여기 아람어 '데겔'(תְּקֵל)은 '저울로 다는 행위'를 말하는데, '왕이 저울에 달려서 부족함이 뵈었다'는 것입니다(단 5:27). 하나님의 저울은 속일 수 없습니다. 잠언 16:11 상반절에서 "공평한 간칭과 명칭은 여호와의 것이요"라고 말씀하고 있습니다. 하나님께서는 사람의 마음을 저울질하시고(잠 24:12), 그 행동까지도 달아보시는 분입니다(삼상 2:3). 우리는 하나님의 저울에 달아보면 입김보다 더 가벼운 존재에 불과합니다(시 62:9, 사 40:15).

(3) 1/3씩 불사르고, 칼로 치고, 바람에 흩는 의미

에스겔 5:12에서는 "너의 가운데서 삼분지 일은 온역으로 죽으며 기근으로 멸망할 것이요 삼분지 일은 너의 사방에서 칼에 엎드러질 것이며 삼분지 일은 내가 사방에 흩고 또 그 뒤를 따라 칼을 빼리라"라고 말씀하고 있습니다. 1/3을 성읍 안에서 불사르라는 말씀은 백성의 1/3이 성읍 안에서 온역과 기근으로 죽는다는 뜻입니다(겔 38:22).

1/3을 칼로 치라는 말씀은 백성의 1/3이 바벨론 군대의 칼에 맞아 죽임을 당할 것을 뜻합니다. 에스겔 17:21 상반절에서도 "그 모든 군대에서 도망한 자들은 다 칼에 엎드러질 것이요"라고 말씀하고 있습니다(겔 12:14, 39:23).

1/3을 바람에 흩으라는 말씀은 바벨론 군대의 칼에는 살아남았지만 여러 나라로 끌려가는 자들이 있음을 의미합니다(겔 17:21). 바람에 날려 흩어지듯이 이리저리 끌려가서 흔적도 없이 망하는 것입니다.

레위기 26:33에서 "내가 너희를 열방 중에 흩을 것이요 내가 칼을 빼어 너희를 따르게 하리니 너희의 땅이 황무하며 너희의 성읍이 황폐하리라"라고 하였고, 신명기 28:64에서는 "여호와께서 너를 땅 이 끝에서 저 끝까지 만민 중에 흩으시리니 네가 그곳에서 너와 네 열조의 알지 못하던 목석 우상을 섬길 것이라"라고 말씀하고 있습니다(시 44:11, 겔 12:15, 20:23, 22:15).

그러나 그냥 흩어지는 것이 아니라 칼이 뒤따라갑니다. 에스겔 5:2 하반절에서 "또 삼분지 일은 바람에 흩으라 내가 그 뒤를 따라 칼을 빼리라"라고 말씀하고 있습니다(겔 5:12下). 이것은 이스라엘 백성이 흩어져서도 하나님의 말씀에 불순종한다면 계속해서 심판이 뒤따를 것임을 경고하신 것입니다(레 26:33, 렘 9:16, 겔 12:14).

(4) 터럭의 일부를 옷자락에 싸는 의미

에스겔 5:3에서 "너는 터럭 중에서 조금을 가져 네 옷자락에 싸고"라고 말씀하고 있습니다. 이것은 백성이 다 멸망을 당하지만 '남은 자'가 있어서 옷자락에 싸듯이 보호를 받는다는 의미입니다. 이사야 6:13에서 "그중에 십분의 일이 오히려 남아 있을찌라도 이것도 삼키운 바 될 것이나 밤나무, 상수리나무가 베임을 당하여도 그 그루터기는 남아 있는 것같이 거룩한 씨가 이 땅의 그루터기니라"라고 말씀하고 있습니다(참고-렘 23:3, 롬 9:27).

그러나 남은 자들 가운데 얼마에게 또 불같은 심판이 주어집니다. 에스겔 5:4에서 "또 그 가운데서 얼마를 가져 불에 던져 사르라 그 속에서 불이 이스라엘 온 족속에게로 나오리라"라고 말씀하고 있습니다. 이는 비록 남은 자라고 할지라도 여전히 하나님을 배반하고 죄를 범한다면 그들에게도 심판이 내릴 것을 나타냅니다. 하나님의 심판의 불은 어디든지 찾아가는 것입니다. 여기 '그 속에서'는 '예루살렘 속에서'를 가리킵니다. 예루살렘에 내려진 심판의 불은 이방 각 나라에 흩어진 사람들에게도 계속적으로 찾아간다는 의미인 것입니다. 그러므로 '남은 자 중의 남은 자'는 어디를 가든지 끝까지 믿음을 지키고 하나님의 말씀을 지키는 자들입니다.

손뼉을 치고 발을 굴러라
CLAP YOUR HAND, STAMP YOUR FOOT

에스겔 6:11-14

1. 행동 예언의 개요
Overview of Symbolic Action

하나님께서는 에스겔 선지자에게 손뼉을 치고 발을 구르며 말씀을 선포하라고 명령하셨습니다. 에스겔 6:11에서 "주 여호와께서 가라사대 너는 손뼉을 치고 발을 구르며 말할찌어다 오호라 이스라엘 족속이 모든 가증한 악을 행하므로 필경 칼과 기근과 온역에 망하되"라고 말씀하고 있습니다. 이스라엘이 가증한 악을 행하였기 때문에 '필경 칼과 기근과 온역'에 망한다고 이스라엘의 멸망을 선포하게 하신 것입니다. 이어지는 12-14절에서는 그 멸망에 대해서 "먼 데 있는 자는 온역에 죽고 가까운 데 있는 자는 칼에 엎드러지고 남아 있어 에워싸인 자는 기근에 죽으리라 이같이 내 진노를 그들에게 이룬즉 ¹³ 그 살륙당한 시체가 그 우상 사이에, 제단 사방에, 각 높은 고개에, 모든 산꼭대기에, 모든 푸른 나무 아래에, 무성한 상수리나무 아래 곧 그 우상에게 분향하던 곳에 있으리니 너희가 나를 여호와인 줄 알리라 ¹⁴ 내가 내 손을 그들의 위에 펴서 그 거하는 온 땅 곧 광야에서부터 디블라까지 처량하고 황무하게 하리니 그들이 나를 여호와인 줄 알리라"라고 말씀하고 있습니다(겔 22:15).

2. 행동 예언의 의미
Meaning of Symbolic Action

(1) 손뼉을 치는 것의 의미

에스겔 6:11에서 손뼉을 치는 것은 일반적으로 '박수를 치는' 정도가 아닙니다. 이것은 한 손으로 다른 손을 아주 심하게 때리는 것을 의미합니다. '손뼉을 치고'라는 표현은 히브리어 '나카'(נָכָה, 때리다, 치다)와 '카프'(כַף, 손)가 합성된 것으로, 이러한 형태는 에스겔서에서 세 번 더 나타납니다(겔 21:14, 17, 22:13). 이 표현은 모두 하나님의 분노(처참함과 애통함)를 나타낼 때 사용되었습니다. 에스겔 21:14에서는 "그러므로 인자야 너는 예언하며 손뼉을 쳐서 칼로 세 번 거듭 씌우게 하라 이 칼은 중상케 하는 칼이라 밀실에 들어가서 대인을 중상케 하는 칼이로다"라고 하였고, 17절에서 "나도 내 손뼉을 치며 내 분을 다하리로다 나 여호와의 말이니라"라고 말씀하고 있습니다(겔 22:13). 하나님께서는 에스겔 선지자로 하여금 손뼉을 세게 치게 하시어 하나님의 분노가 강하게 쏟아질 것을 이스라엘 백성에게 알려 주신 것입니다.

(2) 발을 구르는 것의 의미

에스겔 6:11에서 발을 구르는 것은 그저 가볍게 동동 구르는 것이 아니라 발로 땅을 세차게 치면서 강하게 밟는 것을 가리킵니다. '발을 구르며'는 히브리어 '라카'(רָקַע, 치다, 짓밟다)와 '레겔'(רֶגֶל, 발)이 합성된 표현입니다. 이러한 형태는 에스겔서에서 한 번 더 사용되었는데, 암몬 족속이 이스라엘의 멸망을 보면서 발을 구르고 멸시하면서 좋아할 때 사용되었습니다. 에스겔 25:6에서 "나 주 여호와가 말하노라 네가 이스라엘 땅을 대하여 손뼉을 치며 발을 구르며 마음

을 다하여 멸시하며 즐거워하였나니"라고 말씀하고 있습니다. 다윗
이 대적들을 정복할 때도 '라카'(רָקַע)가 사용되었습니다. 사무엘하
22:43에서 "내가 저희를 땅의 티끌같이 부스러뜨리고 거리의 진흙
같이 밟아 헤쳤나이다(라카)"라고 말씀하고 있습니다.

그러므로 하나님께서 에스겔 선지자로 하여금 발로 땅을 세차게
치면서 밟게 하신 것은, 이스라엘이 바벨론에게 반드시 처참하게
정복당할 것을 알려 주시면서 하나님의 슬픔과 분노를 나타내신 것
입니다.

3. 하나님의 심판
God's Judgment

에스겔 6:13에서 "그 살륙당한 시체가 그 우상 사이에, 제단 사방
에, 각 높은 고개에, 모든 산꼭대기에, 모든 푸른 나무 아래에, 무성
한 상수리나무 아래 곧 그 우상에게 분향하던 곳에 있으리니 너희
가 나를 여호와인 줄 알리라"라고 말씀하고 있습니다. 우상을 섬기
는 모든 자리마다 살륙당한 시체가 가득하게 된다는 것입니다. 이
어서 14절에서 "내가 내 손을 그들의 위에 펴서 그 거하는 온 땅 곧
광야에서부터 디블라까지 처량하고 황무하게 하리니 그들이 나를
여호와인 줄 알리라"라고 말씀하고 있습니다. 여기 '내가 내 손을
그들의 위에 펴서'는 하나님의 심판을 의미합니다.

첫째, 심판의 범위는 이스라엘 전체입니다.

에스겔 6:14의 '광야에서부터 디블라까지'는 이스라엘 전체를
가리키는 표현입니다. '광야'는 브엘세바 주위의 광야 지대로서 이

스라엘의 최남단을 가리키며, '디블라'는 다메섹 북쪽의 오론테스 강 유역의 한 성읍으로, 이스라엘의 최북단의 '립나'를 가리킵니다 (왕하 23:33).[5] 이스라엘의 남북 전체를 총괄하는 "단부터 브엘세바 까지"(삿 20:1, 삼상 3:20, 삼하 3:10, 17:11, 24:2, 15, 왕상 4:25, 대상 21:2, 대하 30:5, 암 8:14)라는 일반적인 표현 대신 '광야에서부터 디블라까 지'라고 표현한 것은, 주전 588년부터 주전 586년까지 느부갓네살 이 남 유다를 정복하기 위한 거점 본부를 디블라에 세웠기 때문입 니다(왕하 25:6, '립나'로 번역).[6]

둘째, 심판의 도구는 하나님의 손입니다.

에스겔 6:14에서 "내가 내 손을 그들의 위에 펴서" 이스라엘을 처량하고 황무하게 하시겠다고 말씀하고 있습니다. 에스겔 14:9을 볼 때, 하나님의 손을 펴서 거짓 선지자를 심판하십니다. 또한 에스 겔 25:7, 13, 16을 보면 암몬과 에돔, 블레셋을 심판하실 때도 하나 님의 손을 펴신다고 말씀하고 있습니다(참고-출 32:11, 스 8:22). 사람은 하나님의 손으로 행하시는 심판을 절대 자기 손으로 막을 수 없습 니다.

에스겔 35:3 "이르기를 주 여호와의 말씀에 세일산아 내가 너를 대적 하여 내 손을 네 위에 펴서 너로 황무지와 놀라움이 되게 할찌라"

쇠사슬을 만들어라
MAKE THE CHAIN

에스겔 7:23-27

1. 행동 예언의 개요
Overview of Symbolic Action

하나님께서는 에스겔 선지자에게 쇠사슬을 만들라고 명령하셨습니다. 에스겔 7:23에서 "너는 쇠사슬을 만들라 이는 피 흘리는 죄가 그 땅에 가득하고 강포가 그 성읍에 찼음이라"라고 말씀하고 있습니다. 여기 쇠사슬은 '동이다'라는 뜻의 히브리어 '라타크'(רָתַק)에서 유래하였는데, 쇠로 된 고리를 여러 개 이어서 만드는 것을 말합니다. 이것을 만들기 위해서는 오랜 시간이 걸립니다. 왜냐하면 쇠를 불에 달구어 고리 모양으로 만들어서 그것들을 계속 이어야 하기 때문입니다. 더구나 이 쇠사슬은 사람을 묶어서 끌고 가는 데 쓰기 위한 것으로, 그 길이가 상당히 길었을 것입니다.

2. 행동 예언의 의미
Meaning of Symbolic Action

하나님께서 에스겔 선지자에게 쇠사슬을 만들게 하신 것은 장차 유다가 멸망하여 바벨론에 끌려갈 때 쇠사슬에 묶여서 끌려갈 것을 미리 보여 주신 것입니다. 그래서 에스겔 7:24을 볼 때, "내가 극히 악한 이방인(바벨론)으로 이르러 그 집들을 점령하게 하고 악한 자의 교만을 그치게 하리니 그 성소가 더럽힘을 당하리라"라고 말씀하고 있습니다.

실제로 시드기야 왕은 쇠사슬에 묶여서 바벨론으로 끌려갔습니다. 열왕기하 25:7에서 "시드기야의 아들들을 저의 목전에서 죽이고 시드기야의 두 눈을 빼고 사슬로 결박하여 바벨론으로 끌어갔더라"라고 말씀하고 있습니다. 예레미야 선지자 또한 쇠사슬에 묶여서 끌려갔습니다(렘 40:1, 52:11).

3. 쇠사슬에 묶여 끌려가는 이유
Reason for Being Taken Away in Chains

(1) 피를 흘리는 죄

에스겔 7:23에서 "너는 쇠사슬을 만들라 이는 피 흘리는 죄가 그 땅에 가득하고 강포가 그 성읍에 찼음이라"라고 말씀하고 있습니다. 여기 '죄'는 히브리어 '미쉬파트'(מִשְׁפָּט)로, '재판, 판결'이라는 뜻입니다. 이는 재판을 할 때 뇌물을 받고 부당하게 판결함으로 많은 사람의 피를 흘리게 한 사실을 가리킵니다(잠 17:23). 하나님은 이런 자들에게 화가 있다고 말씀하십니다. 이사야 10:2에서 "빈핍한 자를 불공평하게 판결하여 내 백성의 가련한 자의 권리를 박탈하며 과부에게 토색하고 고아의 것을 약탈하는 자는 화 있을진저"라고 말씀하고 있습니다. 예레미야애가 3:35-36에서도 "지극히 높으신 자의 얼굴 앞에서 사람의 재판을 굽게 하는 것과 ³⁶ 사람의 송사를 억울케 하는 것은 다 주의 기쁘게 보시는 것이 아니로다"라고 말씀하고 있습니다(시 94:20, 겔 22:12).

(2) 강포가 가득 참

에스겔 7:23 하반절에서 "강포가 그 성읍에 찼음이라"라고 말씀하고 있습니다. 여기 '강포'는 히브리어 '하마스'(חָמָס)로, '폭력'이라는 뜻입니다. 에스겔서를 볼 때, 강포는 하나님의 노를 격동하는 큰 죄라고 말씀하고 있습니다. 에스겔 8:17에서 "또 내게 이르시되 인자야 네가 보았느냐 유다 족속이 여기서 행한 가증한 일을 적다 하겠느냐 그들이 강포로 이 땅에 채우고 또다시 내 노를 격동하고 심지어 나무가지를 그 코에 두었느니라"라고 하였고, 에스겔 28:16에서 "네 무역이 풍성하므로 네 가운데 강포가 가득하여 네가 범죄하였도다 너 덮는 그룹아 그러므로 내가 너를 더럽게 여겨 하나님의 산에서 쫓아내었고 화광석 사이에서 멸하였도다"라고 말씀하고 있습니다.

노아 시대에 하나님의 심판이 임한 이유 가운데 하나는 강포가 땅에 가득 찼기 때문입니다. 창세기 6:11에서 "때에 온 땅이 하나님 앞에 패괴하여 강포가 땅에 충만한지라"라고 하였고, 13절에서는 "하나님이 노아에게 이르시되 모든 혈육 있는 자의 강포가 땅에 가득하므로 그 끝날이 내 앞에 이르렀으니 내가 그들을 땅과 함께 멸하리라"라고 말씀하고 있습니다.

(3) 교만함

에스겔 7:24에서 "내가 극히 악한 이방인으로 이르러 그 집들을 점령하게 하고 악한 자의 교만을 그치게 하리니 그 성소가 더럽힘을 당하리라"라고 말씀하고 있습니다. 여기 '교만'은 히브리어 '가

온'(ןֹואָגּ)으로, 이 단어는 본래 하나님의 탁월한 위엄과 광대하심을 나타내는 단어입니다(출 15:7, 사 2:10, 19). 그런데 이 단어가 사람에게 사용된 것은 사람이 하나님의 영광을 가로챘기 때문입니다. 하나님의 영광을 가로챌 때 하나님은 반드시 심판하십니다(참고-겔 28:2, 암 6:8). 이 땅의 성도는 하나님의 영광을 위하여 창조된 존재이므로(사 43:7, 고전 10:31), 하나님의 영광을 가로채는 교만의 죄를 범해서는 안 됩니다(잠 16:18, 롬 1:21-23).

4. 하나님의 심판
God's Judgment

에스겔 7:27에서 "왕은 애통하고 방백은 놀람을 옷 입듯 하며 거민의 손은 떨리리라 내가 그 행위대로 그들에게 갚고 그 죄악대로 그들을 국문한즉 그들이 나를 여호와인 줄 알리라"라고 말씀하고 있습니다. 여기 '국문'은 '심판하다'라는 뜻의 히브리어 '샤파트'(טפָשָׁ)입니다.

하나님의 심판은 어떻게 이루어집니까?

(1) 심판의 대상은 모든 사람들입니다.

에스겔 7:27의 왕과 방백과 거민은 나라를 형성하는 모든 사람들을 지칭하는 것으로, 하나님의 심판이 모든 사람에게 임한다는 말씀입니다. 시편 7:8 상반절에서 "여호와께서 만민에게 심판을 행하시오니"라고 말씀하고 있습니다(전 12:14, 사 51:5).

사람의 판결은 부정확할 때가 많지만, 하나님의 심판은 공정하시고 정확하십니다(시 9:4, 8, 사 11:3-4). 그러므로 하나님께서 모든 사람을 심판하실 때 인간이 항의할 수 없는 것입니다(욥 9:2-3, 40:8).

시편 96:10-13 "열방 중에서는 이르기를 여호와께서 통치하시니 세계 가 굳게 서고 흔들리지 못할찌라 저가 만민을 공평히 판단하시리라 할 찌로다 ¹¹ 하늘은 기뻐하고 땅은 즐거워하며 바다와 거기 충만한 것은 외치며 ¹² 밭과 그 가운데 모든 것은 즐거워할찌로다 그리할 때에 삼림 의 나무들이 여호와 앞에서 즐거이 노래하리니 ¹³ 저가 임하시되 땅을 판단하려 임하실 것임이라 저가 의로 세계를 판단하시며 그의 진실하 심으로 백성을 판단하시리로다"

시편 98:9 "저가 땅을 판단하려 임하실 것임이로다 저가 의로 세계를 판단하시며 공평으로 그 백성을 판단하시리로다"

(2) 행위대로 심판하십니다.

에스겔 7:27 하반절에서 "내가 그 행위대로 그들에게 갚고 그 죄 악대로 그들을 국문한즉 그들이 나를 여호와인 줄 알리라"라고 말 씀하고 있습니다. 여기 '행위'는 히브리어 '데레크'(דֶּרֶךְ)로, '길'이 라는 뜻입니다. 하나님께서는 사람들이 걸어간 길, 곧 그 행위대로 심판하십니다(겔 33:20, 36:19, 유 1:15, 계 16:7, 20:13). 또한 '그 죄악대 로' 심판하시는데, 여기 '죄악'은 히브리어 '미쉬파트'(מִשְׁפָּט)로, '판 결, 재판'이라는 뜻입니다. 하나님께서는 사람이 남을 판단하면 그 가 판단한 대로 그 자신이 판단 받게 하십니다.

마태복음 7:1-2 "비판을 받지 아니하려거든 비판하지 말라 ² 너희의 비 판하는 그 비판으로 너희가 비판을 받을 것이요 너희의 헤아리는 그 헤아림으로 너희가 헤아림을 받을 것이니라"

로마서 2:1-3 "그러므로 남을 판단하는 사람아 무론 누구든지 네가 핑 계치 못할 것은 남을 판단하는 것으로 네가 너를 정죄함이니 판단하는 네가 같은 일을 행함이니라 ² 이런 일을 행하는 자에게 하나님의 판단이 진리대로 되는 줄 우리가 아노라 ³ 이런 일을 행하는 자를 판단하고도 같은 일을 행하는 사람아 네가 하나님의 판단을 피할 줄로 생각하느냐"

(3) 심판 때에 얻을 수 없는 것이 있습니다.

하나님께서 심판하실 때가 되면 구하여도 얻을 수 없는 두 가지가 있습니다. 먼저, 평강을 구하여도 얻을 수 없습니다. 에스겔 7:25에서 "패망이 이르리니 그들이 평강을 구하여도 없을 것이라"라고 말씀하고 있습니다. 악인에게는 절대로 평강이 없습니다(사 48:22, 57:21).

다음으로, 올바른 지도자를 구하지만 얻을 수 없습니다. 에스겔 7:26에서 "환난에 환난이 더하고 소문에 소문이 더할 때에 그들이 선지자에게 묵시를 구하나 헛될 것이며 제사장에게는 율법이 없어질 것이요 장로에게는 모략이 없어질 것이며"라고 말씀하고 있습니다. 이는 '백성을 올바로 이끌어 줄 지도자가 없다'는 뜻으로, 지도자들조차 다 타락하여(겔 34:2-6, 벤후 2:1), 영적 소경이 되었다는 것입니다(사 56:10, 렘 5:31, 말 2:7-8, 마 15:14, 23:16, 24).

성벽을 뚫고 행구를 옮겨라

DIG A HOLE THROUGH THE WALL AND CARRY YOUR BAGGAGE OUT

에스겔 12:1-16

1. 행동 예언의 개요

Overview of Symbolic Action

하나님께서는 에스겔 선지자에게 성벽을 뚫고 행구를 옮기라고 명령하셨습니다. 이 명령은 세 단계로 분류할 수 있습니다.

(1) 낮에 행구를 준비하여 옮겨라

에스겔 12:3-4상에서 "인자야 너는 행구를 준비하고 낮에 그들의 목전에서 이사하라 네가 네 처소를 다른 곳으로 옮기는 것을 그들이 보면 비록 패역한 족속이라도 혹 생각이 있으리라 ⁴ 너는 낮에 그 목전에서 네 행구를 밖으로 내기를 이사하는 행구같이 하고"라고 말씀하고 있습니다.

여기 '행구'(行具)는 '피난을 가거나 급히 떠날 때 챙긴 짐 보따리'를 가리키는데, 행구에는 보통 지팡이, 냄비, 그릇, 식량, 돈주머니 등이 들어 있습니다.

특히 '이사하라'와 '옮기는'이라는 단어는 히브리어 '갈라'(גָּלָה)로, '벗기다'라는 뜻이며(창 9:21, 겔 16:36-37), 이는 포로로 끌려갈 때 거의 발가벗기운 채로 질질 끌려가는 모습을 표현하는 단어입니다.

그러므로 하나님께서는 에스겔로 하여금 마치 포로로 질질 끌려가는 모습처럼 행구를 옮기라고 말씀하신 것입니다.

아무리 선지자이지만 사람이 대낮에 거의 발가벗고 포로로 끌려가는 것처럼 물건을 옮기는 행동은 참으로 하기 어려운 일입니다. 말씀에 순종하는 길은 나의 수치와 부끄러움까지도 무릅쓰는 것입니다.

(2) 저녁에는 성벽을 뚫고 밖으로 나가라

에스겔 12:4下-5에서 "저물 때에 너는 그 목전에서 밖으로 나가기를 포로 되어 가는 자같이 하라 ⁵너는 그 목전에서 성벽을 뚫고 그리로 좇아 옮기되"라고 말씀하고 있습니다. 여기 '뚫고'라는 단어는 히브리어 '하타르'(חָתַר)로, '파다, 노를 젓다'라는 의미입니다. 쉽게 말해 삽이나 곡괭이 등을 가지고 와서 벽돌을 깨고 벽 밑에 굴을 파듯이 구멍을 뚫으라는 것입니다.

해가 져서 사람들이 잠자리를 준비하거나 잠자리에 들기 시작할 때에 에스겔 선지자가 벽을 두드려 부수며 구멍을 내고 있으니, 사람들은 그 광경을 보며 '미쳤다'고 했을 것입니다. 사람들이 아무리 그만하라고 소리를 질러도 에스겔 선지자는 벙어리이기 때문에 그저 묵묵히 계속해서 벽에 구멍을 뚫었을 것입니다.

(3) 캄캄할 때에 행구를 어깨에 메고 얼굴을 가리고 땅을 보지 말고 나가라

에스겔 12:6 상반절에서 "캄캄할 때에 그 목전에서 어깨에 메고 나가며 얼굴을 가리우고 땅을 보지 말찌어다"라고 말씀하고 있으며, 7절 하반절에서도 "캄캄할 때에 행구를 내어다가 그 목전에서 어깨에 메고 나가니라"라고 말씀하고 있습니다. 에스겔 선지자가 얼굴을 가리고 땅을 보지 않는 것은 바벨론 포로로 끌려가는 모습이 몹시 치욕스러운 상황이 될 것을 보여 줍니다(삼하 15:30, 렘 14:3).

(4) 반드시 목전에서 행하라

하나님께서는 에스겔 선지자에게 이스라엘 백성의 "그 목전에서" 행하라고 명령하셨습니다. 여기 '목전에서'는 '눈'의 히브리어 '아인'(עַיִן)의 쌍수형을 사용해서, 두 눈으로 바로 보게 된다는 것을 강조하는 표현입니다. 한글 개역성경에서는 에스겔 12:3에서 '목전에서'를 한 번만 번역하였지만, 히브리어 원문 상에는 두 번 사용되어 에스겔 12:3-7절에만 총 7번을 반복하고 있습니다(겔 12:3[2번], 4[2번], 5, 6, 7). 이는 이스라엘 백성이 에스겔의 행동 예언을 자기 두 눈으로 직접 보아야, 나중에 그대로 성취되었을 때 그 예언이 하나님의 말씀임을 인정하게 된다는 것입니다.

2. 행동 예언의 의미
Meaning of Symbolic Action

(1) 바벨론에 포로로 끌려감을 나타냅니다.

에스겔 12:4의 '이사하는 행구'는 히브리어 '켈리 골라'(כְּלֵי גוֹלָה)로, '포로 신세의 물건들'이라는 뜻이며, 이것은 이스라엘 백성이 반드시 바벨론에 포로로 끌려갈 것을 알려 줍니다. 이 표현이 예레미야 46:19에서 '포로의 행리'로 번역되었습니다.

(2) 성벽이 뚫릴 것을 보여 줍니다.

에스겔 12:5에서 "너는 그 목전에서 성벽을 뚫고 그리로 좇아 옮기되"라고 말씀하고 있습니다. 여기 '성벽'은 히브리어 '키르'(קִיר)로, 성의 벽이 아니라 마을의 담을 의미합니다. 당시 마을에 있는 담은 흙으로 만들어 햇볕에 말린 흙벽돌로 지어졌기 때문에 에스겔이 혼자서도 무너뜨릴 수 있는 것이었습니다.

이는 앞으로 바벨론이 남 유다에 쳐들어올 때 예루살렘의 성벽이 반드시 뚫리게 될 것을 보여 준 것입니다. 열왕기하 25:4 상반절에서 "갈대아 사람이 그 성읍을 에워쌌으므로 성벽에 구멍을 뚫은지라"라고 말씀하고 있습니다(렘 52:7).

주전 586년 4월 9일에 성벽이 뚫렸고(왕하 25:1-4, 렘 52:4-7), 주전 586년 5월 7일에 바벨론 왕의 시위대 장관 느부사라단에 의해서 성전과 왕궁이 불살라졌으며, 예루살렘 사면 성벽이 모두 다 헐렸습니다. 그래서 이날은 대대로 유대인들에게 애통과 금식의 절기가 되었습니다(슥 7:3, 8:19).

열왕기하 25:8-10 "바벨론 왕 느부갓네살의 십구년 오월 칠일에 바벨론 왕의 신하 시위대 장관 느부사라단이 예루살렘에 이르러 ⁹ 여호와의 전과 왕궁을 사르고 예루살렘의 모든 집을 귀인의 집까지 불살랐으며 ¹⁰ 시위대 장관을 좇는 갈대아 온 군대가 예루살렘 사면 성벽을 헐었으며"

(3) 얼굴을 가리고 땅을 보지 않는 행동 예언은 시드기야 왕에게 그대로 성취되었습니다.

에스겔 12:6에서 "얼굴을 가리우고 땅을 보지 말찌어다"라고 말씀하고 있으며, 12절 하반절에서도 "눈으로 땅을 보지 아니하려고 자기 얼굴을 가리우리라"라고 말씀하고 있습니다. 이것은 크나큰 슬픔과 탄식을 나타내는 표현으로, 앞으로 바벨론에 포로로 끌려가므로 다시 예루살렘 땅을 보지 못할 것을 미리 보여 준 것입니다.

실제로 시드기야는 포로로 끌려갈 때 두 눈이 빠진 채로 끌려갔기 때문에, 바벨론 땅조차 보지 못했으며(왕하 25:7) 다시는 고국으로 돌아오지 못했습니다. 에스겔 12:13에서 "내가 또 내 그물을 그의 위에 치고 내 올무에 걸리게 하여 그를 끌고 갈대아 땅 바벨론에 이르리니 그가 거기서 죽으려니와 그 땅을 보지 못하리라"라고 말씀하고 있으며, 예레미야 52:11에서 "시드기야의 두 눈을 빼고 사슬로 결박하여 바벨론으로 끌어다가 그 죽는 날까지 옥에 두었더라"라고 말씀하고 있습니다.

실로 에스겔의 행동 예언은 역사에서 실제로 이루어졌습니다. 하나님의 말씀은 반드시 그대로 이루어지는 것입니다(수 23:14, 사 55:10, 마 5:18).

떨면서 식물을 먹고
놀라고 근심하면서 물을 마셔라
EAT YOUR BREAD WITH TREMBLING AND DRINK YOUR WATER WITH QUIVERING AND ANXIETY

에스겔 12:17-20

1. 행동 예언의 개요
Overview of Symbolic Action

(1) 떨면서 식물을 먹어라

에스겔 12:18 상반절에서 "인자야 너는 떨면서 네 식물을 먹고"라고 말씀하고 있습니다. 여기 '떨면서'는 히브리어 '라아쉬'(רַעַשׁ)로, '흔들림, 지진'이라는 뜻입니다. 에스겔 38:19의 큰 지진을 가리킬 때 '라아쉬'가 사용되었습니다(왕상 19:11). 에스겔 12:19에서는 '떨면서' 대신에 '근심하면서'(דְּאָגָה, '데아가')라는 표현을 사용하고 있는데, 이는 적이 쳐들어온 것을 보면서 극도의 두려움과 공포, 근심이 가득 차 손을 부들부들 떨면서 음식을 먹는 모습을 나타냅니다.

(2) 놀라고 근심하면서 물을 마셔라

에스겔 12:18 하반절에서 "놀라고 근심하면서 네 물을 마시며"라고 말씀하고 있습니다. 여기 '놀라고'는 히브리어 '로그자'(רָגְזָה)로, '몸서리침'을 의미하고, '근심하면서'는 히브리어 '데아가'(דְּאָגָה)로, '근심, 걱정'을 의미합니다.

에스겔은 음식을 먹거나 물을 마실 때마다 크게 떨고 몸서리치면서 극도의 근심 가운데 먹고 마셨던 것입니다. 특히 에스겔 12:19의 물을 마실 때 사용된 '놀라면서'는 히브리어 '쉼마몬'(שִׁמָּמוֹן)으로, '공포와 경악'을 의미합니다(겔 4:16).

2. 행동 예언의 의미
Meaning of Symbolic Action

(1) 영적·정신적 고통을 강조한 것입니다.

에스겔 4:9-17에서 떡을 쇠똥에 구워 먹는 모습을 보여 주는데, 이는 음식과 물이 부족하여 겪게 되는 육신적인 고통을 강조하는 표현입니다. 그러나 에스겔 12:17-20에서는 떨면서 식물을 먹고 놀라고 근심하면서 물을 마시라고 하셨는데, 이는 영적·정신적 고통을 강조한 것입니다.

(2) 회개하지 않으면 땅이 황무해집니다.

에스겔 12:19에서 "이 땅 백성에게 말하되 주 여호와께서 예루살렘 거민과 이스라엘 땅에 대하여 이르시기를 그들이 근심하면서 그 식물을 먹으며 놀라면서 그 물을 마실 것은 이 땅 모든 거민의 강포를 인하여 땅에 가득한 것이 황무하게 됨이라"라고 말씀하고 있습니다. 여기 '황무하게'는 히브리어 '야샴'(יָשֵׁם)으로, '붕괴하다, 황폐하다'라는 뜻입니다. 곧 온 땅이 '사막처럼 되는 것'을 의미합니다.

아무리 돈이 많고 권력이 강하고 욕망이 가득할지라도 하나님께서 역사하시면 그것들은 순식간에 황무하게 됩니다. 20절에서 "사람의 거하는 성읍들이 황폐하며 땅이 황무하리니 너희가 나를 여호와인 줄 알리라"라고 말씀하고 있습니다. 역사 속에서도 이러한 모습을 볼 수 있습니다. 로마 귀족들의 휴양 도시였던 폼페이는 돈과 쾌락이 넘쳐나는 풍요로운 도시였지만, 주후 79년 8월 24일 베수비오 화산이 폭발하면서 화산재가 바람을 타고 날아와 4m 높이로 도시 전체를 완전히 덮어 버렸고, 순식간에 도시는 황무해지고 말았습니다.

이스라엘의 땅이 황무해지는 것은 땅이 그 거민을 토해 내기 때문입니다. 역대하 36:21에서 "이에 토지가 황무하여 안식년을 누림같이 안식하여 칠십 년을 지내었으니 여호와께서 예레미야의 입으로 하신 말씀이 응하였더라"라고 말씀하고 있는데, 이는 레위기 18:28에서 "너희도 더럽히면 그 땅이 너희 있기 전 거민을 토함같이 너희를 토할까 하노라"라고 하신 경고대로 이루어진 것입니다.

3. 땅이 거민을 토해 내는 이유
Reason for the Land Spewing Out Its Inhabitants

(1) 강포 때문입니다.

에스겔 12:19에서 "이 땅 백성에게 말하되 주 여호와께서 예루살렘 거민과 이스라엘 땅에 대하여 이르시기를 그들이 근심하면서 그 식물을 먹으며 놀라면서 그 물을 마실 것은 이 땅 모든 거민의 강포를 인하여 땅에 가득한 것이 황무하게 됨이라"라고 말씀하고 있습니다. 여기 '강포'는 히브리어 '하마스'(חָמָס)로, '폭력'을 의미합니다. 강포는 힘이 있고 강한 사람들이 힘이 없고 약한 사람들을 괴롭히고 압박하며 그 피를 흘리게 하는 것입니다. 노아 때에도 이러한 강포가 가득하였습니다. 창세기 6:11에서 "때에 온 땅이 하나님 앞에 패괴하여 강포가 땅에 충만한지라"라고 말씀하고 있습니다.

강포로 사람의 피를 흘려 땅이 더럽혀지면 땅은 그 거민을 토해 냅니다(레 18:28). 민수기 35:33에서도 "너희는 거하는 땅을 더럽히지 말라 피는 땅을 더럽히나니 피 흘림을 받은 땅은 이를 흘리게 한 자의 피가 아니면 속할 수 없느니라"라고 말씀하고 있습니다. 창세기 9:6에서 "무릇 사람의 피를 흘리면 사람이 그 피를 흘릴 것이니 이는 하나님이 자기 형상대로 사람을 지었음이니라"라고 말씀하고 있는데, 이것을 공동번역에서는 "사람은 하나님의 모습으로 만들어졌으니 남의 피를 흘리는 사람은 제 피도 흘리게 되리라"라고 번역하고 있습니다.

(2) 하나님의 규례와 법도를 지키지 않기 때문입니다.

에스겔 20:11-13에서는 "사람이 준행하면 그로 인하여 삶을 얻을 내 율례를 주며 내 규례를 알게 하였고 12 또 나는 그들을 거룩하게 하는 여호와인 줄 알게 하려 하여 내가 내 안식일을 주어 그들과 나 사이에 표징을 삼았었노라 13 그러나 이스라엘 족속이 광야에서 내게 패역하여 사람이 준행하면 그로 인하여 삶을 얻을 나의 율례를 준행치 아니하며 나의 규례를 멸시하였고 나의 안식일을 크게 더럽혔으므로 내가 이르기를 내가 내 분노를 광야에서 그들의 위에 쏟아 멸하리라 하였으나"라고 말씀하고 있습니다. 하나님께서 주신 규례와 법도는 준행할 때 생명을 얻지만, 멸시하고 지키지 않을 때 분명 심판을 받는 것입니다(겔 20:21).

하나님의 규례와 법도를 지키지 않을 때 땅이 더럽혀지고, 땅이 더럽혀지면 하나님께서 지으신 땅은 그 거민을 토해 냅니다. 레위기 18:25에서 "그 땅도 더러워졌으므로 내가 그 악을 인하여 벌하고 그 땅도 스스로 그 거민을 토하여 내느니라"라고 말씀하고 있습니다.

하나님의 규례와 법도를 지키지 않는 것은 세상의 풍속과 규례를 좇는 것입니다. 레위기 18:3-4에서 "너희는 그 거하던 애굽 땅의 풍속을 좇지 말며 내가 너희를 인도할 가나안 땅의 풍속과 규례도 행하지 말고 ⁴너희는 나의 법도를 좇으며 나의 규례를 지켜 그대로 행하라 나는 너희의 하나님 여호와니라"라고 말씀하고 있습니다.

가나안 땅의 풍속과 규례에는 가증한 성적 범죄가 가득했습니다 (레 18:6-23). 6절에 "너희는 골육지친을 가까이하여 그 하체를 범치 말라 나는 여호와니라"라는 말씀을 필두로 23절까지 온갖 종류의 성적인 죄를 언급하였습니다. 그리고 24-25절에서 "너희는 이 모든 일로 스스로 더럽히지 말라 내가 너희의 앞에서 쫓아내는 족속들이 이 모든 일로 인하여 더러워졌고 ²⁵ 그 땅도 더러워졌으므로 내가 그 악을 인하여 벌하고 그 땅도 스스로 그 거민을 토하여 내느니라"라고 말씀하고 있습니다.

하나님의 말씀을 지키는 것이 성도의 사는 길입니다. 5절에서 "너희는 나의 규례와 법도를 지키라 사람이 이를 행하면 그로 인하여 살리라 나는 여호와니라"라고 말씀하고 있습니다.

잠언 4:13 "훈계를 굳게 잡아 놓치지 말고 지키라 이것이 네 생명이니라"

슬피 탄식하라
GROAN WITH BITTER GRIEF

에스겔 21:1-7

1. 행동 예언의 개요
Overview of Symbolic Action

에스겔 21장의 내용은 사로잡힌 지 제7년(주전 591년)에 있었던 일입니다. 그 이유는 에스겔 21장이 20장과 연결되어 있는데, 20장 사건이 사로잡힌 지 제7년에 일어난 일이기 때문입니다. 에스겔 20:1에서 "제칠년 오월 십일에 이스라엘 장로 두어 사람이 여호와께 물으려고 와서 내 앞에 앉으니"라고 말씀하고 있습니다. 특히 에스겔 20:45-49과 에스겔 21:1-7은 서로 연결되어 있는데, 앞의 것은 '불'을 예언한 말씀이요, 뒤의 것은 '칼'을 예언한 말씀입니다.

	에스겔 20:45-49	에스겔 21:1-7
예언 방향	남, 남, 남방(46절)	예루살렘, 성소, 이스라엘 땅(2절)
심판의 도구	불을 일으켜(47절)	칼을 집에서 빼어(3절)
심판의 대상①	모든 푸른 나무와 모든 마른 나무(47절)	의인과 악인(3절)
심판의 대상②	혈기 있는 자(48절)	혈기 있는 자(4절)

	에스겔 20:45-49	에스겔 21:1-7
심판의 지역	남에서 북까지(47절)	남에서 북까지(4절)
심판의 지속성	불이 꺼지지 아니하리라(48절)	칼이 다시 꽂혀지지 아니하리라(5절)
질문	비유로 말하는 자가 아니냐?(49절)	어찌하여 탄식하느냐?(7절)

(1) 예언의 방향

에스겔 20:46에서 예언의 방향에 대하여 '남으로, 남방들의'라는 표현을 사용하고 있으며, 에스겔 21:2에서는 '예루살렘, 성소, 이스라엘 땅'이라는 표현을 사용하고 있습니다.

(2) 심판의 도구

에스겔 20:47에서 심판의 도구는 '불'입니다. 47절 하반절에서 "내가 너의 가운데 불을 일으켜 모든 푸른 나무와 모든 마른 나무를 멸하리니 맹렬한 불꽃이 꺼지지 아니하고 남에서 북까지 모든 얼굴이 그슬릴찌라"라고 말씀하고 있습니다. 그리고 에스겔 21:3에서 심판의 도구는 '칼'입니다. "내 칼을 집에서 빼어 의인과 악인을 네게서 끊을찌라"라고 말씀하고 있습니다.

(3) 심판의 대상 ①

심판의 대상은 '모든 푸른 나무와 모든 마른 나무'입니다. 47절에서 "모든 푸른 나무와 모든 마른 나무를 멸하리니"라고 말씀하고 있습니다. 그리고 에스겔 21:3에서 심판의 대상은 '의인과 악인'입니다. "의인과 악인을 네게서 끊을찌라"라고 말씀하고 있습니다.

(4) 심판의 대상 ②

심판의 대상은 "무릇 혈기 있는 자"입니다. 에스겔 20:48에서 "무릇 혈기 있는 자는 나 여호와가 그 불을 일으킨 줄을 알리니 그것이 꺼지지 아니하리라"라고 말씀하고 있습니다. 에스겔 21:4-5에서 말씀하는 심판의 대상 역시 "무릇 혈기 있는 자"입니다. "내 칼을 집에서 빼어 무릇 혈기 있는 자를 남에서 북까지 치리니 ⁵ 무릇 혈기 있는 자는 나 여호와가 내 칼을 집에서 빼어 낸 줄을 알찌라 칼이 다시 꽂혀지지 아니하리라 하셨다 하라"라고 말씀하고 있습니다.

(5) 심판의 지역

심판의 지역은 '남에서 북까지'입니다. 에스겔 20:47에서 "남에서 북까지 모든 얼굴이 그슬릴찌라"라고 말씀하고 있습니다. 에스겔 21:4에서 말씀한 심판의 지역도 '남에서 북까지'입니다.

(6) 심판의 지속성

심판은 목표를 이루기까지 지속됩니다. 에스겔 20:48에서 "무릇 혈기 있는 자는 나 여호와가 그 불을 일으킨 줄을 알리니 그것이 꺼지지 아니하리라"라고 말씀하고 있습니다. 또한 에스겔 21:5에서 "무릇 혈기 있는 자는 나 여호와가 내 칼을 집에서 빼어 낸 줄을 알찌라 칼이 다시 꽂혀지지 아니하리라"라고 말씀하고 있습니다.

(7) 질문과 대답

이스라엘 백성은 그들의 완악함 때문에 비유로 예언하는(참고-마 13:13-15) 에스겔 선지자에게 '그는 비유로 말하는 자가 아니냐?'라고 조롱하며, 에스겔 선지자가 선포하는 하나님의 말씀을 믿으려

하지 않았습니다. 에스겔 20:49에서 "내가 가로되 오호라 주 여호와여 그들이 나를 가리켜 말하기를 그는 비유로 말하는 자가 아니냐 하나이다 하니라"라고 말씀하고 있습니다. 또한 에스겔 21:7을 볼 때, 허리가 끊어지듯이 슬피 탄식하는 에스겔 선지자에게 이스라엘 백성이 "네가 어찌하여 탄식하느냐"라고 질문하자, "소문을 인함이라 재앙이 오나니 각 마음이 녹으며 모든 손이 약하여지며 각 영이 쇠하며 모든 무릎이 물과 같이 약하리라 보라 재앙이 오나니 정녕 이루리라 나 주 여호와의 말이니라"라고 대답합니다. 이는 이스라엘 땅에 반드시 하나님의 심판이 임한다는 선언입니다.

2. 행동 예언의 의미
Meaning of Symbolic Action

에스겔 21:6에서 "인자야 너는 탄식하되 허리가 끊어지는 듯이 그들의 목전에서 슬피 탄식하라"라고 말씀하고 있습니다. 여기 '탄식하되'와 '탄식하라'는 히브리어 '아나흐'(אָנַח)로, '신음하다'라는 뜻인데, 이스라엘 백성이 애굽에서 종살이하면서 당하는 고통을 나타낼 때 사용되었습니다. 출애굽기 2:23에서 "여러 해 후에 애굽 왕은 죽었고 이스라엘 자손은 고역으로 인하여 탄식하며 부르짖으니 그 고역으로 인하여 부르짖는 소리가 하나님께 상달한지라"라고 말씀하고 있는데, 여기에 나오는 '탄식하며'가 '아나흐'입니다. 이 단어가 에스겔서에서는 네 번 사용되었습니다(겔 9:4, 21:6²회, 7).

또한 에스겔 21:6의 '슬피'는 히브리어 '메리루트'(מְרִירוּת)로, '(맛이)쓰다, 상하게 하다'라는 뜻의 히브리어 '마라르'(מָרַר)에서 유래하여 '비통, 쓰라림'이라는 뜻입니다. 이것은 너무나 충격적인 사건을 당하여 비통한 마음으로 우는 상태를 가리킵니다.

하나님께서는 에스겔 선지자에게 허리가 끊어지는 듯이 슬피 탄식하라고 하셨는데, 여기 '끊어지는 듯이'는 히브리어 '쉬브론' (שִׁבָּרוֹן)으로, '파괴, 멸망'을 뜻합니다. 이것은 허리가 다친 정도가 아니라 아예 다 부서져서 혼자 힘으로는 도저히 일어날 수 없는 지경을 말하는 것으로, 처참한 멸망의 상태를 가리킵니다.

에스겔 선지자는 자기 방에서 혼자 아파하는 것이 아니라, 그 당시 포로 공동체의 모든 사람들 목전에서 공개적으로 마치 허리가 끊어지듯이 고통스러워하며 크게 비명을 지르면서 울었던 것입니다. 이는 반드시 닥쳐올 남 유다의 멸망이 혹독하고 너무도 고통스러울 것임을 나타내는 것입니다.

3. 탄식하는 자에게 주시는 축복
Blessings for Those Who Groan

하나님께서는 민족의 죄악과 심판을 바라보며 탄식하는 자의 이마에 인을 쳐 주십니다. 에스겔 9:4에서 "너는 예루살렘 성읍 중에 순행하여 그 가운데서 행하는 모든 가증한 일로 인하여 탄식하며 ('아나흐') 우는 자의 이마에 표하라"라고 말씀하고 있습니다. 이어서 6절에서도 "늙은 자와 젊은 자와 처녀와 어린아이와 부녀를 다 죽이되 이마에 표 있는 자에게는 가까이 말라"라고 말씀하고 있습니다. 이처럼 이마에 하나님의 인을 받은 자는 죽음에서 보호를 받습니다. 성도는 에스겔 선지자처럼 민족의 죄악을 걸머지고 탄식하는 자가 되어야 합니다.

예수님께서도 예루살렘을 보시고 탄식하셨습니다. 누가복음

19:41에서 "가까이 오사 성을 보시고 우시며"라고 말씀하고 있습니다. 여기 '우시며'는 헬라어 '클라이오'(κλαίω)로, '큰 소리로 울부짖다, 탄식하다'라는 뜻입니다. 민족의 죄악에 대하여 이러한 탄식이 없는 자는 종말에 하나님의 인치심을 받지 못할 것입니다. 마지막 때에 이마에 하나님의 인치심을 받은 자들만이 종말적 환난을 통과할 수 있습니다(계 7:2-3, 9:4, 14:1-5, ^{참고}마 5:4). 하나님께 쓰임 받는 참된 하나님의 종들은 '하나님의 인치심'을 받는 자들로, 민족의 죄악을 걸머지고 안타깝게 탄식하는 자들입니다(^{참고}단 9:3-19).

네 넓적다리를 쳐라
STRIKE YOUR THIGH

에스겔 21:8-13

1. 행동 예언의 개요
Overview of Symbolic Action

하나님께서는 에스겔 선지자에게 부르짖어 슬피 울고 넓적다리를 치라고 명령하셨습니다. 에스겔 21:12에서 "인자야 너는 부르짖어 슬피 울찌어다 이것이 내 백성에게 임하며 이스라엘 모든 방백에게 임함이로다 그들과 내 백성이 함께 칼에 붙인 바 되었으니 너는 네 넓적다리를 칠찌어다"라고 말씀하고 있습니다. 여기 '부르짖어'는 히브리어 '자아크'(זָעַק)로, '소리를 지르다'라는 뜻이며, '슬피 울찌어다'는 히브리어 '얄랄'(יָלַל)로, '울부짖다'라는 뜻입니다. '얄랄'은 아모스서에서 수많은 사람이 죽은 것을 목격하였을 때 사용되었습니다(암 8:3). 그러므로 하나님께서는 에스겔 선지자로 하여금 수많은 사람이 죽은 것을 본 것처럼 큰 소리로 울부짖으라고 명령하신 것입니다. 또한 '넓적다리'는 히브리어 '야레크'(יָרֵךְ)이고, '치다'는 히브리어 '사파크'(סָפַק)인데, '(찰싹)때리다, 손뼉을 치다, 매질하다'라는 뜻입니다. 예레미야 31:19에서는 죄의 치욕을 진 고로 부끄럽고 욕됨을 깨닫고 "내 볼기('야레크')를 쳤사오니('사파크')"라고 말씀하고 있습니다. 결국 하나님께서는 에스겔 선지자로 하여

금 있는 힘을 다하여 아주 강력하게 자기 넓적다리를 치면서 큰 소
리로 슬피 울부짖으라고 명령하신 것입니다.

2. 행동 예언의 의미
Meaning of Symbolic Action

에스겔 선지자가 부르짖어 슬피 울어야 하는 이유는 칼이 날카롭
게 되고 마광되었기 때문입니다. 에스겔 21:9-10에서 "인자야 너는
예언하여 이르기를 여호와의 말씀에 칼이여 칼이여 날카롭고도 마
광되었도다 ¹⁰ 그 칼이 날카로움은 살륙을 위함이요 마광됨은 번개
같이 되기 위함이니 우리가 즐거워하겠느냐 내 아들의 홀이 모든 나
무를 업신여기는도다"라고 말씀하고 있습니다. 여기 '살육하는 자'
는 남 유다를 침략하는 바벨론을 가리킵니다(겔 21:11). 또한 칼이 마
광됨은 번개같이 되기 위함이었습니다(겔 21:10). '마광되다'는 히브
리어 '마라트'(מָרַט)로, '빛이 나다, 윤이 나다'라는 뜻이며, '번개'는
신속성을 나타냅니다. 그러므로 칼이 마광되어 번개같이 된다는 것
은, 칼에 빛이 반사되어 나가듯이 바벨론의 침략이 신속하게 진행
될 것을 나타냅니다.

이렇게 바벨론이 신속하게 침략해 오는 것은 실제로 이루어질 일
이기 때문에 에스겔 선지자는 부르짖어 슬피 울어야 하는 것입니다.
12절에서 "인자야 너는 부르짖어 슬피 울찌어다 이것이 내 백성에
게 임하며 이스라엘 모든 방백에게 임함이로다"라고 말씀하고 있습
니다. 여기 '임하며'는 '…되다, …이다'라는 히브리어 '하야'(הָיָה)의
완료형으로, 이미 바벨론 침략이 이루어진 것처럼 표현하여 바벨론
이 반드시 침략해 올 것을 강조하고 있습니다.

또한 넓적다리를 세게 치라고 명령하신 이유는 넓적다리가 온 몸을 지탱하고 있는 부분이기 때문입니다. 넓적다리를 세게 치면 온 몸이 땅에 고꾸라지듯이, 바벨론의 인정사정 없는 무차별적인 공격을 받아 남 유다가 순식간에 멸망할 것을 선포한 것입니다.

3. 바벨론의 칼에 공격을 당하는 이유
Reason for Being Attacked by the Sword of Babylon

에스겔 21:10에서 "그 칼이 날카로움은 살륙을 위함이요 마광됨은 번개같이 되기 위함이니 우리가 즐거워하겠느냐 내 아들의 홀이 모든 나무를 업신여기는도다"라고 말씀하고 있습니다(겔 21:11).

여기 '내 아들의 홀'은 남 유다의 마지막 왕 시드기야의 왕권을 가리키며, '모든 나무'는 바벨론을 비롯한 남 유다 주변의 여러 나라를 가리킵니다. 이것은 남 유다의 마지막 왕 시드기야가 주변의 나라들을 업신여긴 것을 가리킵니다. '업신여기는도다'는 히브리어 '마아스'(מָאַס)로, '거절하다, 멸시하다, 버리다'라는 의미입니다. 업신여김의 결과는 업신여김을 받는 것입니다(참고-마 7:2, 막 4:24, 눅 6:38). '마아스'는 사무엘상 15:23, 26에서 사울 왕이 여호와의 말씀을 버렸으므로('마아스') 하나님께 버림받는다는(마아스) 예언에도 사용되었습니다. 성도는 하나님을 업신여기는 자리에 서지 않을 뿐만 아니라 남을 업신여기는 자리에도 서지 말아야 하고, 오직 하나님을 경외하며 남을 겸손히 섬기고 아끼는 자리에 서야 합니다.

칼을 세 번 휘둘러라
WIELD A SWORD THREE TIMES

에스겔 21:14-17

1. 행동 예언의 개요
Overview of Symbolic Action

하나님께서는 에스겔 선지자에게 예언하며 손뼉을 치고, 칼을 세 번 거듭 휘두르라고 명령하셨습니다.

(1) 손뼉을 쳐라

에스겔 21:14 상반절에서 "그러므로 인자야 너는 예언하며 손뼉을 쳐서"라고 말씀하고 있습니다. 여기 '손뼉'은 히브리어 '카프 엘 카프'(כַּף אֶל כָּף)로, '손 위에 손'이라는 뜻입니다. 또한 '쳐서'는 히브리어 '나카'(נָכָה)의 히필(사역)형으로, '세게 때리다'라는 뜻입니다. 하나님께서는 에스겔 선지자로 하여금 한 손으로 다른 손을 세게(무자비하게) 때리라고 명령하신 것입니다.

(2) 칼로 세 번 거듭 씌우게 하라

에스겔 21:14 하반절에서 "칼로 세 번 거듭 씌우게 하라 이 칼은 중상케 하는 칼이라 밀실에 들어가서 대인을 중상케 하는 칼이로다"라고 말씀하고 있습니다. 여기 '거듭 씌우게 하라'는 히브리어

'카팔'(כָּפַל)로, '겹치다, 반복하다'라는 뜻입니다. 히브리어에서 세 번을 반복하는 것은 아주 특별한 최상급의 표현입니다. 하나님께서는 에스겔 선지자에게 칼을 세 번이나 반복해서 휘두르라고 명령하신 것입니다.

2. 행동 예언의 의미
Meaning of Symbolic Action

손뼉을 치는 것은 하나님의 분노를 나타냅니다. 에스겔 21:17에서 "나(하나님)도 내 손뼉을 치며(나카) 내 분노를 다하리로다 나 여호와의 말이니라"라고 말씀하고 있습니다(참고-출 7:25, 9:25, 12:29).

하나님의 분노는 칼을 세 번 휘두르는 것으로 나타납니다. 칼을 세 번 휘두르는 것은 잔인한 살육을 뜻합니다. 에스겔 21:15 하반절에서 "그 칼이 번개 같고 살륙을 위하여 날카로왔도다"라고 말씀하고 있으며, 27절 상반절에서는 그 살육의 과정을 "내가 엎드러뜨리고 엎드러뜨리고 엎드러뜨리려니와"라고 표현하고 있습니다. '엎드러뜨리다'를 세 번 반복하는 의미는 이미 제1차와 2차로 바벨론에 포로로 끌려간 상태에서 앞으로 제3차 바벨론 포로가 반드시, 무자비하게 이루어진다는 것입니다(참고-계 9:13-21).

이 칼은 대인을 중상케 하는 칼입니다. 에스겔 21:14 하반절에서 "이 칼은 중상케 하는 칼이라 밀실에 들어가서 대인을 중상케 하는 칼이로다"라고 말씀하고 있습니다. 여기 '대인'은 시드기야 왕을 가리키는데, 25절에서 "너 극악하여 중상을 당할 이스라엘 왕아 네 날이 이르렀나니 곧 죄악의 끝 때니라"라고 말씀하고 있습니다.

또한 14절의 '밀실에 들어가서'는 시드기야 왕이 아무리 아무도 모르게 도망을 갈지라도 바벨론 군대에게 결국에는 반드시 잡힌다는 말씀입니다. 시드기야 왕은 성 밖으로 빠져나가 여리고로 도망을 갔지만, 결국은 잡혀서 두 눈이 뽑히고 쇠사슬에 묶여서 바벨론에 끌려가고 말았습니다(왕하 25:4-7, 렘 52:7-11).

이 칼은 모든 성문을 향하여 번쩍번쩍하는 칼입니다. 15절에서 "내가 그들로 낙담하여 많이 엎드러지게 하려고 그 모든 성문을 향하여 번쩍번쩍하는 칼을 베풀었도다 오호라 그 칼이 번개 같고 살륙을 위하여 날카로왔도다"라고 말씀하고 있습니다. 이것은 하나님의 심판이 남 유다의 모든 구석구석마다 임하고 제외되는 곳이 없을 것을 나타내는 것입니다.

3. 하나님의 분노의 결과
Result of God's Wrath

하나님께서 칼을 세 번 휘두르시므로 남 유다는 세 번에 걸쳐서 바벨론에 포로로 끌려갔습니다. 이것은 하나님의 분노가 말씀하신 그대로 쏟아진 것입니다. 에스겔 21:17에서 "나도 내 손뼉을 치며 내 분을 다하리로다 나 여호와의 말이니라"라고 말씀하고 있습니다. 여기 '다하리로다'는 히브리어 '누아흐'(נוח)로, '쉬다, 안식하다'라는 뜻입니다(출 20:11). 이것은 하나님의 분노가 쏟아질 때 하나님의 안식이 이루어진다는 말씀입니다. 17절을 우리말성경에서는 "나도 손뼉을 칠 것이다. 그러면 내 분노가 수그러들 것이다. 나 여호와가 말했다"라고 번역하고 있습니다.

종말에도 하나님께서는 일곱 인 재앙, 일곱 나팔 재앙, 일곱 대접 재앙을 일으키실 것입니다. 마지막 일곱 대접 재앙은 하나님의 마지막 진노가 쏟아지는 재앙입니다. 요한계시록 15:1에서 "일곱 천사가 일곱 재앙을 가졌으니 곧 마지막 재앙이라 하나님의 진노가 이것으로 마치리로다"라고 했으며, 7절에서 "하나님의 진노를 가득히 담은 금대접 일곱"이라고 말씀하고 있습니다. 요한계시록 16:1에서도 "하나님의 진노의 일곱 대접"이라고 말씀하고 있습니다. 이렇게 하나님의 모든 진노가 다 쏟아질 때 하나님의 모든 구속사는 완성이 되고 하나님의 영원한 안식이 이루어질 것입니다. 그러므로 성도는 결코 짐승과 그의 우상에게 경배하므로 이마와 손에 짐승의 표를 받아서는 안 되며, 하나님의 진노의 포도주를 마시는 자가 되어서는 안 됩니다(계 14:10, 19, 16:19, 18:3, 19:15).

　　요한계시록 14:8-11 "또 다른 천사 곧 둘째가 그 뒤를 따라 말하되 무너졌도다 무너졌도다 큰 성 바벨론이여 모든 나라를 그 음행으로 인하여 진노의 포도주로 먹이던 자로다 하더라 ⁹ 또 다른 천사 곧 세째가 그 뒤를 따라 큰 음성으로 가로되 만일 누구든지 짐승과 그의 우상에게 경배하고 이마에나 손에 표를 받으면 ¹⁰ 그도 하나님의 진노의 포도주를 마시리니 그 진노의 잔에 섞인 것이 없이 부은 포도주라 거룩한 천사들 앞과 어린양 앞에서 불과 유황으로 고난을 받으리니 ¹¹ 그 고난의 연기가 세세토록 올라가리로다 짐승과 그의 우상에게 경배하고 그 이름의 표를 받는 자는 누구든지 밤낮 쉼을 얻지 못하리라 하더라"

길을 그려라
Mark a Way

에스겔 21:18-27

1. 행동 예언의 개요
Overview of Symbolic Action

하나님께서는 에스겔 선지자에게 '땅에 길을 그리라'고 명령하셨습니다. 하나님께서는 먼저 바벨론 왕이 오게 될 두 길을 한 땅에서 나오도록 그리라고 말씀하시고(겔 21:19ㄴ), 그 길머리에 길이 나뉘는 표시를 하여 암몬 족속의 '랍바에 이르는 길'과 '예루살렘에 이르는 길'을 그리라고 명령하셨습니다(겔 21:19ㄷ-20).

그리고 하나님께서는 바벨론 왕이 갈랫길에서 점을 칠 것이라고 알려 주셨습니다. 에스겔 21:21에서 "바벨론 왕이 갈랫길 곧 두 길 머리에 서서 점을 치되 살들을 흔들어 우상에게 묻고 희생의 간을 살펴서"라고 말씀하고 있습니다.

고대 근동의 관습을 보면 무엇인가 결정이 필요할 때 화살 여러 개에 내용을 적어 화살통에 넣고 흔든 다음, 공중에 던져서 가장 먼저 떨어진 화살에 적힌 내용대로 결정하는 방식이 있었습니다. 또한 가지는 짐승의 간을 떼어 낸 다음, 간의 상태를 보고 어떤 일을 해야 할지, 하지 말아야 할지를 결정하는 방식이 있었습니다.

2. 행동 예언의 의미
Meaning of Symbolic Action

에스겔 21:21의 "바벨론 왕이 갈랫길 곧 두 길 머리에 서서 점을 치되 살들을 흔들어 우상에게 묻고 희생의 간을 살펴서"라는 말씀대로, 실제로 바벨론 왕은 '리블라'(립나)에서 어느 길로 갈 것인지 점을 쳐서 결정했습니다.

리블라는 헤르몬산의 북동쪽에 있으며 다메섹에서 100㎞ 떨어진 곳으로, 거기에서 암몬의 수도인 랍바로 갈지, 남 유다의 수도인 예루살렘으로 갈지를 결정해야 했습니다. 바벨론 왕 느부갓네살은 이곳에서 예루살렘으로 갈 점괘를 얻고(겔 21:22), 시위대 장관 느부사라단을 예루살렘으로 보냈습니다. 느부사라단은 남 유다의 시드기야 왕을 잡아서 '리블라'(립나)에 있는 바벨론 왕에게로 끌고 왔습니다. 열왕기하 25:6에서 "갈대아 군사가 왕을 잡아 립나 바벨론 왕에게로 끌고 가매 저에게 신문하고"라고 말씀하고 있습니다(참고-겔 6:14).

에스겔 21:20에서 예루살렘을 가리켜 "견고한 성 예루살렘"이라고 표현하고 있습니다. 이것은 인간이 아무리 견고하게 세운 성일지라도 하나님께서 무너뜨리기로 작정하시면 반드시 무너진다는 것을 강조한 표현입니다. 예루살렘은 사방이 산으로 둘러싸여 있으며 약 853m가 넘는 고지에 위치하고 있습니다. 그러나 "여호와께서 집을 세우지 아니하시면 세우는 자의 수고가 헛되며 여호와께서 성을 지키지 아니하시면 파숫군의 경성함이 허사"인 것입니다(시 127:1).

3. 하나님의 주권
God's Sovereignty

하나님께서는 점치는 것을 가증하게 여기셔서 점치는 자를 하나님 앞에서 쫓아내십니다(신 18:10-12). 그러나 에스겔에게 명령하신 행동 예언을 통해 볼 때, 하나님께서는 이방인의 점괘까지도 주권적으로 사용하신다는 것을 알 수 있습니다. 바벨론 왕이 '리블라'(립나)에서 점을 칠 때 랍바가 선택되지 않고 예루살렘이 선택되었는데, 이것까지도 하나님의 주권 아래 이루어진 것입니다(겔 21:21-22).

시드기야 왕을 비롯하여 남 유다 백성은 그들이 과거에 바벨론에게 충성을 맹약했기 때문에, 바벨론 왕이 자기가 얻은 점괘를 헛된 것으로 여길 것이라고 착각했습니다. 그래서 남 유다는 절대 안전할 것이라는 잘못된 확신에 사로잡혀 있었습니다. 에스겔 21:23에서 "전에 그들에게 맹약한 자들은 그것을 헛점으로 여길 것이나"라고 말씀하고 있습니다. 그러나 바벨론 왕은 자신들에게 충성을 약속해 놓고 그것을 배신한 남 유다의 죄를 잊지 않고 기억하여 시드기야를 잡아갔던 것입니다. 23절에서 "바벨론 왕은 그 죄악을 기억하고 그 무리를 잡으리라"라고 말씀하고 있습니다.

이러한 바벨론의 침공까지도 남 유다의 죄악을 징치하시는 하나님의 주권 속에서 이루어진 것입니다. 24절에서 "그러므로 나 주 여호와가 말하노라 너희의 악이 기억을 일으키며 너희의 건과가 드러나며 너희 모든 행위의 죄가 나타났도다 너희가 기억한 바 되었은즉 그 손에 잡히리라"라고 말씀하고 있습니다.

하나님께서는 바벨론이 침공하여 시드기야 왕의 왕관을 벗기게 하셨습니다. 26절에서 "나 주 여호와가 말하노라 관을 제하며 면류관을 벗길찌라 그대로 두지 못하리니 낮은 자를 높이고 높은 자를 낮출 것이니라"라고 말씀하고 있습니다. 여기 '관'은 히브리어 '미츠네페트'(מִצְנֶפֶת)로, '대제사장의 관'을 가리키며(출 28:4), '면류관'은 히브리어 '아타라'(עֲטָרָה)로, '왕, 귀족 등이 써서 권위를 나타내는 관'을 가리킵니다(대상 20:2, 에 8:15, 아 3:11, 렘 13:18). 그러므로 관과 면류관을 벗긴다는 것은 남 유다의 제사장권과 왕권을 빼앗아 버리겠다는 말씀입니다.

참고로 스가랴 6:11을 볼 때, 바벨론 포로에서 귀환한 후에 하나님께서 금과 은을 취하여 면류관을 만들어 대제사장 여호수아의 머리에 씌우라고 스가랴 선지자에게 말씀하고 있습니다. 이는 바벨론 포로에서 돌아올 때 하나님께서 이스라엘에게 제사장권과 왕권을 회복시키시고 그 둘이 조화를 이루어 하나 되게 하심을 의미합니다. 이는 궁극적으로 만왕의 왕이자 영원한 대제사장이 되시는 예수 그리스도를 예표합니다. 관과 면류관을 빼앗기도, 주기도 하시는 분은 모든 역사의 주가 되시는 하나님뿐이십니다.

결국 하나님께서는 남 유다의 죄악을 징치하시기 위하여 바벨론 왕의 마음과 그가 행한 점괘까지도 주관하시어 남 유다의 제사장권과 왕권까지 빼앗아 버리셨습니다. 이처럼 오직 하나님만이 홀로 모든 역사의 참주관자이십니다.

한 가마를 걸어라
PUT ON THE POT

에스겔 24:1-14

1. 행동 예언의 개요
Overview of Symbolic Action

사로잡힌 지 제9년(주전 588년) 10월 10일에 하나님의 말씀이 에스겔 선지자에게 임하였습니다. 에스겔 24:1에서 "제구년 시월 십일에 여호와의 말씀이 내게 임하여 가라사대"라고 말씀하고 있습니다. 이때는 바벨론에게 예루살렘이 포위된 날로(왕하 25:1, 렘 52:4), 주전 586년에 남 유다가 완전히 멸망하기 약 30개월 전이었습니다.

하나님께서는 2절에서 "인자야 너는 날짜 곧 오늘날을 기록하라 바벨론 왕이 오늘날 예루살렘에 핍근하였느니라"라고 명령하셨습니다. 여기 '기록하라'는 히브리어 '카타브'(כָּתַב)로, '아주 날카로운 도구로 돌이나 토판에 새기는 것'을 의미합니다. 날짜를 기록하라고 하신 것은 이날이 아주 중요하기 때문에 후대에 확실하게 남기기 위해서입니다. 왜 이날이 중요합니까? 지금 에스겔 선지자가 계시를 받고 있는 그때에 바벨론 군대가 예루살렘에 도착하여 진을 쳤기 때문입니다. 또한 '핍근하였느니라'는 '기대다, 떠받치다'라는 뜻의 히브리어 '사마크'(סָמַךְ)로, '서로 닿아 있는 상태'를 가리킵니다.

즉, 바벨론 군대가 쳐들어와서 이제 바벨론과 남 유다가 서로 가까이 마주 보고 있는 상태가 된 것입니다. 예레미야 52:4에서 "시드기야 구년 시월 십일에 바벨론 왕 느부갓네살이 그 모든 군대를 거느리고 예루살렘을 치러 올라와서 그 성을 대하여 진을 치고 사면으로 흉벽을 쌓으매"라고 말씀하고 있습니다(왕하 25:1, 렘 39:1).

이러한 상황에서 하나님께서는 에스겔 선지자에게 "한 가마를 걸라"라고 명령하시고(겔 24:3), 이 행동 예언으로 패역한 이스라엘에게 비유를 베풀라고 말씀하셨습니다. 여기 한 가마는 남 유다를 상징합니다. 하나님께서 예레미야 선지자에게 보여 주신 북에서부터 기울어진 "끓는 가마" 역시 재앙이 북쪽으로부터 남 유다에게 임할 것을 가리킵니다(렘 1:13-15).

하나님께서는 가마를 건 다음, "물을 붓고 양떼에서 고른 것을 가지고 각을 뜨고 그 넓적다리와 어깨 고기의 모든 좋은 덩이를 그 가운데 모아 넣으며 고른 뼈를 가득히 담고 그 뼈를 위하여 가마 밑에 나무를 쌓아 넣고 잘 삶되 가마 속의 뼈가 무르도록 삶을찌어다"라고 명령하셨습니다(겔 24:4-5).

2. 행동 예언의 의미
Meaning of Symbolic Action

(1) 가마는 '녹슨 가마'입니다(겔 24:6).

에스겔 24:6에서 "피 흘린 성읍, 녹슨 가마 곧 그 속의 녹을 없이 하지 아니한 가마"라고 말씀하고 있습니다. 녹슨 가마는 피 흘린 성읍이요, 많은 죄를 저지른 남 유다를 나타냅니다. 에스겔 11:3, 7에서 남 유다의 성읍을 '가마'로 말씀하고 있습니다.

에스겔 11:3 "그들의 말이 집 건축할 때가 가깝지 아니한즉 이 성읍은 가마가 되고 우리는 고기가 된다 하나니"

에스겔 11:7 "그러므로 나 주 여호와가 말하노라 이 성읍 중에서 너희가 살륙한 시체는 그 고기요 이 성읍은 그 가마려니와 너희는 그 가운데서 끌려 나오리라"

(2) 양 한 마리를 골라서 각을 떴습니다.

에스겔 24:4 상반절에서 "(가마를) 건 후에 물을 붓고 양떼에서 고른 것을 가지고 각을 뜨고 그 넓적다리와 어깨고기의 모든 좋은 덩이를 그 가운데 모아 넣으며 고른 뼈를 가득히 담고"라고 말씀하고 있습니다.

여기 '고른'은 '선택하다, 결정하다'라는 뜻의 히브리어 '바하르'(בָּחַר)에서 유래한 '미브하르'(מִבְחָר)로, 단순히 선택한 것이 아니라, '최상의 선택, 최고의 선택'을 가리키는 단어입니다(참고-창 23:6). 전 세계 모든 민족 가운데 하나님께서는 이스라엘을 선택하셨으며(신 7:7), 이것은 최고의 선택이었음을 의미합니다.

'각을 떴다'는 것은 이스라엘 백성이 하나가 되지 못하고 사분오열되었음을 나타냅니다. 각을 뜬 고기 조각들을 가리키는 '덩이'는 히브리어 '네타흐'(נֵתַח)로, '파편, 조각'이라는 뜻을 가지고 있습니다. 가마 속에 넣은 덩이들은 하나 되지 못하고 분열된 왕과 지도자들과 백성을 가리킵니다.

(3) 나무를 쌓아 불을 지폈습니다.

하나님께서는 나무를 쌓아 불을 지피게 하셨습니다. 에스겔 24:4 하반절(개역개정: 5절)에서 "가마 밑에 나무를 쌓아 넣고 잘 삶되 가마 속의 뼈가 무르도록 삶을찌어다”라고 말씀하고 있습니다. 가마 밑에 피운 불은 바벨론의 공격을 가리키며, 가마 속의 뼈가 물러지기까지 삶는 것은 극도로 무자비한 바벨론의 공격이 이스라엘이 완전히 멸망할 때까지 계속될 것을 의미합니다(겔 21:14).

(4) 덩이를 일일이 꺼냈습니다.

에스겔 24:6에서 “그러므로 나 주 여호와가 말하노라 피 흘린 성읍, 녹슨 가마 곧 그 속의 녹을 없이하지 아니한 가마여 화 있을찐저 제비 뽑을 것도 없이 그 덩이를 일일이 꺼낼찌어다”라고 말씀하고 있습니다.

녹슨 가마(피 흘린 성읍)에서 덩이를 꺼낸다는 것은 남 유다의 백성을 바벨론에 포로로 끌고 간다는 말씀입니다. 그리고 ‘일일이’ 꺼낸다는 것은 그 재앙이 모든 사람에게 각각 임한다는 말씀입니다.

또한 ‘제비 뽑을 것도 없이’는 무차별적으로 끌고 간다는 말씀입니다. 보통은 제비를 뽑아서 포로로 끌고 가지만(참고-욜 3:3, 나 3:10), 바벨론에 포로로 끌려갈 때 제비뽑기도 없이 무더기로 끌려간 것입니다. 제2차 바벨론 포로 때에는 예루살렘의 모든 백성과 방백과 용사들 총 일만 명과 모든 공장과 대장장이 일천 명을 사로잡아 갔지만(왕하 24:14, 16), 제3차 바벨론 포로 때에는 빈천한 국민만 남겨 두고 모든 백성을 사로잡아 갔습니다(왕하 25:11-12, 렘 39:9-10).

(5) 가마를 비게 하였습니다.

에스겔 24:11 상반절에서 “가마가 빈 후”라고 말씀하고 있는데, 가마가 비게 된다는 것은 백성이 남김없이 다 끌려간다는 말씀입니다. 열왕기하 25:11에서 “성중에 남아 있는 백성과 바벨론 왕에

게 항복한 자와 무리의 남은 자는 시위대 장관 느부사라단이 다 사
로잡아 가고"라고 말씀하고 있습니다(대하 36:20). 이러한 하나님의
말씀은 반드시 이루어지는 말씀입니다. 에스겔 24:14에서 "나 여호
와가 말하였은즉 그 일이 이룰찌라"라고 선포하고 계십니다.

3. 하나님의 심판
God's Judgment

(1) 심판의 이유

첫째, '녹' 때문입니다.

에스겔 24:11에서 "가마의 놋을 달궈서 그 속에 더러운 것을 녹게
하며 녹이 소멸하게 하라"라고 말씀하고 있습니다. 여기 '녹'은 히
브리어 '헬아'(חֶלְאָה)로, '병'을 뜻합니다. 또한 '더러운 것'은 히브리
어 '툼아'(טֻמְאָה)로, '부정함, 더러움'을 의미합니다(레 5:3, 7:21). 가마
의 녹은 남 유다가 저지른 온갖 더러운 죄를 나타냅니다.

둘째, '피' 때문입니다.

에스겔 24:7에서 "그 피가 그 가운데 있음이여 피를 땅에 쏟아서
티끌이 덮이게 하지 않고 말간 반석 위에 두었도다"라고 말씀하고
있습니다. 여기 '피'는 살인과 강도 같은 공개적인 죄입니다. 왜냐하
면 그 '피'를 감추지 않고 '말간 반석' 위에 쏟았기 때문입니다. '말간'
은 히브리어 '체히아흐'(צְחִיחַ)로, '드러난, 눈부신 표면'이라는 뜻이
며, '말간 반석'은 '맨바위, 드러난 바위'를 의미합니다.

공개적으로 죄를 짓는다는 것은 아무 가책이나 거리낌없이 자신
의 죄를 자랑하며 정당화하는 행위입니다. 그 죄는 반드시 하나님

의 분노를 격발하여 심판을 받게 됩니다. 8절에서 "내가 그 피를 말간 반석 위에 두고 덮이지 않게 함은 분노를 발하여 보응하려 함이로라"라고 말씀하고 있습니다.

셋째, '음란' 때문입니다.

에스겔 24:13 상반절에서 "너의 더러운 중에 음란이 하나이라"라고 말씀하고 있습니다. 여기 '음란'은 히브리어 '짐마'(זִמָּה)로, 에스겔서에서는 주로 우상숭배를 가리킬 때 사용되었습니다(겔 16:43, 58, 22:9-11). 우상을 숭배하는 것은 하나님께 음란죄를 짓는 것으로 (약 4:4, 참고-레 17:7, 겔 23:30), 하나님께서 반드시 분노로 보응하십니다.

넷째, **회개하지 않았기 때문입니다.**

하나님께서 선지자들을 보내 이스라엘 백성의 회개를 촉구하여도 이스라엘 백성은 회개하지 않았습니다. 에스겔 24:13 하반절에서 "내가 너를 정하게 하나 네가 정하여지지 아니하니 내가 네게 향한 분노를 풀기 전에는 네 더러움이 다시 정하여지지 아니하리라"라고 말씀하고 있습니다. 여기 '정하게 하나'와 '정하여지지'는 '깨끗하다'를 뜻하는 히브리어 '타헤르'(טָהֵר)의 완료형입니다. 이는 이미 하나님께서 남 유다 백성을 정하게 하시려고 선지자들을 수없이 보내어 회개를 촉구하셨으나, 이스라엘 백성이 교만하여 계속 거부하였음을 나타냅니다(렘 25:4, 29:19, 참고-시 107:10-11).

(2) 심판의 목적

심판의 목적은 '녹'을 제거하는 것입니다. 에스겔 24:11에서 "가마가 빈 후에는 숯불 위에 놓아 뜨겁게 하며 그 가마의 놋을 달궈서

그 속에 더러운 것을 녹게 하며 녹이 소멸하게 하라"라고 말씀하고 있습니다(겔 22:18-22)

하나님께서는 이스라엘이 바벨론에 포로로 끌려가게 하시는 심판을 통하여 죄를 징치하시며 회개의 역사가 일어나게 하신 것입니다. 시편 85편에서는 바벨론 포로에서 돌아오는 것을 하나님의 진노가 끝난 것으로 표현하고 있습니다. 시편 85:1에서 "야곱의 포로 된 자로 돌아오게 하셨으며"라고 말씀하신 다음, 2-3절에서 "주의 백성의 죄악을 사하시고 저희 모든 죄를 덮으셨나이다(셀라) ³ 주의 모든 분노를 거두시며 주의 진노를 돌이키셨나이다"라고 말씀하고 있습니다. 우리 구원의 하나님은 그 언약 백성에게 영원토록 진노하지는 않으시는 하나님이십니다(시 85:4-5).

그러므로 '녹'을 제거하는 기간은 하나님의 징계의 기간인 것입니다. 히브리서 12:6에서 "주께서 그 사랑하시는 자를 징계하시고 그의 받으시는 아들마다 채찍질하심이니라"라고 말씀하고 있습니다. 그러므로 죄를 지었는데도 하나님께서 징계하시지 않는 자는 참아들이 아니요 사생자인 것입니다(히 12:8). 하나님께서 심판하시는 목적은 자기 백성의 죄악의 '녹'을 없이하며 정결케 함으로써, 하나님의 거룩하심에 참여케 하시는 것입니다(히 12:10).

말라기 3:2-3 "그의 임하는 날을 누가 능히 당하며 그의 나타나는 때에 누가 능히 서리요 그는 금을 연단하는 자의 불과 표백하는 자의 잿물과 같을 것이라 ³ 그가 은을 연단하여 깨끗케 하는 자같이 앉아서 레위 자손을 깨끗케 하되 금, 은같이 그들을 연단하리니 그들이 의로운 제물을 나 여호와께 드릴 것이라"

슬퍼하지 말아라
YOU SHALL NOT MOURN

에스겔 24:15-24

1. 행동 예언의 개요
Overview of Symbolic Action

(1) 예언의 시기

에스겔 선지자의 아내가 갑자기 죽었습니다. 그날은 예루살렘이 바벨론 군대에 포위를 당한 날이었습니다. 하나님께서는 바로 그날에 에스겔 선지자의 아내가 죽게 하시는 충격적인 방법으로 예루살렘 멸망에 대한 말씀을 전하셨습니다.

주전 588년 10월 10일은 바벨론이 예루살렘을 포위한 날이었습니다. 에스겔 24:1-2에서 "제구년 시월 십일에 여호와의 말씀이 내게 임하여 가라사대 ² 인자야 너는 날짜 곧 오늘날을 기록하라 바벨론 왕이 오늘날 예루살렘에 핍근하였느니라"라고 말씀하고 있습니다. 이어서 에스겔 선지자에게 '한 가마를 걸고 양을 그 속에 넣고 뼈가 무르기까지 삶으라'는 행동 예언을 명령하셨습니다(겔 24:3-5).

계속해서 여호와의 말씀이 다시 에스겔 선지자에게 임하였습니다. 15절에서 "여호와의 말씀이 또 내게 임하여 가라사대"라는 말씀은 히브리어로 볼 때 1-14절과 와우계속법으로 연결되어 연속되는 사건임을 나타내고 있습니다. 그러므로 하나님께서 에스겔 선지자의 아내를 죽게 하시고 그와 관련된 행동 예언을 명령하신 날도 주전 588년 10월 10일입니다.

(2) 예언의 개요

첫째, 에스겔 24:16 말씀입니다.

"인자야 내가 네 눈에 기뻐하는 것을 한 번 쳐서 빼앗으리니 너는 슬퍼하거나 울거나 눈물을 흘리거나 하지 말며"라고 말씀하고 있습니다.

둘째, 에스겔 24:17 말씀입니다.

"죽은 자들을 위하여 슬퍼하지 말고 종용히 탄식하며 수건으로 머리를 동이고 발에 신을 신고 입술을 가리우지 말고 사람의 부의하는 식물을 먹지 말라 하신지라"라고 말씀하고 있습니다.

셋째, 에스겔 24:18 말씀입니다.

"내가 아침에 백성에게 고하였더니 저녁에 내 아내가 죽기로 아침에 내가 받은 명령대로 행하매"라고 말씀하고 있습니다.

이상의 내용을 표로 정리하면 다음과 같습니다.

에스겔 24:16	에스겔 24:17	에스겔 24:18
(1) 네 눈에 기뻐하는 것을 빼앗는다 (2) 슬퍼하거나 울거나 눈물을 흘리거나 하지 말라	(3) 종용히 탄식하라 (4) 수건으로 머리를 동이고, 발에 신을 신고, 입술을 가리지 말라 (5) 부의하는 식물을 먹지 말라	(6) 아침에 백성에게 고하라 (7) 저녁에 아내가 죽었다

2. 행동 예언의 의미
Meaning of Symbolic Action

(1) '네 눈에 기뻐하는 것'은 에스겔 선지자의 아내를 가리킵니다.

에스겔 24:16에 "인자야 내가 네 눈에 기뻐하는 것을 한 번 쳐서 빼앗으리니 너는 슬퍼하거나 울거나 눈물을 흘리거나 하지 말며"라고 말씀하고 있습니다. 여기 '기뻐하는 것'에 쓰인 히브리어 '마흐마드'(מַחְמַד)는 욕망, 바라는 것, 즐거운 것'이라는 뜻으로, '귀중한 것, 애틋하게 아끼는 것(대상)'을 가리킵니다(겔 24:25). 열왕기상 20:5-6에서도 '마흐마드'는 아합 왕이 아끼는 은금과 아내와 자녀들을 가리키고 있습니다. 사람들이 자기 아내와 자녀를 아끼듯이 에스겔 선지자도 자기 아내를 애틋하게 아꼈던 것입니다.

(2) 하나님의 사람은 자신을 부인해야 합니다.

예수님께서도 마태복음 16:24에서 "아무든지 나를 따라오려거든 자기를 부인하고 자기 십자가를 지고 나를 좇을 것이니라"라고 말씀하셨습니다.

첫째, 자기와 일체 된 것을 부인해야 합니다.

포로지에서 에스겔이 선지자로 사역할 때에, 그 행동 예언을 아무도 이해하지 못하고 미치광이로 취급하였지만, 그의 아내는 믿음의 조력자로서 에스겔에게 힘이 되고 사랑스러운 존재였을 것입니다. 에스겔 선지자와 그 사랑하는 아내는 그야말로 일체(一體)가 된 관계였습니다. 하나님께서 아브라함에게 이삭을 바치라고 하셨는데, 아브라함과 이삭도 일체가 된 관계였습니다(창 22:1-2, 12). 진정한 성도는 하나님의 뜻이라면 자기와 일체가 된 가족까지도 부인해야 합니다. 마태복음 10:37에서 "아비나 어미를 나보다 더 사랑하는 자는 내게 합당치 아니하고 아들이나 딸을 나보다 더 사랑하는 자도 내게 합당치 아니하고"라고 말씀하고 있으며, 누가복음 9:23에서도 "아무든지 나를 따라오려거든 자기를 부인하고 날마다 제 십자가를 지고 나를 좇을 것이니라"라고 말씀하고 있습니다. 이것은 아무리 자기 가족을 사랑해도 하나님보다 가족이 먼저가 되어서는 안 된다는 말씀입니다.

둘째, 자신의 감정도 부인해야 합니다.

에스겔 선지자가 젊은 아내를 갑자기 잃었을 때 큰 슬픔이 복받쳐 올랐을 것입니다. 그러나 하나님의 선지자는 자신의 감정까지도 부인해야 합니다.

에스겔은 선지자로 부름 받은 주전 593년에 30세였습니다(겔 1:1). 그러므로 본 행동 예언이 선포된 때는 대략 주전 588년으로 에스겔이 35세(티쉬리 기준) 정도 되었을 때입니다. 아마도 그의 아내는 에스겔보다 더 젊었을 것입니다. 에스겔 선지자가 이렇게 젊고 사랑스러운 아내를 갑자기 잃었을 때 얼마나 슬펐겠습니까?

그런데 하나님께서는 절대로 슬퍼하거나 울거나 눈물을 흘리지 말라고 준엄하게 명령하셨습니다. 에스겔 24:16을 볼 때, 하나님께서는 "너는 슬퍼하거나 울거나 눈물을 흘리거나 하지 말며"라고 말씀하고 있습니다. 여기 '슬퍼하다'에 쓰인 히브리어 '사파드'(סָפַד)는 '통곡하다, 한탄하다'라는 뜻으로, 너무 슬퍼 머리카락을 쥐어뜯고 가슴을 치는 행동을 말합니다(참고-창 23:2, 50:10, 삼상 25:1, 삼하 3:31, 11:26). 그러나 하나님께서는 절대로 슬퍼하거나 울거나 눈물을 흘리지 말라고 준엄하게 명령하신 것입니다.

셋째, 세상의 관습도 부인해야 합니다.

에스겔 24:17에서 "죽은 자들을 위하여 슬퍼하지 말고 종용히 탄식하며 수건으로 머리를 동이고 발에 신을 신고 입술을 가리우지 말고 사람의 부의하는 식물을 먹지 말라"라고 말씀하고 있습니다.

사람이 죽거나 어려운 일을 당하면 머리를 풀고, 신을 신지 않으며, 입술을 가리는 것이 관례(상식)였습니다(레 13:45, 삼하 15:30, 미 3:7). 그러나 하나님께서는 에스겔 선지자에게 그것을 금하셨습니다.

더 나아가 '수건으로 머리를 동이라'고 명령하셨습니다. 여기 '수건'은 히브리어 '페에르'(פְּאֵר)로, '아름다운 머리의 장식'을 가리킵니다(사 61:3, '화관'). 하나님께서는 에스겔 선지자에게 아내가 죽었음에도 불구하고 오히려 머리에 번쩍번쩍하는 장신구를 달고 있으라고 명령하신 것입니다. 참으로 세상 사람들의 눈에는 에스겔 선지자가 완전히 미친 사람처럼 보였을 것입니다.

이처럼 하나님의 말씀에 순종하는 길은 매우 어려운 길이요, 인간의 관습과 상식을 초월한 길입니다. 심지어 미쳤다는 소리를 듣기도 합니다. 고린도후서 5:13에 "우리가 만일 미쳤어도 하나님을 위한 것이요 만일 정신이 온전하여도 너희를 위한 것이니"라고 말씀하고 있습니다. 진정한 성도는 미쳤다는 소리를 들어도 하나님의 명령이라면 절대 순종해야 합니다.

넷째, 사람들의 위로도 부인해야 합니다.

에스겔 24:17 하반절에서는 "사람의 부의하는 식물을 먹지 말라"라고 명령하고 있습니다. '부의하는 식물'은 히브리어 '레헴'(לֶחֶם, 떡)이라는 한 단어입니다. 이 떡은 사람이 죽었을 때 그 유족을 위로하고 동정하는 표로 사람들이 가져다주는 음식입니다. 그런데 하나님께서 이 음식을 먹지 말라고 명령하신 것은 한마디로 사람들의 위로도 받지 말라는 것입니다(참고-욥 2:11-13).

3. 에스겔 선지자의 아내의 죽음과 예루살렘 성전
Death of Ezekiel's Wife and the Temple of Jerusalem

(1) 아내는 예루살렘 성전(성읍)을 의미합니다.

이스라엘 백성이 에스겔 선지자에게 그의 아내가 갑자기 죽은 일에 대하여 그 의미를 물었습니다. 에스겔 24:19에서 "백성이 내게 이르되 네가 행하는 이 일이 우리에게 무슨 상관이 되는지 너는 우리에게 고하지 아니하겠느냐"라고 말씀하고 있습니다. 이에 에스겔 선지자가 하나님의 말씀으로 대답하였습니다(겔 24:20).

에스겔 24:21에서 "너는 이스라엘 족속에게 이르기를 주 여호와의 말씀에 내 성소는 너희 세력의 영광이요 너희 눈의 기쁨이요 너희 마음에 아낌이 되거니와 내가 더럽힐 것이며 너희의 버려둔 자녀를 칼에 엎드러지게 할찌라"라고 말씀하고 있습니다. 여기 '성소'는 히브리어 '미크다쉬'(מִקְדָּשׁ)로, '거룩한 곳'이란 뜻이며 예루살렘 성전(성읍)을 가리킵니다. 에스겔 선지자가 아끼던 자신의 아내가 죽었던 것처럼, 이스라엘 백성이 아끼던 하나님의 성소도 반드시 파괴를 당한다는 말씀입니다.

(2) 아내의 갑작스러운 죽음은 예루살렘 성전(성읍)의 갑작스러운 파괴를 의미합니다.

첫째, 하나님께서 치십니다.

에스겔 24:16 상반절에서 "인자야 내가 네 눈에 기뻐하는 것을

한 번 쳐서 빼앗으리니"라고 말씀하고 있습니다. 여기 '쳐서'는 히
브리어 '막게파'(מַגֵּפָה)인데, '염병, 재앙, 살육'으로 번역됩니다. 이
단어는 애굽에 내린 열 가지 재앙을 가리킬 때(출 9:14), 염병으로 많
은 사람이 죽었을 때(민 14:37, 17:13, 25:8-9, 18, 시 106:29-30), 전쟁에
서 살육당할 때(삼상4:17)에 사용되어, 주로 하나님의 심판을 표현합
니다(삼상 4:17).

이러한 단어의 용례들을 통하여 에스겔 선지자의 아내의 죽음이
이스라엘 백성이 받아야 할 심판에 대한 표징이 되게 하시려고 '막
게파'(מַגֵּפָה)에 해당하는 비참한 죽음을 맞게 하신 것을 알 수 있습
니다.

둘째, 하나님께서 빼앗아 가십니다.

에스겔 24:16 상반절에서 "내가 네 눈에 기뻐하는 것을 한 번 쳐
서 빼앗으리니"라고 말씀하고 있으며, 25절 하반절에서는 "그 마음
의 간절히 생각하는 자녀를 제하는 날"이라고 말씀하고 있습니다.

여기 '빼앗으리니'와 '제하는'은 둘 다 히브리어 '라카흐'(לָקַח)입
니다. 이것은 하나님께서 에녹과 엘리야를 갑자기 데려가실 때 쓰인
단어로, 에스겔 선지자의 아내가 갑자기 죽었듯이 유다의 멸망이 갑
자기 임할 것을 나타냅니다(렘 16:5-9). 이와 같이 주님의 재림과 세
상의 종말도 홀연히 임합니다(막 13:35-36). 데살로니가전서 5:2-3에
서 "주의 날이 밤에 도적같이 이를 줄을 너희 자신이 자세히 앎이라
³ 저희가 평안하다, 안전하다 할 그때에 잉태된 여자에게 해산 고통
이 이름과 같이 멸망이 홀연히 저희에게 이르리니 결단코 피하지 못
하리라"라고 말씀하고 있습니다.

4. 예루살렘 성전의 의미
Meaning of the Temple of Jerusalem

에스겔 24:21에서 "너는 이스라엘 족속에게 이르기를 주 여호와의 말씀에 내 성소는 너희 세력의 영광이요 너희 눈의 기쁨이요 너희 마음에 아낌이 되거니와 내가 더럽힐 것이며 너희의 버려둔 자녀를 칼에 엎드러지게 할찌라"라고 말씀하고 있습니다.

(1) 세력의 영광

'세력'은 히브리어 '오즈'(עֹז)로, '힘'이라는 뜻이며, '영광'은 히브리어 '가온'(גָּאוֹן)으로, 하나님께 사용되는 경우에는 '위엄, 영광'이라는 뜻입니다. 하나님의 위엄이 함께하시는 것이 이스라엘 백성의 힘입니다. 하나님의 성전은 하나님의 위엄과 영광이 머물러 있는 곳이요, 그 백성의 힘이 되는 곳입니다.

(2) 눈의 기쁨

'기쁨'은 히브리어 '마흐마드'(מַחְמָד)로, '귀중한 것, 애틋하게 아끼는 것'을 가리키며, '갈망하다'라는 뜻을 가진 히브리어 '하마드'(חָמַד)에서 유래하였습니다(겔 24:25). 이 단어는 에스겔 24:16에서 에스겔의 아내를 가리킬 때에도 사용됩니다. 아름다운 아내를 바라보기만 해도 기쁘듯이, 이스라엘 백성에게 성전은 바라보기만 해도 기쁨이 가득했던 곳이었습니다.

(3) 마음의 아낌

'아낌'이라는 단어는 히브리어 '마흐말'(מַחְמָל)로, '동정과 자비의 대상, 가장 사랑하는 대상'을 가리킵니다. 성전은 이스라엘 백성이 가장 귀하게 여기고 사모하던 곳이었습니다. 그래서 그들은 성전이 하나님의 위엄이 머물러 있는 곳이기에 절대로 파괴될 수 없다고 생각하였습니다.

이렇게 성전은 이스라엘 백성에게 가장 소중한 것이었습니다. 심지어 이스라엘 백성에게는 그들의 자녀처럼 소중한 것이었습니다. 에스겔 24:25에서는 "그 힘과 그 즐거워하는 영광과 그 눈의 기뻐하는 것과 그 마음의 간절히 생각하는 자녀"라고 말씀하고 있습니다.

그러나 이스라엘 백성이 회개하지 않으면 이러한 성전까지도 하나님께서는 더럽히시고 파괴하십니다. 21절 하반절에서 "내가 더럽힐 것이며 너희의 버려둔 자녀를 칼에 엎드러지게 할찌라"라고 말씀하고 있습니다. 25절에서는 '제하는 날'이 있다고 말씀하고 있습니다. 21절의 '더럽힐 것'이라는 단어는 히브리어 '할랄'(חָלַל)로, '구멍을 뚫다'라는 뜻인데, 여기서는 강조형이 사용되어 완전한 파괴를 나타냅니다.

예루살렘 성전이 완전히 파괴되는 것은 이스라엘 백성에게 상상조차 할 수 없는 일이었습니다. 그들에게는 예루살렘 성전만큼은 절대로 파괴되지 않을 것이라는 성전 지상주의가 만연해 있었습니다. 그러나 하나님께서는 그러한 성전까지도 언약 백성을 정결케 하시는 하나님의 구속 경륜 가운데 파괴하셨습니다. 하나님의 구속 경륜은 보이는 돌과 나무로 이루어진 건물에 제한되는 것이 아니며, 성전의 실체가 되시는 예수 그리스도를 통해서 완전하게 성취됩니다(요 2:19-21, ^{참고}-사 14:26-27).

두 막대기가 하나 되게 하라
Join the Two Sticks so That They May Become One

에스겔 37:15-23

1. 행동 예언의 개요
Overview of Symbolic Action

(1) 예언의 시기

에스겔 37장의 예언은 주전 586년 바벨론에게 남 유다가 완전히 멸망한 다음에 주신 말씀입니다.

에스겔 선지자는 사로잡힌 지 12년 10월 5일에 벙어리가 풀렸습니다. 에스겔 33:21-22에서 "우리가 사로잡힌 지 십이년 시월 오일에 예루살렘에서부터 도망하여 온 자가 내게 나아와 말하기를 그 성이 함락되었다 하였는데 22 그 도망한 자가 내게 나아오기 전날 저녁에 여호와의 손이 내게 임하여 내 입을 여시더니 다음 아침 그 사람이 내게 나아올 임시('즈음'-표준새번역)에 내 입이 열리기로 내가 다시는 잠잠하지 아니하였노라"라고 말씀하고 있습니다.

주전 586년 예루살렘이 멸망하고, 그 후 도망한 자가 에스겔이 있는 곳에 도착해서 예루살렘 멸망의 소식을 전했을 때 에스겔 선지자의 벙어리가 풀렸습니다. 그 후에 하나님께서는 에스겔 선지자에게 마른 뼈들이 살아나는 환상을 보여 주셨습니다(겔 37:1-14). 이 환상을 통해 지금 바벨론에 포로로 끌려가 있는 이스라엘 백성이 영적으로 회복될 뿐만 아니라 고토(故土: 고향 땅)로 돌아오게 된다는 것을 보여 주신 것입니다. 에스겔 37:12에서 "내 백성들아 내가 너희 무덤을 열고 너희로 거기서 나오게 하고 이스라엘 땅으로 들어가게 하리라"라고 말씀하고 있으며, 14절에 "내가 또 너희를 너희 고토에 거하게 하리니"라고 말씀하고 있습니다.

에스겔 37:15-23의 행동 예언은 분명히 예루살렘이 바벨론에게 멸망 당한 후에 주어진 명령입니다.

(2) 예언의 내용

에스겔 37:16-17을 볼 때 "인자야 너는 막대기 하나를 취하여 그 위에 유다와 그 짝 이스라엘 자손이라 쓰고 또 다른 막대기 하나를 취하여 그 위에 에브라임의 막대기 곧 요셉과 그 짝 이스라엘 온 족속이라 쓰고 [17] 그 막대기들을 서로 연합하여 하나가 되게 하라 네 손에서 둘이 하나가 되리라"라고 말씀하고 있습니다.

첫째, 막대기 하나를 취하라

하나님께서는 에스겔 선지자에게 막대기 하나를 취하여 그 위에 "유다와 그 짝 이스라엘 자손"이라고 쓰라고 명령하셨습니다(겔 37:16上).

둘째, 다른 막대기 하나를 취하라

하나님께서는 "유다와 그 짝 이스라엘 자손"이라고 쓴 막대기 외에 또 다른 막대기 하나를 취하여 그 위에 "에브라임의 막대기 곧 요셉과 그 짝 이스라엘 온 족속"이라고 쓰라고 명령하셨습니다(겔 37:16下).

셋째, 막대기 둘을 서로 연합하여 하나가 되게 하라

하나님께서는 에스겔 선지자에게 "그 막대기들을 서로 연합하여 하나가 되게 하라 네 손에서 둘이 하나가 되리라"라고 명령하셨습니다(겔 37:17).

2. 행동 예언의 의미
Meaning of Symbolic Action

(1) '유다와 그 짝 이스라엘의 자손'은 남 유다를 가리킵니다.

한 막대기에는 '유다와 그 짝 이스라엘의 자손'이라고 적었습니다. 에스겔 37:16의 '유다'는 남 유다의 주요 구성원인 유다 지파를 가리킵니다. 그리고 '그 짝 이스라엘의 자손'은 남 유다의 편에 섰던 베냐민 지파와 북 이스라엘에 거주하기를 거부하고 남쪽으로 이주한 사람들을 가리킵니다(왕상 12:21, 대하 11:12-16).

(2) '에브라임의 막대기 곧 요셉과 그 짝 이스라엘 온 족속'은 북 이스라엘을 가리킵니다.

다른 한 막대기에는 '에브라임의 막대기 곧 요셉과 그 짝 이스라엘 온 족속'이라고 적었습니다. '에브라임의 막대기 곧 요셉'은 북 이스라엘의 주요 구성원인 에브라임 지파를 가리킵니다. 에브라임은 요셉의 둘째 아들이었습니다(창 41:51-52). 야곱이 죽기 전에 자신의 손자인 므낫세와 에브라임을 축복할 때, 둘째인 에브라임을 오른손으로 축복함으로 그에게 장자의 축복을 주었습니다. 창세기 48:14에서 "이스라엘이 우수를 펴서 차자 에브라임의 머리에 얹고 좌수를 펴서 므낫세의 머리에 얹으니 므낫세는 장자라도 팔을 어긋

맞겨 없었더라"라고 말씀하고 있습니다. 창세기 48:20에서도 "그 날에 그들에게 축복하여 가로되 이스라엘 족속이 너로 축복하기를 하나님이 너로 에브라임 같고 므낫세 같게 하시리라 하리라 하여 에브라임을 므낫세보다 앞세웠더라"라고 말씀하고 있습니다.

또한 에스겔 37:16 하반절의 "그 짝 이스라엘 온 족속"은 북 이스라엘 열 지파 가운데 에브라임 지파를 제외한 나머지 지파들을 가리킵니다(왕상 11:31, 12:20).

(3) 두 막대기가 합쳐지는 것은 이스라엘이 바벨론 포로에서 해방되고 예루살렘에 귀환하여 새로운 통일왕국을 이룰 것을 가리킵니다.

에스겔 37:17에 "그 막대기들을 서로 연합하여 하나가 되게 하라 네 손에서 둘이 하나가 되리라"라고 말씀하고 있습니다. 예레미야 50:4에서도 "나 여호와가 말하노라 그날 그때에 이스라엘 자손이 돌아오며 그와 함께 유다 자손이 돌아오되 그들이 울며 그 길을 행하며 그 하나님 여호와께 구할 것이며"라고 말씀하고 있습니다. 호세아 1:11에서도 "이에 유다 자손과 이스라엘 자손이 함께 모여 한 두목을 세우고 그 땅에서부터 올라오리니 이스르엘의 날이 클 것임이로다"라고 말씀하고 있습니다.

에스겔의 예언대로 이스라엘 백성은 주전 537년에 바벨론에서 해방되어 제1차로 예루살렘으로 돌아왔습니다. 이어 주전 458년에 제2차로, 주전 444년에 제3차로 귀환하여, 마침내 남 유다와 북 이스라엘이 하나된 통일국가를 이루게 되었습니다.

3. 통일의 방법
Ways of Bringing Unification

(1) 통일의 주체는 하나님이십니다.

남 유다와 북 이스라엘의 통일은 결코 사람의 힘으로 이루어질 수 없습니다. 에스겔 37:19에서 '내가', '내 손에서'라는 표현이 반복되고 있습니다. 이것은 통일의 주체가 사람이 아니라 하나님이심을 알려 주는 것입니다.

에스겔 37:19 "너는 곧 이르기를 주 여호와의 말씀에 내가 에브라임의 손에 있는바 요셉과 그 짝 이스라엘 지파들의 막대기를 취하여 유다의 막대기에 붙여서 한 막대기가 되게 한즉 내 손에서 하나가 되리라 하셨다 하고"

(2) 통일의 주도권은 남 유다에 있습니다.

에스겔 37:19에서 '요셉과 그 짝 이스라엘 지파들의 막대기를 취하여 유다의 막대기에 붙인다'라고 말씀하고 있습니다. 그러므로 북 이스라엘을 가져다가 남 유다에 붙이는 것이 하나님의 방법인 것입니다. 하나님께서 이렇게 하심은 남 유다가 하나님의 언약이 머물러 있는 나라이기 때문입니다. 역대하 21:7에서 "여호와께서 다윗의 집을 멸하기를 즐겨하지 아니하셨음은 이전에 다윗으로 더불어 언약을 세우시고 또 다윗과 그 자손에게 항상 등불을 주겠다고 허하셨음이더라"라고 말씀하고 있습니다(삼하 7:12-13, 시 89:4, 132:11-12).

(3) 완전히 하나가 되는 통일입니다.

에스겔 37:17에 "그 막대기들을 서로 연합하여 하나가 되게 하라 네 손에서 둘이 하나가 되리라"라고 말씀하고 있습니다. 여기 '되게 하라'는 히브리어 '카라브'(קָרַב)로, '가까이 오다, 접근하다, 들어가다, 가깝게 당기다'라는 뜻입니다. 이 단어가 7절에서는 '서로 연락(連絡)하더라'로 번역되었습니다. 죽은 뼈들이 제자리에 들어가고 서로 결합하여 온전한 몸이 되는 것처럼, 남 유다와 북 이스라엘의 통일은 열두 지파가 완전히 하나 되는 통일인 것입니다.

17절에서 앞부분에 기록된 '하나'는 히브리어 '에하드'(אֶחָד)의 단수이고, 뒷부분에 기록된 '하나'는 히브리어 '에하드'의 복수형인 '아하딤'(אֲחָדִים)입니다. '서로 연합하여 하나'가 된다는 것은 전혀 이질적이었던 두 나라가 자신들의 고유한 특성에도 불구하고 하나님의 강권적인 은혜로 완전히 하나가 됨을 나타냅니다. 이는 에스겔 선지자의 손에서 두 막대기가 붙어서 하나가 되는 것같이, 결국에는 하나님의 은혜로 유다와 이스라엘이 완벽하게 하나가 된다는 것입니다.

소결론 : 행동 예언들의 구속 경륜

(1) 모든 행동 예언들은 정하신 때에 반드시 이루어질 하나님의 말씀입니다(마 5:18, 24:35).

① 징조(מוֹפֵת, '모페트')

에스겔 12:6에서 "캄캄할 때에 그 목전에서 어깨에 메고 나가며 얼굴을 가리우고 땅을 보지 말찌어다 이는 내가 너를 세워 이스라엘 족속에게 징조가 되게 함이니라 하시기로"라고 말씀하고 있습니다. 여기 '징조'는 히브리어 '모페트'(מוֹפֵת)로, 하나님께서 앞으로 하시고자 하는 일을 어떤 사건을 통해서 보여 주시는 표인데, 장차 이루어질 일을 미리 알고 대비하게 하시는 표징을 의미합니다. 하나님의 '모페트'는 미래에 반드시 그대로 이루어집니다.

> **에스겔 12:11** "또 말하기를 나는 너희 징조(מוֹפֵת, '모페트')라 내가 행한 대로 그들이 당하여 사로잡혀 옮겨갈찌라"

> **에스겔 24:24** "이와 같이 에스겔이 너희에게 표징(מוֹפֵת, '모페트')이 되리니 그가 행한 대로 너희가 다 행할찌라 이 일이 이루면 너희가 나를 주 여호와인 줄 알리라 하라 하셨느니라"

② 예조(מַשָּׂא, '마사')

에스겔 12:10에서 "너는 그들에게 말하기를 주 여호와의 말씀에 이것은 예루살렘 왕과 그 가운데 있는 이스라엘 온 족속에 대한 예조라 하셨다 하고"라고 말씀하고 있습니다. 여기 '예조'로 번역된 '마사'(מַשָּׂא)는 본래 '무거운 짐'이라는 뜻을 가지고 있습니다(출 23:5, 신 1:12). 이것은 큰 심판이 온다는 것을 미리 알리는 '경고'나 '예언'을 가리킬 때도 사용되었습니다. 왜냐하면 앞으로 닥칠 큰 심판은 결국 이스라엘 백성에게 무거운 짐이 되기 때문입니다. 이사야서에서는 '마사'(מַשָּׂא)가 '…에 관한 경고'를 나타낼 때 주로 사용되었습니다(사 13:1, 14:28, 15:1, 17:1, 19:1, 21:1, 11, 13, 22:1, 23:1, 30:6). 성도는 하나님의 징조와 예조가 반드시 성취되는 것을 통하여, 하나님의 말씀은 어떤 방해가 있어도 반드시 성취됨을 확실히 믿을 수 있습니다.

(2) 행동 예언의 최종 목적은 하나님께서 여호와이심을 알게 하려는 것입니다.

하나님께서 에스겔 선지자에게 명령하신 일곱 번째 행동 예언은 '손뼉을 치고 발을 구르라'(겔 6:11-14)는 명령이었습니다. 하나님께서는 이 명령을 통해 하나님이 여호와인 줄 알게 하려 하셨습니다.

에스겔 6:13-14 "그 살륙당한 시체가 그 우상 사이에, 제단 사방에, 각 높은 고개에, 모든 산꼭대기에, 모든 푸른 나무 아래에, 무성한 상수리나무 아래 곧 그 우상에게 분향하던 곳에 있으리니 너희가 나를 여호와인 줄 알리라 14 내가 내 손을 그들의 위에 펴서 그 거하는 온 땅 곧 광야에서부터 디블라까지 처량하고 황무하게 하리니 그들이 나를 여호와인 줄 알리라"

또한 하나님께서 에스겔 선지자에게 명령하신 여덟 번째 행동 예언은 "쇠사슬을 만들라"(겔 7:23-27)라는 명령인데, 이 또한 하나님께서 여호와이심을 알려 주시기 위한 것이었습니다. 에스겔 7:27에서 "왕은 애통하고 방백은 놀람을 옷 입듯 하며 거민의 손은 떨리리라 내가 그 행위대로 그들에게 갚고 그 죄악대로 그들을 국문한즉 그들이 나를 여호와인 줄 알리라"라고 말씀하고 있습니다.

아홉 번째 행동 예언은 '성벽을 뚫고 행구를 옮기라'(겔 12:1-16)는 것인데, 이 역시 이스라엘 백성이 하나님을 여호와인 줄 알게 하려고 주신 명령이었습니다. 에스겔 12:15에서 "내가 그들을 이방인 가운데로 흩으며 열방 중에 헤친 후에야 그들이 나를 여호와인 줄 알리라"라고 하였고, 16절에 "그러나 내가 그 중 몇 사람을 남겨 칼과 기근과 온역을 벗어나게 하여 그들로 이르는 이방인 중에 자기의 모든 가증한 일을 자백하게 하리니 그들이 나를 여호와인 줄 알리라"라고 말씀하고 있습니다.

열 번째 행동 예언인 '떨면서 식물을 먹고 놀라고 근심하면서 물을 마시라'(겔 12:17-20)라는 명령에서도 "사람의 거하는 성읍들이 황폐하며 땅이 황무하리니 너희가 나를 여호와인 줄 알리라 하셨다 하라"라고 말씀하고 있습니다(겔 12:20).

하나님께서 에스겔 선지자에게 명령하신 열여섯 번째 행동 예언은 '슬퍼하지 말라'(겔 24:15-24)라는 것인데, 이 역시 하나님께서 여호와이심을 알려 주시기 위한 것이었습니다. 에스겔 24:24에서 "이와 같이 에스겔이 너희에게 표징이 되리니 그가 행한 대로 너희가 다 행할찌라 이 일이 이루면 너희가 나를 주 여호와인 줄 알리라 하라 하셨느니라"라고 말씀하고 있습니다.

하나님께서 에스겔 선지자에게 명령하신 열일곱 번째 행동 예언은 '두 막대기가 하나 되게 하라'(겔 37:15-23)라는 명령이었습니다. 이 명령에 이어 메시아를 예표하는 '내 종 다윗'이 영원한 왕이 될 것과 영원한 성소가 있는 하나님 나라가 도래할 것을 선포하고 있습니다(겔 37:24-27). 그리고 마침내 열국이 하나님을 여호와인 줄 알게 될 것을 말씀하고 있습니다. 에스겔 37:28에서 "내 성소가 영원토록 그들의 가운데 있으리니 열국이 나를 이스라엘을 거룩케 하는 여호와인 줄 알리라 하셨다 하라"라고 말씀하고 있습니다.

여기 '여호와인 줄 안다'는 표현에서 '알다'에 쓰인 히브리어 '야다'(עַדָי)는, 단순히 지식적으로 아는 것이 아니라 체험적으로 아는 것을 가리킵니다. 이 단어는 '인격적으로 친숙한 관계를 맺다'(출 33:17, 신 34:10)라는 의미와 부부간에 '동침하다'라는 의미로도 사용되는 것으로(창 4:1), 전적으로 하나 됨을 의미합니다. 하나님의 주권 속에서 이스라엘 백성이 마침내 전적으로 하나님과 하나가 되고 하나님만을 따라가게 된다는 것입니다. 요한복음 17:3에서 예수님은 "영생은 곧 유일하신 참하나님과 그의 보내신 자 예수 그리스도를 아는 것이니이다"라고 말씀하신 다음에, 21절에서 "아버지께서 내 안에, 내가 아버지 안에 있는 것같이 저희도 다 하나가 되어 우리 안에 있게 하사 세상으로 아버지께서 나를 보내신 것을 믿게 하옵소서"라고 기도하셨습니다. 진정한 앎은 이처럼 하나 되는 것인데, 마침내 '만왕의 왕이신 하나님과 그의 백성'이라는 참다운 관계가 영원히 이루어지는 것입니다. 에스겔 37:27에서도 "내 처소가 그들의 가운데 있을 것이며 나는 그들의 하나님이 되고 그들은 내 백성이 되리라"라고 말씀하고 있습니다(렘 31:33, 계 21:3).

성자 예수님께서는 성부 하나님과 하나이십니다. 요한복음 10:30에 "나와 아버지는 하나이니라"라고 말씀하고 있습니다. 아버지와 하나이신 예수님께서는 항상 아버지께서 기뻐하시는 일만 행하셨습니다. 요한복음 8:29에서 "나를 보내신 이가 나와 함께하시도다 내가 항상 그의 기뻐하시는 일을 행하므로 나를 혼자 두지 아니하셨느니라"라고 말씀하고 있습니다. 이처럼 하나 됨은 '동행'과도 같은 의미입니다.

또한 예수님께서는 아버지의 계명을 다 지키시고 아버지께서 하라고 주신 일을 다 이루셨습니다. 요한복음 15:10에 "내가 아버지의 계명을 지켜 그의 사랑 안에 거하는 것같이 너희도 내 계명을 지키면 내 사랑 안에 거하리라"라고 말씀하셨고, 요한복음 17:4에는 "아버지께서 내게 하라고 주신 일을 내가 이루어 아버지를 이 세상에서 영화롭게 하였사오니"라고 말씀하고 있습니다. 예수님께서는 이처럼 성도들이 어떻게 하나님을 알고 믿으며 따라가야 하는지를 가장 정확하게 본을 보여 주셨습니다.

이스라엘 백성은 우상숭배와 행음과 교만으로 완전히 하나님을 떠나 멸망 가운데 던져졌습니다. 그들이 회복될 가능성은 전혀 보이지 않았습니다. 그러나 하나님께서는 강권적으로 이스라엘 백성을 회개시켜서 그들이 죄악된 길을 버리고 이제 하나님만 여호와이심을 알게 만드시는 것입니다. 그러므로 우리는 신묘막측한 하나님의 구속 경륜 가운데 그저 감사하며 하나님 말씀에 절대 순종해야 합니다.

Ezekiel's Prophecy by Symbolic Actions
에스겔의 행동 예언

행동 예언	행동 예언의 내용
행동 예언 1 **벙어리가 된 에스겔** (겔 3:26-27, 33:21-22)	· 사로잡힌 지 5년(주전 593년) 4월 5일 처음 이상을 받고(겔 1:1-2) 7일 후인 4월 12일(겔 3:16)에 벙어리가 되었다. 벙어리에서 풀린 것은 사로잡힌 지 12년(주전 585년) 10월 5일로, 예루살렘 멸망 후 도망친 자가 에스겔에게 와서 예루살렘 멸망 소식을 전할 때에 말이 나오기 시작했다(겔 33:21-22). · 벙어리로 지낸 7년 6개월 동안 하나님의 말씀이 임하여 에스겔의 입을 열어 주실 때는 말씀을 선포하였으나, 그 외에는 말을 할 수 없었다(겔 3:27). · 에스겔을 벙어리로 만드신 것은 오직 하나님의 말씀만 전하라는 것이고(겔 2:7, 3:4), 패역한 족속들을 꾸짖지 못하게 하심으로 회개할 기회조차 주지 않으신 것이다(겔 3:26).
행동 예언 2 **박석 위에 예루살렘을 그려라** (겔 4:1-3)	· 박석 위에 예루살렘을 그리게 하시고 '운제를 세우고 토둔을 쌓고 진을 치고 공성퇴를 둘러 세우라'고 말씀하셨다(겔 4:1-2). · 그림을 그린 후의 행동 예언들(겔 4:3) 첫째, 전철로 철성을 쌓으라는 것은 앞으로 쇠와 같이 강력한 바벨론 군대가 예루살렘을 포위할 것과, 하나님과 이스라엘 백성 사이를 죄가 가로막고 있다는 것을 가르쳐 준다(사 59:2, 렘 5:25). 둘째, 얼굴을 성 쪽으로 향하라는 것은 하나님께서 분노하셔서 이미 예루살렘의 심판을 작정하셨음을 보여 준다(겔 4:7). 셋째, 에워싸는 것처럼 에워싸라는 것은 바벨론 군대의 포위를 절대로 사람의 힘으로 뚫고 나갈 수 없게 될 것을 말씀한다.
행동 예언 3 **390일 동안 좌편으로 누워라** (겔 4:4-5)	· '390일 동안 좌편으로 누워서 북 이스라엘의 죄악을 담당하라'라고 말씀하셨다. · 390일은 "그들의 범죄한 햇수"로, 1일을 1년으로 하여 390일은 390년을 가리킨다(겔 4:6下).

행동 예언	행동 예언의 내용
행동 예언 3 **390일 동안 좌편으로 누워라** (겔 4:4-5)	· 390일(390년)에 대한 여러 견해가 있지만, 이스라엘의 남북 분열(주전 930년)부터 바사 왕 고레스의 바벨론 침략(주전 540년)까지 390년으로 보는 견해가 가장 성경적이다. 주전 540년 고레스 왕이 바벨론 동쪽 구티움(Gutium)을 침공한 사건은, 유대인들이 해방되는 실질적인 계기가 되었기 때문이다.
행동 예언 4 **40일 동안 우편으로 누워라** (겔 4:6-8)	· '40일 동안 우편으로 누워서 남 유다의 죄악을 담당하라'고 말씀하셨다. · 40일(40년)에 대한 여러 견해가 있지만, 나라가 분열된 근본 원인과 남 유다의 모든 죄악은 솔로몬 왕의 범죄로부터 시작되었기 때문에 솔로몬 왕의 통치 40년의 기간(주전 970-930년)으로 보는 견해가 성경적이다. · 구체적인 행동 예언들 첫째, 예루살렘을 향해 팔을 벗어 메고 예언하라는 것(겔 4:7)은, 하나님께서 예루살렘과 싸우시려는 모습을 표현한 것으로, 예루살렘의 멸망이 곧 도래한다는 것을 의미한다. 둘째, 몸이 묶인 상태에서 누워 있는 것(겔 3:25, 4:8)은, 이스라엘 백성이 바벨론의 포로가 되어 밧줄에 묶여 끌려갈 것을 상징적으로 보여 준 것이다(왕하 25:7, 렘 52:11). 셋째, 몸을 돌리지 말고 하나님께서 정하신 편만 바라보라는 것(겔 4:8)은, 하나님께서 정해 놓으신 쪽만 바라보라는 명령이다(히 12:2).
행동 예언 5 **부정한 떡을 먹어라** (겔 4:9-17)	· 좌편으로 누워 있는 390일 동안 여섯 가지 곡식을 섞어 만든 떡을 먹게 하셨다(겔 4:9). 이는 남 유다가 바벨론에 포위당해 혹독한 식량 부족을 겪게 될 것과 백성의 혼잡된 신앙 상태를 의미한다(레 19:19, 신 22:9). · 하루에 20세겔중씩 때를 따라 먹되, 그것을 인분으로 불을 피워 구워 먹으라고 하셨다(겔 4:10, 12). 이는 바벨론에 포위당해 겪게 될 연료 부족과 백성의 신앙이 인분같이 부정한 상태가 되었음을 의미한다. · 결국 떡과 물이 다 떨어지고 죄악 중에서 쇠패하게 되어(겔 4:17), '아비가 아들을 먹고, 아들이 아비를 먹게 될 것'을 말씀하셨다(겔 5:10).

행동 예언	행동 예언의 내용
행동 예언 6 머리털과 수염을 깎아라 (겔 5:1-4)	· '날카로운 칼로 머리털과 수염을 깎으라'고 명령하셨다. 머리털과 수염은 유다 백성을, 날카로운 칼은 바벨론의 잔인한 군대를 가리키며, 수염과 머리털이 깎여서 떨어져 나가는 것은 유다 백성이 바벨론에 포로로 끌려가는 것을 나타낸다(참고-사 7:20). · 깎은 머리털과 수염을 저울에 다는 것은 심판을 가리킨다(삼상 2:3, 잠 24:12). · 1/3을 성읍 안에서 불사르라는 것은 백성의 1/3이 성읍 안에서 온역과 기근으로 죽는다는 뜻이고(겔 5:12), 1/3을 칼로 치라는 것은 백성의 1/3이 바벨론 군대의 칼에 맞아 죽임을 당할 것을 말씀하며, 1/3을 바람에 흩으라는 것은 칼에는 살아남았지만 여러 나라로 끌려가는 자들이 있음을 말씀한다(겔 17:21). · 터럭의 일부를 옷자락에 싸는 것은, 다 멸망 당하는 중 '남은 자'가 있어서 보호를 받는다는 의미인데(사 6:13), 그 중 얼마에게 또 불같은 심판이 주어진다(겔 5:4).
행동 예언 7 손뼉을 치고 발을 굴러라 (겔 6:11-14)	· '손뼉을 치라'는 명령은, 한 손으로 다른 손을 아주 심하게 때리는 것으로(겔 21:14, 17, 22:13), 하나님의 분노가 강하게 쏟아질 것을 알려 주신 것이다. · '발을 구르는 것'은, 발로 땅을 세게 치며 강하게 밟는 것을 의미한다(참고-삼하 22:43, 겔 25:6). 이는 이스라엘이 바벨론에게 처참하게 정복당할 것을 알려 주시면서 하나님의 슬픔과 분노를 나타내신 것이다.
행동 예언 8 쇠사슬을 만들어라 (겔 7:23-27)	· 쇠사슬을 만들라고 명령하신 것은, 유다가 멸망하여 바벨론에 끌려갈 때 쇠사슬에 묶여서 끌려갈 것을 미리 보여 주신 것이다(겔 7:24, 참고-왕하 25:7, 렘 40:1, 52:11). · 쇠사슬에 묶여서 끌려가는 이유는, 피 흘리는 죄와 강포가 그 성읍에 찼기 때문이며, 이스라엘 백성의 교만함 때문이다(겔 7:23-24). · 심판의 대상은 모든 사람들이며, 그 행위대로 심판하신다(겔 7:27, 참고-시 7:8). 하나님께서 심판하실 때가 되면, 평강을 구하여도 얻을 수 없고(사 48:22, 겔 7:25), 올바른 지도자를 구하지만 얻을 수 없다(겔 7:26, 34:2-6, 벧후 2:1).

행동 예언	행동 예언의 내용
행동 예언 9 성벽을 뚫고 행구를 옮겨라 (겔 12:1-16)	· 낮에 행구(포로 신세의 물건들, 렘 46:19)를 준비하여 옮기는 것(겔 12:3-4)은, 이스라엘 백성이 반드시 바벨론에 포로로 끌려갈 것을 표현한 것이다. · 저녁에 성벽을 뚫고 밖으로 나가는 모습은(겔 12:4-5), 앞으로 바벨론에 의해 예루살렘 성벽이 반드시 뚫리게 될 것을 보여 준다(왕하 25:1-4, 렘 52:4-7). · 캄캄할 때에 행구를 어깨에 메고 얼굴을 가리우고 땅을 보지 말고 나가라는 것(겔 7:25)은, 앞으로 바벨론에 포로로 끌려가므로 다시 예루살렘 땅을 보지 못할 것을 미리 보여 준 것이다(왕하 25:7, 렘 52:11, 겔 12:13).
행동 예언 10 떨며 식물을 먹고 놀라고 근심하면서 물을 마셔라 (겔 12:17-20)	· 떨면서 식물을 먹고, 놀라고, 근심하면서 물을 마시라는 것은 적이 쳐들어온 것을 보면서 극도의 두려움과 공포, 근심 가운데서 먹고 마시라는 것이다. · 떨면서 식물과 물을 먹는 것은 영적, 정신적 고통을 강조한 것인데, 이스라엘의 죄악으로 인하여 땅이 그들을 토해 내어 황무하게 되는 것이다(겔 12:19-20, ^{참고}레 18:28, 대하 36:21).
행동 예언 11 슬피 탄식하라 (겔 21:1-7)	· 이 예언은 에스겔 20:45-49의 내용과 연결되어 있는데, 불과 칼로 이스라엘 전체의 모든 사람들을 심판하실 것을 선포하고 있다. · 탄식하되 허리가 끊어지는 듯이 그들의 목전에서 슬피 탄식하라고 하신 것은, 앞으로 닥쳐올 멸망이 혹독하고 너무도 고통스러운 것임을 나타낸다.
행동 예언 12 네 넓적다리를 쳐라 (겔 21:8-13)	· 부르짖어 슬피 울고 넓적다리를 치라고 명령하신 것은, 아주 강하게 힘을 다하여 자기의 넓적다리를 치면서 수많은 사람이 죽은 것을 본 것처럼 큰 소리로 울부짖으라는 것이다. · 부르짖어 슬피 울어야 하는 이유는 칼이 날카롭게 되고 마광되었기 때문이다(겔 21:9-10). 이는 바벨론의 침략이 신속하게 진행될 것을 나타내며 이 일이 실제로 이루어질 일임을 강조하는 것이다.

행동 예언	행동 예언의 내용
행동 예언 13 **칼을 세 번 휘둘러라** (겔 21:14-17)	· 먼저 손뼉을 치라는 것은 하나님의 분노의 표현이며, 칼을 세 번 휘두르라는 것은 잔인한 살육의 과정과 세 번에 걸쳐 바벨론에 무자비하게 끌려가게 되는 것을 의미한다. · 이 예언대로 남 유다는 세 번에 걸쳐서 바벨론에 포로로 끌려갔다. 에스겔 21:17에서 "나도 내 손뼉을 치며 내 분을 다하리로다"라고 말씀하고 있는데, 하나님의 분노가 쏟아질 때 하나님의 안식이 이루어진다는 말씀이다.
행동 예언 14 **길을 그려라** (겔 21:18-27)	· 하나님께서는 바벨론 왕이 갈랫길에서 점을 칠 것이라고 알려 주시면서(겔 21:21), 두 길을 한 땅에서 나오도록 그리라고 말씀하셨다. 그 길머리에 길이 나뉘는 표시를 하여 암몬 족속의 '랍바에 이르는 길'과 유다 견고한 성 '예루살렘에 이르는 길'을 그리라고 명령하셨다(겔 21:19-20). · 실제로 바벨론 왕은 점을 쳐서 "견고한 성 예루살렘"으로 가는 점괘를 얻었는데, 이 일도 하나님의 주권 아래 이루어진 것이다.
행동 예언 15 **한 가마를 걸어라** (겔 24:1-14)	· 주전 588년 10월 10일, 바벨론에게 예루살렘이 포위된 그날(왕하 25:1, 렘 52:4), 한 가마를 걸라고 명령하셨는데, 그 가마는 녹슨 가마이다(렘 24:6). · 녹슨 가마는 피 흘리는 성읍이요, 많은 죄를 저지른 남 유다를 가리킨다(겔 11:3, 7). · 양 한 마리를 골라서 각을 떴는데(겔 24:4下), 양은 모든 민족 가운데 선택된 이스라엘을 의미하며(신 7:7), 각을 떴다는 것은 이스라엘 백성이 하나 되지 못함을 나타낸다. · 가마 밑에 나무를 쌓아 불을 지펴서 가마 속의 뼈가 무르도록 삶으라고 명령하신 것(겔 24:4)은 바벨론의 공격이 인정사정 없이 무자비한 공격이 될 것을 말씀한다. · 제비 뽑을 것도 없이 덩이를 일일이 꺼내어 가마를 비게 하라는 것(겔 24:6)은, 그 재앙이 모든 사람에게 각각 임함을 나타내며, 바벨론에 무차별적으로 남김없이 다 끌려간다는 말씀이다(왕하 25:11, 렘 39:9).

행동 예언	행동 예언의 내용
행동 예언 15 **한 가마를 걸어라** (겔 24:1-14)	· 하나님께서 심판하시는 목적은 자기 백성의 '녹'을 없이하며 정결케 함으로써, 하나님의 거룩하심에 참여케 하시는 것이다 (겔 22:18-22, 히 12:10).
행동 예언 16 **슬퍼하지 말아라** (겔 24:15-24)	· 주전 588년 10월 10일 예루살렘이 바벨론 군대에게 포위당한 그날, 에스겔 선지자의 아내가 갑자기 죽었다. 그러나 하나님께서는 절대로 슬퍼하거나 울거나 눈물을 흘리지 말라고 하셨다. · 에스겔 선지자의 아내의 갑작스러운 죽음은 예루살렘 성전(성읍)의 갑작스러운 파괴를 의미한다. · 예루살렘 성전은 이스라엘의 '세력의 영광, 눈의 기쁨, 마음에 아끼는 것'이므로 절대 파괴되지 않을 것이라 생각했지만(겔 24:21), 하나님께서는 언약 백성을 정결케 하시기 위해 성전까지도 구속 경륜 가운데 파괴하셨다.
행동 예언 17 **두 막대기가 하나되게 하라** (겔 37:15-23)	· 주전 586년 예루살렘이 완전히 멸망하고, 그 소식을 들었을 때 에스겔 선지자의 벙어리가 된 것이 풀렸다(겔 33:21-22). 그 후 하나님은 이스라엘의 통일에 관해 말씀해 주셨다. · 막대기 하나를 취하고 "유다와 그 짝 이스라엘 자손(남 유다)"이라 쓰게 하시고, 다른 막대기 하나를 취하여 에브라임 곧 요셉과 그 짝 이스라엘 온 족속(북 이스라엘)이라고 쓰라고 명령하셨다. · "막대기들을 서로 연합하여 하나가 되게 하라 네 손에서 둘이 하나가 되리라"라고 말씀하셨다(겔 37:17). 두 막대기가 하나로 합쳐진다는 것은 남 유다와 북 이스라엘이 새로운 통일국가를 이룬다는 것을 알려 주는 것이다(렘 50:4, 호 1:11). 이 예언대로 이스라엘 백성은 바벨론에서 귀환하며, 마침내 새로운 통일국가를 이루었다.

제 4 장

에스겔 성전의 개요

Overview of Ezekiel's Temple

에스겔 성전의 개요
OVERVIEW OF EZEKIEL'S TEMPLE

　에스겔에게 보이신 새 성전의 모습은, 바벨론에 포로로 끌려간 이스라엘의 회복에 관한 가장 강력한 메시지입니다. 포로로 끌려가기 전, 이스라엘 전 민족에게 최대의 자랑거리이자 큰 자부심의 근원은 하나님의 성전이 그들 중에 있다는 사실이었습니다.

　그러나 이스라엘은 패역하여 하나님의 말씀을 저버리고 거룩한 전을 가증한 우상의 소굴로 만들었습니다(겔 8:5-18). 성전에 머물러 있던 하나님의 영광은 그들 곁을 떠났습니다(겔 8:3-4, 10:18-19, 11:22-24). 에스겔 선지자는 "인자야 이스라엘 족속의 행하는 일을 보느냐 그들이 여기서 크게 가증한 일을 행하여 나로 내 성소를 멀리 떠나게 하느니라"(겔 8:6)라고 하시는, 가슴이 찢어지게 고통스러운 말씀을 들었습니다.

　하나님께서는 바벨론을 몽둥이 삼아, 교만하고 우상숭배로 성전을 더럽히는 이스라엘을 심판하셨습니다(대하 36:14-21). 바벨론 군대는 성전 안에 쳐들어와 거룩한 기구들을 약탈해 갔습니다(왕하 25:9-17, 대하 36:18-20, 스 1:7-11, 단 1:1-2). 하나님의 성전은 처참하게 짓밟혔고 불태워졌습니다(왕하 25:9-10, 대하 36:19). 에스겔 7:24에 "내가 극히 악한 이방인으로 이르러 그 집들을 점령하게 하고 악한 자의 교만을 그치게 하리니 그 성소가 더럽힘을 당하리라"라고 말씀하셨습니다(겔 24:21).

　그런데 '사로잡힌 지 25년, 성이 함락된 후 14년 정월 10일'(겔

40:1)에 하나님께서 새 성전에 관한 이상을 에스겔 선지자에게 보이셨습니다. 패역한 이스라엘을 떠나셨던 하나님께서 절망 중에 신음하는 그 백성에게 다시 찾아오셔서, 새 성전을 보여 주시며 소망의 메시지를 전하신 것입니다. 바벨론에서 포로 생활하고 있는 이스라엘 백성에게 파괴된 성전을 회복시켜 주시겠다는 소식은 너무나 놀라운 은총이며 소망이었습니다.

새 성전에 대한 이상은 순간적으로 단지 어떤 건축물의 외형만을 보여 주신 것이 아니었습니다. 에스겔 40:3-4을 볼 때, "놋같이 빛난 사람 하나"가 손에 척량 도구를 가지고 다니며 동서남북 사방으로, 좁은 공간부터 넓은 공간에 이르기까지 곳곳마다 치수를 정확히 측정하여 아주 자세히 기록하고, 각 부분의 정확한 위치, 각 방의 개수와 그 용도까지 상세히 밝혔습니다. 심지어 그 제단을 완성한 후 칠 일 동안 그 성전을 봉헌할 것까지 말씀하셨습니다(겔 43:18-27). 특히 이 거대한 새 성전이 봉헌된 후에, 마침내 이 성전으로부터 생명수가 흘러넘쳐서 이 물이 이르는 곳마다 모든 것이 살아나는 광경을 보여 주셨습니다(겔 47:1-12). 이처럼 곳곳마다 치수를 정확하게 척량하고 그 용도까지 상세히 밝히며 성전으로부터 시작될 엄청난 생명의 역사를 이스라엘 백성에게 모두 전해 준 것은, 예루살렘 성전을 반드시 회복시키시겠다는 하나님의 뜻을 분명하게 보여 주신 것입니다.

에스겔 40-43장에서 보여 주신 이 성전은, 이후 실제 이스라엘 역사 속에서 세워지지는 않았습니다. 그 성전을 '지으라'는 명령은 없었으며, 다만 하나님께서는 에스겔 선지자에게 이 새 성전에 대해서 이스라엘에게 반드시 설명하라고 명령하셨습니다. '놋같이 빛난 사람'은 에스겔에게 "인자야 내가 네게 보이는 그것을 눈으로 보고 귀로 들으며 네 마음으로 생각할찌어다 내가 이것을 네게 보이려고 이리로 데리고 왔나니 너는 본 것을 다 이스라엘 족속에게 고할찌어다"라고 말씀하셨습니다(겔 40:4). 에스겔 선지자는 패역한 백성이 "듣든지 아니 듣든지" 자신이 보고 들은 것을 "주 여호와의 말씀이 이러하시다"라고 가감 없이 전해야 했습니다(겔 2:4-7).

하나님께서 에스겔 선지자에게 새 성전의 모습을 보여 주신 궁극적인 목적은, 이스라엘 백성이 자기의 죄를 부끄러워하고 회개하여, 하나님의 모든 법도와 율례를 알고 지키는 새로운 삶을 살게 하시려는 것이었습니다.

> **에스겔 43:10-11** "인자야 너는 이 전을 이스라엘 족속에게 보여서 그들로 자기의 죄악을 부끄러워하고 그 형상을 측량하게 하라 ¹¹ 만일 그들이 자기의 행한 모든 일을 부끄러워하거든 너는 이 전의 제도와 식양과 그 출입하는 곳과 그 모든 형상을 보이며 또 그 모든 규례와 그 모든 법도와 그 모든 율례를 알게 하고 그 목전에 그것을 써서 그들로 그 모든 법도와 그 모든 규례를 지켜 행하게 하라"

에스겔에게 보여 주신 새 성전은 실제로 역사 속에서 건축하기 위한 설계가 아니라 미래에 있을 일에 대한 예언으로, 요한계시록의 새 예루살렘 성의 청사진입니다. 만물을 소성케 할 생명수가 한없이 흘러나오는 성전을 사람이 짓는다는 것은 도저히 있을 수 없는 일입니다. 에스겔 47:1을 보면 성전 문지방 밑에서 물이 나와서 동으로 흐르기 시작합니다. 그리고 이 물은 강을 이루고, 이 강물이 이르는 곳마다 모든 것이 살아납니다. 또한 강 좌우 가에는 각종 먹을 실과나무가 자라서 그 잎이 시들지 아니하며 실과가 끊이지 않고 달마다 새 실과를 맺습니다(겔 47:2-12).

에스겔 47:9 "이 강물이 이르는 곳마다 번성하는 모든 생물이 살고 또 고기가 심히 많으리니 이 물이 흘러 들어가므로 바닷물이 소성함을 얻겠고 이 강이 이르는 각 처에 모든 것이 살 것이며"

에스겔 47:12 "강 좌우 가에는 각종 먹을 실과나무가 자라서 그 잎이 시들지 아니하며 실과가 끊치지 아니하고 달마다 새 실과를 맺으리니 그 물이 성소로 말미암아 나옴이라 그 실과는 먹을 만하고 그 잎사귀는 약재료가 되리라"

이 모습은 요한계시록 22:1-2의 "또 저가 수정같이 맑은 생명수의 강을 내게 보이니 하나님과 및 어린양의 보좌로부터 나서 ²길 가운데로 흐르더라 강 좌우에 생명나무가 있어 열두 가지 실과를 맺히되 달마다 그 실과를 맺히고 그 나무 잎사귀들은 만국을 소성하기 위하여 있더라"라는 말씀과 일치합니다.

성전은 하나님께서 임재하시는 곳으로(합 2:20), 하나님께서 죄인을 만나 주시며 말씀하시는 거룩한 장소입니다(출 25:22, 29:42-43). 에스겔 성전은 일차적으로 예수 그리스도의 초림으로 이루어질 신약교회의 모습을 보여 주며, 궁극적으로는 장차 재림으로 완성될 새 예루살렘 성의 모습을 미리 보여 줍니다.

I
에스겔 성전의 척량
MEASUREMENTS OF EZEKIEL'S TEMPLE

1. 새 성전의 이상을 받은 시기와 장소
Time and Place of the Vision for the New Temple

(1) 새 성전의 이상을 받은 시기
"사로잡힌 지 이십오년이요 성이 함락된 후 십사년 정월 십일"

에스겔 선지자가 새 성전의 이상을 받은 때는 "사로잡힌 지 이십오년이요 성이 함락된 후 십사년 정월 십일"이었습니다(겔 40:1). 이때는 제2차 바벨론 포로로 끌려간 주전 597년으로부터 햇수로 25년, 예루살렘 성이 함락된 주전 586년으로부터 햇수로 14년이 된 주전 573년을 가리킵니다. 에스겔보다 먼저 제1차(주전 605년)로 끌려온 사람들에게는 33년이나 지난 때였고, 그래서 귀향의 꿈이 사라지고 미래를 예측할 수 없는 가장 암울한 시기였습니다.

'정월 십일 곧 그날에'(겔 40:1) 에스겔에게 하나님의 권능이 임했습니다. 정월 십일은 유대력에서 '아빕월 십일'로, 유월절 준비를 시작하는 날입니다. 이스라엘 백성은 정월 십일에 유월절에 바칠 흠 없는 어린양을 취하여 십사일까지 간직하였다가 해 질 때에 그 양을 잡습니다(출 12:2-6). 하나님은 출애굽을 기념하는 유월절 절기에 바벨론에서 포로로 살고 있는 이스라엘 백성에게 에스겔을 통해 새 성전의 이상을 보여 주셨습니다. 하나님께서는 새 성전의 이상을 통해 과거에 이스라엘이 애굽에서 해방되었듯이, 바벨론에서 포로로 있는 이스라엘 백성도 반드시 해방될 것을 알려 주셨던 것입니다.

또한 '정월 십일'은 여호수아가 이스라엘 백성을 이끌고 요단강을 건너서 가나안에 들어간 날이었고(수 4:19), 에스겔 선지자가 여호야긴 왕과 함께 바벨론에 포로로 끌려온 날이기도 합니다(대하 36:10, 겔 40:1).[7] 하나님께서는 에스겔 선지자가 포로로 잡혀온 그 날에 에스겔 성전에 대한 계시를 주심으로, 다시 돌아갈 날이 있다는 소망을 심어 주셨습니다. 에스겔은 '곧 그날에'라는 표현을 반복하고 있는데, '그날에'는 히브리어 '하욤 하제'(הַזֶּה הַיּוֹם)로, '바로 그날'이라는 뜻입니다. 이것은 에스겔 선지자 자신이 도저히 잊을 수 없는 날, 그가 바벨론에 포로로 끌려온 날을 강조하는 것입니다.

이 모든 하나님의 섭리를 통해서, 에스겔 선지자는 바벨론의 포로 생활 중에도 '하나님께서 반드시 이스라엘 백성을 해방시켜 가나안 땅으로 돌아가게 해 주실 것'을 소망하였을 것입니다.

(2) 이상을 받은 장소
"이스라엘 땅으로 데려가셔서 극히 높은 산 위에"

하나님께서는 에스겔 선지자를 이스라엘 땅으로 데려가셔서 극히 높은 산 위에 내려놓으셨습니다.

에스겔 40:1-2 "우리가 사로잡힌 지 이십오년이요 성이 함락된 후 십사년 정월 십일 곧 그날에 여호와의 권능이 내게 임하여 나를 데리고 이스라엘 땅으로 가시되 ² 하나님의 이상 중에 나를 데리고 그 땅에 이르러 나를 극히 높은 산 위에 내려놓으시는데 거기서 남으로 향하여 성읍 형상 같은 것이 있더라"

첫째, 이스라엘 땅입니다.

하나님께서는 에스겔 선지자를 이스라엘 땅으로 데려가셨습니다(겔 40:1). 에스겔 38:12에서 이스라엘 땅을 "세상 중앙"이라고 말씀하고 있습니다. 에스겔 5:5에서도 "이것이 곧 예루살렘이라 내가 그를 이방인 가운데 두어 열방으로 둘러 있게 하였거늘"이라고 말씀하고 있습니다(겔 5:7, 14-15).

이스라엘 땅은 지리적으로 볼 때 유럽과 아시아와 아프리카가 만나는 중앙 지역에 위치하고 있습니다. 그러나 이스라엘이 세상의 중앙이라는 것은 단지 지리적인 위치를 말씀한 것이 아닙니다. 이스라엘은 하나님 나라를 건설하기 위하여 교두보로 세운 나라이며, 거기에 온 우주의 중심이신 하나님께서 임재하시기 때문에 이스라엘이 세상의 중심인 것입니다.

모세 시대에 이스라엘 백성은 광야에서 성막을 중심으로 천막을 치고 그 사방에 진을 배치하였습니다. 민수기 2:2에서 "이스라엘 자손은 각각 그 기와 그 종족의 기호 곁에 진을 치되 회막을 사면으로 대하여 치라"라고 말씀하고 있습니다. 이스라엘 백성에게 성막이 중심이 된 것은, 그곳에 하나님께서 임재하셨기 때문입니다(출 40:34-35). 그러므로 오늘날에도 하나님께서 임재하시는 교회가 영적으로 세상의 중심이 되는 것입니다.

둘째, 하나님께서 임재하시는 산입니다.

에스겔이 본 새 성전은 '극히 높은 산'(겔 40:2), '산꼭대기'(겔 43:12)에 있습니다. "극히 높은 산"은 구약성경에서 시온산을 가리킵니다. 시온산은 높은 산으로 불렸습니다(시 48:2). 이사야 33:5에서 "여호와께서는 지존하시니 이는 높은 데 거하심이요 공평과 의로 시온에 충만케 하심이라"라고 말씀하고 있습니다. 또한 이사야 40:9에서 "아름다운 소식을 시온에 전하는 자여 너는 높은 산에 오르라"라고 하였으며, 예레미야 31:12에서는 "시온의 높은 곳"이라고 말씀하고 있습니다.

그러나 시온산이 실제로 주변의 산들보다 높은 것은 아닙니다. 시온산이 높은 것은 그곳에 가장 높으신 하나님께서 거하시기 때문입니다. 시편 9:11에서 "너희는 시온에 거하신 여호와를 찬송하며 그 행사를 백성 중에 선포할찌어다"라고 하였으며, 시편 99:2에서는 "여호와께서 시온에서 광대하시고 모든 민족 위에 높으시도다"라고 말씀하고 있습니다.

에스겔 성전이 가장 높은 산꼭대기에 위치한다는 것은, 그곳에 하나님께서 임재하심을 의미합니다. 그래서 에스겔 성전이 있는 성읍의 이름은 '여호와 삼마'(יְהוָה שָׁמָּה)로, '여호와께서 거기 계시다'라는 뜻입니다. 에스겔 48:35 하반절에서 "그날 후로는 그 성읍의 이름을 여호와 삼마라 하리라"라고 말씀하고 있습니다.

하나님께서는 이 새 성전에서 말씀을 가르치실 것입니다. 새 성전은 모든 산꼭대기에 굳게 서고 모든 작은 산 위에 뛰어나며, 만방이 그리로 몰려들 것입니다(사 2:2, 미 4:1). 이는 세상 마지막에도 하나님께서 세계 열방을 새 성전으로 불러 모으시겠다는 선포입니다(^{참고}사 11:9, 합 2:14, 마 24:14, 31, 28:19-20). 하나님께서 말씀하셨으므로 반드시 이 말씀을 이루실 것입니다(사 42:9, 48:3, 55:11, 겔 12:25, 28).

셋째, 가장 거룩한 곳입니다.

에스겔 43:12에 "산꼭대기 지점의 주위는 지극히 거룩하리라"라고 하신 말씀대로 극히 높은 산은 지성소가 있는 거룩한 장소이며,

그곳은 거룩하신 하나님의 절대 통치 영역입니다.

하나님께서 가장 거룩하신 분이시므로 하나님께서 임재하시는 산은 가장 거룩한 산입니다. 시편 2:6에서 "내가 나의 왕을 내 거룩한 산 시온에 세웠다 하시리로다"라고 말씀하고 있습니다(시 24:3, 48:1, 사 57:13, 15). 에스겔 20:40에서도 "내 거룩한 산 곧 이스라엘의 높은 산"이라고 말씀하고 있습니다. 에스겔 성전의 실체인 거룩한 성 새 예루살렘 역시 크고 높은 산으로 올라가야만 볼 수 있습니다(계 21:10).

넷째, **하나님의 말씀이 나오는 곳입니다.**

이사야 선지자는 모든 산 위에 우뚝 서 있는 그곳(시온, 예루살렘)에서 하나님의 말씀이 나오고 만방이 그리로 모여든다고 예언하였습니다(사 2:2-3).

이사야 2:2 하반절에서 "만방이 그리로 모여들 것이라"라고 했는데, '모여들 것이라'에 쓰인 히브리어 '나하르'(נָהַר)는, 시냇물이 바다로 흘러 들어가는 것을 표현하는 단어입니다. 이는 물이 바다로 계속해서 흘러오듯이, 만방이 새 성전으로 계속 몰려올 것을 나타낸 것입니다.

> **이사야 2:2, 표준새번역** "마지막 때에, 주님의 성전이 서 있는 산이 모든 산 가운데서 으뜸가는 산이 될 것이며, 모든 언덕보다 높이 솟을 것이니, 모든 민족이 물밀듯 그리로 모여들 것이다."

이때 많은 백성이 오면서 "오라 우리가 여호와의 산에 오르며 야곱의 하나님의 전에 이르자"라고 권한다고 말씀하고 있습니다(사 2:3). 여기 '오라'는 히브리어로 '가다, 오다, 걷다'라는 뜻을 가진 '할

라크'(עֲלֵה)의 명령형으로, 새 성전에 올라가자는 강력한 촉구입니다. 오늘날 성도들도 하나님의 새 성전의 역사를 깨닫고 열방에 말씀을 강력하게 전하며 함께 새 성전에 올라가자고 촉구해야 하겠습니다(슥 8:20-23).

　이사야 2:3, 표준새번역 "백성들이 오면서 이르기를 "자, 가자. 우리 모두 주님의 산으로 올라가자. 야곱의 하나님이 계신 성전으로 어서 올라가자. 주님께서 우리에게 주님의 길을 가르치실 것이니, 주님께서 가르치시는 길을 따르자" 할 것이다. 율법이 시온에서 나오며, 주의 말씀이 예루살렘에서 나온다."

　에스겔 선지자가 보니, 극히 높은 산 위에서 남쪽을 향하여 성읍 형상 같은 것이 있었습니다(겔 40:2). 그는 환상 가운데 극히 높은 한 산에 도착하여 그 남쪽으로 펼쳐지는 한 성읍을 본 것입니다. 여기 '형상'은 히브리어 '미브네'(מִבְנֵה)로, '건축물, 구조물, 구조'라는 뜻입니다. 에스겔이 본 성전은 단순히 한 건물이 아니라 '성읍 형상'을 하고 있는 도성화(都城化)된 성전이었습니다. 즉, 성전과 도성이 하나로 연결된 성읍이었습니다.

2. 거룩한 것과 속된 것의 구분
Distinction Between the Holy and the Profane

　에스겔 선지자가 극히 높은 산 위에 오르자, 놋같이 빛난 사람이 손에 삼줄과 척량하는 장대를 가지고 문에 서 있었습니다(겔 40:3). 삼줄(linen cord)은 긴 공간을 측정하는 도구로, 주로 땅의 길이를 잴 때 사용하였습니다(슥 2:1-2). 또한 척량하는 장대(measuring rod)는 비교적 짧은 공간을 재는 도구로, 대체로 성전의 벽이나 담의 길이 등을 잴 때 사용하였습니다. '장대'는 히브리어 '카네'(קָנֶה)로, 칠십 인경에서는 '칼라모스'(κάλαμος)로 번역되었는데, 요한계시록에서는 척량의 도구로 사용하는 갈대를 의미합니다(계 11:1, 21:15-16). 스가랴서나 요한계시록 모두 이 단어를 단순히 길이를 재는 것 이상의 종말적인 의미로 사용하는 것을 볼 때, 에스겔 성전의 척량 역시 영적이고 거룩한 목적을 위한 것임을 알 수 있습니다.

에스겔 43:10에서는 "인자야 너는 이 전을 이스라엘 족속에게 보여서 그들로 자기의 죄악을 부끄러워하고 그 형상을 측량하게 하라"라고 말씀하고 있습니다. 여기 '형상'은 히브리어 '토크니트'(תָּכְנִית)로, '측량, 측정, 치수'라는 뜻입니다. 이는 일차적으로는 성전의 치수를 척량하는 것이지만, 더 나아가 이스라엘 족속의 죄악을 척량의 대상으로 삼고 있습니다. 그래서 요한계시록 11:1에서는 "또 내게 지팡이 같은 갈대를 주며 말하기를 일어나서 하나님의 성전과 제단과 그 안에서 경배하는 자들을 척량하되"라고 말씀하고 있습니다.

에스겔 42:15-20에서는 성전의 사면 바깥 담을 척량하는 내용이 나오는데, "그 담은 거룩한 것과 속된 것을 구별하는 것이더라"라고 말씀하고 있습니다. 에스겔 44:23을 볼 때, 척량의 목적은 거룩한 것과 속된 것을 완전히 분별하게 하는 것입니다.

에스겔 44:23 "내 백성에게 거룩한 것과 속된 것의 구별을 가르치며 부정한 것과 정한 것을 분별하게 할 것이며"

에스겔 성전의 구조는 담과 벽, 그리고 문과 방이 주를 이루고 있는데, 이것들은 모두 '거룩'과 관계가 있습니다.

(1) '담'과 '벽'

'담'과 '벽'은 거룩한 것과 속된 것을 구분하게 하는 에스겔 성전의 목적을 뒷받침합니다. 담과 벽을 두른 것은 성전을 외부와 완전히 차단하여, 그 거룩함을 철저히 지키기 위함입니다.

에스겔 성전에서 '벽'을 뜻하는 히브리어는 '가데르'(גָּדֵר), '호마'(חוֹמָה), '아일'(אַיִל), '키르'(קִיר) 네 가지 단어가 있습니다. 한글 개역 성경에서는 이를 '벽', '담', '문벽' 등으로 일관성 없이 번역하였지만, 각 단어는 그 의미에 약간의 차이가 있습니다.

먼저 '가데르'와 '호마'는 각각 담장과 성벽을 가리키는 표현입니다. **'가데르'**(גָּדֵר)는 비교적 얇은 벽으로, 담으로 둘러싸고 있는 안쪽을 보호하는 역할을 강조하며(겔 42:7, ^{참고-}민 22:24, 시 80:12, 사 5:5, 호 2:6, 겔 42:12-גְּדֵרָה, 게데라'로 기록), **'호마'**(חוֹמָה)는 두꺼운 담으로, 지역의 구분을 강조합니다(겔 40:5, 42:20, ^{참고-}출 14:22, 레 25:29, 대하 8:5, 25:23, 겔 26:4, 암 1:7, 나 3:8, 슥 2:5).

'아일'(אַיִל)은 '벽기둥'이라는 의미로, 건축물의 벽에서 앞으로 약간 돌출되게 나와 있고 전체 건물을 지탱하는 구조물을 가리킵니다(겔 40:9, 10, 14*, 16, 21, 24, 26, 29, 31, 33, 34, 36, 37, 38, 48, 49, 41:1, 3).

---

* 한글 개역성경은 에스겔 40:14을 "그가 또 현관을 척량하니 광이 이십 척이요 현관 사면에 뜰이 있었으며"라고 번역하였습니다. 여기 '현관'은 '아일'(אַיִל)로 '벽기둥'이 올바른 번역이며, '이십 척'은 원어로 볼 때 '육십 척'이 올바른 번역입니다.

** 에스겔 40:7에는 히브리어 '아일'(אַיִל)이 없지만, 문지기방 사이의 5척 길이의 벽에 대해서 말씀하고 있습니다.

'키르'(קִיר)는 건축물 내부의 넓은 벽면을 가리키는 표현입니다 (겔 41:5, 6, 9, 12, 13, 17, 20, 22, 25, 43:8). 본 서에서는 한글 개역성경의 번역을 따라가되, 필요할 때마다 히브리어 단어를 구별하여 그 의미를 정확하게 해석했습니다.

담과 벽	두께	길이
성전의 사면 담 (חוֹמָה, '호마': 겔 40:5)	1장대(3.192m)	각 500척 (266m)
문지기방 사이 벽 (אַיִל, '아일': 겔 40:7**, 10, 16, 21, 24, 29, 33, 36)	1장대(3.192m)	5척(2.66m)
문간의 현관 문벽 (אַיִל, '아일': 겔 40:9, 14, 16, 26, 31, 34, 37, 38. 참고- מְזוּזַת הַשַּׁעַר, '메주자트 하솨아르': 겔 46:2)	2.5척(1.33m)	2척(1.064m)
성전 문 현관 좌우 벽 (אַיִל, '아일': 겔 40:48)	3척(1.596m)	5척(2.66m)
성소 문벽(אַיִל, '아일': 겔 40:49, 41:1)	6척(3.192m)	5척(2.66m)
내전 문통의 벽(אַיִל, '아일': 겔 41:3)	2척(1.06m)	7척(3.72m)
성소 내벽(קִיר, '키르': 겔 41:5, 6, 17, 20)	6척(3.192m)	4척(2.128m)
성소 외벽(קִיר, '키르': 겔 41:9)	5척(2.66m)	(없음)
서편 뜰(서쪽 구역) 뒤 건물의 사면 벽 (קִיר, '키르': 겔 41:12-13)	5척(2.66m)	광 70척 (37.24m), 장 90척 (47.88m)
바깥뜰로 향한 방의 바깥 담 (גְּדֵר, '가데르': 겔 42:7)	(없음)	50척(26.6m)
사면 바깥 담 (חוֹמָה, '호마': 겔 42:15-20)	(없음)	각 500장대 (3,000척, 1,596m)

(2) 문

문은 성전으로 들어올 자격자를 구별하는 곳입니다. 에스겔 성전에서 '문'의 히브리어는 '샤아르'(שַׁעַר), '사프'(סַף), '페타흐'(פֶּתַח), '델레트'(דֶּלֶת), '엘람/울람'(אֵילָם/אוּלָם ,אֵלָם) 다섯 가지 단어가 쓰였습니다.

'**샤아르**'(שַׁעַר)는 '성문'이라는 의미로, 성전의 복합적인 문간 건물 전체와 그 양쪽의 빈 공간을 가리키는 표현입니다. 한글 개역성경은 이를 '문간'이라고 번역하였습니다. 따라서 '샤아르'는 단독으로 사용될 때는 바깥뜰과 안뜰에 있는 문간 건물 전체를 가리키며, 다른 단어와 결합되어 사용될 때는 각 문간 건물 내부의 문의 통로(문통), 문의 입구 등을 의미합니다. 특히 각 문간에는 좌우 세 개씩 총 여섯 개의 문지기방이 설치되어 한시도 소홀함 없이 성전의 거룩을 지키도록 하였습니다. 구체적으로 '문간'은 바깥뜰에서 동향한 문간, 북향한 문간, 남향한 문간, 그리고 안뜰에서 남향한 문간, 동향한 문간, 북향한 문간까지 총 여섯 개가 있었습니다(겔 40:6-37).

'**사프**'(סַף)는 '문통, 문'이라는 의미로, 문짝이 설치되어 여닫을 수 있는 구조의 문간의 통로부를 가리킵니다(겔 40:6, 7, 41:16, 43:8-'문지방').

'**페타흐**'(פֶּתַח)는 '열다'라는 의미의 '파타흐'(פָּתַח)에서 유래하여 문짝의 유무와 상관없이 폭넓게 '출입구'를 가리킵니다(겔 40:11, 13, 38, 40, 41:2, 3, 11, 17, 20, 42:2, 4, 11, 12, 46:3, 47:1). 제사장의 거룩한 방으로 들어가는 통행구 역시 '페타흐'로, 북향과 남향에 하나씩 있습니다(겔 42:9에서는 '들어감'이라는 뜻의 '마보'(מָבוֹא)를 사용). 또한 성소의 골방으로 들어가는 문 역시 '페타흐'로, 북쪽과 남쪽에 각각 한 개씩 있었습니다(겔 41:11).

'**델레트**'(תֶלֶד)는 집의 문이나 방의 문, 성의 문을 표현하는 단어로, 문짝이 있는 여닫는 문을 가리킵니다. 성소와 지성소로 들어가는 입구에 설치된 접치는 두 문짝을 가리킬 때 이 단어가 사용되었습니다(겔 41:23, 24, 25).

'**엘람/울람**'(אֵילָם, אוּלָם/אֵילָם)은 주로 기둥이나 벽기둥으로 둘러싸인 '현관'을 가리킵니다(40:7, 8, 9, 15, 16, 21, 22, 24, 25, 26, 29, 30, 31, 33, 34, 36, 39, 40, 48, 49, 41:15, 25, 26, 44:3, 46:2, 8).

(3) 방

에스겔 성전에는 유독 '방'이 많이 등장합니다.

방은 성전 제사를 위해 섬기는 자들에게 주어지는 것으로, 큰 방에서 작은 방에 이르기까지 모든 방은 거룩을 지키는 사명을 수행하는 장소입니다.

히브리어 원문으로 보면 '리쉬카'(לִשְׁכָּה), '타'(תָּא), '첼라'(צֶלָע) 등 여러 단어가 쓰이고 있습니다.

'**리쉬카**'(לִשְׁכָּה)는 '벌렁 드러눕다, 몸을 내던지다'라는 뜻의 '라샤크'(לָשַׁךְ)에서 유래하여 '성전 안에 있는 방, 수도실, 성스러운 용도를 위한 홀(hall)' 등을 의미합니다. 스룹바벨 성전에서 이 단어는 창고(스 8:29, 느 10:38-39), 골방(스 10:6, 느 13:4-5, 8-9)의 뜻으로 사용되었으며, 에스겔 성전에서는 성전 제사와 관련된 방을 가리킬 때 사용되었습니다(겔 40:17, 38, 44, 45, 46, 41:10, 42:1, 4, 5, 7, 8, 9. 10, 11, 12, 13, 44:19, 45:5, 46:19).

'**타**'(תָּא)는 '구분하다'라는 뜻의 '타아'(תָּאָה)에서 파생된 단어로, '방, 문지기의 방'이라는 의미를 가지고 있습니다. 이 단어는 에스겔 성전 문간에 있는 문지기방을 가리킬 때 사용되었습니다(겔 40:7, 10,

12, 13, 16, 21, 29, 33, 36).

'첼라'(צֵלָע)는 '한쪽으로 기울다'라는 뜻의 '찰라'(צָלַע)에서 유래하여 '갈비뼈, 옆, 곁'이라는 뜻을 가지고 있으며, 건물을 두르는 형태의 외곽 골방(side chamber, 옆방, 곁방)을 가리키는 데 사용되었습니다(겔 41:5, 6, 7, 8, 9, 11, 26).

에스겔 성전의 방들을 정리하면 다음과 같습니다.

방 이름	위치와 각 '방'의 어원	방의 기능과 특징
문지기방 Guardroom 겔 40:7, 10, 12, 16, 21, 29, 33, 36 **36개** **(장 6척, 광 6척)**	문간마다 복도 좌우에 각각 3개씩 총 6개가 있었으며(겔 40:7, 10, 21), 바깥뜰 문간(동, 북, 남)과 안뜰 문간(남, 동, 북) 모두 6개씩 총 36개였다(겔 40:10, 20-21, 24, 28-29, 32-33, 35-36). '방'에 해당하는 히브리어 '타'(תָא)는, 어원 '타아'(תָּאָה)에서 파생되었다. '타아'는 '구분하다'라는 뜻이다.	전 문을 맡아 수직하기 위해 세움을 입은 문지기들이 사용한다(겔 44:11, 14, 참고·겔 21:27). 방 앞에 '퇴'가 있고(겔 40:12), 닫힌 창이 있다(겔 40:16).
박석 깔린 땅 위의 방 Chambers upon the pavement 겔 40:17-18 **30개(크기 없음)**	바깥뜰 삼면에 있는 박석 깔린 땅 위의 여러 방들은 모두 30개로, 각 문간의 좌우편에 각각 5개씩 위치했다(겔 40:17-18). '방'에 해당하는 히브리어 '리쉬카'(לִשְׁכָה)는 '성전 안에 있는 방' 또는 '수도실, 성스러운 용도를 위한 홀'을 의미한다. 어원은 '라샤크'(לָשַׁךְ)로, '벌렁 드러눕다, 몸을 내던지다'라는 의미이다.	제사에 사용되는 물건을 보관하거나 일반 백성이 희생 제물을 먹는 장소로 사용했을 것으로 추정된다(참고·신 16:7).

방 이름	위치와 각 '방'의 어원	방의 기능과 특징
성전을 수직하는 제사장의 방 Chamber for the priests who keep charge of the temple 겔 40:44-45 **1개(크기 없음)**	안뜰에 위치한 두 개의 방 중 북문 곁에 있는 방이며, 남으로 향하였다(겔 40:44-45). "방 둘이 있는데"(겔 40:44)는 히브리어 '리쉬코트 샤림'(לִשְׁכוֹת שָׁרִים)으로, '노래하는 자들의 방들이 있는데(chambers for the singers)'라는 뜻이다. '방'에 해당하는 히브리어는 '리쉬카'(לִשְׁכָּה)이다.	제사 과정이 거룩하고 순조롭게 진행될 수 있도록 성전 주변을 살피는 제사장들이 사용한다.
제단을 수직하는 제사장의 방 Chamber for the priests who keep charge of the altar 겔 40:44, 46 **1개(크기 없음)**	안뜰에 위치한 두 개의 방 중 동문 곁에 있는 방이며, 북으로 향하였다(겔 40:46). 성전을 수직하는 제사장의 방과 마찬가지로 '노래하는 자들의 방들(chambers for the singers)'로도 쓰였다(겔 40:44). '방'에 해당하는 히브리어는 '리쉬카'(לִשְׁכָּה)이다.	제사 드리는 일을 전담했던 제사장들이 사용한다.
번제물을 씻는 방 Chamber where they rinse the burnt offering 겔 40:38 **1개(크기 없음)**	안뜰 북향한 문간 문벽 앞, 바깥뜰에 있었으며(겔 40:38), 제단에서 드려질 제물을 준비하는 방이다. '곁'이라는 표현을 볼 때, 이 방은 바깥뜰 북향한 문간보다 안뜰 북향한 문간 가까운 쪽에 있다. '방'에 해당하는 히브리어는 '리쉬카'(לִשְׁכָּה)이다.	희생 제물을 제단 위에 두기 전에 더러움을 씻는 데 사용된다(레 1:9, 13).

방 이름	위치와 각 '방'의 어원	방의 기능과 특징
골방 Side chambers 겔 41:5-11 **90개** (광4척, 장 5척) 층이 올라갈수록 넓어짐	성소와 지성소를 중심으로 동쪽을 제외한 나머지 삼면에 30개씩 3층(겔 41:5-6)으로 되어 있다. '방'에 해당하는 히브리어 '첼라'(צֵלָע)는 '갈비뼈' 또는 '옆, 곁'이라는 뜻으로, 영어로는 'side chamber(옆방, 곁방)'이다. 어원 '찰라'(צָלַע)는 '한 쪽으로 기울다'라는 뜻이다. 여기서 '절뚝거리다'라는 뜻이 파생되었다. 단, 에스겔 41:10의 '골방'의 히브리어는 '첼라'가 아니고 '리쉬카'(לִשְׁכָּה)이다(참고-겔 40:17).	성전에 수종 드는 제사장들이 사용했을 것으로 추정된다.
제사장들의 거룩한 방 The holy chambers for the priests 겔 42:1-14 **4개(크기 없음)**	북편 뜰에는 두 개의 제사장들의 방이 있다(겔 42:1-9). '방'에 해당하는 히브리어는 '리쉬카'(לִשְׁכָּה)이다. 하나는 100척 길이의 골방 앞 뜰을 향한 방(성전 앞을 향한 방)이고, 다른 하나는 50척 길이의 북편 건물을 향한 방(바깥뜰로 향한 방)이다. 제사장들의 거룩한 방은 3층으로 되어 있으며, 1층을 제외하고 툇마루가 둘렸다(겔 42:3, 5). 남편 뜰에도 북쪽과 똑같이 100척 길이의 방과 50척 길이의 방이 있다(겔 42:10-12).	여호와를 가까이하는 제사장들이 지성물을 먹고 보관하며, 거룩한 의복을 갈아입는 데 사용된다(겔 42:13-14).

3. 에스겔 성전 척량에 사용된 단위
Measuring Units in the Book of Ezekiel

(1) 척

구약성경에서 일반적으로 길이를 재는 단위로 사용된 것은 '규빗 (cubit)'입니다. 이것은 히브리어로 '암마'(אַמָּה)인데, 이 단어는 창세기의 노아의 방주 규격에서 처음 등장합니다. 창세기 6:15에서 "그 방주의 제도는 이러하니 장이 삼백 규빗, 광이 오십 규빗, 고가 삼십 규빗이며"라고 말씀하고 있습니다. 여기에 사용된 '규빗'이 히브리 어 '암마'로 쓰였습니다.

규빗은 보통 남자의 팔꿈치 끝에서 가운뎃손가락 끝에 이르는 길 이를 나타내며, 일반적으로 45.6cm로 알려져 있습니다. 참고로 '규 빗'(cubit)은 라틴어 *Cubitum*을 음역한 것으로, 히브리어 '암마'(אַמָּה) 를 라틴어로 번역할 때 사용되었습니다.

에스겔 성전에서 길이를 재는 단위로 사용된 '척'(한글 개역성경의 표현)은 '1규빗'(45.6cm)에 '한 손바닥'의 길이(7.6cm)를 더한 것으로, 약 53.2cm정도입니다. 그래서 에스겔 40:5에서 "그 장이 팔꿈치에 서 손가락에 이르고 한 손바닥 넓이가 더한 자"라고 말씀하고 있습 니다.

그런데 에스겔 성전의 '척' 역시 히브리어로 동일하게 '암마'(אַמָּה) 입니다. 에스겔 성전에 나오는 '암마'(1암마 - 53.2cm)와 성경에 나오 는 일반적인 '암마'(1규빗 - 45.6cm)를 구분하기 위하여, 에스겔 성전 에 사용된 '암마'는 '척'('암마')이라고 부르고, 일반적인 규빗은 '작 은 규빗'('암마')이라고 부릅니다.

히스기야의 수로(水路) (참고 왕하 20:20, 대하 32:2-4, 30)에서 발견 된 실로암 비문에서는 수로의 길이를 1,200규빗으로 기록하고 있습니다. 이를 근거로 당시 일반적으로 사용된 한 규빗은 약 18인치(약 45.6cm) 정도였음을 알 수 있습니다. 그러나 고대 근동 지역에서는 일반적인 규빗과 왕실이나 성전용 규빗을 다르게 사용했습니다. 왕실이나 성전에서는 일반 규빗보다 한 손바닥을 더한 크기의 왕실 규빗(큰 규빗)을 사용하였습니다. 에스겔 성전에 사용된 '척'은 일반 규빗보다 긴 왕실 규빗을 가리킵니다.

(2) 장대

1장대는 척(큰 암마)이 여섯 개가 모여서 이루어집니다. 에스겔 40:5에서 "척량하는 장대를 잡았는데 그 장이 팔꿈치에서 손가락에 이르고 한 손바닥 넓이가 더한 자로 육 척이라"라고 말씀하고 있습니다. 1척은 53.2cm이므로, 6척 곧 1장대는 3.192m입니다. '장대'는 히브리어 '카네'(קָנֶה)로, '갈대'라는 의미입니다. 갈대는 습지나 물가에서 자라는 다년생 풀로, 약 3m 이상 길이로 자랍니다. 줄기의 속은 비어 있고 일정한 간격마다 마디가 있으며 가볍고 단단합니다. 고대 근동에서는 긴 길이나 높이를 재는 도구로 갈대를 사용했습니다.

종합해 보면, 에스겔 성전에 사용된 길이의 단위인 '척'은 '일반 규빗'(45.6cm)보다 더 큰 것(53.2cm)으로, 이것은 영적으로 이전 성전보다 새 성전을 통해 하나님과 그의 백성의 관계가 더욱 풍성하고 완전해질 것임을 나타냅니다.

구약성경의 측량 단위
Length Measurement Units in the Old Testament

① 규빗(6손바닥) / אַמָּה 암마 / cubit

가장 많이 사용된 단위. 노아 방주(창 6:15-16), 성막(출 25:10, 17, 23), 솔로몬 성전(왕상 6:2-26, 7:13-39), 스룹바벨 성전(스 6:3) 등에서 규격 표시의 기본 단위

② 척(큰 규빗 / 7손바닥, 1척=1규빗+1손바닥)

אַמָּה 암마 / long cubit (cubit+handbreadth)

에스겔 성전을 척량하는 기본 단위(겔 40:5, 43:13)

③ 뼘(½ 규빗 / 3손바닥) / זֶרֶת 제레트 / span

엄지손가락에서 새끼손가락까지 최대한 펼친 길이 (출 28:16, 39:9, 삼상 17:4)

※ 에스겔 성전에서는 한 뼘이 ½척임(26.6cm, 겔 43:13)

④ 손바닥(⅙규빗 / 4손가락) / טֹפַח 토파흐/ handbreadth

출 25:25, 37:12, 왕상 7:26, 대하 4:5, 시 39:5, 겔 40:5, 43, 43:13

⑤ 손가락(¹⁄₂₄규빗 / ¼ 손바닥) / אֶצְבַּע 에츠바 / finger

렘 52:21 "그 기둥은 한 기둥의 고가 십팔 규빗이요 그 주위는 십이 규빗이며 그 속이 비었고 그 두께는 사지(四指, 4 손가락) 놓이며"

⑥ 장대(6척) / קָנֶה 카네 / rod (6 long cubits) / 겔 40:3, 5

'갈대'라는 뜻의 히브리어 '카네'(קָנֶה)이며, 주로 직선거리를 재기 위해 사용. 칠십인경에서 '칼라모스'(κάλαμος, '갈대'로 번역.

에스겔 성전의
척량자(尺量者)와 척량 도구
The Man Who Measures and
His Measuring Tools

에스겔 40:3-5 "나를 데리시고 거기 이르시니 모양이 놋같이 빛난 사람 하나가 손에 삼줄과 척량하는 장대를 가지고 문에 서서 있더니 … ⁵ 내가 본즉 집 바깥 사면으로 담이 있더라 그 사람의 손에 척량하는 장대를 잡았는데 그 장이 팔꿈치에서 손가락에 이르고 한 손바닥 넓이가 더한 자로 육 척이라"

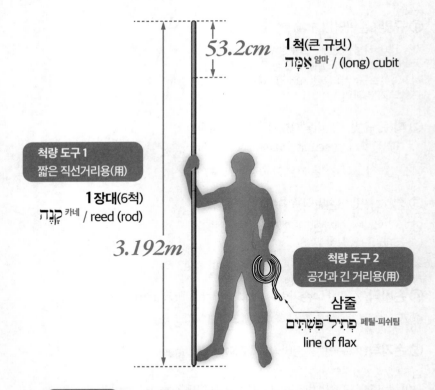

53.2cm

1척(큰 규빗)
אַמָּה 암마 / (long) cubit

척량 도구 1
짧은 직선거리용(用)

1장대(6척)
קָנֶה 카네 / reed (rod)

3.192m

척량 도구 2
공간과 긴 거리용(用)

삼줄
פְּתִיל־פִּשְׁתִּים 페틸-피쉬팀
line of flax

척량자(尺量者) **놋같이 빛난 사람** / אִישׁ מַרְאֵהוּ כְּמַרְאֵה נְחֹשֶׁת
A man whose appearance was like the appearance of bronze

II
에스겔 성전의 위치
THE LOCATION OF EZEKIEL'S TEMPLE

1. 에스겔 성전의 위치와 열두 지파의 분깃
Location of Ezekiel's Temple and the Portions for the Twelve Tribes

하나님께서는 에스겔 성전을 중심으로 열두 지파가 받을 분깃과 거룩하게 구별하여 예물로 드리는 땅을 보여 주셨습니다. 이는 장차 회복될 하나님의 나라가 어떤 곳이며, 성도들이 받을 분깃이 어떤 것인지를 알려 주고 있습니다. 전체 이스라엘 땅의 중심에 에스겔 성전이 있듯이, 마지막 때에 새 예루살렘 성은 전 우주의 중심이 됩니다.

에스겔 48장에서 1-7절은 북쪽 땅의 분배를, 8-22절은 중심부 땅의 분배를, 23-29절은 남쪽 땅의 분배를 말씀하고 있습니다. 이스라엘의 중심부 땅은 '예물로 드리는 땅'으로 불립니다(겔 48:8).

(1) 예물로 드리는 땅(중심부 땅) 북쪽으로 일곱 지파가 분깃을 받습니다.

에스겔 48:1에서 "모든 지파의 이름대로 이 같을찌니라 극북에서부터 헤들론 길로 말미암아 하맛 어귀를 지나서 다메섹 지계에 있는 하살에논까지 곧 북으로 하맛 지계에 미치는 땅 동편에서 서편까지는 단의 분깃이요"라고 말씀하고 있습니다.

단 지계 다음으로 아셀, 납달리, 므낫세 지파의 분깃이 됩니다.

에스겔 48:2-4 "단 지계 다음으로 동편에서 서편까지는 **아셀**의 분깃이요 ³ 아셀 지계 다음으로 동편에서 서편까지는 **납달리**의 분깃이요 ⁴ 납달리 지계 다음으로 동편에서 서편까지는 **므낫세**의 분깃이요"

므낫세 지계 다음으로 에브라임, 르우벤, 유다 지파의 분깃입니다.

에스겔 48:5-7 "므낫세 지계 다음으로 동편에서 서편까지는 **에브라임**의 분깃이요 ⁶ 에브라임 지계 다음으로 동편에서 서편까지는 **르우벤**의 분깃이요 ⁷ 르우벤 지계 다음으로 동편에서 서편까지는 **유다**의 분깃이요"

(2) 예물로 드리는 땅(중심부 땅) 남쪽으로 다섯 지파가 분깃을 받습니다.

에스겔 48:21-22에서 예물로 드리는 땅(겔 48:8) 가운데, 거룩히 구별할 땅과 성읍의 기지를 합한 땅(사방 25,000척)의 좌우편(동쪽과 서쪽)에 있는 모든 땅(겔 45:7)을 왕의 땅이 되게 하였는데, 그 땅은 유다 지경과 베냐민 지경 사이에 있다고 말씀하고 있습니다. 그러므로 예물로 드리는 땅 남쪽으로 베냐민 지파의 분깃이 먼저 할당됩니다(겔 48:23). 베냐민 지계 다음으로 시므온, 잇사갈, 스불론, 갓 지파의 분깃이 됩니다.

에스겔 48:24-27 "베냐민 지계 다음으로 동편에서 서편까지는 **시므온**의 분깃이요 ²⁵ 시므온 지계 다음으로 동편에서 서편까지는 **잇사갈**의 분깃이요 ²⁶ 잇사갈 지계 다음으로 동편에서 서편까지는 **스불론**의 분깃이요 ²⁷ 스불론 지계 다음으로 동편에서 서편까지는 **갓**의 분깃이며"

갓 지계 다음으로 남편 지계는 다말에서부터 므리바 가데스 물에 이르고 애굽 시내를 따라 대해에 이르게 됩니다(겔 48:28).

이러한 각 지파의 분깃은 제비를 뽑아서 분배됩니다. 에스겔 48:29에서 "이것은 너희가 제비 뽑아 이스라엘 지파에게 나누어 주어 기업이 되게 할 땅이요 또 이것들은 그들의 분깃이니라"라고 말씀하고 있습니다. 여기 '기업'은 히브리어 '나할라'(נַחֲלָה)로, '상속 받을 땅'을 가리키며, '분깃'은 히브리어 '마할로케트'(מַחֲלֹקֶת)로, '할당, 반차'라는 뜻입니다.

(3) 열두 지파의 분깃 분배에 나타난 구속 경륜
① 모든 분깃은 공평하게 분배됩니다.
에스겔 47:14에서 "내가 옛적에 맹세하여 이 땅으로 너희 열조에게 주마 하였었나니 너희는 피차없이 나누어 기업을 삼으라 이 땅이 너희의 기업이 되리라"라고 말씀하고 있습니다. 여기 '피차없이'는 히브리어 '이쉬 케아히브'(אִישׁ כְּאָחִיו)로, '각 사람을 그의 형제처럼'이라는 뜻입니다. 이는 모두가 형제이기 때문에 똑같이 분배하라는 뜻입니다. 현대인의성경에서는 에스겔 47:14을 "내가 너희 조상들에게 이 땅을 나누어 주겠다고 엄숙하게 약속하였다. 그러므로 너희는 이 땅을 공평하게 분배하여 너희 소유로 삼아라"라고 번역하고 있습니다.

② 장자에게는 두 배의 분깃이 주어집니다.
에스겔 47:13에서 "너희는 이 지계대로 이스라엘 십이 지파에게 이 땅을 나누어 기업이 되게 하되 요셉에게는 두 분깃이니라"라고 말씀하고 있습니다. 요셉에게 두 분깃을 주는 것은 요셉이 영적인 장자이기 때문입니다(창 48:5-6, 대상 5:1-2).

신명기 21:15-17에서는 장자에게는 무조건 두 배의 몫을 주라고 명령하고 있습니다. 실제로 요셉의 자손은 므낫세 지파(겔 48:4)와 에브라임 지파(겔 48:5)가 각각 분깃을 받음으로 장자의 축복을 받았습니다(참고-사 61:7).

③ 이방인에게도 분깃이 주어집니다.

에스겔 47:22-23에서 "너희는 이 땅을 나누되 제비 뽑아 너희와 너희 가운데 우거하는 외인 곧 너희 가운데서 자녀를 낳은 자의 기업이 되게 할찌니 너희는 그 외인을 본토에서 난 이스라엘 족속같이 여기고 그들로 이스라엘 지파 중에서 너희와 함께 기업을 얻게 하되 23 외인이 우거하는 그 지파에서 그 기업을 줄찌니라"라고 말씀하고 있습니다.

이것은 하나님의 나라는 혈통을 초월하여 이루어지는 우주적인 나라임을 나타냅니다. 이사야 56:6-7을 볼 때 "또 나 여호와에게 연합하여 섬기며 나 여호와의 이름을 사랑하며 나의 종이 되며 안식일을 지켜 더럽히지 아니하며 나의 언약을 굳게 지키는 이방인마다 7 내가 그를 나의 성산으로 인도하여 기도하는 내 집에서 그들을 기쁘게 할 것이며 그들의 번제와 희생은 나의 단에서 기꺼이 받게 되리니 이는 내 집은 만민의 기도하는 집이라 일컬음이 될 것임이라"라고 말씀하고 있습니다. 또한 로마서 10:12에서 "유대인이나 헬라인이나 차별이 없음이라 한 주께서 모든 사람의 주가 되사 저를 부르는 모든 사람에게 부요하시도다"라고 말씀하고 있습니다(골 3:11). 혈통을 초월하여 누구든지 예수님을 믿으면 영적으로 아브라함의

이스라엘 12지파별 기업 및 예물로 드리는 땅

Inheritance for Each of
Israel's 12 Tribes and the
Allotment to the Lord

תִּתְנַחֲלוּ לִשְׁנֵי עָשָׂר שִׁבְטֵי יִשְׂרָאֵל
וְהָאָרֶץ בְּנַחֲלָה תָּרִימוּ תְרוּמָה

(겔 45:1-8, 47:13-48:35)

하맛 어귀(레보 하맛) / לְבוֹא חֲמָת
Hamath(Lebo-hammath)
겔 47:16-17, 20, 참고·민 13:21, 34:8,
왕상 8:65, 대상 13:5, 대하 7:8

스닷 / צְדָד
Zedad / 겔 47:15

단 / דָּן / Dan / 겔 48:1

하살에논 / חֲצַר עֵינָן
Hazar-enon
겔 47:17
(하살핫디곤
겔 47:16)

아셀 / אָשֵׁר / Asher / 겔 48:2

납달리 / נַפְתָּלִי / Naphtali / 겔 48:3

두로 / צֹר / Tyre

므낫세 / מְנַשֶּׁה / Manasseh / 겔 48:4

갈릴리 바다
Sea of Galilee

지 중 해
Mediterranean Sea
겔 47:15, 19-20, 48:28

에브라임 / אֶפְרַיִם
Ephraim / 겔 48:5

요단 강
Jordan
River

르우벤 / רְאוּבֵן
Reuben / 겔 48:6

욥바 / יָפוֹ / Joppa

왕의 땅 / אֶרֶץ נָשִׂיא
The area belonging
to the prince
겔 45:7-8, 48:21-22

유다 / יְהוּדָה
Judah / 겔 48:7

예물로 드리는 땅
הָאָרֶץ בְּנַחֲלָה תָּרִימוּ תְרוּמָה
The allotment to the Lord
겔 45:1-6, 48:8-20

예루살렘
יְרוּשָׁלִַם
Jerusalem

사 해
Dead
Sea

베냐민 / בִּנְיָמִן
Benjamin / 겔 48:23

시므온 / שִׁמְעוֹן
Simeon / 겔 48:24

잇사갈 / יִשָּׂשׂכָר / Issachar
겔 48:25

겔 47:18

스불론 / זְבוּלוּן / Zebulun / 겔 48:26

갓 / גָּד / Gad / 겔 48:27

다말 / תָּמָר / Tamar
겔 47:19, 48:28

애굽 시내
겔 47:19,
48:28

므리봇 가데스
מְרִיבוֹת קָדֵשׁ
Meribath-kadesh
겔 47:19(므리바 가데스-겔 48:28)

N

자손이 되고 하나님 나라를 유업으로 받습니다(갈 3:7, 29).

④ 요단강 동편 지역은 분깃에서 제외되며, 유다 지파와
  베냐민 지파가 중심부 땅의 위와 아래에 위치합니다.

에스겔 47:18에서 "동방은 하우란과 다메섹과 및 길르앗과 이스라엘 땅 사이에 있는 요단강이니 북편 지계에서부터 동해까지 척량하라 이는 그 동방이요"라고 말씀하고 있는 것을 볼 때 중남부 지역의 동쪽 경계는 요단강이 됩니다. 요단강 동편 지역은 본래 하나님께서 약속하신 땅이 아니기 때문에 열두 지파의 분깃에서 제외됩니다(참고·민 32:2-7).

또한 유다 지파와 베냐민 지파가 중심부 땅의 위와 아래에 배치된 것은, 그들은 솔로몬 왕이 죽고 나라가 분열되었을 때에 남 유다를 형성한 지파들로서 하나님의 언약을 붙잡았기 때문입니다(삼하 7:12-14, 대상 17:11-13). 역대하 11:12에서 "유다와 베냐민이 르호보암에게 속하였더라"라고 말씀하고 있습니다. 남 유다에 속하여 언약을 계승하고 붙잡은 백성은 성소에 가까이 배치된 것입니다(겔 48:7, 23).

중심부 땅을 기준으로 위쪽으로 일곱 지파의 분깃이 주어지고, 아래쪽으로 다섯 지파의 분깃이 주어집니다. 이 중심부의 땅이 '예물로 드리는 땅'입니다. 이 땅은 유다 지파의 분깃과 베냐민 지파의 분깃 사이에 있는 동으로부터 서까지의 모든 땅을 가리킵니다. 에스겔 48:8에서는 이 땅에 대하여 "유다 지계 다음으로 동편에서 서편까지는 너희가 예물로 드릴 땅이라 광이 이만 오천 척이요 장은 다른 분깃의 동편에서 서편까지와 같고 성소는 그 중앙에 있을찌니"라고 말씀하고 있습니다. 9절에서는 "여호와께 드려 예물로 삼을

땅”이라고 말씀하고 있는데, 여기 “예물로 드리는”에 해당하는 히
브리어 ‘테루마’(תְּרוּמָה)는 ‘선물, 봉헌물’이라는 뜻으로, ‘룸’(רוּם:
‘올리다, 고귀하다’)에서 파생되었습니다.

그런데 성경에서는 여기 ‘예물로 드릴 땅’(겔 48:8) 가운데 있는
장광이 25,000척인 ‘거룩히 구별하여 드릴 땅’에 대해서도 역시
‘예물로 드리는 땅’이라고 말씀하고 있습니다.

> **에스겔 48:20** “그런즉 예물로 드리는 땅의 도합은 장도 이만 오천 척
> 이요 광도 이만 오천 척이라 너희가 거룩히 구별하여 드릴 땅은 성읍
> 의 기지와 합하여 네모반듯할 것이니라”

본 서에서는 독자들의 이해를 돕기 위해 ‘큰 영역의 예물로 드리
는 땅(겔 48:8)’, ‘작은 영역의 예물로 드리는 땅(겔 48:20)’으로 구분
하여 설명하였습니다.

2. 에스겔 성전의 위치와 예물로 드리는 땅
Location of Ezekiel's Temple and the Allotment to the Lord

‘작은 영역의 예물로 드릴 땅’은 크게 제사장의 분깃과 레위 사
람의 분깃과 성읍의 기지로 구분되고, 그 좌우편의 모든 땅이 왕의
땅입니다.

(1) 제사장의 분깃
첫째, 장은 25,000척이요, 광은 10,000척입니다.

에스겔 48:9-10에서 “곧 너희가 여호와께 드려 예물로 삼을 땅
의 장이 이만 오천 척이요 광이 일만 척이라 10 이 드리는 거룩한 땅

은 제사장에게 돌릴찌니 북편으로 장이 이만 오천 척이요 서편으로 광이 일만 척이요 동편으로 광이 일만 척이요 남편으로 장이 이만 오천 척이라"라고 말씀하고 있습니다. 1척이 0.532m이므로 25,000 척은 13,300m(13.3km)요, 10,000척은 5,320m(5.32km)입니다.

제사장의 분깃은 레위 사람의 분깃과 연접해 있는 지극히 거룩한 땅입니다. 에스겔 48:12에서 "이 온 땅 중에서 예물로 드리는 땅 곧 레위 지계와 연접한 땅을 그들이(제사장들이) 지극히 거룩한 것으로 여길찌니라"라고 말씀하고 있습니다.

둘째, 제사장의 분깃은 예물로 드릴 땅의 가운데에 위치하며, 그 중앙에 성전이 있습니다.

에스겔 48:10에서 제사장의 분깃을 설명하면서 하반절에 "그 중앙에 여호와의 성소가 있게 하고"라고 말씀하고 있습니다. 에스겔 45:3에서도 "이 척량한 중에서 장 이만 오천 척과 광 일만 척을 척량하고 그 가운데 성소를 둘찌니 지극히 거룩한 곳이요"라고 말씀하고 있습니다.

성소의 크기는 사방 500척씩이요, 사방에 50척씩 되는 뜰이 있습니다. 에스겔 45:2에서 "그 중에서 성소에 속할 땅은 장이 오백 척이요 광이 오백 척이니 네모반듯하며 그 외에 사면 오십 척으로 뜰이 되게 하되"라고 말씀하고 있습니다.

(2) 레위 사람의 분깃

레위 사람의 분깃은 장이 25,000척이요, 광이 10,000척입니다. 에스겔 48:13에서 "제사장의 지계를 따라 레위 사람의 분깃을 주되 장이 이만 오천 척이요 광이 일만 척으로 할찌니 이 구역의 장이 이만 오천 척이요 광이 각기 일만 척이라”라고 말씀하고 있습니다.

레위 사람의 분깃에는 촌 이십을 세웁니다. 에스겔 45:5에서 “또 장 이만 오천 척과 광 일만 척을 척량하여 전에서 수종 드는 레위 사람에게 돌려 그들의 산업을 삼아 촌 이십을 세우게 하고”라고 말씀하고 있습니다. 여기 ‘촌’은 히브리어 ‘리쉬카’(לִשְׁכָּה)로, 원래는 ‘방’이라는 뜻이지만, 레위 사람의 분깃이 아주 넓은 지역임을 고려할 때, 방의 의미가 확대되어 촌(마을)으로 해석한 것입니다.

(3) 성읍의 기지 (속된 땅, 겔 48:15)

첫째, 성읍과 양식을 위한 땅을 포함하여 장은 25,000척이요,
    광은 5,000척입니다.

에스겔 45:6에서 “구별한 거룩한 구역 옆에 광 오천 척과 장 이만 오천 척을 척량하여 성읍의 기지를 삼아 이스라엘 온 족속에게 돌리고”라고 말씀하고 있습니다. ‘성읍의 기지’는 성읍과 그 성의 들, 그리고 그 성의 동서쪽에 있는 땅으로 이루어져 있습니다. ‘성읍의 기지(‘속된 땅’, 겔 48:15)’ 중앙에 세워진 성읍은 사방이 모두 4,500 척이고, 그 성읍의 사방에 너비 250척의 들이 둘려 있습니다. 에스겔 48:16-17에서 “그 척수는 북편도 사천오백 척이요 남편도 사천오백 척이요 동편도 사천오백 척이요 서편도 사천오백 척이며 ¹⁷ 그 성의 들은 북으로 이백오십 척이요 남으로 이백오십 척이요 동으로 이백오십 척이요 서으로 이백오십 척이며”라고 말씀하고 있습니다.

성읍을 기준으로 좌우에 장이 10,000척이요 광이 5,000척인 땅이 있는데, 이 땅의 소산은 성읍에서 일하는 자들의 양식을 삼게 하였습니다. 에스겔 48:18에서 “예물을 삼아 거룩히 구별할 땅과 연접하여 남아 있는 땅의 장이 동으로 일만 척이요 서으로 일만 척이

라 곧 예물을 삼아 거룩히 구별할 땅과 연접하였으며 그 땅의 소산은 성읍에서 역사하는 자의 양식을 삼을찌라"라고 말씀하고 있습니다.

기지(基地)는 '활동의 기점이 되는 근거지' 또는 '터전(자리를 잡은 곳)'이라는 뜻입니다. 히브리어로는 '아훗자'(אֲחֻזָּה)인데, '기업, 소유, 재산'이라는 뜻입니다. 그런데 이 '아훗자'를 이스라엘 온 족속에게 돌린다는 말씀은, 그 땅(가로 25,000척×세로 5,000척)이 이스라엘 전체의 공동 소유지라는 뜻입니다(겔 45:6). 즉, 이스라엘 전체의 유익을 위하여 구별된 땅입니다. 바로 이 땅은 각지에 흩어진 이스라엘이 성전 중심의 생활을 하는 데 필요한 공동 소유지였던 것입니다. 성전을 중심한 공동 소유의 땅은 포로기 이전의 이스라엘에는 전혀 없었던 것입니다.

둘째, 성읍의 기지 중앙에 있는 거룩한 성읍의 사방 문에는 각 지파의 이름이 있습니다.

북쪽으로 세 문은 르우벤·유다·레위 문이요(겔 48:31), 동쪽으로 세 문은 요셉·베냐민·단 문이요(겔 48:32), 남쪽으로 세 문은 시므온·잇사갈·스불론 문이요(겔 48:33), 서쪽으로 세 문은 갓·아셀·납달리 문입니다(겔 48:34).

(4) 왕의 땅

왕의 땅은 '작은 영역의 예물로 드리는 땅'의 좌우편입니다(겔 45:7, 48:21-22).

에스겔 45:7 "드린 바 거룩한 구역과 성읍의 기지 된 땅의 좌우편 곧 드린 바 거룩한 구역의 옆과 성읍의 기지 옆의 땅을 왕에게 돌리되 서

에스겔 성전의 위치와 예물로 드리는 땅

Location of Ezekiel's Temple and the Allotment to the Lord

500장대
(3,000척 / 1,596m)

500척
(266m)

500척
(266m)

500장대
(3,000척
/ 1,596m)

예물로 드리는 땅
הָאָרֶץ בְּנַחֲלָה תָּרִימוּ תְרוּמָה
The allotment which you shall offer
겔 45:1-6, 48:8-20

에스겔 성전 / בֵּית יְחֶזְקֵאל
Ezekiel's temple / 겔 42:15-20

25,000척(13.3km) 겔 48:20

레위 사람의 분깃 / אֶרֶץ לֵוִי
Land of the Levites / 겔 45:5, 48:13-14

10,000척
(5.32km)

왕의 땅
אֶרֶץ נָשִׂיא
Area belonging
to the prince
겔 45:7-8, 48:21-22

제사장의 분깃
תְּרוּמָה לַכֹּהֲנִים
Land of the priests / 겔 45:1-4, 48:9-12

10,000척
(5.32km)

왕의 땅
אֶרֶץ נָשִׂיא
Area belonging
to the prince
겔 45:7-8, 48:21-22

성읍에 속한 **기지** / אֲחֻזָּה
the property of the city

4,500척
(2.39km)
성읍

성읍에 속한 **기지** / אֲחֻזָּה
the property of the city

5,000척
(2.66km)

10,000척
(5.32km)
겔 48:18

5,000척
(2.66km)
겔 45:6, 48:20

10,000척
(5.32km)
겔 48:18

성읍의 기지(속된 땅)
(חֹל) אֲחֻזַּת עִיר
Area for common use
겔 45:6, 48:15-18

북 / North / 겔 48:31

서 / West
겔 48:34

르우벤 문 유다 문 레위 문

납달리 문

아셀 문

갓 문

스불론 문 잇사갈 문 시므온 문

요셉 문

베냐민 문

단 문

동 / East
겔 48:32

5,000척
(2.66km)

4,500척
(2.39km)

N

그 성의 들(목초지)
מִגְרָשׁ לָעִיר / Open space of the city
겔 48:17

250척
(133m)

4,500척(2.39km)

5,000척(2.66km)

남 / South / 겔 48:33

거룩한 성읍(여호와 삼마) / יְהוָה שָׁמָּה הָעִיר הַקֹּדֶשׁ
Holy City (Jehovah-shammah) / 겔 48:35

편으로 향하여 서편 국경까지와 동편으로 향하여 동편 국경까지니 그 장이 구역 하나와 서로 같을찌니라"

에스겔 48:21 "거룩히 구별할 땅과 성읍의 기지 좌우편에 남은 땅은 왕에게 돌릴찌니 곧 거룩히 구별할 땅의 동향한 그 지계 앞 이만 오천 척이라 다른 분깃들과 연접한 땅이니 이것을 왕에게 돌릴 것이며 거룩히 구별할 땅과 전의 성소가 그 중간에 있으리라"

그러므로 왕의 땅 역시 유다 지파의 분깃과 베냐민 지파의 분깃의 중간에 위치합니다. 에스겔 48:22에서 "그런즉 왕에게 돌려 그에게 속할 땅은 레위 사람의 기업 좌우편과 성읍의 기지 좌우편이며 유다 지경과 베냐민 지경 사이에 있을찌니라"라고 말씀하고 있습니다.

이렇게 왕에게 땅을 따로 줌으로써 다시는 왕이 백성을 압제하지 못하도록 하였습니다(겔 45:8). 과거 남 유다의 왕들은 그 권력을 남용하여 백성을 압제하고, 성전에서 마음대로 제사를 집례하고 제사장을 무시하였으며, 심지어는 성전에 우상을 가져다 놓고 그 앞에서 절하였습니다(왕하 16:10-16, 대하 26:16-21). 그래서 하나님께서는 "너 극악하여 중상을 당할 이스라엘 왕아 네 날이 이르렀나니 곧 죄악의 끝 때니라"(겔 21:25)라고 말씀하셨습니다. 이제 앞으로 새롭게 세워질 새 왕국의 왕은 이러한 전철을 밟지 않도록 하나님께서 친히 충분한 기업을 주신 것입니다.

통치자의 권세는 하나님으로부터 위임받는 것입니다. 왕이 중요한 직분임은 틀림없지만, "왕의 본분(本分)"은 성전에서 하나님 앞에 제사를 드릴 때 예물을 갖추는 일입니다(겔 45:16-17). 그러므로 왕은 자기에게 주어진 권세로 공의를 세우며 백성을 섬기고, 백성이 하나님을 바르게 섬길 수 있도록 잘 치리해야 하는 것입니다.

하나님께서는 왕에게 넓은 땅을 따로 구별시켜 주심으로써 그들이 공의롭게 통치할 것을 요구하신 것입니다. 에스겔 45:9에서 "나 주 여호와가 말하노라 이스라엘의 치리자들아 너희에게 족하니라 너희는 강포와 겁탈을 제하여 버리고 공평과 공의를 행하여 내 백성에게 토색함을 그칠찌니라 나 주 여호와의 말이니라"라고 말씀하고 있습니다. 치리자에게 가장 크게 요구되는 것은 '공평'입니다. 10절에서 "너희는 공평한 저울과 공평한 에바와 공평한 밧을 쓸찌니"라고 말씀하고 있습니다. 여기 '공평'은 히브리어 '체데크'(צֶדֶק: '정의, 공의')로, 나라를 공정하게 통치하는 것을 의미합니다.

이렇게 왕이 백성을 공정하게 통치할 때, 백성은 왕에게 예물을 드려야 합니다(겔 45:16). 하나님께서 세우신 권세자(롬 13:1)가 공평한 통치를 할 수 있도록 뒷받침해야 하는 것입니다. 그리고 왕은 다시 이스라엘 족속의 속죄를 위하여 '속죄제와 소제와 번제와 감사 제물'을 하나님께 바쳐야 합니다(겔 45:17). 왕은 하나님께 제사를 드리면서 자신의 권세가 하늘에 계신 하나님께로부터 온 것임을 기억하며 하나님 앞에서 겸손히 통치해야 하는 것입니다.

왕은 아들에게 자신의 기업을 상속할 수 있습니다(겔 46:16). 그러나 왕이 어떤 사람에게 자신의 기업을 선물로 준 경우에는, 그것이 정한 기간까지 그 사람에게 속하지만 희년이 되면 다시 왕에게 돌아오도록 하여 왕의 기업은 반드시 그 아들이 상속 받도록 하였습니다(겔 46:17). 또 왕이라고 해도 백성의 기업을 강제로 빼앗을 수 없었습니다(겔 46:18). 이러한 명령은 땅은 하나님께서 주신 기업이므로, 임의로 옮길 수 없다는 것을 왕과 백성에게 가르쳐 주신 것입니다(^{참고-}신 27:17).

에스겔서에서 주로 사용된 '왕'에 해당하는 히브리어는 '나시'(נָשִׂיא)입니다. '나시'는 '들어 올리다'라는 뜻의 '나사'에서 유래하여, '들어 올려진 자, 우두머리, 왕, 지도자'라는 의미입니다. 특별히 이 단어는 다윗의 자손으로 오시는 메시아를 가리킬 때도 사용되었습니다. 에스겔 34:24에서 "나 여호와는 그들의 하나님이 되고 내 종 다윗은 그들 중에 왕이 되리라 나 여호와의 말이니라"라고 말씀하고 있는데, 여기서 '왕'에 사용된 히브리어가 '나시'입니다. 이 '왕(목자)'은 하나님 자신이고(겔 34:15), 동시에 하나님께서 세우시는 '한 목자'이며(겔 34:23, 마 2:6), 장차 완전한 신성과 완전한 인성을 가지고 오시는 예수님을 가리킵니다(요 10:1-16). 그러므로 예수님만이 진정한 왕(나시)이 되시어 백성의 예물을 받으실 분이며, 그 원어의 뜻처럼 십자가에 높이 들리셔서 구속 사역을 완성하셨습니다(요 3:14-15, 12:32, 벧전 2:24).

3. 예물로 드리는 땅에 담긴 구속 경륜
Redemptive Administration of the Allotment to the Lord

(1) 예물로 드리는 땅은 거룩히 구별됩니다.

성읍의 기지는 '속된 땅'으로 불렸습니다. 에스겔 48:15에서 "이 이만 오천 척 다음으로 광 오천 척은 속된 땅으로 하여 성읍을 세우며 거하는 곳과 들을 삼되 성이 그 중앙에 있게 할찌니"라고 말씀하고 있습니다.

그러나 레위 사람의 분깃은 거룩한 땅으로 불렸습니다. 에스겔 48:14 하반절에서 "이(레위 사람의 분깃)는 나 여호와에게 거룩히 구별한 것임이니라"라고 말씀하고 있습니다.

더 나아가 제사장의 분깃은 '지극히 거룩한 땅'으로 불리었습니다. 에스겔 48:12에서 "이 온 땅 중에서 예물로 드리는 땅 곧 레위 지계와 연접한 땅을 그들이 지극히 거룩한 것으로 여길찌니라"라고 말씀하고 있습니다. 우리가 주목할 것은 여기에서 성읍의 기지는 '속된 땅'으로 불렸지만 예물로 드리는 땅에는 포함되어 있다는 것입니다(겔 48:20).

(2) 속된 땅은 죄악된 땅은 아닙니다.

에스겔 48:15에서 성읍의 기지를 '속된 땅'으로 부르고 있는데, 이는 히브리어로 '홀'(חֹל)입니다. '홀'은 죄와 관련된 부정한 것을 의미하지 않고, 일상적인(보통적인) 것을 의미합니다. 사무엘상 21:4-5에서도 '홀'은 '일상적인 것'이라는 뜻으로 사용됩니다.

사무엘상 21:4-5 "제사장이 다윗에게 대답하여 가로되 항용(חֹל, '홀') 떡은 내 수중에 없으나 거룩한 떡은 있나니 그 소년들이 부녀를 가까이만 아니하였으면 주리라 5 다윗이 제사장에게 대답하여 가로되 우리가 참으로 삼 일 동안이나 부녀를 가까이하지 아니하였나이다 나의 떠난 길이 보통(חֹל, '홀') 여행이라도 소년들의 그릇이 성결하겠거든 하물며 오늘날 그들의 그릇이 성결치 아니하겠나이까 하매"

그러므로 속된 땅은 거룩하게 구별된 땅과는 구분이 되지만 예물로 드리는 땅에는 포함됩니다. 에스겔 48:20에서 "그런즉 예물로 드리는 땅의 도합은 장도 이만 오천 척이요 광도 이만 오천 척이라 너희가 거룩히 구별하여 드릴 땅은 성읍의 기지와 합하여 네모반듯할 것이니라"라고 말씀하고 있습니다. 이러한 구분은 성도가 살아가는 삶의 현장이 모두 죄악된 것이 아니며, 일상적인 삶 자체가 하나님께 드려지는 예물이 되어야 한다는 것을 가르쳐 줍니다(^{참고}롬 12:1).

(3) 성소는 모든 것의 중앙입니다.

첫째, 성소는 왕의 땅의 중앙입니다.

에스겔 48:21에서 "이것을 왕에게 돌릴 것이며 거룩히 구별할 땅과 전의 성소가 그 중간에 있으리라"라고 말씀하고 있습니다

둘째, 성소는 큰 영역의 예물로 드릴 땅의 중앙입니다.

에스겔 48:8에서 "유다 지계 다음으로 동편에서 서편까지는 너희가 예물로 드릴 땅이라 광이 이만 오천 척이요 장은 다른 분깃의 동편에서 서편까지와 같고 성소는 그 중앙에 있을찌니"라고 말씀하고 있습니다.

셋째, 성소는 제사장 분깃의 중앙입니다.

에스겔 48:10에서 "이 드리는 거룩한 땅은 제사장에게 돌릴찌니 북편으로 장이 이만 오천 척이요 서편으로 광이 일만 척이요 동편으로 광이 일만 척이요 남편으로 장이 이만 오천 척이라 그 중앙에 여호와의 성소가 있게 하고"라고 하였고, 에스겔 45:3에서도 "이 척량한 중에서 장 이만 오천 척과 광 일만 척을 척량하고 그 가운데 성소를 둘찌니 지극히 거룩한 곳이요"라고 말씀하고 있습니다.

에스겔 48:8, 10, 21 세 구절에서 '중앙(중간)'은 히브리어 '타베크'(תָּוֶךְ)로, '중앙, 한가운데'라는 뜻입니다. 이 '중앙(中央)'은 공간적으로 '사방의 중심이 되는 한가운데, 양쪽 끝에서 같은 거리에 있

는 지점'이라는 의미이기도 하지만, 상징적으로는 '중심이 되는 가
장 중요한 곳'이라는 뜻입니다. 출애굽 한 이스라엘 백성의 광야
노정 중에도 하나님께서는 진 중앙에 임재하여 함께하셨습니다(출
25:8, 29:45-46, 레 26:11-12, 민 2:2, 17, 5:3, 16:3). 하나님의 언약 백성은
세상 중앙에 거하는 백성이요(겔 38:12), 하나님께서 임재하시는 곳
은 온 우주의 중앙입니다.

(4) 성읍의 열두 문은 새 예루살렘 성의 열두 문을 예표합니다.

하나님께서 구별하신 성읍에는 동서남북 사방으로 세 개씩, 열두
개의 문이 있었습니다. 북편으로 세 문은 르우벤 문, 유다 문, 레위
문입니다(겔 48:31), 동편으로 세 문은 요셉 문, 베냐민 문, 단 문입니
다(겔 48:32). 남편으로 세 문은 시므온 문, 잇사갈 문, 스불론 문입니
다(겔 48:33). 서편으로 세 문은 갓 문, 아셀 문, 납달리 문입니다(겔
48:34).

열두 개의 문은 세상과 동서남북 사방으로 통하는 연결점입니
다. 성문은 사람들이 모이는 곳이며(잠 8:3), 재판이 이루어지는 곳
이며(신 21:19, 22:15), 율법을 읽어 들려주는 곳이며(느 8:1-8), 장이 서
는 곳(왕하 7:1)입니다. 문은 모든 물질과 정신이 교통하는 곳입니
다. 그래서 문은 동서남북으로 열려야 하고, 이 문을 통해 하나님의
말씀과 그 권능이 온 세상을 향해 퍼져 나가야 합니다. 또한 이 문
을 통해 온 세상이 하나님 앞으로 나아올 수 있습니다(사 26:2, 60:11,
62:10). 그럴 때 세상 사람들이 이 문을 통해 소망을 얻게 될 것입니
다.

한편, 이 문은 요한계시록에 나오는 열두 문을 연상시킵니다. 요
한계시록 21:12-13에서 "크고 높은 성곽이 있고 열두 문이 있는데

문에 열두 천사가 있고 그 문들 위에 이름을 썼으니 이스라엘 자손 열두 지파의 이름들이라 ¹³ 동편에 세 문, 북편에 세 문, 남편에 세 문, 서편에 세 문이니"라고 말씀하고 있습니다.

요한계시록 22:14 "그 두루마기를 빠는 자들은 복이 있으니 이는 저희가 생명나무에 나아가며 문들을 통하여 성에 들어갈 권세를 얻으려 함이로다"

자기의 두루마기를 빠는 자들, 즉 자기의 죄를 철저히 회개하고 성결케 된 자들(^{참고-}단 12:10)은 문들을 통하여 마지막 새 예루살렘 성에 들어갈 권세를 얻게 될 것입니다.

(5) 성읍의 이름은 '여호와 삼마'입니다.

에스겔 48:35에서 "그 사면의 도합이 일만 팔천 척이라 그날 후로는 그 성읍의 이름을 여호와 삼마라 하리라"라고 말씀하고 있습니다. '여호와 삼마'(יְהוָה שָׁמָּה)는 '여호와께서 거기 계시다'라는 뜻으로, 이제 다시는 하나님께서 자기 백성을 떠나지 않고 영원히 함께하시겠다는 약속입니다.

이 약속은 예수님께서 임마누엘(עִמָּנוּאֵל)로 오심으로써 성취되었습니다. 임마누엘은 '하나님께서 우리와 함께 계시다'라는 뜻입니다(사 7:14, 8:8, 10, 마 1:23). 예수님을 모시고 살아갈 때 우리의 모든 삶에서 '여호와 삼마'의 축복을 누리게 되는 것입니다.

여기 에스겔 48:35의 "그날"은 이스라엘 백성이 바벨론 포로에서 귀환하여 가나안 땅으로 돌아오는 날을 가리키지만, 궁극적으로는 주님께서 재림하시는 날을 가리킵니다. 이날은 모든 대적에게는 심판의 날이요(욜 1:15), 하나님의 백성에게는 하나님 나라가 완성되는 날입니다. 스가랴 14:9에서 "여호와께서 천하의 왕이 되시리니 그날에는 여호와께서 홀로 하나이실 것이요 그 이름이 홀로 하나이실 것이며"라고 말씀하고 있습니다(계 17:14, 19:16). 하나님 나라가 이루어지는 그날, 하나님의 임재는 영원할 것입니다(사 33:20-21, 계 21:3-4).

에스겔 37:25-28 "내가 내 종 야곱에게 준 땅 곧 그 열조가 거하던 땅에 그들이 거하되 그들과 그 자자손손이 영원히 거기 거할 것이요 내 종 다윗이 영원히 그 왕이 되리라 ²⁶ 내가 그들과 화평의 언약을 세워서 영원한 언약이 되게 하고 또 그들을 견고하고 번성케 하며 내 성소를 그 가운데 세워서 영원히 이르게 하리니 ²⁷ 내 처소가 그들의 가운데 있을 것이며 나는 그들의 하나님이 되고 그들은 내 백성이 되리라 ²⁸ 내 성소가 영원토록 그들의 가운데 있으리니 열국이 나를 이스라엘을 거룩케 하는 여호와인줄 알리라 하셨다 하라"

이렇게 하나님 나라가 완성되는 승리의 그날, 영원하신 하나님이 우리의 왕이 되시고, 우리는 하나님의 백성이 되어 영원한 성소에서 하나님이 우리와 함께하시므로 '여호와 삼마'가 완성될 것입니다.

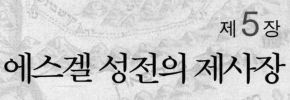

제 5 장

에스겔 성전의 제사장

The Priests of Ezekiel's Temple

에스겔 성전의 제사장
THE PRIESTS OF EZEKIEL'S TEMPLE

하나님께서 에스겔 선지자에게 새 성전을 보여 주시면서 제사장의 직무와 사명을 말씀해 주셨습니다. 에스겔 성전에서 일을 하는 제사장들은 참으로 영광스러운 직분을 맡은 자들입니다. 이들의 직무와 사명은 우리가 장차 새 예루살렘 성에 들어가려면 어떠한 제사장이 되어야 하는지를 보여 줍니다.

오늘날 성도들은 예수님의 십자가의 피로 죄 사함을 받아 하나님의 자녀가 되었고, 이제 모두가 왕 같은 제사장들입니다. 베드로전서 2:5에서 "너희도 산 돌같이 신령한 집으로 세워지고 예수 그리스도로 말미암아 하나님이 기쁘게 받으실 신령한 제사를 드릴 거룩한 제사장이 될찌니라"라고 하였고, 9절에서도 "오직 너희는 택하신 족속이요 왕 같은 제사장들이요 거룩한 나라요 그의 소유 된 백성이니 이는 너희를 어두운 데서 불러내어 그의 기이한 빛에 들어가게 하신 자의 아름다운 덕을 선전하게 하려 하심이라"라고 말씀하고 있습니다. 요한계시록 1:6 역시 "그 아버지 하나님을 위하여 우리를 나라와 제사장으로 삼으신 그에게 영광과 능력이 세세토록 있기를 원하노라 아멘"이라고 말씀하고 있습니다(사 61:1).

이번 장에서는 에스겔 성전에서 제사장이 하는 일은 어떤 것이며, 제사장이 반드시 지켜야 할 제사의 규례와 절기의 규례가 무엇인지 살펴보도록 하겠습니다.

I
에스겔 성전 제사장의 직무
THE DUTIES OF THE PRIESTS OF EZEKIEL'S TEMPLE

1. 성전과 제단을 수직하는 제사장
Keep Charge of the Temple and the Altar

에스겔 40:45에서 "성전을 수직하는 제사장들"이라고 하였고, 46절에서 "제단을 수직하는 제사장들"이라고 말씀하고 있습니다.

(1) '수직'의 뜻은 '직분을 지키는 것'입니다.

'수직(守直)'은 히브리어로 '쇼메레 미쉬메레트'(שֹׁמְרֵי מִשְׁמֶרֶת)로, '지키다, 준수하다, 보존하다'라는 뜻의 '샤마르'(שָׁמַר)와 '경계, 주의, 책무, 직무'라는 뜻의 '미쉬메레트'(מִשְׁמֶרֶת)가 합성된 것입니다. 이 두 단어가 에스겔 성전에서 같이 쓰이는 경우에는 '직분을 지키다'로 번역됩니다(겔 44:8, 16).

아담에게도 에덴을 지키는 직분이 있었습니다. 하나님께서 아담에게 '에덴을 다스리며 지키라'라고 말씀하셨는데(창 2:15), 여기 '지키라'가 히브리어 '샤마르'(שָׁמַר)로, 제사장의 성소에서의 직무를 가리킬 때도 사용되었습니다. 민수기 18:7에서 제사장의 직무에 대해 '지켜 섬기라'라고 말씀하고 있습니다.

(2) 성전과 제단을 수직하는 제사장의 직분은 다음과 같습니다.
① 하나님께 수종 드는 자입니다.

에스겔 40:46에서 제사장들은 "여호와께 가까이 나아가 수종 드는 자니라"라고 말씀하고 있으며, 에스겔 44:16에서도 "내게 수종 들어 나의 맡긴 직분을 지키되"라고 말씀하고 있습니다.

여기 '수종 들다'는 히브리어 '샤라트'(שָׁרַת)로, '섬기다, 봉사하다'라는 뜻인데, 에스겔 성전에서는 이 단어가 모두 피엘(강조)형으로 사용되었습니다(겔 40:46, 42:14, 43:19, 44:11, 12, 15, 16, 17, 19, 27, 45:4, 5, 46:24). 그러므로 제사장은 뜨거운 중심으로 힘을 다하여 하나님을 섬겨야 합니다.

② 하나님께 가까이 나아가는 자입니다.

에스겔 40:46 하반절에서 "여호와께 가까이 나아가 수종 드는 자니라"라고 하였고, 에스겔 44:16에서 "내 상에 가까이 나아와 내게 수종 들어"라고 말씀하고 있습니다. 하나님께 가까이 나아가는 것은 성소에 가까이 나아가는 것이며, 하나님께 수종을 드는 자는 곧 하나님께 가까이 나아가는 자입니다. 에스겔 40:46, 44:16의 '가까이 나오다'에 쓰인 히브리어는 '카라브'(קָרַב)로, 둘이 하나가 될 정도로 가까이 가는 것을 의미합니다(창 20:4, 신 22:14, 사 8:3, 겔 37:17).

제사장은 하나님께 아주 가까이 갈 수 있는 존재입니다. 그러나 만약 제사장이 범죄하면 회개한 후에 회복이 되어도, 제사장의 직분을 다시 담당할 수 없으며 레위인의 위치로 내려가게 됩니다(겔 44:12-14).

오늘날 "왕 같은 제사장들"(벧전 2:9)이 된 성도들은 예수님의 십자가의 피로 정결케 되어 지성소에까지 들어갈 수 있는 축복을 받았습니다(마 27:50-51, 히 10:19-20). 우리가 하나님께 가까이 갈 수 있는 것이 복입니다(시 73:28). 야고보서 4:8을 볼 때 "하나님을 가까이하라 그리하면 너희를 가까이하시리라"라고 말씀하고 있습니다.

③ 온전한 제사를 드리는 자입니다.

에스겔 43:19에서 "나 주 여호와가 말하노라 나를 가까이하여 내게 수종 드는 사독의 자손 레위 사람 제사장에게 너는 어린 수송아지 하나를 주어 속죄 제물을 삼되"라고 말씀하고 있습니다. 에스겔 성전에서는 사독의 자손 레위 사람들이 제사장이 되었는데, 이들에게만 제사를 담당할 수 있는 권한이 주어졌습니다(겔 40:46, 44:15, 48:11).

신명기 33:10에서도 제사장의 직무에 대하여 "주의 법도를 야곱에게, 주의 율법을 이스라엘에게 가르치며 주 앞에 분향하고 온전한 번제를 주의 단 위에 드리리로다"라고 말씀하고 있습니다. 여기서 '온전한 번제'는 히브리어로 '칼릴'(כָּלִיל)인데, '온전한, 전체의' 또는 '온전, 완전, 전체'라는 뜻입니다. 이는 제물이 완전히 태워지는 제사를 가리킵니다. 그러므로 제사장도 예배를 드릴 때 먼저 자신이 완전히 태워 없어져야 합니다(롬 12:1). 예배를 드릴 때 마음을 다하고 성품을 다하고 힘을 다하면, 나의 모든 것을 드린 것이기 때문에 내가 없어지는 것입니다. 신명기 6:5에서 "너는 마음을 다하고 성품을 다하고 힘을 다하여 네 하나님 여호와를 사랑하라"라고 말씀하고 있습니다(신 10:12, 막 12:30, 눅 10:27).

2. 말씀을 가르치는 제사장
Priests Teach the Word

신명기 33:10을 볼 때 제사장의 직무를 말씀하면서 "주의 법도를 야곱에게, 주의 율법을 이스라엘에게 가르치며"라고 하였고, 레위기 10:11에서도 "또 여호와가 모세로 명한 모든 규례를 이스라엘 자손에게 가르치리라"라고 말씀하고 있습니다.

(1) 제사장의 입에 말씀이 있어야 합니다.

말라기 2:6에서는 제사장에 대해 "그 입에는 진리의 법이 있었고 그 입술에는 불의함이 없었으며 그가 화평과 정직한 중에서 나와 동행하며 많은 사람을 돌이켜 죄악에서 떠나게 하였느니라"라고 말씀하고 있습니다. 제사장은 하나님의 말씀을 가르치는 사람이므로, 그에게 하나님의 말씀이 있어야 많은 사람들을 돌이켜 죄악에서 떠나게 할 수 있습니다. 그런데 에스겔 7:26에서 "환난에 환난이 더하고 소문에 소문이 더할 때에 그들이 선지자에게 묵시를 구하나 헛될 것이며 제사장에게는 율법이 없어질 것이요 장로에게는 모략이 없어질 것이며"라고 말씀하고 있습니다. 선지자, 제사장, 장로 등 지도자들이 그릇된 길로 행하므로 백성을 지도할 자가 없어진다는 것입니다. 특히, 제사장에게 율법(말씀)이 없어진다고 하였습니다. 제사장에게 말씀이 없어지는 때는 환난이 극심한 때인 것입니다(사 9:16, ^{참고-}암 8:11).

참으로 말씀이 있는 자는 말씀을 지키는 자가 되어야 합니다(신 10:12-13, 27:9-10). 말라기 2:7-8을 볼 때 "대저 제사장의 입술은 지식을 지켜야 하겠고 사람들이 그 입에서 율법을 구하게 되어야 할 것이니 제사장은 만군의 여호와의 사자가 됨이어늘 ⁸ 너희는 정도에서 떠나 많은 사람으로 율법에 거치게 하도다 나 만군의 여호와가 이르노니 너희가 레위의 언약을 파하였느니라"라고 하시면서, 하나님께서 탄식하고 계신 것을 볼 수 있습니다.

(2) 제사장은 구별을 가르쳐야 합니다.

에스겔 44:23에 "내 백성에게 거룩한 것과 속된 것의 구별을 가르치며 부정한 것과 정한 것을 분별하게 할 것이며"라고 말씀하고 있습니다.

첫째, 가르치는 대상은 "내 백성"입니다.

거룩한 것과 속된 것, 부정한 것과 정한 것의 구별을 가르치는 대상은 하나님의 백성입니다. 그런데 교회에서 가르치는 자들 가운데 성도를 하나님의 백성이 아니라 자기 백성을 만드는 경우가 간혹 있습니다. 이들은 당을 지어 교회를 어지럽게 만들고 갈등과 분열이 생기게 합니다(참고.민 16:1-2, 롬 16:17-18, 유 1:19). 제사장의 사명은 성도를 오직 하나님의 백성이 되게 하는 것입니다.

고린도 교회는 바울 파, 아볼로 파, 베드로 파, 그리스도 파 네 개로 분열되어 갈등 가운데 있었습니다(고전 1:12, 3:3-4). 이에 바울은 고린도 교회에 편지를 보내어 "그리스도께서 어찌 나뉘었느뇨"라며 엄히 꾸짖었습니다(고전 1:13). 사역자들은 성도가 오직 하나님을 믿도록 말씀을 전할 뿐이고, 성도를 자라게 하시는 분은 인간 지도자가 아니라 오직 하나님뿐이십니다.

고린도전서 3:5-7 "그런즉 아볼로는 무엇이며 바울은 무엇이뇨 저희는 주께서 각각 주신 대로 너희로 하여금 믿게 한 사역자들이니라 [6]나는 심었고 아볼로는 물을 주었으되 오직 하나님은 자라나게 하셨나니

⁷ 그런즉 심는 이나 물 주는 이는 아무것도 아니로되 오직 자라나게 하
시는 하나님뿐이니라"

둘째, 가르치는 **방법**은 실천적인 삶을 살아가게 하는 것입니다.

에스겔 44:23의 '가르치며'는 히브리어 '야라'(יָרָה)로, '던지다,
쏘다'라는 뜻입니다. '야라'가 히필(사역)형으로 쓰이면, 어떤 목표
점을 향해 던져지도록 그것을 손가락으로 정확하게 가리키는 것을
뜻합니다(시 45:4, 잠 6:13, ˢ°-신 17:11, 33:10, 삼상 12:23, 시 27:11, 사 2:3,
미 4:2). 이처럼 말씀을 가르치는 것은 정확한 목표점을 세우고 가리
켜 '기준을 제시하는 것'입니다.

'분별하게 할 것이며'는 히브리어로 '야다'(יָדַע)입니다. '야다'는
'부부가 동침한다'는 뜻으로도 쓰이는 단어입니다(창 4:1). 그러므로
말씀을 가르친다는 것은 성도들이 말씀과 하나 되게 하는 것입니다.
말씀과 하나가 된다는 것은 말씀이 온전히 인격화되어 사는 삶을 가
리킵니다(약 1:25, 2:22, 26).

23절의 '가르치며'와 '분별하게 할 것이며'는 히브리어의 미완료
형이 쓰여, '늘 가르치고 분별하게 해야 함'을 나타냅니다. 거룩한
삶은 계속적인 가르침 속에서 완성되어 가는 것입니다(ˢ°-신 6:8-9,
11:18-20, 17:18-19, 딤전 4:5, 딤후 3:14-17).

셋째, 가르치는 **내용**은 거룩한 것과 속된 것,
부정한 것과 정한 것을 구별하게 하는 것입니다.

에스겔 44:23의 "거룩한 것과 속된 것의 구별", "부정한 것과 정
한 것을 분별"에 해당하는 원문을 직역하면, '거룩한 것과 속된 것
의 사이(בֵּין, '벤')', '부정한 것과 정한 것의 사이(בֵּין, '벤')'입니다.

즉, 제사장은 거룩한 것(holy)과 거룩하지 못한 것(속된 것, unholy) 사이의 경계를 알려 주어 분별하게 하며, 깨끗한 것(clean)과 깨끗하지 못한 것(unclean) 사이의 경계를 알려 주어 분별하게 해야 합니다. 레위기 11:45을 볼 때 "나는 너희의 하나님이 되려고 너희를 애굽 땅에서 인도하여 낸 여호와라 내가 거룩하니 너희도 거룩할찌어다"라고 말씀하셨기 때문입니다(레 19:2).

먼저 내가 정확하게 구별(분별)이 되어야만 남에게도 구별(분별)하도록 가르칠 수 있습니다(참고-왕상 3:9). 레위기 10:10에서 제사장에 대하여 "그리하여야 너희가 거룩하고 속된 것을 분별하며 부정하고 정한 것을 분별하고"라고 말씀하고 있습니다. 에스겔 22:26에서도 "그 제사장들은 내 율법을 범하였으며 나의 성물을 더럽혔으며 거룩함과 속된 것을 분변치 아니하였으며 부정함과 정한 것을 사람으로 분변하게 하지 아니하였으며 그 눈을 가리워 나의 안식일을 보지 아니하였으므로 내가 그 가운데서 더럽힘을 받았느니라"라고 말씀하고 있습니다.

(3) 제사장은 말씀대로 재판을 해야 합니다.

재판의 기준은 하나님의 말씀입니다. 에스겔 44:24 상반절에서 "송사하는 일을 재판하되 내 규례대로 재판할 것이며"라고 말씀하고 있습니다. 여기에 사용된 '규례'는 히브리어 '미쉬파트'(מִשְׁפָּט)로, '판결, 규례, 판단'이라는 의미입니다. 시편 89:30-31에서는 '미쉬파트'를 율법을 뜻하는 '토라'(תּוֹרָה)와 같은 의미로 사용하였습니다. 즉, 재판할 때에는 하나님의 말씀, 율법이 기준이 되어야 합니다(참고-시 119:7, 137).

3. 거룩의 본이 되는 제사장
Priests Set Examples of Holiness

(1) 머리를 밀거나 길게 기르지 말아야 합니다.

에스겔 44:20에 "그들은 또 머리털을 밀지도 말며 머리털을 길게 자라게도 말고 그 머리털을 깎기만 할 것이며"라고 말씀하고 있습니다. '길게 자라게도'는 히브리어로는 '샬라흐'(שָׁלַח) 한 단어인데, 피엘(강조)형으로 쓰여, 머리가 너무 길어서 보기 싫게 된 정도를 가리킵니다(레 10:6). 레위기 21:5에서도 "제사장들은 머리털을 깎아 대머리 같게 하지 말며 그 수염 양편을 깎지 말며 살을 베지 말고"라고 말씀하고 있습니다.

제사장은 매사에 '적당함(균형)'이 필요합니다. 고린도전서 14:40에 "모든 것을 적당하게 하고 질서대로 하라"라고 말씀하고 있습니다. 여기 '적당하게 하고'는 헬라어 '유스케모노스'(εὐσχημόνως)로, '품위 있는 태도로, 고상하게'라는 뜻이며, 공동번역에서는 '점잖게'라고 번역하였습니다. 그리고 로마서 13:13에서는 이 단어를 "단정히"라고 번역하였습니다. 제사장은 모든 생활에 품위가 있고 단정해야 합니다.

(2) 포도주를 마시지 말아야 합니다.

에스겔 44:21에 "아무 제사장이든지 안뜰에 들어갈 때에는 포도주를 마시지 말 것이며"라고 하였고, 레위기 10:9에서 "너나 네 자손들(제사장들)이 회막에 들어갈 때에는 포도주나 독주를 마시지 말아서 너희 사망을 면하라 이는 너희 대대로 영영한 규례라"라고 말씀하고 있습니다. 이는 제사장들이 예배를 인도할 때, 포도주나 독주로 인하여 성령의 임재를 가로막고 실수를 저질러서는 안된다는 말씀입니다.

성경에서는 술 취함이 미치는 악한 영향에 대해 여러 번 경고하고 있습니다. 이사야 28:7에 "이 유다 사람들도 포도주로 인하여 옆걸음 치며 독주로 인하여 비틀거리며 제사장과 선지자도 독주로 인하여 옆걸음 치며 포도주에 빠지며 독주로 인하여 비틀거리며 이상을 그릇 풀며 재판할 때에 실수하나니"라고 하였고, 호세아 4:11에도 "음행과 묵은 포도주와 새 포도주가 마음을 빼앗느니라"라고 말씀하고 있습니다. 잠언 20:1에 "포도주는 거만케 하는 것이요 독주는 떠들게 하는 것이라 무릇 이에 미혹되는 자에게는 지혜가 없느니라"라고 말씀하고 있습니다.

잠언 23:31-35 "포도주는 붉고 잔에서 번쩍이며 순하게 내려가나니 너는 그것을 보지도 말지어다 ³² 이것이 마침내 뱀같이 물 것이요 독사같이 쏠 것이며 ³³ 또 네 눈에는 괴이한 것이 보일 것이요 네 마음은 망령된 것을 발할 것이며 ³⁴ 너는 바다 가운데 누운 자 같을 것이요 돛대 위에 누운 자 같을 것이며 ³⁵ 네가 스스로 말하기를 사람이 나를 때려도 나는 아프지 아니하고 나를 상하게 하여도 내게 감각이 없도다 내가 언제나 깰까 다시 술을 찾겠다 하리라"

에베소서 5:18에서는 "술 취하지 말라 이는 방탕한 것이니 오직 성령의 충만을 받으라"라고 말씀하고 있습니다. 그러나 제사장의 음식으로 포도주가 허용되는 경우도 있었습니다(스 6:9, 느 10:37, 39, 13:5, ^{참고-}딤전 5:23).

(3) 과부나 이혼한 여자에게 장가들지 말아야 합니다.

에스겔 44:22에서 "과부나 이혼한 여인에게 장가들지 말고 오직 이스라엘 족속의 처녀나 혹시 제사장의 과부에게 장가들 것이며"라고 말씀하고 있습니다(레 21:7). 특히 레위기 21:14에서는 대제사장의 결혼에 대하여 "과부나 이혼된 여인이나 더러운 여인이나 기생을 취하지 말고 자기 백성 중 처녀를 취하여 아내를 삼아"라고 말씀하고 있습니다. 부부는 한 몸이므로 제사장이 그 아내에게 영향을 받을 수 있기 때문에 거룩한 아내를 취해야 한다는 것입니다. 제사장에게 미망인과의 결혼이 허용된 것은, 제사장의 미망인은 이미 제사장과의 결혼을 경험하였으므로 제사장 남편이 올바른 삶을 살도록 도와줄 수 있기 때문입니다.

(4) 시체를 가까이하여 스스로 더럽혀서는 안됩니다.

에스겔 44:25에서 "시체를 가까이하여 스스로 더럽히지 못할 것이로되 부모나 자녀나 형제나 시집가지 아니한 자매를 위하여는 더럽힐 수 있으며"라고 말씀하고 있습니다. 레위기 21:1-3에서도 "여호와께서 모세에게 이르시되 아론의 자손 제사장들에게 고하여 이르라 백성 중의 죽은 자로 인하여 스스로 더럽히지 말려니와 ² 골육지친인 부모나 자녀나 형제나 ³ 출가하지 아니한 처녀인 친자매로 인하여는 몸을 더럽힐 수 있느니라"라고 말씀하고 있습니다. 제사장은 자신의 부모와 자녀와 형제와 출가하지 않은 자매의 시체는 만질 수 있었는데, 이 경우라도 시체를 만진 후에는 반드시 정결의 절차를 밟고 속죄제를 드려야 합니다(겔 44:26-27).

모세 율법에 의하면 시체를 만진 제사장은 7일 동안 스스로를 정결케 해야 합니다. 민수기 19:11-13에서는 "사람의 시체를 만진 자는 칠 일을 부정하리니 ¹² 그는 제삼일과 제칠일에 이 잿물로 스스로 정결케 할 것이라 그리하면 정하려니와 제삼일과 제칠일에 스스로 정결케 아니하면 그냥 부정하니 [13]누구든지 죽은 사람의 시체를 만지고 스스로 정결케 아니하는 자는 여호와의 성막을 더럽힘이라 그가 이스라엘에서 끊쳐질 것은 정결케 하는 물을 그에게 뿌리지 아니하므로 깨끗케 되지 못하고 그 부정함이 그저 있음이니라"라고 말씀하고 있습니다. 이처럼 시체를 만진 후 정결케 되는 기간을 '7일'이라고 말씀합니다.

그런데 에스겔 성전의 제사장들에게는 시체를 만진 후 스스로를 정결케 하는 7일에 추가로 7일을 더 지내라고 하셨습니다. 에스겔 44:26에서 "이런 자는 스스로 정결케 한 후(7일, 민 19:11-13)에 칠 일을 더 지낼 것이요"라고 말씀하고 있습니다. 에스겔 성전에서 제사장이 정결케 되는 14일 기간은 더욱 완전한 거룩에 대한 요구입니다. 7일 동안 스스로 정결케 하고 7일을 더 지낸 후에, 제사장이 성소에서 수종 들기 위하여 안뜰과 성소에 들어갈 때에는 속죄제를 드려야 합니다(겔 44:27).

(5) 스스로 죽은 것이나 찢긴 것을 먹지 말아야 합니다.

에스겔 44:31에서 "무릇 새나 육축의 스스로 죽은 것이나 찢긴 것은 다 제사장이 먹지 못할 것이니라"라고 말씀하고 있습니다. 여기 '스스로 죽은 것'은 짐승이 자연사한 경우를 말하며, '찢긴 것'은 다른 짐승의 공격을 받아 죽은 경우를 말합니다. 레위기 22:8에서도 "절로 죽은 것이나 들짐승에게 찢긴 것을 먹음으로 자기를 더럽히지 말라 나는 여호와니라"라고 하였고, 출애굽기 22:31에서도 "너희는 내게 거룩한 사람이 될찌니 들에서 짐승에게 찢긴 것의 고기를 먹지 말고 개에게 던질찌니라"라고 말씀하고 있습니다. 두 경우 모두 '시체'이므로 부정하기 때문입니다.

(6) 제사를 드릴 때는 거룩한 옷을 입어야 합니다.

에스겔 42:14에서 "제사장의 의복은 거룩하므로 제사장이 성소에 들어갔다가 나올 때에 바로 바깥뜰로 가지 못하고 수종 드는 그 의복을 그 방에 두고 다른 옷을 입고 백성의 뜰로 나갈 것이니라"라고 말씀하고 있습니다(레 6:10-11, 16:23-24). 에스겔 성전에서 제사장이 입어야 할 옷에 대하여 두 가지를 말씀하고 있습니다.

첫째, 가는 베옷을 입어야 합니다.

에스겔 44:17에서 "그들이 안뜰 문에 들어올 때에나 안뜰 문과 전 안에서 수종 들 때에는 양털 옷을 입지 말고 가는 베옷을 입을 것이니"라고 말씀하고 있습니다. 여기 '가는 베'는 히브리어 '피쉬테'(פִּשְׁתֶּה)로, '아마, 삼베'를 가리킵니다. '가는 베옷'은 매우 가늘게 뽑은 베실로 곱게 짠 최상품 세마포로 만든 옷입니다. 또한 '양털 옷을 입는다'와 '가는 베옷을 입는다'에서 '입는다'에 쓰인 히브리어가 각각 다릅니다. 앞의 경우는 '알라'(עָלָה)이며, 뒤의 경우는 '라바쉬'(לָבַשׁ)입니다. '알라'는 '올라가다, 높이다, 취하다, 가져오다'라는 뜻으로, 단지 몸에 옷을 두르는 것이지만, '라바쉬'는 옷을 입은 자의 신분이 바뀌는 경우를 뜻하기도 합니다(창 41:42, 삼하 13:18, 에 6:11, 욥 29:14, 겔 23:6). 창세기 3:21에서 "여호와 하나님이 아담과 그 아내를 위하여 가죽옷을 지어 입히시니라"라고 말씀하고 있는데, 여기 '입히시니라'가 히브리어 '라바쉬'입니다. 하나님께서는 아담과 하와에게 가죽옷을 지어 입히심으로, 죄로 말미암은 수치를 가려 주셨습니다. 여기 '옷'은 히브리어 '케토네트'(כְּתֹנֶת)로, 소매가 손목까지 내려오고 길이도 발뒤꿈치까지 내려오는 통옷을 말합니다.

에스겔 44:17의 '옷'은 일반적으로 옷을 총칭하는 히브리어 '베게드'(בֶּגֶד)이지만, 구체적으로는 제사장들의 속옷인 '케토네트'를 가리킵니다(출 28:39-40, 29:5, 8, 39:27, 레 8:7, 13). '케토네트'는 '가리다'라는 뜻에서 유래하였으며, 구속사적으로 예수님의 십자가의 피가 우리의 모든 죄를 가려 주시므로 진노의 자녀가 하나님의 자녀로 신분이 바뀐 것을 나타냅니다(사 53:4-6, 마 20:28, 막 10:45, 롬 3:24, 4:6-8, 13:14, 갈 3:27, 엡 1:7, 2:8, 계 7:13-14, 19:8). 시편 132:9의 "주의 제사장들은 의를 입고(라바쉬) 주의 성도들은 즐거이 외칠찌어다"라는 말씀을 볼 때, 제사장이 입은 '케토네트'를 '의'(צֶדֶק, '체데크')라고 표현한 것을 알 수 있습니다.

둘째, 가는 베 관을 쓰고 베 바지를 입고 베로 허리띠를 해야 합니다.

에스겔 44:18에서 "가는 베 관을 머리에 쓰며 가는 베 바지를 입고 땀 나게 하는 것으로 허리를 동이지 말 것이며"라고 말씀하고 있습니다(출 28:39, 42, 39:27-28, 레 6:10). 여기 '가는 베 관'은 히브리어로 '파아레이 피쉬팀'(פַּאֲרֵי פִשְׁתִּים)입니다. '관'에 해당하는 '페에르'(פְּאֵר)는 '아름답다, 영화롭다'는 뜻의 '파아르'(פָּאַר)에서 유래하여 '머리 장식, 두건'을 의미합니다(출 28:40). 이 관은 대제사장의 관인 '미츠네페트'(מִצְנֶפֶת)와는 구분되며, 이사야서에서는 기쁨을 표현하는 데 사용되었습니다(사 61:10, 참고·사 61:3, '화관'). 제사장의 관은 '베 관'으로 흰색입니다. 이는 모든 죄를 깨끗하게 하시는 하나님의 의가 영화롭고 아름다우며, 우리가 그 의를 입을 때 기쁨이 넘쳐남을 나타냅니다.

또한 '베 바지'의 '바지'는 히브리어 '미크나스'(מִכְנָס)로, 제사장의 살에 닿게 입는 '속바지'를 가리킵니다. 출애굽기 28:42에서는

'고의'로 번역되었습니다. 이 바지의 하얀 세마포 역시 예수 그리스도의 의를 나타냅니다(롬 3:24, 고전 1:30, 엡 1:7, 2:8, 벧후 1:1). 이어서 '땀 나게 하는 것으로 허리를 동이지 말 것이며'라고 하신 것은 베로 허리띠를 만들어 땀이 나지 않게 하라는 것입니다. 허리를 묶는 끈은 사명자의 자세를 보여 줍니다(왕하 4:29, 벧전 5:5, ^{참고}눅 12:35-36).

시편 132:16에서 "내가 그 제사장들에게 구원으로 입히리니 그 성도들은 즐거움으로 외치리로다"라고 말씀하고 있습니다. 역대하 6:41 하반절에서도 "여호와 하나님이여 원컨대 주의 제사장으로 구원을 입게 하시고 또 주의 성도로 은혜를 기뻐하게 하옵소서"라고 말씀하고 있습니다. 제사장은 구원의 옷을 입고 사명의 허리띠를 띠고 성도들에게 그 기쁨과 즐거움을 나눠 주며 사명을 감당해야 합니다.

4. 직분의 이행과 제사장
Priesthood and Performing Duties

제사장은 직분을 지키는 자들입니다(겔 40:45-46). 직분을 제대로 지키지 않으면 반드시 하나님의 징계를 받습니다. 제사장이 직분을 이행하는 것과 관련된 몇 가지 원칙이 있습니다.

(1) 직분을 감당하지 못하면 직분을 박탈당합니다.

에스겔 44:12-13 말씀을 볼 때, 과거에 제사장들은 하나님 대신 우상에게 수종 들고 이스라엘 백성으로 하여금 우상을 숭배하도록 잘못 인도했습니다. 그 결과로 하나님께서 손을 들어서 그들을 치셨고 제사장의 직분을 담당하지 못하도록 하셨습니다. 이는 제사장들이 자기의 범한 죄대로 수욕을 당하고, 가증한 일을 행한 대로 징계를 받은 것입니다.

(2) 회개한 자는 다시 직분을 담당할 수 있습니다.

에스겔 44:11에서 "그러나 그들이 내 성소에서 수종 들어 전 문을 맡을 것이며"라고 하였고, 이어서 14절에서도 "그러나 내가 그들을 세워 전을 수직하게 하고"라고 말씀하고 있습니다. 여기 문장을 전환하는 접속사 '그러나'는 제사장들이 회개하였다는 것을 내포하고 있습니다. 회개하지 않고 계속 우상을 숭배했다면 성전에서 수종 들거나 전을 수직하는 일을 맡길 수 없기 때문입니다.

하나님께서는 어떠한 죄를 지었다 할지라도 진심으로 회개하는 자에게 용서의 은총을 베푸십니다(행 2:38, 3:19). 에스겔 18:30에서 "너희는 돌이켜 회개하고 모든 죄에서 떠날찌어다 그리한즉 죄악이 너희를 패망케 아니하리라"라고 말씀하고 있으며, 사도행전 8:22에서 "그러므로 너의 이 악함을 회개하고 주께 기도하라 혹 마음에 품은 것을 사하여 주시리라"라고 말씀하고 있습니다.

(3) 제사장이 회개할지라도 그 직무는 격하됩니다.

에스겔 44:11에서 "그러나 그들이 내 성소에서 수종 들어 전 문을 맡을 것이며 전에서 수종 들어 백성의 번제의 희생과 및 다른 희생을 잡아 백성 앞에 서서 수종 들게 되리라"라고 말씀하고 있습니다. 14절에서도 "그러나 내가 그들을 세워 전을 수직하게 하고 전에 모든 수종 드는 일과 그 가운데서 행하는 모든 일을 맡기리라"라고 말씀하고 있습니다.

여기 성전 문을 지키는 것(대상 26:1)과 백성을 위한 제물을 잡는 것(대하 35:10-11)은 제사장의 직무가 아니라 레위인들의 직무입니다. 따라서 회개한 제사장들은 다시 직분을 담당하지만 그 직무가 격하되어 제사장의 직무가 아닌 레위인의 직무를 행하게 됩니다.

(4) 사독 계열의 제사장들은 끝까지 직분을 지킴으로 영원한 제사장으로 인정받았습니다.

에스겔 44:15에서 "이스라엘 족속이 그릇하여 나를 떠날 때에 사독의 자손 레위 사람 제사장들은 내 성소의 직분을 지켰은즉"이라고 말씀하면서, 16절에서 "그들이 내 성소에 들어오며 또 내 상에 가까이 나아와 내게 수종 들어 나의 맡긴 직분을 지키되"라고 말씀하고 있습니다(겔 40:46, 43:19, 48:11, ^{참고}삼상 2:35).

사독은 다윗의 통치 때부터 솔로몬의 통치 초기까지 활동한 대제사장입니다. 그는 다윗이 압살롬의 반역으로 도망다닐 때 다윗의 편에 서서 일을 하였으며(삼하 15:13-14, 24-29, 17:15-23), 다윗이 환궁할 때도 적극적으로 다윗을 도왔습니다(삼하 19:11-15). 또한 아도니야가 솔로몬을 대신하여 왕위를 차지하려고 할 때에도 사독은 끝까지 솔로몬의 편에 섰습니다(왕상 1:7-8, 32-39). 이때 이다말 계열의 대제사장이었던 아비아달은 아도니야의 반역에 가담한 죄로 대제사장직에서 파면당했습니다(왕상 2:26-35). 그 후 대제사장직은 엘르아살 계열 (^{참고}민 25:11-13, 대상 24:3)이었던 사독의 자손이 계속 담당했습니다.

사독의 자손들은 에스겔 성전에서도 계속해서 제사장의 직분을 담당하였는데, 이들이 변함없이 신실하게 제사장 직분을 감당하였기 때문입니다. 에스겔 48:11에서는 사독 자손의 제사장에게 줄 분깃을 말씀하시면서 "이 땅으로 사독의 자손 중 거룩히 구별한 제사장에게 돌릴찌어다 그들은 직분을 지키고 이스라엘 족속이 그릇할 때에 레위 사람의 그릇한 것처럼 그릇하지 아니하였느니라"라고 말씀하고 있습니다.

'사독'은 히브리어로 '차도크'(צָדוֹק)이며, '의로움'이라는 뜻입니다. 진정한 의는 예수 그리스도의 십자가 대속으로 주어지는 의입니다. 그러므로 예수 그리스도로 옷 입은 성도들이 영적인 사독의 자손들로서 영원한 제사장이 되는 것입니다.

로마서 13:14 "오직 주 예수 그리스도로 옷 입고 정욕을 위하여 육신의 일을 도모하지 말라"

베드로전서 2:9 "오직 너희는 택하신 족속이요 왕 같은 제사장들이요 거룩한 나라요 그의 소유 된 백성이니 이는 너희를 어두운 데서 불러내어 그의 기이한 빛에 들어가게 하신 자의 아름다운 덕을 선전하게 하려 하심이라"

II
절기를 지키는 제사장

PRIESTS OF EZEKIEL'S TEMPLE AND THE FEASTS

하나님께서는 제사장들에게 새 성전에서 지켜야 할 절기에 대해 말씀하셨습니다. 에스겔 44:24에서 "내 모든 정한 절기에는 내 법도와 율례를 지킬 것이며 또 내 안식일을 거룩케 하며"라고 말씀하고 있습니다. 에스겔 45:18-46:15에서는 절기와 안식일, 월삭 그리고 매일 드리는 제사를 구체적으로 설명하고 있습니다. 제사를 드리는 자가 왕과 백성인 경우에도 그 모든 제사를 주관하는 자는 제사장이기 때문에, 본 서에서는 제사장의 직무 부분에 같이 기술하였습니다.

1. 세 가지 절기
Three Feasts

에스겔 45:18-25에서는 이스라엘 종교력의 신년절(18-20절, 니산(아빕)월 1일, ^{참고-}출 12:2), 유월절(21-24절, 니산(아빕)월 14일), 장막절(25절, 티쉬리월 15일)에 대하여 말씀하고 있습니다. 원래 이스라엘의 3대 절기는 유월절, 칠칠절, 장막절인데(출 23:14-17, 34:18-23) 새 성전에서 지키는 절기에서는 칠칠절이 **빠지고** 신년절이 새로 들어갔습니다.

(1) 신년절(니산월 1일)

에스겔 성전에서는 1월 1일 신년절과 1월 7일에 속죄제를 드려야 합니다. 에스겔 45:18-20에서 "나 여호와가 말하노라 정월 초하룻날에 흠 없는 수송아지 하나를 취하여 성소를 정결케 하되 ¹⁹제사장이 그 속죄제 희생의 피를 취하여 전 문설주와 제단 아랫층 네 모퉁이와 안뜰 문설주에 바를 것이요 ²⁰그달 칠일에도 모든 그릇 범죄한 자와 부지중 범죄한 자를 위하여 역시 그렇게 하여 전을 속죄할찌니라"라고 말씀하고 있습니다.

20절의 '그달 칠일'은 히브리어로 '쉬브아 바호데쉬'(שִׁבְעָה בַחֹדֶשׁ)로, 1월 7일을 가리킵니다. 칠십인경은 이 단어를 7월의 월삭을 가리키는 것으로 수정하여 티쉬리 기준 방식의 1년이 시작하는 날이자 나팔절을 지키는 '칠월 일일'로 번역하였습니다. 그러나 이어지는 21절에서 시간의 순서대로 유월절에 대한 설명을 이어 가는 것을 볼 때, 1월 7일로 보는 것이 문맥에 맞습니다.

새해 첫날과 칠일의 속죄를 강조한 것은 죄 사함을 받고 완전히 새롭게 된 자만이 에스겔 성전에 들어갈 수 있음을 나타냅니다(고후 5:17, 엡 4:22-24, 골 3:9-10). 에스겔 성전에서는 일 년의 시작이 가장 중요시되며, 이로써 바벨론 포로 중에 있는 이스라엘 백성에게 반드시 새로운 해방의 날이 시작된다는 소망을 심어 주었을 것입니다(참고-사 43:18-20, 48:6-7, 65:16-17).

(2) 유월절

　에스겔 45:21에서 "정월 십사일에는 유월절 곧 칠일 절기를 지키며 누룩 없는 떡을 먹을 것이라"라고 말씀하고 있습니다. 그날에 왕은 자기와 이 땅 모든 백성을 위하여 송아지 하나를 갖추어 속죄제를 드려야 합니다(겔 45:22). 23절을 볼 때, 칠 일 동안 드리는 번제는 "매일 흠 없는 수송아지 일곱과 수양 일곱이며 또 매일 수염소 하나를 갖추어 속죄제"를 드려야 합니다. 또한 24절에서는 "또 소제를 갖추되 수송아지 하나에는 밀가루 한 에바(약 22ℓ)요 수양 하나에도 한 에바며 밀가루 한 에바에는 기름 한 힌(약 3.67ℓ)씩이며"라고 말씀하면서 소제의 규례를 말씀하고 있습니다.

　에스겔 성전에서 지킬 절기 가운데 유월절에 대한 설명이 가장 자세하며 강조되어 있습니다. 유월절은 이스라엘이 애굽에서 해방된 것을 기념하는 절기로써, 이스라엘 백성에게 반드시 바벨론에서 해방된다는 사실을 깨닫게 하기 위한 것입니다. 새 성전에서도 예수님의 십자가 대속의 죽음이 가장 중심인 것입니다(계 5:12).

(3) 장막절

　에스겔 45:25에서 "칠월 십오일 절기 칠 일 동안에도 이대로 행하여 속죄제와 번제며 그 밀가루와 기름을 드릴찌니라"라고 말씀하고 있습니다. 장막절은 7월 15일에 드리는 절기로, 7일 동안 광야로 나가 장막에 거하면서 지킵니다(레 23:42-43). 이는 광야 생활이 끝나고 하나님의 영원한 장막인 새 예루살렘 성에 들어가는 것을 예표합니다. 요한계시록 7:15과 21:3에 나오는 장막은 영원한 하나님의 장막으로서 새 예루살렘 성을 가리킵니다.

	민수기 28장의 유월절 절기 규례 (민 28:3-5, 16-23)	에스겔 성전의 유월절 절기 규례 (겔 45:21-24, 46:13-15)
7일간 매일 드리는 **번제** (상번제 외에)	매일 흠 없는 **수송아지 2마리** 매일 흠 없는 **숫양 1마리** 매일 흠 없는 일 년 된 **숫양(어린양) 7마리**	매일 흠 없는 **수송아지 7마리** 매일 흠 없는 **숫양 7마리**
7일간 매일 드리는 **소제**	수송아지 하나당 **고운 가루 3/10에바(6.6ℓ)** 숫양 하나당 **고운 가루 2/10에바(4.4ℓ)** 일 년 된 숫양(어린양) 하나당 **고운 가루 1/10에바(2.2ℓ)** (기름의 양은 나와 있지 않음)	수송아지 하나당 **고운 가루 1에바(22ℓ),** **기름 1힌(3.67ℓ)** 숫양 하나당 **고운 가루 1에바(22ℓ),** **기름 1힌(3.67ℓ)**
7일간 매일 드리는 **속죄제**	매일 **숫염소 1마리**	매일 **숫염소 1마리**
유월절 절기 제사 외의 **상번제**	흠 없고 일 년 된 **숫양 2마리**	흠 없고 일 년 된 **어린양 1마리**
상번제의 소제	**고운 가루 1/10에바(2.2ℓ),** **기름 1/4힌(0.9ℓ),** 어린양 하나당 **포도주 1/4힌**	**고운 가루 1/6에바(3.67ℓ),** **기름 1/3힌(1.2ℓ)**

※ '상번제'는 히브리어 '올라 타미드'(עֹלָה תָּמִיד)로, 직역하면 '항상 있는 제사'.
   '매일 드리는 제사'(민 28:3-4).

2. 안식일과 월삭
The Sabbath and the Day of the New Moon

에스겔 46:1-8에서 안식일과 월삭의 제사에 대하여 말씀하고 있습니다. 4-5절은 안식일의 제사 규례에 대하여, 6-7절은 월삭의 제사 규례에 대하여 말씀하고 있습니다.

(1) 안식일과 월삭에는 안뜰에 있는 동문이 개방됩니다.
에스겔 46:1에서 "나 주 여호와가 말하노라 안뜰 동향한 문을 일하는 육 일 동안에는 닫되 안식일에는 열며 월삭에도 열고"라고 말씀하고 있습니다. 성소의 동향한 바깥문은 항상 닫아 놓아야 하지만(겔 44:1), 안뜰 동향한 문은 안식일이나 월삭에는 개방됩니다. 이는 하나님께서 백성의 예배를 받으신다는 것을 의미할 뿐만 아니라, 예배를 통해 하나님을 만날 수 있음을 의미합니다.

(2) 바깥뜰 문 현관을 통해 안뜰에 있는 동문으로 왕이 들어옵니다.
에스겔 46:2 상반절에서 "왕은 바깥문 현관을 통하여 들어와서 문벽 곁에 서고"라고 말씀하고 있습니다. 하나님께서 들어오셨던 바깥뜰 동향한 문간은 항상 닫아 두라고 말씀하셨으므로(겔 44:1-2), 여기 '바깥문 현관'은 바깥뜰 북향한 문간이나 남향한 문간을 가리킵니다. 왕은 바깥뜰 문간의 현관을 통해 들어와서 안뜰 동향한 문간의 문벽(מְזוּזַת הַשַּׁעַר, '메주자트 하샤아르') 곁에 서야 합니다. 여기 '문벽'은 안뜰 동향한 문간 문통과 안뜰을 구분하는 선으로, 아무리 왕이라고 해도 안식일과 월삭의 제사를 드릴 때 거룩히 구별된 안뜰로 들어갈 수 없음을 보여 줍니다.

(3) 왕이 안식일과 월삭에 여호와께 번제와 소제를 드립니다.

왕이 안뜰 동향한 문간의 문벽 곁에 서면, 제사장은 왕을 위해 번제와 감사제를 드립니다(겔 46:2). 여기서 '감사제'는 히브리어 '셸렘'(שֶׁלֶם)으로, '화목제'라는 의미입니다(레 3:1). 에스겔 46:4-5에서 안식일에 왕이 여호와께 드릴 번제물과 소제물에 대하여 "흠 없는 어린양 여섯과 흠 없는 수양 하나라 5 그 소제는 수양 하나에는 밀가루* 한 에바요 모든 어린양에는 그 힘대로 할 것이며 밀가루 한 에바에는 기름 한 힌씩이니라"라고 말씀하고 있습니다. 특별히 흠 없는 어린양 여섯에 대한 소제에 대해서는 '그 힘대로 할 것'이라고 하셨는데, 이는 히브리어 '맛타트 야도'(יָדוֹ מַתַּת)로, '그의 손의 선물'이라는 의미입니다. 소제는 주로 다른 제사와 함께 곁들여지는 제사로, 모세 율법에서는 매 희생 제물에 함께 드리는 소제의 양이 정해져 있습니다. 그런데 정해진 양 없이 그 손의 선물대로 드리라는 것은, 하나님께서 주신 은혜대로 아낌없이 드리는 전적인 감사를 의미합니다.

월삭에는 "흠 없는 수송아지 하나와 어린양 여섯과 수양 하나를 드리되 모두 흠 없는 것"으로 번제를 드립니다(겔 46:6). 또한 소제를 드리되, "수송아지에는 밀가루 한 에바요 수양에도 밀가루 한 에바며 모든 어린양에는 그 힘대로" 드리며 "밀가루 한 에바에는 기름 한 힌씩" 드려야 합니다(겔 46:7).

모세 율법에서 말씀한 제사 규례와 에스겔 성전에서의 제사 규례를 비교하면 다음과 같습니다.

---

*소제에서 드리는 곡식 제물은 히브리어 '솔레트'(סֹלֶת)로, 밀의 속알만을 갈고 빻아서 만든 가루를 의미합니다. 민수기 28장에서는 이를 '고운 가루'로 번역하였고, 에스겔 46장에서는 '밀가루'로 번역하였습니다.

	민수기 28장의 안식일·월삭 규례 (민 28:3-5, 9-15)	에스겔 성전의 안식일·월삭 규례 (겔 46:4-7, 13-15)
안식일의 번제	흠 없고 일 년 된 **숫양 2마리**	흠 없는 **어린양 6마리** 흠 없는 **숫양 1마리**
안식일의 소제	**고운 가루 2/10에바**(4.4ℓ) 포도주 전제 (양은 나와 있지 않음)	숫양 하나당 **고운 가루 1에바** (22ℓ) 어린양에는 **그 힘대로** 고운 가루 1 에바(22ℓ)당 **기름 1힌**(3.67ℓ)
월삭의 번제	**수송아지 2마리** **숫양 1마리** 흠 없고 일 년 된 **숫양 7마리**	**수송아지 1마리** **어린양 6마리** **숫양 1마리**
월삭의 소제	수송아지 하나당 **고운 가루 3/10에바**(6.6ℓ), **기름, 포도주 1/2힌**(1.8ℓ) 숫양 하나당 **고운 가루 2/10에바**(4.4ℓ), **기름, 포도주 1/3힌**(1.2ℓ) 어린양(1년 된 숫양) 하나당 **고운 가루 1/10에바**(2.2ℓ), **기름, 포도주 1/4힌**(0.9ℓ)	수송아지 하나당 **1에바**(22ℓ) 숫양 하나당 **1에바**(22ℓ) 어린양에는 **그 힘대로** 1 에바(22ℓ)당 **기름 1힌**(3.67ℓ)
월삭의 속죄제	**숫염소 1마리**	(언급 없음)
안식일/월삭 제사 외의 **상번제**	흠 없고 일 년 된 **숫양 2마리**	흠 없고 일 년 된 **어린양 1마리**
상번제의 소제	**고운 가루 1/10에바**(2.2ℓ), **기름 1/4힌**(0.9ℓ), 어린양 하나당 **포도주 1/4힌**	**고운 가루 1/6에바**(3.67ℓ), **기름 1/3힌**(1.2ℓ)

(4) 안식일과 월삭에 왕은 안뜰 동문의 문지방까지, 백성은 문 입구까지 들어올 수 있습니다.

에스겔 46:2 하반절에서 "왕은 문통에서 경배한 후에 밖으로 나가고"라고 말씀하고 있는데, 여기 '문통'의 '통'은 히브리어 '미프탄'(מִפְתָּן)으로, 안뜰 동문의 '문지방'을 의미합니다. 그러므로 왕은 안뜰 동문의 문지방까지 들어갈 수 있습니다. 그러나 백성은 안뜰 동문의 문 입구까지만 들어갈 수 있었습니다. 에스겔 46:3에서 "이 땅 백성도 안식일과 월삭에 이 문통에서 나 여호와 앞에 경배할 것이며"라고 말씀하고 있습니다. 그러나 여기 '문통'의 '통'은 히브리어 '미프탄'이 아니라 '페타흐'(פֶּתַח)로, '입구'를 가리킵니다. 그러므로 백성은 안뜰 동문의 '입구'까지만 들어갈 수 있는 것입니다.

(5) 왕은 안식일과 월삭에 바깥뜰의 들어온 문으로 다시 나가야 합니다.

에스겔 46:8에서 "왕이 올 때에는 이 문 현관을 통하여 들어오고 나갈 때에도 그리할찌니라"라고 말씀하고 있습니다. 여기 '이 문 현관'은 2절에 나왔던 '바깥문 현관'을 가리킵니다. 2절의 "바깥문 현관을 통하여"(דֶּרֶךְ אוּלָם הַשַּׁעַר מִחוּץ, '데레크 울람 하샤아르 미후츠')와 8절의 "이 문 현관을 통하여" (דֶּרֶךְ אוּלָם הַשַּׁעַר, '데레크 울람 하샤아르') 모두 '데레크'(דֶּרֶךְ, '통하여')와 함께 쓰여서 짝을 이루기 때문입니다.

왕은 바깥뜰 현관을 통하여 들어와서 문벽 곁에 서고, 제사장은 그를 위하여 번제와 감사제를 드립니다. 왕은 문통에서 경배한 후에 다시 바깥뜰의 문으로 나가고, 그 문은 저녁까지 닫지 않게 하였습니다.

안식일과 월삭 때 왕의 동선 | 겔 46:1-10
The Moving Line of the Prince on the Sabbath and the New Moon

에스겔 46:2-3, 8 "①왕은 **바깥문 현관**을 통하여 들어와서 ②**문벽 곁**에 서고 제사장은 그를 위하여 번제와 감사제를 드릴 것이요 ③왕은 **문통**(תפמּ, '미프탄': 문지방)에서 경배한 후에 밖으로 나가고 그 문은 저녁까지 닫지 말 것이며 ³④이 땅 백성도 안식일과 월삭에 **이 문통**에서 나 여호와 앞에 경배할 것이며 … ⁸⑤왕이 올 때에는 **이 문 현관**을 통하여 들어오고 나갈 때에도 그리할찌니라"

※에스겔 46:2의 '바깥문 현관'의 방향은 나와 있지 않지만, 북향한 문간을 기준으로 설명함.
(하나님께서 에스겔 선지자에게 북향한 바깥문을 남향한 바깥문보다 먼저 보이심, 겔 40:20, 24)

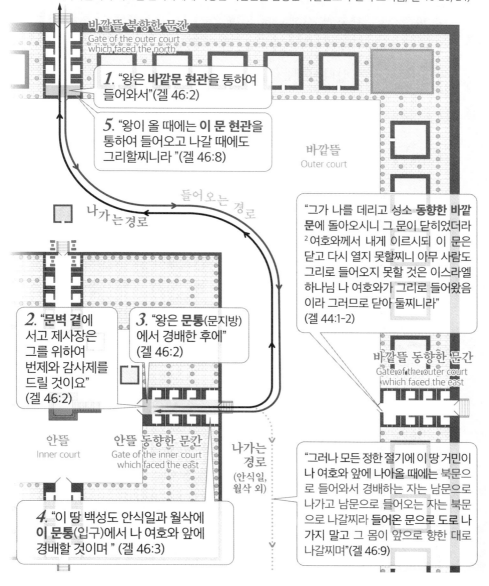

바깥뜰 북향한 문간
Gate of the outer court
which faced the north

1. "왕은 **바깥문 현관**을 통하여 들어와서"(겔 46:2)

5. "왕이 올 때에는 **이 문 현관**을 통하여 들어오고 나갈 때에도 그리할찌니라 "(겔 46:8)

바깥뜰
Outer court

들어오는 경로

나가는 경로

2. "**문벽 곁**에 서고 제사장은 그를 위하여 번제와 감사제를 드릴 것이요" (겔 46:2)

3. "왕은 **문통**(문지방) 에서 경배한 후에" (겔 46:2)

"그가 나를 데리고 성소 **동향한 바깥 문**에 돌아오시니 그 문이 닫히었더라 ² 여호와께서 내게 이르시되 이 문은 닫고 다시 열지 못할찌니 아무 사람도 그리로 들어오지 못할 것은 이스라엘 하나님 나 여호와가 그리로 들어왔음 이라 그러므로 닫아 둘찌니라" (겔 44:1-2)

바깥뜰 동향한 문간
Gate of the outer court
which faced the east

안뜰
Inner court

안뜰 동향한 문간
Gate of the inner court
which faced the east

나가는 경로 (안식일, 월삭 외)

4. "이 땅 백성도 안식일과 월삭에 **이 문통**(입구)에서 나 여호와 앞에 경배할 것이며 " (겔 46:3)

"그러나 모든 정한 절기에 이 땅 거민이 나 여호와 앞에 나아올 때에는 북문으 로 들어와서 경배하는 자는 남문으로 나가고 남문으로 들어오는 자는 북문으 로 나갈찌라 들어온 문으로 도로 나 가지 말고 그 몸이 앞으로 향한 대로 나갈찌며"(겔 46:9)

에스겔 46:2 "왕은 바깥문 현관을 통하여 들어와서 문벽 곁에 서고 제사장은 그를 위하여 번제와 감사제를 드릴 것이요 왕은 문통에서 경배한 후에 밖으로 나가고 그 문은 저녁까지 닫지 말 것이며"

여기 '경배한'에 쓰인 단어는 히브리어 '샤하'(שָׁחָה)의 히트파엘(재귀)형으로, 제사가 진행되는 동안 왕이 하나님 앞에 스스로 엎드리는 지극히 겸손한 태도를 가리킵니다. 아무리 왕이라 할지라도 만왕의 왕 되시는 하나님께는 겸손히 엎드려야 합니다.

3. 기타 규례
Other Ordinances

(1) 정해진 절기에 왕과 백성은 바깥뜰 들어온 문 반대편의 문으로 나가야 합니다.

에스겔 46:9-10에서 "그러나 모든 정한 절기에 이 땅 거민이 나 여호와 앞에 나아올 때에는 북문으로 들어와서 경배하는 자는 남문으로 나가고 남문으로 들어오는 자는 북문으로 나갈찌라 들어온 문으로 도로 나가지 말고 그 몸이 앞으로 향한 대로 나갈찌며 ¹⁰ 왕은 무리 가운데 있어서 그들의 들어올 때에 들어오고 그들의 나갈 때에 나갈찌니라"라고 말씀하고 있습니다. 이렇게 하는 것은 절기를 지키기 위해 많은 백성이 성소에 출입할 때에 질서를 유지하기 위함이며, 왕이 백성과 동고동락함을 나타냅니다. 평상시보다 더 많은 백성이 절기를 지키기 위해 성소에 모이는 모습은 열방이 몰려와 하나님께 예배드리는 날을 내다보게 합니다(시 22:27-28, 86:9, 102:22).

(2) 절기와 성회 때에 드리는 소제

에스겔 46:11에서 "절기와 성회 때에 그 소제는 수송아지 하나에 밀가루 한 에바요 수양 하나에도 한 에바요 모든 어린양에는 그 힘대로 할 것이며 밀가루 한 에바에는 기름 한 힌씩이며"라고 말씀하고 있습니다. 이는 3대 절기나 안식일, 월삭에 드려지는 일반적인 소제에 다 적용되는 원칙입니다.

(3) 왕이 자원하여 번제나 감사제를 드릴 때 안뜰의 동향한 문을 잠시 열어야 합니다.

에스겔 46:12에서 "만일 왕이 자원하여 번제를 갖추거나 혹 자원하여 감사제를 갖추어 나 여호와께 드릴 때에는 그를 위하여 동향한 문을 열고 그가 번제와 감사제를 안식일에 드림같이 드리고 밖으로 나갈찌며 나간 후에 문을 닫을찌니라"라고 말씀하고 있습니다. 여기 동향한 문은 안뜰의 문간을 가리키는데(겔 46:1), 바깥뜰의 동향한 문간은 항상 닫혀 있어야 하기 때문입니다(겔 44:1-2).

안뜰의 동향한 문간은 안식일과 월삭에만 열리지만, 특별히 왕이 자원하여 번제와 감사제를 드릴 때는 일시적으로 열리게 됩니다. 그러나 이때도 제사가 끝나면 바로 문을 닫아야 합니다.

(4) 아침마다 번제를 드려야 합니다.

에스겔 46:13에서 "아침마다 일 년 되고 흠 없는 어린양 하나로 번제를 갖추어 나 여호와께 드리고"라고 말씀하고 있습니다. 이때 함께 드리는 소제는 "밀가루 에바 육분지 일과 기름 힌 삼분지 일"을 섞어서 드려야 합니다(겔 46:14). 이를 가리켜 14절 하반절에서 "영원한 규례를 삼아 항상 나 여호와께 드릴 소제"라고 했으며, 이어서 15절에서도 "항상 드리는"이라고 말씀하고 있습니다. 번제가 영원한 규례라는 것은 항상 예배 생활에 힘써야 할 것과 우리의 하루하루의 삶이 하나님께 산 예배로 드려져야 함을 나타냅니다.

에스겔 성전의 매일 드리는 번제를 구약과 비교할 때 특이한 점은 저녁의 번제에 대한 언급이 없다는 것입니다. 민수기 28:3-4을 볼 때 구약의 상번제는 아침과 저녁으로 하루에 두 번씩 매일 드렸습니다. 그러나 에스겔 46:13에서는 '아침마다' 드리는 것으로만 말씀하고 있습니다. 이는 에스겔 성전이 종말적인 성전으로서, 천국에는 밤이 없는 것과 관련이 있습니다.

요한계시록 21:25 "성문들을 낮에 도무지 닫지 아니하리니 거기는 밤이 없음이라"

요한계시록 22:5 "다시 밤이 없겠고 등불과 햇빛이 쓸데없으니 이는 주 하나님이 저희에게 비취심이라 저희가 세세토록 왕 노릇 하리로다"

소결론: 제사장의 기업은 하나님 자신

에스겔 44:28에서 "그들은 기업이 있으리니 내가 곧 그 기업이라 너희는 이스라엘 가운데서 그들에게 산업을 주지 말라 나는 그 산업이 됨이니라"라고 말씀하고 있습니다(민 18:20, 신 10:9, 수 13:14, 33, 18:7).

29절에서는 "그들은 소제와 속죄제와 속건제의 제물을 먹을찌니 이스라엘 중에서 구별하여 드리는 물건을 다 그들에게 돌리며"라고 말씀하고 있습니다. 여기에서 주의할 것은 백성이 하나님께 드린 제물이 제사장의 기업이 아니라는 사실입니다. 백성이 가지고 나온 제물은 모두 하나님께 바쳐지고 하나님께서 제사장의 기업이 되시어, 그 바쳐진 제물을 제사장에게 주시는 것입니다. 신명기 18:1에서 "레위 사람 제사장과 레위의 온 지파는 이스라엘 중에 분깃도 없고 기업도 없을찌니 그들은 여호와의 화제물과 그 기업을 먹을 것이라"라고 말씀하고 있습니다. 여기에서 제사장과 레위 지파의 분깃은 '사람의 화제물과 그 기업'이 아니라 '여호와의 화제물과 그 기업'인 것입니다. 여호수아 13:14에서도 "오직 레위 지파에게는 여호수아가 기업으로 준 것이 없었으니 이는 이스라엘 하나님 여호와께 드리는 화제물이 그 기업이 됨이 그에게 이르신 말씀과 같음이었더라"라고 말씀하고 있습니다. 심지어 백성의 십일조까지도 제사장을 비롯한 레위인에게 돌려졌습니다(민 18:21, 24-32, 느 10:37).

고린도전서 9:13-14에서 사도 바울도 "성전의 일을 하는 이들은 성전에서 나는 것을 먹으며 제단을 모시는 이들은 제단과 함께 나누는 것을 너희가 알지 못하느냐 14 이와 같이 주께서도 복음 전하는 자들이 복음으로 말미암아 살리라 명하셨느니라"라고 말씀하였습니다. 이처럼 신약시대의 복음의 제사장들이 복음을 위하여 살 때(롬 15:16), 하나님께서는 반드시 모든 것을 책임지십니다.

제사장들은 하나님 자신을 기업으로 받고, 하나님의 이름으로 백성을 축복해야 합니다. 에스겔 44:30에서 "또 각종 처음 익은 열매와 너희 모든 예물 중에 각종 거제 제물을 다 제사장에게 돌리고 너희가 또 첫 밀가루를 제사장에게 주어 그들로 네 집에 복이 임하도록 하게 하라"라고 말씀하고 있습니다. 여기 '처음 익은 열매'와 '거제 제물'은 의미상 가장 좋은 것들입니다. 백성은 이렇게 가장 좋은 것을 제사장에게 드리고, 제사장은 하나님의 이름으로 백성을 축복하는 것입니다. 30절에 '임하도록 하라'에 쓰인 히브리어 '누아흐'(נוח)는, '쉬다, 안식하다, 머물다'라는 뜻으로, 복이 계속 머물게 하는 것을 의미합니다. 제사장들은 축복하는 것을 즐거워하며 백성은 믿음으로 그것을 받아야 합니다(갈 6:6). 민수기 6:27에서 "그들은 이같이 내 이름으로 이스라엘 자손에게 축복할찌니 내가 그들에게 복을 주리라"라고 말씀하고 있으며, 로마서 15:29에서 "내가 너희에게 나갈 때에 그리스도의 충만한 축복을 가지고 갈 줄을 아노라"라고 말씀하고 있습니다. 천국 가는 그날까지 하나님의 축복이 우리 위에 계속 머물러서, 그 복을 누리며 다른 사람들에게 나누어 주는 복음의 제사장의 삶을 살아야 합니다(전 5:18-19, 롬 15:16).

제 6 장

에스겔 성전의 '사비브 사비브'

"Sabib, Sabib" of Ezekiel's Temple

에스겔 성전의 '사비브 사비브'
"SABIB, SABIB" OF EZEKIEL'S TEMPLE

※ 유구한 역사 속에서 세계 최초로 성경적 체계화 정리

　에스겔 선지자가 받은 새 성전의 계시를 보면, 히브리어로 '사비브 사비브'(סָבִיב סָבִיב)라는 독특한 표현이 집중적으로 나오고 있습니다. '사비브'는 히브리어 '사바브'(סָבַב)에서 유래하였는데, '사바브'는 '둘러싸다, 에워싸다'라는 뜻을 가진 동사로, '어떤 것에 포위된 상태'를 표현하는 말입니다.

　'사바브'라는 동사는 성경에서 창세기의 에덴동산에 대해 말씀할 때 처음 나옵니다. 창세기 2:11에서 "첫째의 이름은 비손이라 금이 있는 하윌라 온 땅에 둘렸으며"라고 말씀하고 있는데, 여기 '둘렸으며'가 히브리어로 '사바브'이고, 13절에서 "둘째 강의 이름은 기혼이라 구스 온 땅에 둘렸고"라고 할 때, '둘렸고'가 히브리어로 '사바브'입니다.

　광야 40년 동안 하나님께서는 '사바브'의 은혜로 이스라엘 백성을 지켜 주셨습니다. 신명기 32:10에서 "여호와께서 그를 황무지에서, 짐승의 부르짖는 광야에서 만나시고 호위하시며 보호하시며 자기 눈동자같이 지키셨도다"라고 말씀하고 있습니다. 여기 '호위하시며'에는 '사바브'의 강조미완료형이 사용되어, 하나님께서 계속적으로 철저하게 그들을 지켜 주셨음을 나타냅니다. 하나님께서는 광야 40년 동안 독수리 날개로 업어(출 19:4), 사람이 자기 아들을 안음같이 이스라엘 백성을 안아서 절대적으로 보호하시며 인도하셨던 것입니다(신 1:31).

이스라엘 백성이 가나안 땅에 들어가서 여리고 성을 무너뜨린 것도 '사바브'의 역사였습니다. 하나님께서 매일 하루에 한 번씩 여리고 성을 돌게 하셨는데, 이때 '둘러(수 6:3)', '돌고(수 6:14)'라는 단어에 '사바브'가 사용되었습니다. 제칠일에 여리고 성을 일곱 번 돌 때도 역시 '사바브'가 사용되었습니다. 여호수아 6:15에서 "제칠일 새벽에 그들이 일찌기 일어나서 여전한 방식으로 성을 일곱 번 도니(사바브) 성을 일곱 번 돌기는(사바브) 그날 뿐이었더라"라고 말씀하고 있습니다.

히브리어 '사비브'(סָבִיב)는 부사로, '주위에, 원을 이루어, 사방으로'라는 뜻입니다. '사비브'가 두 번 반복되어 '사비브 사비브'(סָבִיב סָבִיב)로 사용되면 아주 빈틈이 없이 확실하게 둘러싸여 있음을 강조합니다. 이 '사비브 사비브'라는 표현은 성경에서, 특히 에스겔 성전 계시에 집중적으로 나오는 독특한 표현으로 총 25회 등장합니다.

본 서에서는 독자의 이해를 돕기 위해 성경에 기록된 순서 대신 성전 외곽에서부터 안쪽으로 이동하는 순서로, '사비브 사비브'가 사용된 장소들에 대해서 살펴보겠습니다.

┃ 에스겔 40-48장에 사용된 '사비브 사비브'
"Sabib, Sabib" in Ezekiel 40-48

1. 산꼭대기 지점의 '사비브 사비브'	에스겔 43:12 "전의 법은 이러하니라 산꼭대기 지점의 주위는 지극히 거룩하리라 전의 법은 이러하니라"
2. 외곽 담의 '사비브 사비브'(1)	에스겔 42:15 "그가 안에 있는 전 척량하기를 마친 후에 나를 데리고 동향한 문 길로 나가서 사면 담을 척량하는데"

3. 외곽 담의 '사비브 사비브'(2)	**에스겔 42:20** "그가 이와 같이 그 사방을 척량하니 그 **사방** 담 안마당의 장과 광이 오백 척씩이라 그 담은 거룩한 것과 속된 것을 구별하는 것이더라"
4. 성전 담의 '사비브 사비브'	**에스겔 40:5** "내가 본즉 집 바깥 **사면**으로 담이 있더라 그 사람의 손에 척량하는 장대를 잡았는데 그 장이 팔꿈치에서 손가락에 이르고 한 손바닥 넓이가 더한 자로 육 척이라 그 담을 척량하니 두께가 한 장대요 고도 한 장대며"
5. 바깥뜰의 '사비브 사비브'	**에스겔 40:14** "그가 또 현관을 척량하니 광이 이십 척이요 현관 **사면**에 뜰이 있으며"
6. 박석 깔린 땅의 '사비브 사비브'	**에스겔 40:17** "그가 나를 데리고 바깥뜰에 들어가니 뜰 **삼면**에 박석 깔린 땅이 있고 그 박석 깔린 땅 위에 여러 방이 있는데 모두 삼십이며"
7. 백성의 제물을 삶는 부엌의 '사비브 사비브'	**에스겔 46:23** "그 작은 네 뜰 **사면**으로 돌아가며 부엌이 있고 그 사면 부엌에 삶는 기구가 설비되었는데"
8. 현관(주랑현관)의 '사비브 사비브'	**에스겔 40:30** "그 **사면** 현관의 장은 이십오 척이요 광은 오 척이며"
9. 바깥뜰 동향한 문간 창의 '사비브 사비브'	**에스겔 40:16** "문지기방에는 각각 닫힌 창이 있고 문 안 좌우편에 있는 벽 사이에도 창이 있고 그 현관도 그러하고 그 창은 안 **좌우편**으로 벌여 있으며 각 문벽 위에는 종려나무를 새겼더라"
10. 바깥뜰 남향한 문간 창의 '사비브 사비브'	**에스겔 40:25** "그 문간과 현관 **좌우**에 있는 창도 먼저 말한 창과 같더라 그 문간의 장이 오십 척이요 광이 이십오 척이며"

11. **안뜰 남향한 문간 창의 '사비브 사비브'**	**에스겔 40:29** "장이 오십 척이요 광이 이십오 척이며 그 문지기방과 벽과 현관도 먼저 척량한 것과 같고 그 문간과 그 현관 **좌우**에도 창이 있으며"
12. **안뜰 동향한 문간 창의 '사비브 사비브'**	**에스겔 40:33** "장이 오십 척이요 광이 이십오 척이며 그 문지기방과 벽과 현관이 먼저 척량한 것과 같고 그 문간과 그 현관 **좌우**에도 창이 있으며"
13. **안뜰 북향한 문간 창의 '사비브 사비브'**	**에스겔 40:36** "장이 오십 척이요 광이 이십오 척이며 그 문지기방과 벽과 현관이 다 그러하여 그 **좌우**에도 창이 있으며"
14. **바깥뜰 동향한 문간 벽의 '사비브 사비브'**	**에스겔 40:16** "문지기방에는 각각 닫힌 창이 있고 문 안 **좌우편**에 있는 벽 사이에도 창이 있고 그 현관도 그러하고 그 창은 안 좌우편으로 벌여 있으며 각 문벽 위에는 종려나무를 새겼더라"
15. **안뜰 북향한 문간 벽 갈고리의 '사비브 사비브'**	**에스겔 40:43** "현관 안에는 길이가 손바닥 넓이 만한 갈고리가 **사면**에 박혔으며 상들에는 희생의 고기가 있더라"
16. **서편 뜰**(서쪽 구역) **뒤의 건물 벽의 '사비브 사비브'**	**에스겔 41:12** "서편 뜰 뒤에 건물이 있는데 광이 칠십 척이요 장이 구십 척이며 그 **사면** 벽의 두께가 오 척이더라"
17. **널판의 '사비브 사비브'**	**에스겔 41:16** "문통 벽과 닫힌 창과 삼면에 둘려 있는 다락은 문통 안편에서부터 땅에서 창까지 널판으로* 가리웠고 (창은 이미 닫히었더라)"

* 한글 개역성경은 에스겔 41:16의 '사비브 사비브'를 해석하지 않았지만, 널판이 벽을 두르고 있음을 표현하는 데 사용되었습니다.

18. **내전과 외전 사면 벽의 '사비브 사비브'**(1)	**에스겔 41:17** "문통 위와 내전과 외전의 **사면** 벽도 다 그러하니 곧 척량한 대소대로며"
19. **내전과 외전 사면 벽의 '사비브 사비브'**(2)	**에스겔 41:19** "하나는 사람의 얼굴이라 이편 종려나무를 향하였고 하나는 어린 사자의 얼굴이라 저편 종려나무를 향하였으며 온 전 **사면**이 다 그러하여"
20. **골방 위치의 '사비브 사비브'**	**에스겔 41:5** "전의 벽을 척량하니 두께가 육 척이며 전 **삼면**에 골방이 있는데 광이 각기 사 척이며"
21. **골방 벽의 '사비브 사비브'**	**에스겔 41:6** "골방은 삼 층인데 골방 위에 골방이 있어 모두 삼십이라 그 **삼면** 골방이 전 벽 밖으로 그 벽에 의지하였고 전 벽 속은 범하지 아니하였으며"
22. **골방 높이의 '사비브 사비브'**	**에스겔 41:7** "이 두루 있는 골방이 그 층이 높아갈수록 넓으므로 전에 둘린 이 골방이 높아갈수록 전에 **가까와졌으나** 전의 넓이는 아래 위가 같으며 골방은 아래층에서 중층으로 위층에 올라가게 되었더라"
23. **골방 지대의 '사비브 사비브'**	**에스겔 41:8** "내가 보니 전 **삼면**의 지대 곧 모든 골방 밑 지대의 고가 한 장대 곧 큰 자로 육 척인데"
24. **골방 삼면 구역의 '사비브 사비브'**	**에스겔 41:10** "전 골방 삼면에 광이 이십 척 되는 뜰이 **둘려 있으며**"
25. **골방 빈 터의 '사비브 사비브'**	**에스겔 41:11** "그 골방 문은 다 빈 터로 향하였는데 한 문은 북으로 향하였고 한 문은 남으로 향하였으며 그 **둘려 있는** 빈 터의 광은 오 척이더라"

※ 한글 개역성경은 '사비브 사비브'를 주로 '삼면', '사면'으로 번역하였는데, 히브리어의 의미는 세 방향, 네 방향과 상관없이 '주위를 철저히 둘렀다'라는 의미입니다.

1 산꼭대기 지점의 '사비브 사비브'
"Sabib, Sabib" of the Area on the Top of the Mountain / 겔 43:12

　에스겔 43:12에서 "전의 법은 이러하니라 산꼭대기 지점의 주위는 지극히 거룩하리라 전의 법은 이러하니라"라고 말씀하고 있습니다. 여기 '주위'라고 번역된 단어가 히브리어로 '사비브 사비브'(סָבִיב סָבִיב)입니다. 또한 '지극히 거룩하리라'는 히브리어로 '코데쉬 카다쉼'(קֹדֶשׁ קָדָשִׁים) 입니다. 여기에 '거룩한'이라는 뜻의 '코데쉬'를 두 번 반복하여 사용함으로 새 성전이 있는 산꼭대기 사방이 지극히 거룩한 곳임을 강조하고 있습니다.

　여기 산꼭대기 지점의 주위는 에스겔 성전이 있는 곳의 사방을 가리킵니다. 에스겔 성전은 제사장의 분깃으로 주어진 구역의 가운데 있는데, 이 구역의 장은 25,000척이고 광은 10,000척입니다. 에스겔 45:3에서 "이 척량한 중에서 장 이만 오천 척과 광 일만 척을 척량하고 그 가운데 성소를 둘찌니 지극히 거룩한 곳이요"라고 말씀하고 있습니다(겔 48:9-10). 이렇게 에스겔 성전은 온전히 거룩으로 둘러싸여 있음을 알 수 있습니다.

2 외곽 담의 '사비브 사비브'(1)
"Sabib, Sabib" of the Exterior Wall (1) / 겔 42:15

　에스겔 42:15에서 "그가 안에 있는 전 척량하기를 마친 후에 나를 데리고 동향한 문 길로 나가서 사면 담을 척량하는데"라고 말씀하고 있는데, 여기 '사면'이 히브리어로 '사비브 사비브'입니다.

여기에서 말씀하고 있는 담은 에스겔 성전 외곽의 담으로, 동서남북이 각각 500장대(3,000척, 참고-1장대=6척, 1척=53.2cm) 곧 1,596m입니다. 참고로 에스겔 42:16에서 "그가 척량하는 장대 곧 그 장대로 동편을 척량하니 오백 척이요"라고 말씀하고 있는데, 여기 '오백 척'의 '척'은 잘못 번역된 것입니다. '척'에 해당하는 히브리어는 '카네'(קָנֶה)의 복수형으로, '장대'(6척=3.192m)를 가리킵니다. 잘못된 번역은 에스겔 42:17, 18, 19에서도 계속 나타납니다.

> **에스겔 42:16-19** "그가 척량하는 장대 곧 그 장대로 동편을 척량하니 오백 척(장대)이요 ¹⁷ 그 장대로 북편을 척량하니 오백 척(장대)이요 ¹⁸ 그 장대로 남편을 척량하니 오백 척(장대)이요 ¹⁹ 서편으로 돌이켜 그 장대로 척량하니 오백 척(장대)이라"

---

3 **외곽 담의 '사비브 사비브'(2)**
"Sabib, Sabib" of the Exterior Wall (2) / 겔 42:20

에스겔 42:20에서 "그가 이와 같이 그 사방을 척량하니 그 사방 담 안마당의 장과 광이 오백 척씩이라 그 담은 거룩한 것과 속된 것을 구별하는 것이더라"라고 말씀하고 있습니다. 여기 '사방'도 히브리어로, '사비브 사비브'입니다

에스겔 성전 외곽의 담은 하나님의 철저한 보호를 의미하며, 거룩한 것과 속된 것을 분별하는 역할을 합니다. 20절 하반절의 "구별하는 것이더라"는 히브리어 '바달'(בָּדַל)로, '분별하다'라는 뜻입니다. 이 단어는 창세기 1장에서도 '빛과 어둠'(창 1:4, 18), '궁창 아래의 물과 궁창 위의 물'(창 1:7), '낮과 밤'(창 1:14)을 나눌 때 네 번이

나 사용되었습니다. 이는 담이 거룩한 것과 속된 것을 분별하여, 거룩한 것은 통과시키고 속된 것은 통과시키지 않는다는 것입니다(레 10:10, 참고-합 2:11).

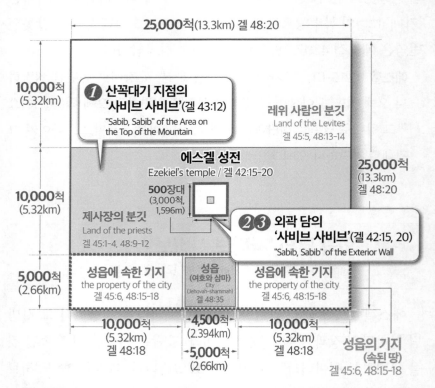

① **에스겔 43:12** "전의 법은 이러하니라 산꼭대기 지점의 주위는 지극히 거룩하리라 전의 법은 이러하니라"

② **에스겔 42:15** "그가 안에 있는 전 척량하기를 마친 후에 나를 데리고 동향한 문 길로 나가서 사면 담을 척량하는데"

③ **에스겔 42:20** "그가 이와 같이 그 사방을 척량하니 그 사방 담 안 마당의 장과 광이 오백 척씩이라 그 담은 거룩한 것과 속된 것을 구별하는 것이더라"

성전 담의 '사비브 사비브'
"Sabib, Sabib" of the Wall of the Temple / 겔 40:5

에스겔 40:5에서 "내가 본즉 집 바깥 사면으로 담이 있더라 그 사람의 손에 척량하는 장대를 잡았는데 그 장이 팔꿈치에서 손가락에 이르고 한 손바닥 넓이가 더한 자로 육 척이라 그 담을 척량하니 두께가 한 장대요 고도 한 장대며"라고 말씀하고 있습니다. 여기서 '사면'이 히브리어로 '사비브 사비브'입니다.

여기 담은 에스겔 성전의 담으로, 그 두께와 높이가 각각 한 장대(6척=3.192m)입니다. 5절 하반절에서 "그 담을 척량하니 두께가 한 장대요 고도 한 장대며"라고 말씀하고 있습니다. 또한 각 방향별로 길이가 500척(266m)씩입니다. 에스겔 45:2에서도 "그 중에서 성소에 속할 땅은 장이 오백 척이요 광이 오백 척이니 네모반듯하며"라고 말씀하고 있습니다.

이처럼 동서남북 사방의 담이 두께가 한 장대요 높이가 한 장대가 될 정도로 두껍고 높은 것은, 새 성전에 아무나 함부로 들어올 수 없도록 하나님께서 철저하게 보호하고 지키심을 나타냅니다.

 바깥뜰의 '사비브 사비브'
"Sabib, Sabib" of the Outer Court / 겔 40:14

에스겔 성전의 동쪽과 남쪽과 북쪽의 삼면에 바깥뜰이 둘려 있습니다. 에스겔 40:14에서 "그가 또 현관을 척량하니 광이 이십 척이요 현관 사면에 뜰이 있으며"라고 말씀하고 있습니다. 여기 '사면에'가 히브리어로 '사비브 사비브'입니다. 서쪽은 출입구와 현관이 없고 사람이 들어올 수 없습니다.

참고로, 여기 '현관을 척량하니 광이 이십 척이요'가 한글 개역성경에는 잘못 번역되었습니다. 여기 '현관'은 히브리어 '아일'(אֵיל)로, '기둥'이라는 뜻이고, '이십'으로 번역된 '쉿심 암마'(שִׁשִׁים אַמָּה)는 '육십'이라는 뜻입니다. 즉, 현관의 넓이가 아니라 기둥의 높이가 60척(31.92m)이라는 것입니다.

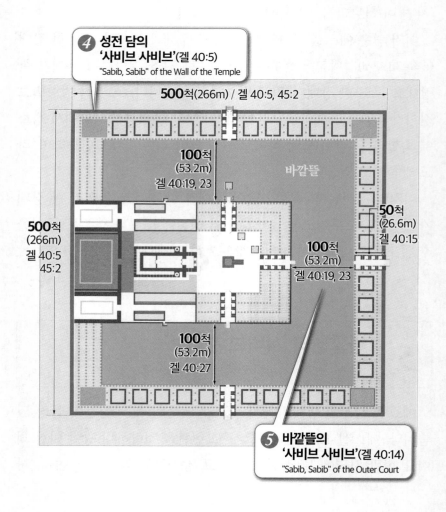

❹ **성전 담의 '사비브 사비브'**(겔 40:5)
"Sabib, Sabib" of the Wall of the Temple

500척(266m) / 겔 40:5, 45:2

100척 (53.2m) 겔 40:19, 23

바깥뜰

500척 (266m) 겔 40:5 45:2

50척 (26.6m) 겔 40:15

100척 (53.2m) 겔 40:19, 23

100척 (53.2m) 겔 40:27

❺ **바깥뜰의 '사비브 사비브'**(겔 40:14)
"Sabib, Sabib" of the Outer Court

바깥뜰 문간의 길이는 50척입니다. 에스겔 40:15에서 "바깥 문 통에서부터 안문 현관 앞까지 오십 척이며"라고 말씀하고 있습니다. 여기 '바깥 문통'은 문간 가장 바깥쪽 현관 통로부를 가리키며, '안문 현관'은 문간 가장 안쪽의 현관부를 가리킵니다. 문간의 전체 길이 50척(26.6m)은 각 방향 성전 담의 길이인 500척의 1/10에 해당합니다. 그리고 바깥뜰의 폭, 즉 바깥뜰 문간 끝에서 안뜰 문간 앞까지의 거리는 동·북·남쪽 모두 100척입니다(겔 40:19, 23, 27).

종합해보면, 에스겔 성전은 500장대(3,000척) 길이의 외곽 담이 사방으로 둘려 있고, 다시 500척 길이의 사면 담으로 둘려 있으며, 바깥뜰에 들어가기 위해서는 50척 길이의 문간을 통과해야 합니다. 문간을 통과하면 100척 길이의 성전 바깥뜰이 펼쳐집니다. 이렇게 에스겔 성전은 하나님의 거룩으로 철저하게 보호 받고 있습니다.

6 박석 깔린 땅의 '사비브 사비브'
"Sabib, Sabib" of the Pavement / 겔 40:17

바깥뜰 삼면에는 각각 박석이 깔려 있는 땅이 있습니다. 에스겔 40:17에서 "그가 나를 데리고 바깥뜰에 들어가니 뜰 삼면에 박석 깔린 땅이 있고 그 박석 깔린 땅 위에 여러 방이 있는데 모두 삼십 이며"라고 말씀하고 있습니다. 여기 '삼면에'가 히브리어로 '사비브 사비브'입니다.

'박석(薄石: 넓적하고 얇은 돌)'은 히브리어 '리츠파'(רִצְפָּה)로, '숯, 포장한 바닥'이라는 뜻이며, 성전이나 궁전에 먼지가 날리는 것을 막고 아름답게 장식하기 위해 바닥을 포장하는 데 사용되었습니다.

솔로몬 성전이 완공되었을 때 이스라엘 백성은 "불이 내리는 것과 여호와의 영광이 전에 있는 것을 보고 박석 깐 땅에 엎드려 경배하며 여호와께 감사하여 가로되 선하시도다 그 인자하심이 영원하도다"라고 하였습니다(대하 7:3).

박석이 깔린 땅은 문간 좌우에 펼쳐져 있었습니다. 에스겔 40:18에서 "그 박석 깔린 땅의 위치는 각 문간의 좌우편인데 그 광이 문간 길이와 같으니 이는 아래 박석 땅이며"라고 말씀하고 있습니다. '아래 박석 땅'이라는 표현을 볼 때, 여덟 계단 높이 위에 있는 안뜰의 문간 좌우에도 동일한 구조의 '위 박석 땅'이 있었을 것입니다.

참고로, 성전의 지면은 모두 돌로 덮여 있습니다. 성전 안쪽 지면을 히브리어 '하체르'(חָצֵר)는 주로 '뜰'로 번역되는데, '뜰'은 한국어 개념에서 잔디가 깔린 평평한 곳을 가리킵니다. 그러나 '하체르'를 정확히 번역하자면 '구내(區內), 마당'이라는 의미로, 돌로 덮인 지면 부분입니다. 울퉁불퉁한 이스라엘의 지형에서 거대한 건축물을 짓기 위해서는 먼저 지면을 다듬고 돌로 지대를 쌓아 평평하게 다듬어야 했기에, 지대 윗면은 모두 돌로 덮어집니다. '박석 깔린 땅'을 가리키는 '리츠파' 역시 돌을 쌓아서 덮은 바닥이지만, 일반적인 '하체르'와 달리 아름답게 장식하여 구분한 지역을 가리킵니다.

따라서 제사장들은 성전에서 임무를 수행하며 신을 벗고 맨발로 다닐 수 있었습니다(출 3:5, 수 5:15). 제사장들의 발이 가는 곳마다 예배가 드려집니다. 악인의 발은 피를 흘리는 데 빠른 발(잠 1:16, 사 59:7, 롬 3:15)이요 악한 길로 가는 발(참고-시 119:101, 사 58:13)이지만, 성도의 발은 오직 복음을 전하는 발이 되어야 합니다. 이사야 52:7에서 "좋은 소식을 가져오며 평화를 공포하며 복된 좋은 소식을 가져오며 구원을 공포하며 시온을 향하여 이르기를 네 하나님이 통치하신다 하는 자의 산을 넘는 발이 어찌 그리 아름다운고"라고 말씀하고 있는데(롬 10:15), 여기 '아름다운고'에 히브리어 '나아'(נָאָה)의 피엘(강조)형이 쓰여, 최고의 아름다움을 가리킵니다(참고-시 93:5).

7 백성의 제물을 삶는 부엌의 '사비브 사비브'
"Sabib, "Sabib" of the Boiling Places for the People's Sacrifices
/ 겔 46:23

에스겔 46:23에서 "그 작은 네 뜰 사면으로 돌아가며 부엌이 있고 그 사면 부엌에 삶는 기구가 설비되었는데"라고 말씀하고 있습니다. 여기 '사면으로 돌아가며'가 히브리어로 '사비브 바헴 사비브'(סָבִיב בָּהֶם סָבִיב)입니다. 이 경우에만 '사비브 사비브' 사이에 '그것들'을 가리키는 '바헴'(בָּהֶם)이라는 전치사 대명사 어미가 삽입되어 있습니다.

이 부엌은 일반 백성을 위한 부엌입니다. 24절에서 "이는 삶는 부엌이니 전에 수종 드는 자가 백성의 제물을 여기서 삶을 것이니라"라고 말씀하고 있습니다.

부엌들은 바깥뜰의 동서남북 네 모퉁이에 있는 뜰에 위치했습니다. 네 모퉁이에 있는 뜰은 길이 40척, 폭 30척의 담으로 둘려 있으며, 부엌은 이 뜰 안에 있습니다. 21-22절에서 "나를 데리고 바깥뜰로 나가서 나로 뜰 네 구석을 지나가게 하시는데 본즉 그 뜰 매 구석에 또 뜰이 있는데 22 뜰 네 구석에 있는 그 뜰에 담이 둘렸으니 뜰의 장이 사십 척이요 광이 삼십 척이라 구석의 네 뜰이 한 척수며"라고 말씀하고 있습니다.

8 현관('엘라모트': 주랑현관)의 '사비브 사비브'
"Sabib, Sabib" of the Porch ("*elammot*": Porticoes) / 겔 40:30

에스겔 40:30에서 "그 사면 현관('엘라모트', אֵלַמּוֹת)의 장은 이십 오 척이요 광은 오 척이며"라고 말씀하고 있습니다. 여기 '사면'이 히브리어 '사비브 사비브'입니다.

여기 '현관'에 사용된 히브리어 '엘람'(אֵילָם)은 현관을 가리키거나(겔 40:21, 25, 29, 33, 36), 낭실(廊室)을 가리킬 때(왕상 6:3, 7:6-7) 사용됩니다. 그런데 에스겔 40:30에서는 '엘람'의 복수형인 '엘라모트'(אֵלַמּוֹת)가 사용되고 있습니다. '엘람'이 에스겔 40-48장 중에서 복수형으로 사용된 곳은 에스겔 40:16과 30절 두 군데인데, 16절에는 바깥뜰 동향한 문간 내부의 여러 현관들을 지칭하는 데 사용되었습니다. 그러나 30절의 '엘라모트'는 '사비브 사비브'와 결합되어, 안뜰 문간 바깥에 좌우로 펼쳐진 '주랑현관(柱廊玄關)'을 가리킵니다. 주랑현관은 지붕 덮인 복도나 현관을 말하는 것으로, 엄청나게 많은 기둥들 위에 지붕이 올려져 건물 사이를 이어 주는 건축물입니다.

요한계시록 3:12에서 "이기는 자는 내 하나님 성전에 기둥이 되게 하리니 그가 결코 다시 나가지 아니하리라"라고 말씀하고 있습니다. 이기는 자는 성전에서 결코 다시 나가는 일 없이 끝까지 남는 자를 가리킵니다(롬 9:27). 에스겔 성전의 주랑현관을 두르는 기둥들은 '이기는 자'를 상징적으로 나타냅니다. 우리는 하나님 아버지의 말씀으로 무장하여 교회를 든든히 받드는 기둥 같은 일꾼이 되어야 합니다(요 17:17, 갈 2:9, 딤전 3:15).

사무엘상 2:8 하반절에서 "땅의 기둥들은 여호와의 것이라 여호와께서 세계를 그 위에 세우셨도다"라고 말씀하고 있습니다. 그러므로 기둥('엘람')의 '사비브 사비브'를 통해 에스겔 성전의 모든 것이 하나님의 주권대로 세워지며, 성도들이 하나님의 기둥으로 쓰임 받는 것도 오직 하나님의 주권대로 이루어지는 것임을 가르쳐 줍니다.

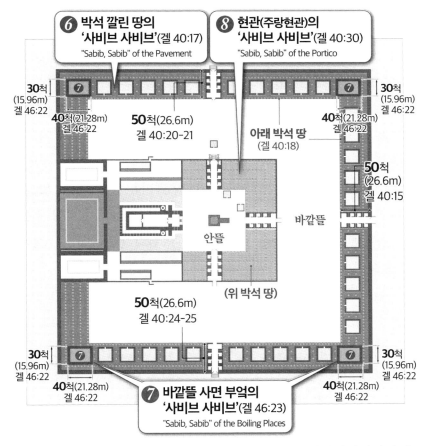

에스겔 40:17 "그가 나를 데리고 바깥뜰에 들어가니 뜰 삼면에 박석 깔린 땅이 있고 그 박석 깔린 땅 위에 여러 방이 있는데 모두 삼십이며"

에스겔 46:23 "그 작은 네 뜰 사면으로 돌아가며 부엌이 있고 그 사면 부엌에 삶는 기구가 설비되었는데"

에스겔 40:30 "그 사면 현관(אֵלַמּוֹת, '엘라모트': 주랑현관)의 장은 이십오 척이요 광은 오 척이며"

9 **바깥뜰 동향한 문간 창의 '사비브 사비브'**
"Sabib, Sabib" of the Windows of the Gate of the Outer Court
Which Faced East / 겔 40:16

에스겔 40:16에서 "문지기방에는 각각 닫힌 창이 있고 문 안 좌우편에 있는 벽 사이에도 창이 있고 그 현관도 그러하고 그 창(복수형)은 안 좌우편으로 벌여 있으며 각 문벽 위에는 종려나무를 새겼더라"라고 말씀하고 있습니다. 여기 '그 현관'은 바깥뜰 동쪽 문간을 가리키며, 창문이 '좌우편으로' 설치되었습니다. 여기 '좌우편으로 벌여 있으며'가 히브리어로 '사비브 사비브'입니다.

또한 '닫힌 창'은 히브리어 '할로노트 아투모트'(חַלֹּנוֹת אֲטֻמוֹת)로, '창'이라는 뜻의 '할론'(חַלּוֹן)과 '닫다, 막다'라는 뜻의 '아탐'(אָטַם)이 함께 쓰였습니다. '닫힌 창'은 완전히 막힌 것이 아니라 사람이 몰래 들어오지 못하도록 창살을 붙인 창을 가리킵니다. 열왕기상 6:4에서 "전을 위하여 붙박이 교창을 내고"라고 했는데, 여기 '붙박이 교창'은 히브리어 '할로네 셰쿠핌 아투밈'(חַלּוֹנֵי שְׁקֻפִים אֲטֻמִים)입니다. 여기에도 '할론'과 '아탐'이 사용되었으며, '창틀'이라는 의미의 '셰쿠핌'(שְׁקֻפִים)이 함께 쓰였는데, 바른성경에서는 "창틀에 창살이 달린 창문들"로 번역하였습니다.[8] 이처럼 성전은 외부인이 안으로 절대 들어올 수 없도록 창문이 창살로 되어 있어 철저하게 보호 받고 있습니다. 요한계시록 21:27에서 "무엇이든지 속된 것이나 가증한 일 또는 거짓말하는 자는 결코 그리로 들어오지 못하되 오직 어린양의 생명책에 기록된 자들뿐이라"라고 말씀하고 있습니다(계 20:15, 21:8).

이렇게 닫힌 창은 외부의 침입을 차단하는 동시에 공기는 통하게 함으로 내부를 쾌적하게 유지하는 역할도 합니다. 하나님께서 노아

⑨ 바깥뜰 동향한 문간 창의 '사비브 사비브'(겔 40:16)
"Sabib, Sabib" of the Windows of the Gate of the Outer Court
Which Faced East

⑩ 바깥뜰 남향한 문간 창의 '사비브 사비브'(겔 40:25)
"Sabib, Sabib" of the Windows of the Gate of the Outer Court
Which Faced South

⑪ 안뜰 남향한 문간 창의 '사비브 사비브'(겔 40:29)
"Sabib, Sabib" of the Windows of the Gate of the Inner Court
Which Faced South

⑫ 안뜰 동향한 문간 창의 '사비브 사비브'(겔 40:33)
"Sabib, Sabib" of the Windows of the Gate of the Inner Court
Which Faced East

⑬ 안뜰 북향한 문간 창의 '사비브 사비브'(겔 40:36)
"Sabib, Sabib" of the Windows of the Gate of the Inner Court
Which Faced North

※ 안뜰의 문간이나 바깥뜰의 문간은 서로 마주 보고 있음.

에스겔 40:16 "문지기방에는 각각 닫힌 창이 있고 문 안 좌우편에 있는 벽 사이에도 창이 있고 그 현관도 그러하고 그 창은 안 좌우편(סָבִיב סָבִיב, '사비브 사비브')으로 벌여 있으며 각 문 벽 위에는 종려나무를 새겼더라"

② 문 안 좌우편에 있는 벽 사이의 닫힌 창 / Shuttered windows
looking toward the side pillars within the gate all around

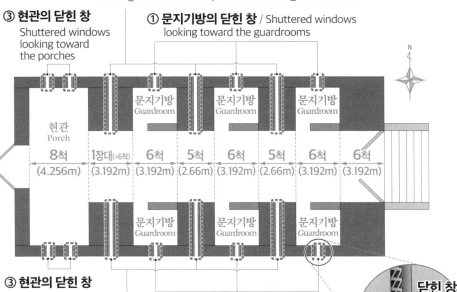

③ 현관의 닫힌 창
Shuttered windows
looking toward
the porches

① 문지기방의 닫힌 창 / Shuttered windows
looking toward the guardrooms

현관 Porch	1장대(=6척)						
8척	1장대(=6척)	6척	5척	6척	5척	6척	6척
(4.256m)	(3.192m)	(3.192m)	(2.66m)	(3.192m)	(2.66m)	(3.192m)	(3.192m)

문지기방 Guardroom

③ 현관의 닫힌 창
Shuttered windows
looking toward
the porches

① 문지기방의 닫힌 창 / Shuttered
windows looking toward the guardrooms

② 문 안 좌우편에 있는 벽 사이의 닫힌 창 / Shuttered windows
looking toward the side pillars within the gate all around

닫힌 창
חַלֹּנוֹת
אֲטֻמוֹת
Shuttered
windows

에게 방주를 지으라고 명령하실 때도 창을 내게 하셨습니다. 창세기 6:16에서 "거기 창을 내되 위에서부터 한 규빗에 내고 그 문은 옆으로 내고 상 중 하 삼 층으로 할찌니라"라고 말씀하고 있습니다.

성도는 기도의 창이 있어야 합니다. 기도의 창이 닫힌 사람은 영적으로 죽은 사람입니다. 데살로니가전서 5:17에서 "쉬지 말고 기도하라"라고 말씀하고 있으며, 누가복음 21:36에서 "이러므로 너희는 장차 올 이 모든 일을 능히 피하고 인자 앞에 서도록 항상 기도하며 깨어 있으라"라고 말씀하고 있습니다(롬 12:12).

창문은 빛이 들어오는 통로이기도 합니다. 창문으로 빛이 들어오면 문간 안은 환하여지고, 성전에 습기나 여러 가지 박테리아 등을 제거할 수 있습니다. 우리는 빛을 받아들이는 신령한 창문이 되어야 합니다. 예수님은 세상의 빛이십니다. 요한복음 8:12에서 "나는 세상의 빛이니 나를 따르는 자는 어두움에 다니지 아니하고 생명의 빛을 얻으리라"라고 말씀하셨습니다(요 9:4-5). 또한 시편 119:105에서도 "주의 말씀은 내 발에 등이요 내 길에 빛이니이다"라고 말씀하고 있습니다(잠 6:23). 오직 하나님의 말씀만이 우리의 빛입니다.

10 바깥뜰 남향한 문간 창의 '사비브 사비브'
"Sabib, Sabib" of the Windows of the Gate of the Outer Court Which Faced South / 겔 40:25

에스겔 40:25에서 "그 문간과 현관 좌우에 있는 창도 먼저 말한 창과 같더라 그 문간의 장이 오십 척이요 광이 이십오 척이며"라고 말씀하고 있습니다. 여기 '문간'은 바깥뜰 남쪽 문간을 가리키며, '좌우'라는 표현이 히브리어로 '사비브 사비브'입니다.

　25절의 '먼저 말한 창과 같더라'라는 말씀을 통해서, 20-23절에 나오는 바깥뜰 북문의 모습도 남문의 모습과 같다는 것을 알 수 있습니다. 결국 바깥뜰 동쪽 문간이나 남쪽 문간이나 북쪽 문간(의미상)의 모든 창에 나오는 '사비브 사비브'는 에스겔 성전이 외부로부터 철저하게 보호 받는 성전임을 나타냅니다.

11 　안뜰 남향한 문간 창의 '사비브 사비브'

"Sabib, Sabib" of the Windows of the Gate of the Inner Court
Which Faced South / 겔 40:29

　에스겔 40:29에서 "장이 오십 척이요 광이 이십오 척이며 그 문지기방과 벽과 현관도 먼저 척량한 것과 같고 그 문간과 그 현관 좌우에도 창이 있으며"라고 말씀하고 있습니다. 여기 '문간'은 안뜰 남쪽의 문간을 가리키며, '좌우'라는 표현이 히브리어로 '사비브 사비브'입니다. 바깥뜰 문간들과 같이 안뜰 남향한 문간에도 닫힌 창이 좌우에 설치되어 있습니다.

　참고로 안뜰의 문간과 바깥뜰의 문간은 동일한 구조이지만, 현관의 방향이 서로 마주 보고 있습니다. 바깥뜰 문간은 현관이 성전 쪽을 향하지만, 안뜰의 문간은 현관이 바깥쪽으로 향해 있습니다.

12 안뜰 동향한 문간 창의 '사비브 사비브'
"Sabib, Sabib" of the Windows of the Gate of the Inner Court Which Faced East / 겔 40:33

에스겔 40:33에서 "장이 오십 척이요 광이 이십오 척이며 그 문지기방과 벽과 현관이 먼저 척량한 것과 같고 그 문간과 그 현관 좌우에도 창이 있으며"라고 말씀하고 있습니다. 여기 '문간'은 안뜰 동쪽의 문간을 가리키며, '좌우'라는 표현이 히브리어로 '사비브 사비브'입니다. 안뜰 동향한 문간에도 닫힌 창이 좌우에 설치되어 있습니다.

13 안뜰 북향한 문간 창의 '사비브 사비브'
"Sabib, Sabib" of the Windows of the Gate of the Inner Court Which Faced North / 겔 40:36

에스겔 40:36에서 "장이 오십 척이요 광이 이십오 척이며 그 문지기방과 벽과 현관이 다 그러하여 그 좌우에도 창이 있으며"라고 말씀하고 있습니다. 여기 '문간'은 안뜰 북쪽의 문간을 가리키며, '좌우'라는 표현이 히브리어로 '사비브 사비브'입니다. 안뜰 북향한 문간에도 닫힌 창이 좌우에 설치되어 있습니다.

바깥뜰 문간들과 동일하게 안뜰 문간들 좌우에도 닫힌 창이 가득하였습니다. 닫힌 창은 대체로 사람의 키 높이보다 높게 설치되어 거룩하지 못한 자들이 외부에서 침입하는 것을 막아 주며, 두꺼운 벽으로 둘러싸인 건물에 상쾌한 공기를 들여옵니다. 또한 닫힌 창은 건물을 환하게 밝히도록 빛을 받아들이는 사람의 눈과 같은 역할을 합니다(전 12:3). 남 유다의 여호야김 왕은 백성을 돌보지 않고 자신을 위하여 광대한 집을 짓고 창문을 멋있게 만들었지만(렘 22:14), 그는 몸의 눈과 마음의 눈이 모두 욕심으로 어두워져서 무죄한 피를 흘리고 압박과 강포를 행하였습니다(렘 22:17). 그 결과로, 여호야김 왕은 최후에 비참하게 죽임을 당하고 예루살렘 문밖에 던져져서 나귀같이 매장당하였습니다(렘 22:14-19). 예수님은 "네 눈이 성하면 온 몸이 밝을 것이요 만일 나쁘면 네 몸도 어두우리라"라고 말씀하셨습니다(눅 11:34).

14 바깥뜰 동향한 문간 벽의 '사비브 사비브'

"Sabib, Sabib" of the Wall of the Gate of the Outer Court
Which Faced East / 겔 40:16

에스겔 40:16에서 "문지기방에는 각각 닫힌 창이 있고 문 안 좌우편에 있는 벽 사이에도 창이 있고 그 현관도 그러하고 그 창은 안 좌우편으로 벌여 있으며 각 문벽 위에는 종려나무를 새겼더라"라고 말씀하고 있습니다. 바깥뜰의 동쪽 문간 안의 좌우에 벽이 있음을 말씀하는데, 여기 상반절에 나오는 '좌우편에 있는'이라는 표현이 히브리어로 '사비브 사비브'입니다.

문간 벽에는 종려나무가 새겨져 있습니다. 종려나무는 줄기를 베고 남은 그루터기를 불로 태워도 거기서 다시 싹이 날 정도로 그 생명력이 강합니다. 그래서 승리의 상징으로 사용됩니다. 예수님께서 만왕의 왕으로 예루살렘에 입성하실 때에도 사람들이 종려나무 가지를 흔들었습니다. 요한복음 12:13에서 "종려나무 가지를 가지고 맞으러 나가 외치되 호산나 찬송하리로다 주의 이름으로 오시는 이 곧 이스라엘의 왕이시여 하더라"라고 말씀하고 있습니다. 또한 요한계시록 7:9-10에서는 "각 나라와 족속과 백성과 방언에서 아무라도 능히 셀 수 없는 큰 무리가 흰옷을 입고 손에 종려 가지를 들고 보좌 앞과 어린양 앞에 서서 ¹⁰ 큰 소리로 외쳐 가로되 구원하심이 보좌에 앉으신 우리 하나님과 어린양에게 있도다"라고 말씀하고 있습니다. 이는 장차 예수님께서 재림하심으로 그의 성도들에게 영원한 승리가 주어질 것을 의미합니다.

15 안뜰 북향한 문간 벽 갈고리의 '사비브 사비브'
"Sabib, Sabib" of the Double Hooks on the Gate of the Inner Court Which Faced North / 겔 40:43

에스겔 40:43에서 "현관 안에는 길이가 손바닥 넓이만 한 갈고리가 사면에 박혔으며 상들에는 희생의 고기가 있더라"라고 말씀하고 있습니다. 여기 현관은 안뜰 북향한 문간의 현관을 가리킵니다. 그 이유는 먼저 37절을 볼 때 "그 현관이 바깥뜰로 향하였고 그 이편, 저편 문벽 위에도 종려나무를 새겼으며 그 문간으로 올라가는 여덟 층계가 있더라"라고 하였는데, 바깥뜰로 향하고 여덟 층계가 있는 현관은 안뜰의 현관이기 때문입니다. 그리고 40절에서는 그곳이 '북문'이라고 말씀하고 있습니다.

그런데 이 안뜰 북쪽 문간의 현관 사면 벽에 갈고리가 걸려 있습니다. 43절 하반절에서 "갈고리가 사면에 박혔으며 상들에는 희생의 고기가 있더라"라고 말씀하고 있는데, 여기 '사면에'가 히브리어로 '사비브 사비브'입니다. 또한 '박혔으며'는 히브리어 '무카님'(מוכנים)으로, '준비하다, 설치하다'라는 뜻의 '쿤'(כון)에서 유래하였습니다. 그래서 갈고리는 벽에 박혀 있는 상태라기보다 벽에 달린 어떤 고정 장치에 걸려 있거나 선반 등에 올려져 있는 것으로 추정됩니다. 그래서 표준새번역은 '부착되어 있으며'라고 번역하였습니다. 현관 사방에 둘려 있는 갈고리는 각을 뜬 희생 제물을 운반할 때 사용되는 것으로 보입니다.

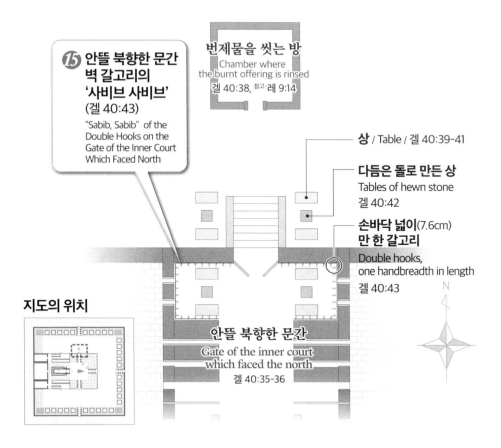

⑮ 안뜰 북향한 문간 벽 갈고리의 '사비브 사비브'
(겔 40:43)
"Sabib, Sabib" of the Double Hooks on the Gate of the Inner Court Which Faced North

번제물을 씻는 방
Chamber where the burnt offering is rinsed
겔 40:38, 참고·레 9:14

상 / Table / 겔 40:39-41

다듬은 돌로 만든 상
Tables of hewn stone
겔 40:42

손바닥 넓이(7.6cm) **만 한 갈고리**
Double hooks, one handbreadth in length
겔 40:43

안뜰 북향한 문간
Gate of the inner court which faced the north
겔 40:35-36

지도의 위치

16 서편 뜰(서쪽 구역) 뒤 건물 벽의 '사비브 사비브'

"Sabib, Sabib" of the Wall of the Building in Front of the Separate Area at the Side toward the West / 겔 41:12

　　에스겔 41:12에서 "서편 뜰 뒤에 건물이 있는데 광이 칠십 척이요 장이 구십 척이며 그 사면 벽의 두께가 오 척이더라"라고 말씀하고 있습니다. 여기 '사면'이 히브리어로 '사비브 사비브'입니다. 이는 골방 삼면의 서쪽 구역 뒤에 있는 건물의 동서남북 사면에 벽이 둘려 있음을 나타냅니다. 이 벽의 두께는 5척(2.66m)입니다. 비록 성전 담의 두께인 6척(3.192m, 겔 40:5)에는 미치지 못하지만, 5척 역시 굉장히 두꺼운 것입니다.

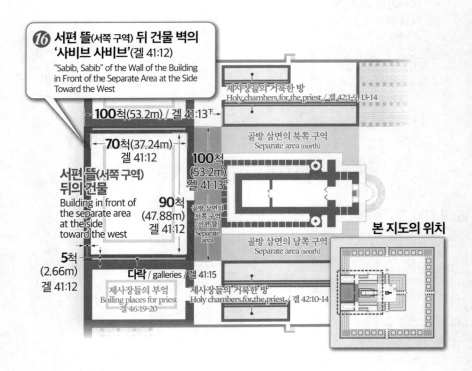

16 서편 뜰(서쪽 구역) 뒤 건물 벽의 '사비브 사비브'(겔 41:12)
"Sabib, Sabib" of the Wall of the Building in Front of the Separate Area at the Side Toward the West

100척(53.2m) / 겔 41:13下

70척(37.24m) 겔 41:12

서편 뜰(서쪽 구역) 뒤의 건물
Building in front of the separate area at the side toward the west

90척(47.88m) 겔 41:12

100척 (53.2m) 겔 41:13下

5척 (2.66m) 겔 41:12

다락 / galleries / 겔 41:15

제사장들의 부엌 Boiling places for priest 겔 46:19-20

제사장들의 거룩한 방 Holy chambers for the priest / 겔 42:1-9, 13-14

골방 삼면의 북쪽 구역 Separate area (north)

골방 삼면의 서쪽 구역 (서편 뜰) Separate area

골방 삼면의 남쪽 구역 Separate area (south)

제사장들의 거룩한 방 Holy chambers for the priest / 겔 42:10-14

본 지도의 위치

서편 구역 뒤의 건물은 5척 두께의 담으로 둘러싸여 외부와 단절된 곳입니다. 안뜰이나 바깥뜰의 '뜰'은 히브리어로 '하체르'(חָצֵר)이지만, 서편 뜰의 '뜰'은 '구역'이라는 의미의 '기즈라'(גִּזְרָה)입니다. 즉 건물을 포함한 서편 구역 전체를 성전의 다른 뜰과 별도로 구분하고 있는 것입니다. 참고로 이 건물을 한글 개역성경에는 '서편 뜰 뒤의 건물'이라고 번역하였지만, 본 서에서는 히브리어 단어 간의 차이를 살리기 위해서 '서쪽 구역 뒤의 건물'이라고 표기하였습니다.

이곳은 성전에서 나오는 여러 가지 폐기물들을 성전 밖으로 내보내기 전에 보관하는 장소로 추정됩니다. 거룩한 성전과는 구별되도록 독립적인 건물로 만들어진 것입니다.

---

17 널판의 '사비브 사비브'
"Sabib, Sabib" of the Panels / 겔 41:16

에스겔 41:16에서 "문통 벽과 닫힌 창과 삼면에 둘려 있는 다락은 문통 안편에서부터 땅에서 창까지 널판으로 가리웠고 (창은 이미 닫히었더라)"라고 말씀하고 있습니다. 한글 개역성경에는 번역되어 있지 않지만, 여기 '널판으로 가리웠고'(שָׁחִיף עֵץ, 세히프 에츠)라는 표현 다음에 히브리어 '사비브 사비브'가 있습니다.

שָׁחִיף	עֵץ	סָבִיב סָבִיב
세히프	에츠	사비브 사비브
가리웠다	널판	사면에

16절의 문장은 15절에서부터 이어지고 있으므로 '내전과 외전과 그 뜰의 현관', 그리고 '문통의 벽과 닫힌 창과 다락들과 문통의 안쪽의 벽'까지 모두가 널판으로 둘러싸여 있었던 것입니다. 또한 널판 위에는 그룹들과 종려나무 문양을 새겼습니다(겔 41:18).

18 내전과 외전 사면 벽의 '사비브 사비브'(1)
"Sabib, Sabib" of the Wall All Around the Inner House and on the Outside (1) / 겔 41:17

에스겔 41:17에서 "문통 위와 내전과 외전의 사면 벽도 다 그러하니 곧 척량한 대소대로며"라고 말씀하고 있습니다. 여기 '내전과 외전'은 지성소와 성소를 가리키며, 16절에서 언급했듯이 지성소와 성소 사면의 벽도 널판으로 가렸다는 뜻입니다. 여기 '사면'이 히브리어로 '사비브 사비브'입니다.

이 사면 벽을 가린 널판에는 그룹들과 종려나무가 새겨져 있었습니다. 18절에서 "널판에는 그룹들과 종려나무를 새겼는데 두 그룹 사이에 종려나무 하나가 있으며 매 그룹에 두 얼굴이 있으니"라고 말씀하고 있습니다.

지성소는 지극히 거룩한 장소로, 대제사장만 들어갈 수 있습니다. 주님께서는 영원한 대제사장으로서 이 땅에 다시 오십니다. 그러므로 성전은 주님의 재림과 관련되어 있는데, 지성소는 재림의 최종적인 장소입니다. 그런데 지성소에까지 종려나무가 새겨진 것은 우리에게 시사하는 바가 큽니다. 종려나무가 처음 열매를 맺기까지는 약 40여 년이 걸린다고 합니다. 이는 재림이라는 영원한 승

리의 그날에 동참하기 위하여 성도들에게 많은 인내가 필요함을
가르쳐 줍니다. 야고보서 5:7-8에서 "그러므로 형제들아 주의 강림
하시기까지 길이 참으라 보라 농부가 땅에서 나는 귀한 열매를 바
라고 길이 참아 이른 비와 늦은 비를 기다리나니 ⁸ 너희도 길이 참
고 마음을 굳게 하라 주의 강림이 가까우니라"라고 말씀하고 있습
니다. 다니엘 12:12-13에서도 말세 성도에게 인내가 필요함을 강조
하면서 "기다려서 일천삼백삼십오 일까지 이르는 그 사람은 복이
있으리라 ¹³ 너는 가서 마지막을 기다리라 이는 네가 평안히 쉬다
가 끝날에는 네 업을 누릴 것임이니라"라고 말씀하고 있습니다(히
10:36, 약 5:11).

내전과 외전을 두른 널판들
Panels Surrounding the Inner House and on the Outside

⑰ 널판의 '사비브 사비브' / 겔 41:16
"Sabib, Sabib" of the Panels

⑱ 내전과 외전 사면 벽의 '사비브 사비브'(1) / 겔 41:17
"Sabib, Sabib" of the Wall All Around the Inner House and on the Outside (1)

⑲ 내전과 외전 사면 벽의 '사비브 사비브'(2) / 겔 41:19
"Sabib, Sabib" of the Wall All Around the Inner House and on the Outside (2)

19 내전과 외전 사면 벽의 '사비브 사비브'(2)
"Sabib, Sabib" of the Wall All Around the Inner House
and on the Outside (2) / 겔 41:19

에스겔 41:19에 "하나는 사람의 얼굴이라 이편 종려나무를 향하
였고 하나는 어린 사자의 얼굴이라 저편 종려나무를 향하였으며 온
전 사면이 다 그러하여"라고 말씀하고 있습니다. 여기 '사면'이 히
브리어로 '사비브 사비브'입니다. 이는 지성소와 성소 사면의 벽에
그룹들과 종려나무가 새겨져 있는데, 모든 벽에 두 그룹 사이마다
한 종려나무를 두는 규칙적인 배열로 새겨져 있음을 나타냅니다.

그룹의 한 얼굴은 사람의 얼굴로 이편 종려나무를 향하고, 다른
한 얼굴은 어린 사자의 얼굴로 저편 종려나무를 향하고 있습니다.
사람의 얼굴은 지혜를 나타내며(잠 13:14, 16:14), 사자의 얼굴은 용기
를 나타냅니다(잠 28:1, 계 10:3). 주님의 재림으로 영원한 승리가 도
래하기까지 성도에게는 하늘의 지혜와 용기가 필요합니다(렘 9:23-
24).

20 골방 위치의 '사비브 사비브'
"Sabib, Sabib" of the Position of the Side Chambers / 겔 41:5

에스겔 41:5에서 "전의 벽을 척량하니 두께가 육 척이며 전 삼면
에 골방이 있는데 광이 각기 사 척이며"라고 말씀하고 있습니다. 여
기 '삼면에'가 히브리어로 '사비브 사비브'입니다. 그런데 히브리어
원문에는 '전(성전)'이라는 단어 앞뒤로 '사비브'라는 단어가 세 번

성전 널판에 있는 그룹과 종려나무 | 겔 41:18-20

The Cherubim and the Palm Trees Carved on the Paneled Walls Around the Temple

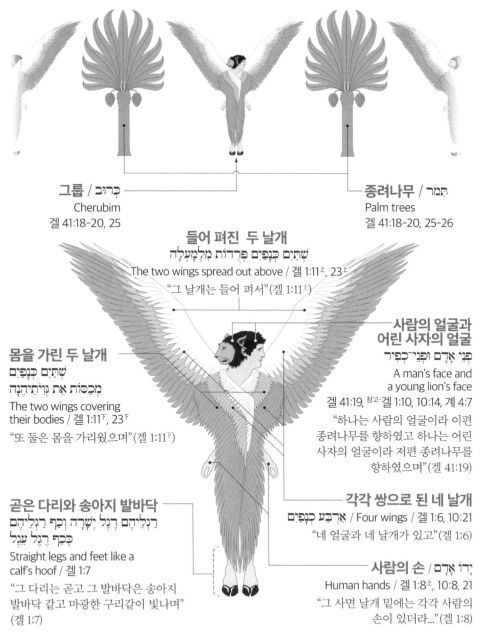

그룹 / כְּרוּב
Cherubim
겔 41:18-20, 25

종려나무 / תִּמֹר
Palm trees
겔 41:18-20, 25-26

들어 펴진 두 날개
שְׁתַּיִם כְּנָפַיִם פְּרֻדוֹת מִלְמָעְלָה
The two wings spread out above / 겔 1:11ᵃ, 23ᵃ
"그 날개는 들어 펴서"(겔 1:11ᵃ)

몸을 가린 두 날개
שְׁתַּיִם כְּנָפַיִם
מְכַסּוֹת אֵת גְּוִיֹּתֵיהֶנָה
The two wings covering
their bodies / 겔 1:11ᵇ, 23ᵇ
"또 둘은 몸을 가리웠으며"(겔 1:11ᵇ)

**사람의 얼굴과
어린 사자의 얼굴**
פְּנֵי אָדָם וּפְנֵי־כְפִיר
A man's face and
a young lion's face
겔 41:19, 참고-겔 1:10, 10:14, 계 4:7
"하나는 사람의 얼굴이라 이편
종려나무를 향하였고 하나는 어린
사자의 얼굴이라 저편 종려나무를
향하였으며"(겔 41:19)

각각 쌍으로 된 네 날개
אַרְבַּע כְּנָפַיִם / Four wings / 겔 1:6, 10:21
"네 얼굴과 네 날개가 있고"(겔 1:6)

곧은 다리와 송아지 발바닥
רַגְלֵיהֶם רֶגֶל יְשָׁרָה וְכַף רַגְלֵיהֶם
כְּכַף רֶגֶל עֵגֶל
Straight legs and feet like a
calf's hoof / 겔 1:7
"그 다리는 곧고 그 발바닥은 송아지
발바닥 같고 마광한 구리같이 빛나며"
(겔 1:7)

사람의 손 / יְדוֹ אָדָם
Human hands / 겔 1:8ᵃ, 10:8, 21
"그 사면 날개 밑에는 각각 사람의
손이 있더라..."(겔 1:8)

※ 히브리어 원문에는 '각각'에 해당하는 단어가 없으며, '손'이라는 뜻의
'야드'(יָד)가 쌍수로 쓰여 '사면 날개 밑에 사람의 손이 있다'라는 의미이다.

나오는데('사비브 사비브 라바이트 사비브', סָבִיב סָבִיב לַבַּיִת סָבִיב), 이
는 동쪽을 제외하고 남쪽과 서쪽과 북쪽이 골방으로 둘러싸여 있음
을 나타냅니다. 골방은 제사장들이 기도하거나, 식량을 보관하거나,
기타 제사에 필요한 것들을 보관하는 장소로 사용되었습니다.

'골방'은 히브리어로 '옆구리'라는 뜻의 '첼라'(צֵלָע)인데, 성전을
감싸고 있는 모습을 강조하는 단어입니다. 솔로몬 성전의 성소와 지
성소 삼면에도 골방이 있었습니다(왕상 6:5). 성전 삼면에 둘린 골방
은 모두 예배를 준비하기 위한 공간입니다. 이미 제사장들의 방이
별도로 있음에도 불구하고, 성전 본체에 골방이 둘려 있는 것은 예
배 준비와 기도의 중요성을 생각하게 합니다.

제사장들에게는 기도의 밀실이 있어야 합니다. 마태복음 6:6에서
"너는 기도할 때에 네 골방에 들어가 문을 닫고 은밀한 중에 계신 네
아버지께 기도하라 은밀한 중에 보시는 네 아버지께서 갚으시리라"
라고 말씀하고 있습니다. 여기 '골방'은 헬라어 '타메이온'(ταμεῖον)
으로, 유사시를 대비해 식량을 몰래 저장해 두는 비밀 창고를 가리
킵니다(참고-눅 12:3, 24). 그러므로 골방에서 문까지 닫고 기도하는 것
은 오직 은밀한 중에 보시는 하나님께 기도드리는 올바른 자세를
말해 줍니다.

오늘날 교회에도 분주하게 예배를 준비하는 것처럼 보이지만, 하
나님 앞에 기도하지 않고 사람의 열심으로 움직이는 사람들이 있습
니다. 그러나 하나님께서는 신령과 진정으로 예배하는 자들을 찾으
십니다(시 51:17, 눅 10:38-42, 요 4:23-24, 딤전 4:5).

21 골방 벽의 '사비브 사비브'
"Sabib, Sabib" of the Wall of the Side Chambers / 겔 41:6

에스겔 41:6에서 "골방은 삼 층인데 골방 위에 골방이 있어 모두 삼십이라 그 삼면 골방이 전 벽 밖으로 그 벽에 의지하였고 전 벽 속은 범하지 아니하였으며"라고 말씀하고 있습니다. 여기 '삼면'이 히브리어로 '사비브 사비브'입니다.

또한 '그 벽에 의지하였고'에서 '의지하였고'는 히브리어 '보'(בוא, 들어가다)의 분사형으로, 골방들이 그 층이 높아질수록 성전 본체의 벽 안으로 들어가는 모습을 나타냅니다. 각 층의 골방의 크기는 1층에서 3층으로 올라갈수록 넓어지기 때문입니다. 7절에서 "이 두루 있는 골방 그 층이 높아갈수록 넓으므로 전에 둘린 이 골방이 높아갈수록 전에 가까와졌으나"라고 말씀하고 있습니다. 그러나 골방이 성전 안으로 뚫고 들어가지는 않았습니다.

이는 솔로몬 성전의 모습과 흡사합니다. 열왕기상 6:6에서 "하층 다락의 광은 다섯 규빗이요 중층 다락의 광은 여섯 규빗이요 제삼 층 다락의 광은 일곱 규빗이라 전의 벽 바깥으로 돌아가며 턱을 내어 골방 들보들로 전의 벽에 박히지 않게 하였으며"라고 말씀하고 있습니다.

우리의 신앙도 높이 올라갈수록(사 40:31) 믿음의 궁량*이 넓어져야 합니다. 고린도후서 6:13에서 "내가 자녀에게 말하듯 하노니 보답하는 양으로 너희도 마음을 넓히라"라고 말씀하고 있습니다. 그러나 마음을 넓히는 것은 내 마음대로 되지 않습니다. 하나님께서

---

*궁량: 마음속으로 이리저리 깊이 따져 헤아리는 생각

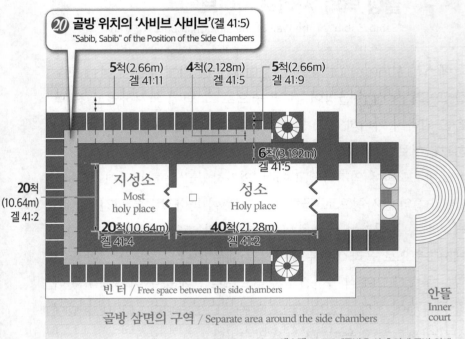

20 골방 위치의 '사비브 사비브'(겔 41:5)
"Sabib, Sabib" of the Position of the Side Chambers

5척(2.66m)
겔 41:11

4척(2.128m)
겔 41:5

5척(2.66m)
겔 41:9

6척(3.192m)
겔 41:5

20척
(10.64m)
겔 41:2

지성소
Most
holy place

성소
Holy place

20척(10.64m)
겔 41:4

40척(21.28m)
겔 41:2

빈 터 / Free space between the side chambers

골방 삼면의 구역 / Separate area around the side chambers

안뜰
Inner
court

21 골방 벽의 '사비브 사비브'(겔 41:6)
"Sabib, Sabib" of the Wall of the Side Chambers

성전
외부

위층

성전
외벽

성전
내벽

중층

성전
내부

아래층

6척(3.192m)
겔 41:5

4척
(2.128m)
겔 41:5

5척(2.66m)
겔 41:9

5척(2.66m)
겔 41:11

6척
(3.192m)

에스겔 41:6-8 "골방은 삼 층인데 골방 위에 골방이 있어 모두 삼십이라 그 삼면 골방이 전 벽 밖으로 그 벽에 의지하였고 전 벽 속은 범하지 아니하였으며 ⁷이 두루 있는 골방이 그 층이 높아갈수록 넓으므로 전에 둘린 이 골방이 높아갈수록 전에 가까와졌으나 전의 넓이는 아래 위가 같으며 골방은 아랫층에서 중층으로 윗층에 올라가게 되었더라 ⁸내가 보니 전 삼면의 지대 곧 모든 골방 밑 지대의 고가 한 장대 곧 큰 자로 육 척인데"

22 골방 높이의 '사비브 사비브'(겔 41:7)
"Sabib, Sabib" of the Height of the Side Chambers

23 골방 지대의 '사비브 사비브'(겔 41:8)
"Sabib, Sabib" of the Platform of the Side Chambers

에스겔 41:8 "내가 보니 전 삼면의 지대 곧 모든 골방 밑 지대의 고가 한 장대 곧 큰 자로 육 척인데"

넓혀 주셔야만 우리의 마음이 넓어집니다. 시편 119:32에서 "주께서 내 마음을 넓히시오면 내가 주의 계명의 길로 달려가리이다"라고 말씀하고 있습니다. 우리의 믿음의 넓이와 마음의 넓이와 사랑의 넓이가 예수님의 분량까지 넓어지기를 소망합니다(엡 3:18-19).

22 골방 높이의 '사비브 사비브'
"Sabib, Sabib" of the Height of the Side Chambers / 겔 41:7

에스겔 41:7에서 "이 두루 있는 골방이 그 층이 높아갈수록 넓으므로 전에 둘린 이 골방이 높아갈수록 전에 가까와졌으나 전의 넓이는 아래 위가 같으며 골방은 아랫층에서 중층으로 윗층에 올라가게 되었더라"라고 말씀하고 있습니다. 여기에서는 히브리어 '사비브 사비브'가 "가까워졌으나"로 번역되어 있습니다. 또한 '높이 올라갈수록'의 히브리어는 '레마을라 레마을라'(לְמַעְלָה לְמַעְלָה)로, '~위에'라는 뜻의 히브리어 '마알'(מַעַל)이 두 번 반복되어 '올라갈수록'이라는 의미를 나타냅니다. 이어 '사비브 사비브'가 함께 사용되어, 성전의 삼면을 두른 골방이 삼 층 높이로 올라가 있다는 뜻으로 해석할 수 있습니다.

이처럼 골방의 층이 높이 올라갈수록 그 방의 크기가 넓어지기 때문에 점점 성전에 가까워지는 구조로 되어 있습니다. 이는 제사장의 신앙이 높아질수록 하나님과 가까워져야 함을 나타냅니다.

사도 바울은 신앙을 세 가지 차원으로 구분하였습니다.

첫째, '육에 속한 신앙'이 있습니다.

고린도전서 2:14에서 "육에 속한 사람은 하나님의 성령의 일을 받지 아니하나니 저희에게는 미련하게 보임이요 또 깨닫지도 못하나니 이런 일은 영적으로라야 분변함이니라"라고 말씀하고 있습니다.

둘째, '육신에 속한 신앙'이 있습니다.

육신에 속한 신앙은 그리스도 안에서 어린아이 같은 신앙입니다. 젖과 같은 가르침만 받아 먹었기 때문에, 여전히 인간 중심의 생각으로 파를 나누어 서로 시기하고 분쟁합니다(고전 1:11-12, 히 5:12-13).

고린도전서 3:1-3 "형제들아 내가 신령한 자들을 대함과 같이 너희에게 말할 수 없어서 육신에 속한 자 곧 그리스도 안에서 어린아이들을 대함과 같이 하노라 ² 내가 너희를 젖으로 먹이고 밥으로 아니하였노니 이는 너희가 감당치 못하였음이거니와 지금도 못하리라 ³ 너희가 아직도 육신에 속한 자로다 너희 가운데 시기와 분쟁이 있으니 어찌 육신에 속하여 사람을 따라 행함이 아니리요"

셋째, '영에 속한 신앙'이 있습니다.

영에 속한 신앙은 신령한 자들로, 단단한 식물 곧 의의 말씀을 받아 먹고 선악을 분별하며(고전 3:1-2, 히 5:14), 주의 마음을 알아서 남을 가르치는 장성한 신앙입니다(고전 2:13, 15-16, 히 6:1-3).

우리도 날마다 주님과 가까워져서 '영에 속한 신앙'으로 살아야 합니다(시 65:4, 73:28, 약 4:8).

23 골방 지대의 '사비브 사비브'
"Sabib, Sabib" of the Platform of the Side Chambers / 겔 41:8

에스겔 41:8에서 "내가 보니 전 삼면의 지대 곧 모든 골방 밑 지대의 고가 한 장대 곧 큰 자로 육 척인데"라고 말씀하고 있습니다. 지대(地臺)는 '건축물을 세우기 위하여 터를 잡고 돌로 쌓은 부분'이며, 여기 '삼면'이 히브리어로 '사비브 사비브'입니다. 이는 아래 지대가 성소와 지성소 그리고 골방을 포함한 건물을 견고하게 떠받치고 있는 모습을 나타냅니다.

이 지대의 높이가 한 장대(6척=3.192m)나 되는 것을 볼 때(겔 41:8), 지대가 매우 견고함을 알 수 있습니다. 성전의 기초는 예수님입니다. 고린도전서 3:11에서 "이 닦아 둔 것 외에 능히 다른 터를 닦아 둘 자가 없으니 이 터는 곧 예수 그리스도라"라고 말씀하고 있습니다. 여기 '터'는 헬라어 '데멜리오스'(θεμέλιος)로, '기초'라는 뜻입니다.

예수님이 교회의 기초가 되신다는 것은 예수님의 말씀이 기초가 된다는 의미입니다. 예수님께서 마태복음 7:24에서 "그러므로 누구든지 나의 이 말을 듣고 행하는 자는 그 집을 반석 위에 지은 지혜로운 사람 같으리니"라고 말씀하고 계십니다. 말씀에 순종하는 사람이 반석(기초) 위에 자기 집을 짓는 지혜로운 사람입니다(잠 24:3, 마 7:24-27, 벧전 2:4-8).

24 골방 삼면 구역의 '사비브 사비브'
"Sabib, Sabib" of the Court / 겔 41:10

    에스겔 41:10에서 "전 골방 삼면에 광이 이십 척 되는 뜰이 둘려 있으며"라고 말씀하고 있습니다. 여기 '둘려 있으며'가 히브리어로 '사비브 사비브'이며, '삼면'은 '사비브'입니다. 여기서 '뜰'은 한글 개역성경의 표현으로, 히브리어 원문에는 '뜰'에 해당하는 '하체르'(חָצֵר)가 없습니다. 즉, 전 골방 삼면에 20척(10.64m) 너비의 구역이 둘려 있다는 말씀입니다. 성전을 두르고 있는 골방을 중심으로 각각 북·남·서쪽에 20척의 공간이 있었습니다.

    이 구역을 가리킬 때에는 히브리어로 '기즈라'(גִּזְרָה)라는 단어가 사용됩니다(겔 41:12-15, 42:1, 10, 13). 이는 '부분, 구역'이라는 뜻인데, '분리되다, 버리다'라는 뜻의 '가자르'(גָּזַר)에서 유래하였습니다. 이는 '분리되는 곳, 버리는 곳'이라는 뜻으로, 안뜰과 바깥뜰을 가리킬 때 사용되는 '하체르'(חָצֵר)와 구분되는 단어입니다. 그러나 에스겔 42:3에서 북편과 남편의 '기즈라'를 '안뜰'(חָצֵר הַפְּנִימִי, '하체르 하페니미')이라고 부르는 것을 볼 때, '기즈라'는 넓은 의미로 볼 때 안뜰에 포함되는 것을 알 수 있습니다. 본 서는 독자의 이해를 돕기 위해 '기즈라'를 '골방 삼면의 구역'이라고 번역하였습니다.

    골방 삼면의 남쪽과 북쪽 구역은 각각 성전을 중심으로 너비가 20척(10.64m)에 길이는 100척(53.2m)입니다. 에스겔 41:13에서 "그가 전을 척량하니 장이 일백 척이요 또 서편 뜰과 그 건물과 그 벽을 합하여 장이 일백 척이요"라고 말씀하고 있습니다. 에스겔 42:3에서도 이 구역을 '이십 척 되는 안뜰'이라고 말씀하고 있습니다.

    골방 삼면의 서쪽 구역도 성전을 중심으로 너비가 20척(10.64m)

에 길이는 100척(53.2m)입니다. 에스겔 41:12에서는 골방 삼면의 서쪽 구역 뒤에 건물이 있는데, 그것의 내부 면적은 광이 70척(37.24m), 장이 90척(47.88m)이며, 그 사면 벽의 두께는 5척(2.66m)입니다. 그러므로 서쪽 구역 뒤의 건물의 외곽 크기는 광이 80척, 장이 100척입니다. 13절 하반절에서 "서편 뜰과 그 건물과 그 벽을 합하여 장이 일백 척"이라고 하였는데, 여기 '서편 뜰'(הַגִּזְרָה, '기즈라')이 골방 삼면의 서쪽 구역입니다. 골방 삼면의 서쪽 구역 20척과 그 뒤 건물 내부의 광 70척과 양면의 벽 10척(5척×2)을 더해서 100척이라고 했으

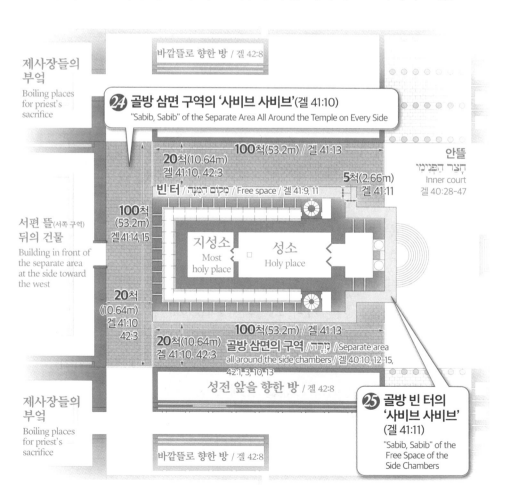

제사장들의 부엌
Boiling places for priest's sacrifice

바깥뜰로 향한 방 / 겔 42:8

24 골방 삼면 구역의 '사비브 사비브'(겔 41:10)
"Sabib, Sabib" of the Separate Area All Around the Temple on Every Side

안뜰
הֶחָצֵר הַפְּנִימִי
Inner court
겔 40:28-47

100척(53.2m) / 겔 41:13

20척(10.64m)
겔 41:10, 42:3

5척(2.66m)
겔 41:11

빈 터 מָקוֹם הַמֻּנָּח / Free space / 겔 41:9, 11

100척
(53.2m)
겔 41:14, 15

지성소
Most holy place

성소
Holy place

서편 뜰(서쪽 구역)
뒤의 건물
Building in front of the separate area at the side toward the west

20척
(10.64m)
겔 41:10
42:3

20척(10.64m)
겔 41:10, 42:3

골방 삼면의 구역 גִּזְרָה / Separate area
all around the side chambers / 겔 40:10, 12-15,
42:1, 3, 10, 13

100척(53.2m) / 겔 41:13

성전 앞을 향한 방 / 겔 42:8

제사장들의 부엌
Boiling places for priest's sacrifice

바깥뜰로 향한 방 / 겔 42:8

25 골방 빈 터의 '사비브 사비브'
(겔 41:11)
"Sabib, Sabib" of the Free Space of the Side Chambers

므로, 골방 삼면의 서쪽 구역의 너비도 20척(10.64m)인 것을 알 수 있습니다. 또한 에스겔 41:15에서 건물의 외곽 길이가 100척이라고 하였으므로, 서쪽 구역의 길이도 100척(53.2m)임을 알 수 있습니다.

결국 성전 골방을 두르는 세 방향의 구역은 모두 짧은 쪽이 20척(10.64m), 긴 쪽이 100척(53.2m)으로 상당히 넓은 공간이며, 이 세 방향의 뜰이 위치한 지대의 높이는 안뜰 높이와 같습니다. 골방 삼면의 구역은 거룩한 곳이지만, 하나님의 임재의 처소인 지극히 거룩한 성전 본체와는 구분이 됩니다.

25 골방 빈 터의 '사비브 사비브'
"Sabib, Sabib" of the Free Space of the Side Chambers / 겔 41:11

에스겔 41:11에서 "그 골방 문은 다 빈 터로 향하였는데 한 문은 북으로 향하였고 한 문은 남으로 향하였으며 그 둘려 있는 빈 터의 광은 오 척이더라"라고 말씀하고 있습니다. '그 둘려 있는 빈 터'에서 '둘려 있는'이 히브리어로 '사비브 사비브'입니다. 이는 골방 앞에 남쪽과 북쪽으로 빈 터가 있음을 말해 줍니다.

이 빈 터는 성전과 접해 있는 남쪽과 북쪽의 뜰과 골방들 사이에 있는 작은 공간을 가리키며, 그 폭은 5척(2.66m)입니다(겔 41:11下). 서쪽 방향에는 골방의 빈 터가 없습니다. 그 이유는 골방에서 나오는 문이 남쪽과 북쪽에만 있고 서쪽에는 없기 때문입니다(겔 41:11). 제사장들은 성전 전면의 계단을 통해 성전 본체 앞 빈 터에 오른 뒤, 빈 터를 통해 남쪽과 북쪽의 골방에 들어갈 수 있었습니다.

성전 지대 아래인 안뜰의 높이와 골방들을 두르는 빈 터의 높이는 1장대(6척=3.192m)만큼 차이가 납니다. 에스겔 41:8을 볼 때 "내가 보니 전 삼면의 지대 곧 모든 골방 밑 지대의 고가 한 장대 곧 큰 자로 육 척인데"라고 말씀하고 있습니다. 골방을 포함한 성전의 건물은 가장 높은 곳에 위치하고 있습니다. 하나님께서는 만유 위에 계신 분이시므로, 하나님의 임재의 장소인 성전 역시 가장 높은 지대에 위치해야 합니다. 우리의 남은 생애는 오직 하나님의 이름을 높이는 삶, 감사로 하나님을 영화롭게 하는 삶을 살아야 하겠습니다(시 50:23, 118:28, 145:1, 사 25:1).

소결론: '사비브 사비브'의 구속사적 교훈

에스겔 성전의 '사비브 사비브'는 하나님께서 세상 종말까지 하나님의 백성을 보호해 주신다는 것을 확신하게 합니다. 엘리사 선지자와 그의 사환이 도단 성에 있을 때, 아람 군대가 도단 성을 에워쌌습니다. 열왕기하 6:14에서 "성을 에워쌌더라", 15절에서 "군사와 말과 병거가 성을 에워쌌는지라"라고 말씀하고 있습니다. 여기 '에워쌌는지라'에 쓰인 히브리어는 '사바브'(סָבַב)의 분사형으로, 계속적으로 둘러싸고 있음을 나타냅니다. 그때 엘리사 선지자는 "두려워하지 말라 우리와 함께한 자가 저와 함께한 자보다 많으니라"라고 선포했습니다(왕하 6:16). 그리고 이어서 사환의 눈을 열어 달라고 하나님께 기도했을 때, 하나님께서 사환의 눈을 열어 주셨습니다. 17절 하반절에서 "저가 보니 불말과 불병거가 산에 가득하여 엘리사를 둘렀더라"라고 말씀하고 있습니다. 여기 '가득하여'는 히브리어 '말레'(מָלֵא)로, '채우다, 충만하다'라는 뜻이며, '둘렀더라'는 히브리어 '사비브'입니다. 그러므로 이 표현도 의미상으로는 '사비브 사비브'입니다.

이렇게 하나님의 백성을 '사비브 사비브'로 지켜 주신 것은 다니엘의 세 친구에게도 나타났습니다. 느부갓네살 왕은 다니엘의 세 친구를 결박하여 평상시보다 일곱 배나 뜨거운 풀무 불 가운데 집어넣었습니다(단 3:19-21). 얼마나 그 불이 뜨거웠으면 그들을 집어넣는 사람들이 타 죽을 정도였습니다(단 3:22). 그런데 신기하게도 풀무 불 속에 결박되지 않은 네 사람이 있었습니다. 다니엘의 세 친구 외에 넷째의 모양은 신들의 아들과 같았다고 말씀하고 있습니다(단 3:25).

다니엘 3:26을 볼 때, 마침내 다니엘의 세 친구가 풀무 불 가운데서 나왔는데, 27절에서는 "불이 능히 그 몸을 해하지 못하였고 머리털도 그슬리지 아니하였고 고의 빛도 변하지 아니하였고 불탄 냄새도 없었더라"라고 말씀하고 있습니다. 비록 히브리어 '사비브'가 사용된 것은 아니지만, 그 내용은 하나님께서 '사비브 사비브'의 축복으로 지켜 주셨음을 강력하게 증거하고 있습니다.

종말에도 무저갱 속에 결박되어 있다가 천년왕국 후에 잠깐 놓인 마귀가 땅의 사방 백성, 곡과 마곡을 미혹하고 모아 성도들의 진과 성을 두릅니다. 요한계시록 20:8에 "나와서 땅의 사방 백성 곧 곡과 마곡을 미혹하고 모아 싸움을 붙이리니 그 수가 바다 모래 같으리라"라고 말씀하고 있습니다. 그런데 하늘에서 불이 내려서 저희를 소멸합니다. 이어지는 9절에서는 "저희가 지면에 널리 퍼져 성도들의 진과 사랑하시는 성을 두르매 하늘에서 불이 내려와 저희를 소멸하고"라고 말씀하고 있습니다. 아무리 마귀가 성도들을 인간적 '사비브 사비브'로 포위한다고 할지라도, 전능하신 하나님께서 인간적 '사비브 사비브'를 폐하시고 하나님의 '사비브 사비브'로 성도를 지켜 주십니다.

그러므로 성도는 하나님만을 경외하는 자가 되어야 합니다. 시편 34:7에서 "여호와의 사자가 주를 경외하는 자를 둘러 진 치고 저희를 건지시는도다"라고 말씀하고 있습니다. 여기 '둘러'는 히브리어 '사비브'이며, '진 치고'는 히브리어 '하나'(חָנָה)로, '포위하다'라는 뜻입니다. 그러므로 이것도 의미상으로는 하나님의 '사비브 사비브'입니다. 천국 가는 그날까지 하나님의 '사비브 사비브'가 하나님의 백성을 지켜 주시므로, 모두가 인간적 '사비브 사비브'를 이기고 반드시 승리하시기를 주님의 이름으로 간절히 소망합니다(시 32:10).

제 7 장

에스겔 성전 방문

Visiting Ezekiel's Temple

에스겔 성전 방문
VISITING EZEKIEL'S TEMPLE

에스겔 선지자가 놋같이 빛난 사람의 안내를 받아 성전을 방문한 순서를 살펴보면 다음과 같습니다.

1. 성전의 사면 담(겔 40:5)

2. 바깥뜰 동향한 문간(겔 40:6-16)

3. 박석 깔린 땅과 30개의 방들
(겔 40:17-19)

4. 바깥뜰 북향한 문간(겔 40:20-23)

5. 바깥뜰 남향한 문간(겔 40:24-27)

6. 안뜰 남향한 문간(겔 40:28-31)

7. 안뜰 동향한 문간(겔 40:32-34)

8. 안뜰 북향한 문간(겔 40:35-37)

9. 번제물을 씻는 방(겔 40:38-43)

10. 노래하는 자들의 방(겔 40:44-47)

11. 성전 문 현관(겔 40:48-49)

12. 성소와 지성소(겔 41:1-4)

13. 전 삼면의 골방들과 20척의 뜰
(겔 41:5-11)

14. 서편 뜰(서쪽 구역) 뒤의 건물(겔 41:12-15上)

15. 그룹과 종려나무가 새겨진
성전 내부(겔 41:15下-20)

16. 나무 제단, 내전과 외전의 문,
나무 디딤판(겔 41:21-26)

17. 제사장들의 거룩한 방
(겔 42:1-14)

18. 외곽 사면 담의 척량
(겔 42:15-20)

19. 동향한 문과 안뜰과 번제단
(겔 43:1-27)

20. 성소 동향한 바깥문과 성전 앞
(겔 44:1-46:18)

21. 제사장들을 위한 부엌
(겔 46:19-20)

22. 백성의 제물을 삶는 부엌
(겔 46:21-24)

23. 성전 문(겔 47:1)

24. 동향한 바깥문(겔 47:2)

25. 성전 문지방 밑에서 나오는
물로 창일해진 강가(겔 47:3-12)

이제 에스겔이 성전을 방문한 순서에 따라 성전의 구조와 그 속에 담긴 의미를 살펴보도록 하겠습니다.

1. 성전의 사면 담

Wall All Around / חוֹמָה סָבִיב סָבִיב

겔 40:5

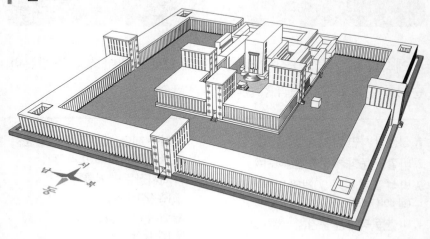

    에스겔 선지자는 제일 먼저 성전의 사면 담을 보았습니다. 에스겔 40:5에서 "내가 본즉 집 바깥 사면으로 담이 있더라 그 사람의 손에 척량하는 장대를 잡았는데 그 장이 팔꿈치에서 손가락에 이르고 한 손바닥 넓이가 더한 자로 육 척이라 그 담을 척량하니 두께가 한 장대요 고도 한 장대며"라고 말씀하고 있습니다. 여기 '내가 본즉'은 히브리어 '베힌네'(וְהִנֵּה)로, '그리고 보라!'라는 감탄사입니다. 에스겔은 성전의 사면 담을 보고서 깜짝 놀랐습니다. 5절 상반절에 "집 바깥 사면으로 담이 있더라"에서 '담'을 가리킬 때는 두꺼운 담을 가리키는 히브리어 '호마'(חוֹמָה)가 사용되었지만, 하반절에 "그 담을 척량하니"에서 '담'은 '건물'이라는 뜻의 히브리어 '빈얀'(בִּנְיָן)이 사용되었습니다. 이 담을 '건물'이라고 표현한 것은 성전의 담과 문간과 주랑현관(柱廊玄關)이 하나로 연결된 위용을 보고 감탄했기 때문일 것입니다.

척량하는 도구로 쓰인 장대는 길이가 6척입니다. 1척은 '팔꿈치에서 손가락에 이르고 거기에 한 손바닥 넓이를 더한 것(45.6cm+7.6cm)'으로 약 53.2cm입니다(겔 40:5). 따라서 6척은 53.2cm의 여섯 배인 3.192m입니다.

성전 담은 두께가 한 장대요, 고(高)도 한 장대입니다. 이렇게 견고하고 안정성 있는 정방형을 이루어, 어떤 어둠의 세력도 침범하기 어려울 정도로 매우 강하고 거대한 형태였음을 알 수 있습니다. 성전 안을 외부로부터 완전히 차단하여 하나님의 거룩함을 보존하고, 외부의 어떤 공격에도 결코 무너지지 않을 만큼 아주 튼튼한 담이었음을 보여 줍니다. 외곽 사면으로 둘러선 담은 '거룩한 것과 속된 것을 구별하는 것'으로, 세상의 속된 것이 들어오지 못하도록 하기 위한 것입니다(겔 42:20).

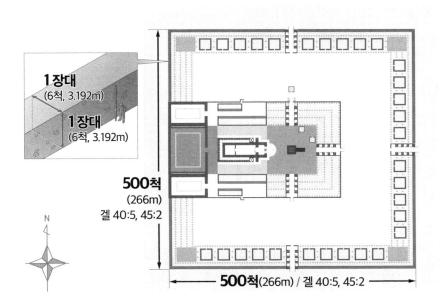

2. 바깥뜰 동향한 문간

Gate Which Faced East in the Outer Court

הַשַּׁעַר אֲשֶׁר פָּנָיו דֶּרֶךְ הַקָּדִים לֶחָצֵר הַחִיצוֹנָה

겔 40:6-16

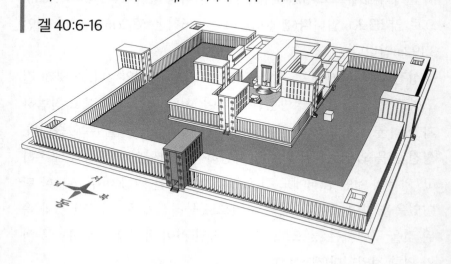

에스겔 선지자가 새 성전의 모습 가운데 두 번째로 본 것은 바깥 뜰 동향한 문간이었습니다. 에스겔 40:6에서 "그가 동향한 문에 이르러"라고 말씀하고 있습니다.

(1) 바깥뜰 동향한 문간

놋같이 빛난 사람이 동향한 문에 도착하여 층계를 올라가며 척량하였습니다(겔 40:6). 동향한 문의 층계의 개수는 기록되어 있지 않지만 북문의 층계가 일곱 개(겔 40:20-22), 남문의 층계가 일곱 개(겔 40:24-26)인 것을 감안할 때 동문의 층계도 일곱 개였을 것입니다.

후에 성전의 내부와 외곽 사면 담 척량이 끝난 다음(겔 41:1-42:20) 하나님의 영광이 동향한 바깥문으로 들어오게 됩니다. 에스겔

43:1-2에서 "그 후에 그가 나를 데리고 문에 이르니 곧 동향한 문이라 ² 이스라엘 하나님의 영광이 동편에서부터 오는데"라고 말씀하고 있습니다.

(2) 문통

'문통'에 해당하는 히브리어 '사프'(סַף)는 벽과 벽 사이의 통로가 되는 공간으로, '문통, 문지방, 현관' 등으로 폭넓게 번역됩니다. (겔 40:6-7, 41:16, 43:8). 문통은 문의 통로 부분으로 '문 양쪽 벽의 두께 부분'을 가리키는 표현입니다. 입구 쪽의 문통을 척량하니 길이가 한 장대(6척, 3.192m)요, 다른 쪽에 있는 문통의 길이도 한 장대(6척, 3.192m)였습니다. 에스겔 40:6에서 "그가 동향한 문에 이르러 층계에 올라 그 문통을 척량하니 장이 한 장대요 그 문 안통의 장도 한 장대며"라고 말씀하고 있습니다.

그런데 에스겔 40:11에서는 "또 그 문통을 척량하니 광이 십 척이요 장이 십삼 척이며"라고 말씀하고 있습니다. 여기서 '문통'은 히브리어 '페타흐 하샤아르'(פֶּתַח־הַשַּׁעַר)로, '문간의 입구, 문간의 통로'라는 뜻입니다. '페타흐'는 '열다'라는 의미의 '파타흐'(פָּתַח)에서 유래한 단어로, 주로 '열린 구멍, 통로, 출입구'를 의미합니다. 즉 여닫는 문의 유무와 상관없이 입구를 가리키는 단어인데 에스겔 46:1-3, 12을 볼 때, 에스겔 성전에는 문간마다 여닫는 문이 설치되어 열고 닫을 수 있었던 것을 알 수 있습니다.

여기서 10척으로 표기된 문통의 '광'은 '너비'라는 뜻의 히브리어 '로하브'(רֹחַב)가 쓰였는데, 에스겔 40:6에서는 두 번 모두 '장'이라고 번역되었습니다. 이는 문의 남북 길이로, 문 입구의 바닥 면적은 가로(남북 길이) 10척, 세로(동서 길이) 6척의 직사각형 모양입니다. 한편 11절 하반절에서 13척으로 표기된 '장'은 히브리어 '오레크'(אֹרֶךְ)로, 주로 '길이'라는 뜻을 가지지만 '높이'로도 해석됩니다 (참고·대하 3:15).[9]

문통에는 문지방이 놓여 있었습니다. 에스겔 46:2에서 "왕은 바깥문(바깥뜰의 문간) 현관을 통하여 들어와서 문벽 곁에 서고 제사장은 그를 위하여 번제와 감사제를 드릴 것이요 왕은 문통에서 경배한 후에 밖으로 나가고 그 문은 저녁까지 닫지 말 것이며"라고 말씀하고 있는데, 여기서 '문통'은 히브리어 '미프탄'(מִפְתָּן)으로, '문지방'이라는 의미입니다. 이것을 볼 때 에스겔 40:6-16에서는 언급되지 않았지만 문간 현관마다 문지방이 놓여 있었음을 알 수 있습니다. 고대 근동에서 문지방은 먼지가 바람에 날려 들어오는 것을 막는 기능뿐 아니라, 영역을 구분하는 경계선을 의미했습니다.

동향한 문간의 크기는 장 50척(겔 40:15)과 광 25척(겔 40:13)입니다. 북향한 문간(겔 40:20-23)이나 남향한 문간(겔 40:24-27)도 동쪽과 그 구조가 똑같습니다(겔 40:21, 25).

(3) 문지기방들
① 문지기방의 숫자

동문으로 들어가면 입구 쪽의 문통과 안쪽의 문통 사이에 복도가 있으며, 그 좌우에 각각 세 개씩 문지기방들이 있습니다. 에스겔 40:7에서 "그 문간에 문지기방들이 있는데"라고 말씀하였고, 10절에서 "그 동문간의 문지기방은 좌편에 셋이 있고 우편에 셋이 있으니"라고 말씀하고 있습니다. 북향과 남향에도 동일하게 문지기방이 좌우 세 개씩 여섯 개가 있으므로, 바깥뜰(18개)과 안뜰(18개)에 있는 것을 모두 합하면 새 성전 안의 문지기방은 총 36개입니다(겔

40:10, 21, 29, 33, 36). 바벨론 포로 시대 전에 만들어진 이스라엘의
성문에는 대부분 문지기방이 있었습니다. 당시 문지기방의 개수는
그 성읍의 권위를 상징하는 것으로, 일반적인 성문에는 한 쌍의 문
지기방이 있었습니다. 세 쌍의 문지기방은 수도와 같은 큰 성읍에
만 있는 것으로, 최상급의 권위를 나타냅니다.[10]

문지기들은 전 문을 맡아 수직하기 위해 세움을 입은 자들입니
다. 에스겔 44:11 상반절에서는 "그들이 내 성소에서 수종 들어 전
문을 맡을 것이며"라고 하였고, 14절 상반절에서도 "내가 그들을 세
워 전을 수직하게 하고"라고 말씀하고 있습니다. 여기 '수직(守直: 건
물이나 물건 따위를 맡아서 지킴. 또는 그런 사람)'은 히브리어 '미쉬메레
트'(מִשְׁמֶרֶת)로, '지키다, 보호하다, 보존하다, 울타리를 치다'라는 뜻
을 가진 '샤마르'(שָׁמַר)에서 유래하였습니다. 문지기들은 '속된 것이
나 가증한 것이나 거짓된 것은 절대로 들어가지 못하게'(계 21:27) 하
여 성전 전역에서 하나님의 거룩이 지켜지도록 하는 중대한 임무를
맡아 수행하였습니다(참고-창 2:15, 3:24).

② 문지기방의 크기

문지기방들의 크기를 에스겔 40:7에서는 "각기 장이 한 장대요
광이 한 장대요 매 방 사이 벽이 오 척이며"라고 기록하고 있습니
다. 이는 가로와 세로가 각각 6척(3.192m)으로, 방과 방 사이의 벽
너비는 5척(2.66m)입니다. 10절에는 좌우편에 세 개씩 있는 방이
"한 척수요 그 좌우편 벽도 다 한 척수며"라고 말씀하고 있습니다.
여기 '한 척수'는 '동일한 척수'라는 뜻으로, 세 방과 좌우편 벽이
각각 같은 규격이었음을 말합니다.

복도를 사이에 두고 좌우에 있는 방들의 좌측 끝에서 우측 끝까

지는 25척(13.3m)입니다. 13절에서 "그가 그 문간을 척량하니 이 방 지붕 가에서 저 방 지붕 가까지 광이 이십오 척인데 방 문은 서로 반대되었으며"라고 말씀하고 있습니다. '서로 반대되었으며'에 해당하는 히브리어 '네게드'(נֶגֶד)는 '맞은편'(수 5:13) 혹은 '앞에'(수 8:11)라는 의미로, 표준새번역 성경에서는 "방의 문들은 서로 마주 보고 있었다"로 번역하였습니다.

③ 문지기방 앞에 있는 퇴

에스겔 40:12에서 "방 앞에 퇴가 있는데 이편 퇴도 일 척이요 저편 퇴도 일 척이며 그 방은 이편도 육 척이요 저편도 육 척이며"라고 말씀하고 있습니다. 여기 '퇴'는 히브리어 '게불'(גְּבוּל)로, '경계선, 울타리'라는 뜻입니다. 이것은 문지기방의 작은 경계 벽과 같은 것으로, 통로(폭 10척)와 문지기방을 구분하는 경계가 되며, 외부 사람이 쉽게 접근하지 못하도록 보호하는 역할을 합니다 (참고-신 19:14, '경계표', 신 27:17, 욥 24:2, 호 5:10, '지계표').

에스겔 40:7에서 문지기방의 장광이 각각 1장대(6척)라고 하였으며, 12절에는 퇴에 대한 설명 끝에 "그 방(문지기방)은 이편도 육 척이요 저편도 육 척이며"라고 말씀하고 있습니다. 이것을 볼 때, 문지기방에 딸린 1척의 퇴는 문지기방의 공간과 별개로 계산되지 않고 그 규격에 포함된 것임을 알 수 있습니다.

④ 문지기방 안의 창문

문지기방 안의 창문에 관한 설명은 아주 상세히 기록되어 있습니다.

첫째, 각각의 문지기방에는 닫힌 창이 있습니다.

구약시대의 창문은 사람이 드나들 수 있을 만큼 컸습니다(욜 2:9). 에스겔 40:16 상반절의 "문지기방에는 각각 닫힌 창이 있고"에서 '닫힌 창'이란 사람이 출입할 수 없도록 창살을 설치한 창문입니다. 그래서 공동번역에서는 "창살로 된 창"으로 번역하고 있습니다. 같은 히브리어 표현을 사용하고 있는 열왕기상 6:4의 "붙박이 교창" 역시 창살이 있는 창문으로, 바른성경에서는 "창살이 달린 창문들"이라고 번역하고 있습니다.

둘째, '벽 사이'와 '현관'에도 창이 있습니다.

에스겔 40:16에서 "문 안 좌우편에 있는 벽 사이에도 창이 있고 그 현관도 그러하고 그 창은 안 좌우편으로 벌여 있으며"라고 말씀하고 있습니다. 문지기방 사이에 있는 벽 네 곳에 각각 창이 있고, 또 현관의 좌우편과 안쪽의 문통 벽 좌우에도 창이 있습니다.

여기 '좌우편에 있는'에 해당하는 히브리어는 '사비브 사비브'(סָבִיב סָבִיב)이며 '둘레에(all around), 사방에'라는 뜻으로, 문간 안 둘레에 창이 둘려 있었음을 의미합니다. 공동번역에서는 "창살로 된 창들이 골방에 문간 안쪽으로 돌아가며 나 있었다. 현관에도 같은 모양으로 창이 안쪽으로 돌아가며 나 있었고"라고 번역하고 있습니다.

또한 '문 안 좌우편에 있는 벽'에서 '벽'은 히브리어 '아일'(אַיִל)의 복수형으로, '벽기둥'을 의미합니다. 벽기둥은 벽면에서 더 돌출된 기둥 부분으로, 전체 벽이나 건물을 튼튼하게 지지하는 역할을 합니다. 고대 근동에서는 건축자재로 주로 석재를 사용하였기에 높은 건물을 짓기가 쉽지 않았습니다. 그래서 튼튼한 벽기둥을 여러 개 세워 가면서, 그 사이를 벽면으로 채웠습니다. 문간에 세워진 벽 기둥에서 가장 두꺼운 부분은 7.5척(6척+1.5척, 3.99m)이나 되는데, 그 사이에도 닫힌 창을 낸 것입니다. 또한 '그 현관도 그러하고'에서 '현관'은 히브리어 '엘람'(אֵילָם)의 복수형 '엘라모트'(אֵלַמּוֹת)로, 문간 안에 있는 현관들에도 닫힌 창이 있다는 뜻입니다.

이처럼 에스겔 성전에서 바깥뜰과 안뜰의 문간과 성소에는 창이 많이 있으며(겔 40:16, 22, 25, 29, 33, 36, 41:16, 26), 현관에도 창이 나 있습니다.

'창'은 '구멍을 내다'라는 뜻의 히브리어 '할랄'(חָלַל)에서 유래한 '할론'(חַלּוֹן)으로, 채광과 통풍을 위해 가옥의 벽이나 지붕에 만든 문을 가리킵니다. 노아의 방주에도 위에서부터 한 규빗에 창이 있었으며(창 6:16), 다니엘은 포로 생활 중에 성전이 있던 예루살렘을 향해 열린 창문에서 무릎을 꿇고 하루 세 번 기도를 드렸습니다(단 6:10). 여리고의 정탐꾼, 다윗, 사도 바울은 창문을 통해 목숨을 구했습니다(수 2:15, 18, 21, 삼상 19:12, 행 9:25). '하늘의 창'(windows of heaven)은 하나님의 축복이 쏟아지는 근원지를 뜻하기도 합니다(왕하 7:2, 19, 말 3:10, 참고-창 7:11, 8:2).

창은 빛을 받아들이는 곳입니다. 다윗은 "여호와는 나의 빛이요"(시 27:1)라고 고백하였으며, 예수 그리스도께서는 사람들의 빛이 되는 생명을 가지고 오신 분으로서, 자신을 가리켜 "세상의 빛"이라고 말씀하셨습니다(요 1:4, 8:12, 9:5, 11:9). 예수 그리스도의 몸 된 교회는 주님의 빛을 받아 세상에 그 빛을 비추고 올바른 판단을 하게 하는 순결한 눈, 구원의 통로가 되어야 합니다. 곧 우리 자신이 빛들의 아버지께로부터 신령한 빛, 하늘의 빛을 선물로 받아 자신과 이웃을 밝히고 온 세상을 밝히 비출 수 있어야 합니다(마 5:14, 약 1:17).

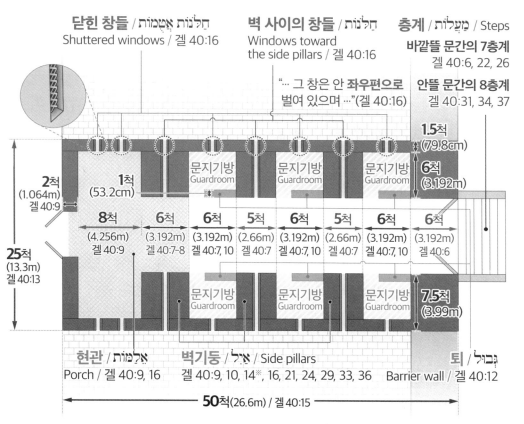

닫힌 창들 / חַלֹנוֹת אֲטֻמוֹת
Shuttered windows / 겔 40:16

벽 사이의 창들 / חַלֹנוֹת
Windows toward
the side pillars / 겔 40:16

층계 / מַעֲלוֹת / Steps
바깥뜰 문간의 7층계
겔 40:6, 22, 26

안뜰 문간의 8층계
겔 40:31, 34, 37

"… 그 창은 안 좌우편으로
벌여 있으며 …"(겔 40:16)

1.5척
(79.8cm)

2척
(1.064m)
겔 40:9

1척
(53.2cm)

문지기방
Guardroom

문지기방
Guardroom

문지기방
Guardroom

6척
(3.192m)

25척
(13.3m)
겔 40:13

8척
(4.256m)
겔 40:9

6척
(3.192m)
겔 40:7-8

6척
(3.192m)
겔 40:7, 10

5척
(2.66m)
겔 40:7

6척
(3.192m)
겔 40:7, 10

5척
(2.66m)
겔 40:7

6척
(3.192m)
겔 40:7, 10

6척
(3.192m)
겔 40:6

문지기방
Guardroom

문지기방
Guardroom

문지기방
Guardroom

7.5척
(3.99m)

현관 / אֵלַמּוֹת
Porch / 겔 40:9, 16

벽기둥 / אַיִל / Side pillars
겔 40:9, 10, 14※, 16, 21, 24, 29, 33, 36

퇴 / גְּבוּל
Barrier wall / 겔 40:12

50척(26.6m) / 겔 40:15

※에스겔 40:14의 '현관'은 히브리어 '아일'(אַיִל)로, '벽기둥'이 바른 번역이며,
높이 역시 '20척'이 아니고 '60척'이 바른 번역이다.

(4) 현관

첫째, 문간 내부 구역을 세 가지(① 입구 쪽 문통 부분, ② 문지기방과 벽이 있는 부분, ③ 안쪽의 문통과 현관 부분)로 설명하였습니다.

먼저 에스겔은 동향한 문에 이르러 그 문통을 척량하였습니다. 에스겔 40:6에서 "그가 동향한 문에 이르러 층계에 올라 그 문통을 척량하니 장이 한 장대요 그 문 안통의 장도 한 장대며"라고 말씀하고 있습니다. 여기 '그 문통'은 히브리어 '사프 하샤아르'(סַף הַשַּׁעַר)로,

층계를 지나면 가장 먼저 보이는 입구 쪽 문통의 한쪽 측면을 가리킵니다. 하반절에 나오는 '그 문 안통'은 히브리어 '사프 하샤아르 에하드'(סֹף הַשַּׁעַר אֶחָד)로, '하나, 다른'이라는 의미의 '에하드'(אֶחָד)가 함께 쓰여 입구 쪽 문통의 다른 한쪽 측면을 가리킵니다.

에스겔 40:7-9을 볼 때, 놋같이 빛난 사람이 계단을 올라 문간을 통과해 가며 현관부를 하나씩 척량합니다. 한글 개역성경은 7절을 "그 문간에 문지기방들이 있는데 각기 장이 한 장대요 광이 한 장대요 매 방 사이 벽이 오 척이며 안 문통의 장이 한 장대요 그 앞에 현관이 있고 그 앞에 안문이 있으며"라고 하였습니다. 여기 "안 문통의 장이 한 장대요 그 앞에 현관이 있고 그 앞에 안문이 있으며"는 히브리어 원문을 보면 '그리고 그 성전 문간의 현관 옆에 있는 그 문간의 문통이 한 장대이다'라는 뜻입니다.

סֹף הַשַּׁעַר	מֵאֵצֶל	אוּלָם הַשַּׁעַר מֵהַבַּיִת	קָנֶה אֶחָד
하샤아르 사프	메에첼	울람 하샤아르 메하바이트	에하드 카네
그 문간의 문통	옆의	그 성전의 문간의 현관	한 장대

에스겔 40:8에서 "그가 또 안문의 현관을 척량하니 한 장대며"라고 말씀하고 있는데, 여기 '안문의 현관'은 7절 하반절과 동일한 '울람 하샤아르 메하바이트'(אוּלָם הַשַּׁעַר מֵהַבַּיִת)입니다. 이는 앞서 설명한 현관 옆에 있는 문통 측면과, 반대편 측면이 동일한 한 장대 길이임을 나타내는 것입니다. 즉, 8절의 말씀은 6절의 입구 쪽 문통의 척량과 같이 안쪽에 있는 현관의 좌우 측면을 척량한 것입니다.

그리고 9절의 '안문의 현관'은 히브리어 '울람 하샤아르'(אוּלָם הַשַּׁעַר)로, 문간에서 성전 안쪽으로 나가기 전 8척 길이에 22척 너비

문간 현관의 척량 | 겔 40:6-9
Measurement of the Porch of the Gate

에스겔 40:6 "그가 동향한 문에 이르러 층계에 올라 ①그 문통(סַף הַשַּׁעַר, '사프 하샤아르')을 척량하니 장이 한 장대요
②그 문 안통(סַף אֶחָד, '사프 에하드': 다른 문통)의 장도 한 장대며"

에스겔 40:7 "그 문간에 ③문지기방들(תָּא, '타')이 있는데 각기 장이 한 장대요 광이 한 장대요
④매 방 사이 벽(בֵּין הַתָּאִים, '벤 하타임')이 오 척이며
⑤안 문통의 장이 한 장대요 그 앞에 현관이 있고 그 앞에 안문이 있으며
(סַף הַשַּׁעַר מֵאֵצֶל אוּלָם הַשַּׁעַר מֵהַבָּיִת, '사프 하샤아르 메에첼 울람 하샤아르 메하바이트')"

에스겔 40:8 "그가 또 ⑥안문의 현관(אֻלָם הַשַּׁעַר מֵהַבָּיִת, '울람 하샤아르 메하바이트')을 척량하니 한 장대며"

에스겔 40:9 "⑦안문의 현관(אֻלָם הַשַּׁעַר, '울람 하샤아르')을 또 척량하니 팔 척이요
⑧그 문벽(אַיִל, '아일')은 이 척이라
⑨그 문의 현관이 안으로 향하였으며(אֻלָם הַשַּׁעַר מֵהַבָּיִת, '울람 하샤아르 메하바이트')"

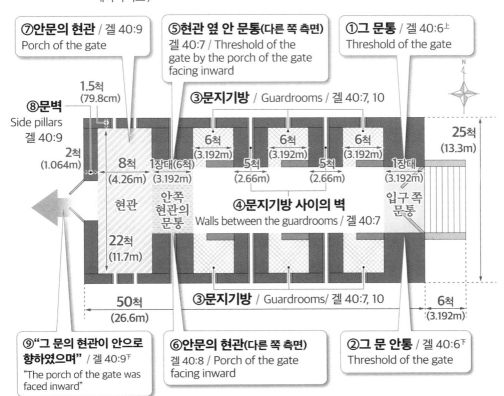

⑦**안문의 현관** / 겔 40:9
Porch of the gate

⑤**현관 옆 안 문통(다른 쪽 측면)**
겔 40:7 / Threshold of the
gate by the porch of the gate
facing inward

①**그 문통** / 겔 40:6ᵗ
Threshold of the gate

③**문지기방** / Guardrooms / 겔 40:7, 10

⑧**문벽**
Side pillars
겔 40:9

1.5척
(79.8cm)

2척
(1.064m)

8척
(4.26m)

1장대(6척)
(3.192m)

6척
(3.192m)

5척
(2.66m)

6척
(3.192m)

5척
(2.66m)

6척
(3.192m)

1장대
(3.192m)

25척
(13.3m)

현관

안쪽
현관의
문통

④**문지기방 사이의 벽**
Walls between the guardrooms / 겔 40:7

입구 쪽
문통

22척
(11.7m)

50척
(26.6m)

③**문지기방** / Guardrooms/ 겔 40:7, 10

6척
(3.192m)

⑨**"그 문의 현관이 안으로
향하였으며"** / 겔 40:9ᵗ
"The porch of the gate was
faced inward"

⑥**안문의 현관(다른 쪽 측면)**
겔 40:8 / Porch of the gate
facing inward

②**그 문 안통** / 겔 40:6ᵗ
Threshold of the gate

의 넓은 현관부를 가리킵니다.

정리하자면, 5-6절에서는 성전의 사면 담을 척량하고 일곱 층계를 올라, 층계 앞의 입구 쪽 문통의 좌우 측면을 한 장대로 척량하였습니다. 5절과 6절은 와우계속법으로 연결되어, 놋같이 빛난 사람이 연속해서 성전을 척량한 것을 묘사하고 있습니다. 그리고 7절부터 문장을 전환하여 다시 문간 내부를 자세하게 설명합니다.[11] 에스겔 40:7 상반절을 볼 때, 좌우에 놓인 1장대(6척) 길이의 문지기방 셋과 방과 방 사이의 5척 길이의 벽 2개를 척량한 뒤, 7절 하반절과 8절에서 문간의 현관으로 향하는 안쪽의 문통의 좌우 측면을 1장대로 척량하였습니다. 마지막으로 9절에서는 문간 끝에 위치한 안문의 현관의 길이 8척을 척량하였습니다. 따라서 문간의 각 지역은 입구 쪽 문통 부분과 문지기방과 벽이 있는 부분, 그리고 현관(문간 안쪽 현관의 문통 포함), 세 가지로 구성되어 있음을 알 수 있습니다. 문간 전체의 크기는 광이 25척, 장이 50척이었습니다(겔 40:13, 15).

둘째, 현관에는 높이 60척(31.92m)의 벽기둥이 있습니다.

에스겔 40:14 상반절에서 "그가 또 현관을 척량하니 광이 이십 척이요"라고 말씀하고 있습니다. 여기 '광이 이십 척이요'는 히브리어로 '쉿쉼 암마'(שִׁשִּׁים אַמָּה)인데, '쉿쉼'은 '60'을 뜻하므로 '이십 척'이 아니라 '육십 척'이 바른 번역입니다. 그런데 현관의 광이 60척이나 될 수는 없습니다. 여기 '현관'은 히브리어 '아일'(אַיִל)로, '벽기둥'이라는 뜻입니다. 따라서 문간을 튼튼하게 지탱하는 벽기둥의 높이가 60척(31.92m)이라는 말씀입니다. 앞서 살펴봤듯이, 이 벽기둥 사이 사이에는 닫힌 창이 있습니다(겔 40:16). 아마도 현관 양편의 벽기둥은 건물을 지지함과 동시에 창을 끼우는 문설주 역할을 했을 것입니다.

셋째, 문벽 위에는 종려나무를 새겼습니다.

에스겔 40:16 하반절에서 "각 문벽 위에는 종려나무를 새겼더라"라고 말씀하고 있습니다. 이 밖에도 새 성전에서 종려나무를 새긴 곳은 다른 모든 문간의 현관 문벽(겔 40:22, 26, 31, 34, 37), 내전과 외전 사면 벽 널판(겔 41:16-18, 20), 성전의 접치는 두 문짝(겔 41:23-25^上), 성전 현관 좌우편과 골방과 나무 디딤판입니다(겔 41:25^下-26). 한편, 솔로몬 성전을 지을 때에도 내·외소 사방 벽과 문짝에 종려나무 형상을 아로새겼습니다(왕상 6:29, 32, 35, 대하 3:5).

종려나무(Palm tree)는 야자과(科)에 속하는 대추야자나무(Phoenix dactylifera)입니다. '똑바로 세우다'라는 뜻의 '타마르'(תָּמָר)에서 유래하였으며, 8m이상 자랄 정도로 키가 크고, 줄기 꼭대기에서 3-4m 길이의 잎들이 무성하게 자랍니다(^{참고-}아 7:7-8). 종려나무는 온전히 열매 맺기까지 40년이나 걸리지만, 일단 열매를 맺기 시작하면 150여 년 동안 장기간에 걸쳐 열매를 맺습니다. 그것도 한 송이에 1,000여 개씩, 한 나무에 대략 14-22kg 정도의 많은 열매가 열립니다. 또한 종려나무는 소금기 있는 땅에서도 매우 잘 자라며, 줄기를 베고 남은 그루터기를 불로 태워도 거기서 다시 싹이 날 정도로 생명력이 끈질깁니다. 그 열매는 꿀처럼 매우 달고, 가지는 바구니나 지붕을 만드는 데 사용되며, 기둥도 집을 지을 때 사용되어 무엇 하나 버릴 것이 없는 나무입니다.

이러한 종려나무는 풍요와 번성, 승리와 영광을 상징합니다(민

33:9, 왕상 6:29-35, 계 7:9). 시편 92:12에서 "의인은 종려나무같이 번성하며 레바논의 백향목같이 발육하리로다"라고 말씀하고 있습니다. 그러므로 에스겔 성전 곳곳마다 종려나무를 새긴 것은 성전의 주인이신 하나님께서 생명과 풍요와 영광의 근원이심을 보여 줍니다(겔 41:18-20).

이스라엘 백성은 초막절에 일 주일 동안 광야로 나가 종려나무 가지로 초막을 짓고 그 안에 거하면서 조상들이 출애굽 이후 광야에서 40년간 장막을 치고 살았던 것을 기념하였습니다(출 23:16, 레 23:33-43, 신 16:13, 느 8:14-15).

특히, 종려 가지를 흔드는 것은 정복자 또는 승리자를 환영하는 관습이었습니다(참고 마카비상 13:51, 마카비하 10:7). 예수님께서 인류의 대속 제물로 십자가를 지시기 위해 최후로 예루살렘에 입성하셨을 때, 큰 무리가 종려 가지를 가지고 맞으러 나가 '호산나'를 외쳤습니다(요 12:13). 아마도 그들은 예수님께서 이스라엘을 로마의 압제에서 해방시키고 다윗 시대의 영화를 회복하여 승리를 가져다 주시리라고 기대했을 것입니다. 요한계시록 7:9-10을 볼 때 "아무라도 능히 셀 수 없는 큰 무리가 흰옷을 입고 손에 종려 가지를 들고 보좌 앞과 어린양 앞에 서서 10 큰 소리로 외쳐 가로되 구원하심이 보좌에 앉으신 우리 하나님과 어린양에게 있도다"라고 말씀하고 있습니다. 이들은 큰 환난에서 나오는 자들로서(계 7:14), 종려 가지를 들고 하나님과 어린양의 영원한 승리를 찬양하는 것입니다.

바깥뜰 문간(동문) | 겔 40:6-27
Gate of the Outer Court

※ **바깥뜰 문간** : ① 동문(겔 40:6-16),
　　② 북문(겔 40:20-23), ③ 남문(겔 40:24-27)

※ **안뜰 문간** : ① 남문(겔 40:28-31),
　　② 동문(겔 40:32-34), ③ 북문(겔 40:35-37)

성전 안쪽에서 본 문간의 모습

안문 / שַׁעַר
Gate facing inward
겔 40:7-9
광 : 6척(3.192m)

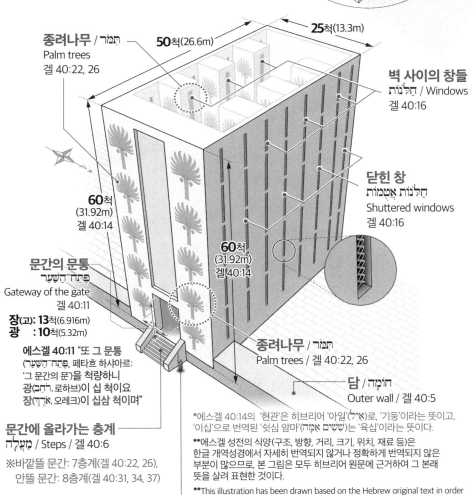

종려나무 / תִּמֹר
Palm trees
겔 40:22, 26

50척(26.6m)

25척(13.3m)

벽 사이의 창들
חַלֹּנוֹת / Windows
겔 40:16

닫힌 창
חַלֹּנוֹת אֲטֻמּוֹת
Shuttered windows
겔 40:16

60척
(31.92m)
겔 40:14

60척
(31.92m)
겔 40:14

문간의 문통
פֶּתַח הַשַּׁעַר
Gateway of the gate
겔 40:11

장(고): **13**척(6.916m)
광 : **10**척(5.32m)

에스겔 40:11 "또 그 문통
(פֶּתַח הַשַּׁעַר, 페타흐 하샤아르:
'그 문간의 문')을 척량하니
광(רֹחַב, 로하브)이 십 척이요
장(אֹרֶךְ, 오레크)이 십삼 척이며"

문간에 올라가는 층계
מַעֲלָה / Steps / 겔 40:6

※바깥뜰 문간: 7층계(겔 40:22, 26),
　안뜰 문간: 8층계(겔 40:31, 34, 37)

척량자: 놋같이 빛난 사람
겔 40:3, 5

종려나무 / תִּמֹר
Palm trees / 겔 40:22, 26

담 / חוֹמָה
Outer wall / 겔 40:5

*에스겔 40:14의 '현관'은 히브리어 '아일'(אַיִל)로, '기둥'이라는 뜻이고,
'이십'으로 번역된 '쉿심 암마'(שִׁשִּׁים אַמָּה)는 '육십'이라는 뜻이다.

**에스겔 성전의 식양(구조, 방향, 거리, 크기, 위치, 재료 등)은
한글 개역성경에서 자세히 번역되지 않거나 정확하게 번역되지 않은
부분이 많으므로, 본 그림은 모두 히브리어 원문에 근거하여 그 본래
뜻을 살려 표현한 것이다.

**This illustration has been drawn based on the Hebrew original text in order
to better portray the original meaning of the text since some descriptions of
the design (i.e. structure, direction, distance, size, placement, and materials)
of Ezekiel's temple have not been accurately or thoroughly translated in the
Korean Revised Version of the Bible.

3. 박석 깔린 땅과 30개의 방들
Pavement and Thirty Chambers
רִצְפָה עָשׂוּי וּשְׁלֹשִׁים לְשָׁכוֹת

겔 40:17-19

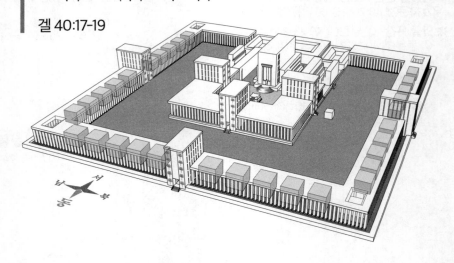

에스겔 선지자가 새 성전의 모습 가운데 세 번째로 본 것은 박석이 깔린 땅과 30개의 방들이었습니다. 에스겔 40:17에서 "그가 나를 데리고 바깥뜰에 들어가니 뜰 삼면에 박석 깔린 땅이 있고 그 박석 깔린 땅 위에 여러 방이 있는데 모두 삼십이며"라고 말씀하고 있습니다. 히브리어 원문으로 보면, '그가 나를 데리고 바깥뜰에 들어가니' 다음에 '베힌네'(וְהִנֵּה, '그리고 보아라!')라는 감탄사로 시작하고 있습니다. 이것은 박석 깔린 땅과 방들의 모습이 너무나 놀랍고 신비로웠음을 나타냅니다.

(1) 박석 깔린 땅

에스겔 40:17 상반절에서 "그가 나를 데리고 바깥뜰에 들어가니 뜰 삼면에 박석 깔린 땅이 있고"라고 말씀하고 있습니다. 바깥뜰 둘레에는 박석 깔린 땅이 있습니다. 여기 뜰 '삼면에'는 히브리어로 '둘레에'라는 뜻을 가진 '사비브'(סָבִיב)가 두 번 사용되어, '사비브 사비브'(סָבִיב סָבִיב)입니다. 이는 여러 방들이 담을 따라 돌아가면서 있었음을 의미합니다. ^{본 서 269페이지, 박석 깔린 땅의 '사비브 사비브' 참고}

박석 깔린 땅은 바깥뜰 문간 좌우로 펼쳐져 있으며(겔 40:17-18), 문간의 길이 50척(겔 40:15)과 같은 폭으로 일정하게 깔려 있습니다. 에스겔 40:18에서 "그 박석 깔린 땅의 위치는 각 문간의 좌우편 인데 그 광이 문간 길이와 같으니 이는 아래 박석 땅이며"라고 말씀하고 있습니다. 바깥뜰에 있는 박석 깔린 땅을 '아래 박석 땅'이라 부르는 것을 볼 때, 바깥뜰에서 8층계를 올라 안뜰 문간에 이르면 그 좌우에도 위 박석 깔린 땅이 있었을 것입니다.

이 박석 깔린 땅에는 모두 30개의 방이 있습니다(겔 40:17). 이 방들은 제사에 사용되는 물건들을 보관하거나 일반 백성이 희생 제물을 먹는 장소로 사용되었을 것입니다(^{참고-}신 16:7, 느 10:38-39, 12:44, 13:4-5, 9).

(2) 바깥뜰의 크기

에스겔 40:19 상반절에서 "그가 아래 문간 앞에서부터 안뜰 바깥 문간 앞까지 척량하니 그 광이 일백 척이며 동편과 북편이 일반이더라"라고 말씀하고 있습니다. 바깥뜰 문간에서부터 안뜰로 들어가는 계단을 지나 그 문간까지의 길이가 100척(53.2m)이라는 것입니다. 이 바깥뜰의 길이는 서쪽을 제외한 동쪽, 남쪽, 북쪽 모두 동일하게 기록되어 있습니다(겔 40:19, 23, 27).

박석 깔린 땅과 30개의 방들
Pavement and Thirty Chambers

에스겔 40:17-19 "그가 나를 데리고 바깥뜰에 들어가니 뜰 삼면에 박석 깔린 땅이 있고 그 박석 깔린 땅 위에 여러 방이 있는데 모두 삼십이며 ¹⁸ 그 박석 깔린 땅의 위치는 각 문간의 좌우편인데 그 광이 문간 길이와 같으니 이는 아래 박석 땅이며 ¹⁹ 그가 아래 문간 앞에서부터 안뜰 바깥 문간 앞까지 척량하니 그 광이 일백 척이며 동편과 북편이 일반이더라"

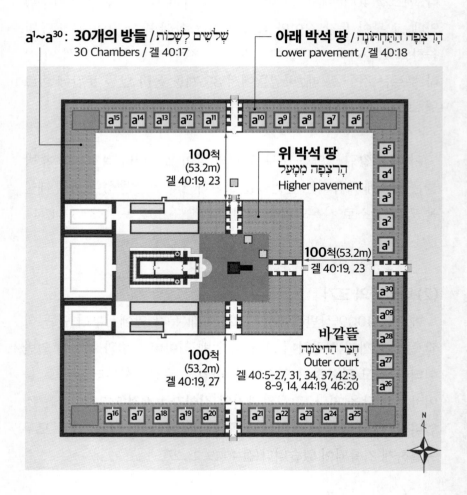

4. 바깥뜰 북향한 문간
Gate Which Faced North in the Outer Court
הַשַּׁעַר אֲשֶׁר פָּנָיו דֶּרֶךְ הַצָּפוֹן לֶחָצֵר הַחִיצוֹנָה

겔 40:20-23

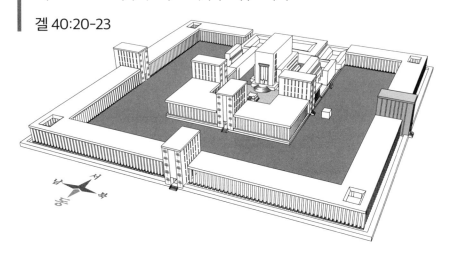

에스겔 선지자가 새 성전의 모습 가운데 네 번째로 본 것은 바깥뜰 북향한 문간이었습니다. 바깥뜰 동쪽으로 향한 문간의 크기는 장 50척(겔 40:15), 광 25척(겔 40:13)입니다. 북쪽으로 향한 문간도 동쪽과 그 장광이 똑같습니다. 에스겔 40:20-21上에서 "그가 바깥뜰 북향한 문간의 장광을 척량하니 21 장이 오십 척이요 광이 이십오 척이며"라고 말씀하고 있습니다.

문지기방과 그 벽과 그 현관도 동쪽으로 향한 문간과 똑같습니다. 21절에서 "문지기방이 이편에도 셋이요 저편에도 셋이요 그 벽과 그 현관도 먼저 척량한 문간과 같으며"라고 말씀하고 있는데, 특별히 22절을 볼 때, 바깥뜰 동향한 문간에서는 단순하게 '층계'라고 언급된 계단(겔 40:6)이 '일곱 층계'라고 자세하게 밝히고 있습니다. 나머지 부분도 동향한 문간과 동일합니다(겔 40:22-23).

5. 바깥뜰 남향한 문간
Gate Which Faced South in the Outer Court
הַשַּׁעַר אֲשֶׁר פָּנָיו דֶּרֶךְ הַדָּרוֹם לֶחָצֵר הַהִיצוֹנָה

겔 40:24-27

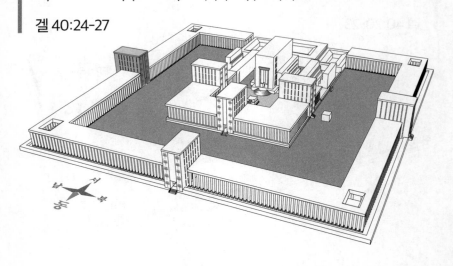

　에스겔 선지자가 다섯 번째로 본 새 성전의 모습은 바깥뜰 남향한 문간이었습니다. 에스겔 40:24上에서 "그가 또 나를 이끌고 남으로 간즉 남향한 문간이 있는데"라고 말씀하고 있습니다. 남쪽으로 향한 문간도 장 50척(겔 40:15), 광 25척(겔 40:13)으로 동쪽이나 북쪽과 그 장광이 동일합니다(겔 40:25). 그 벽과 현관, 현관 좌우에 있는 창도 동쪽이나 북쪽으로 향한 문간과 동일합니다(겔 40:24-25). 일곱 층계가 있는 이편, 저편 문벽 위에 종려나무를 새긴 것, 바깥뜰 문간에서 안뜰의 문간까지 100척인 것도 동일합니다(겔 40:26-27).

6. 안뜰 남향한 문간
Gate Which Faced South in the Inner Court
הַשַּׁעַר אֲשֶׁר פָּנָיו דֶּרֶךְ הַדָּרוֹם לֶחָצֵר הַפְּנִימִי

겔 40:28-31

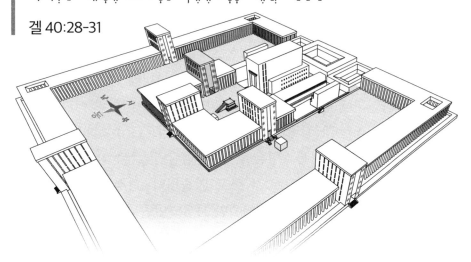

　　에스겔 선지자가 여섯 번째로 본 새 성전의 모습은 안뜰 남향한 문간이었습니다. 에스겔 40:28에서 "그가 나를 데리고 그 남문으로 말미암아 안뜰에 들어가서 그 남 문간을 척량하니"라고 말씀하고 있습니다. 안뜰에도 역시 동쪽 문, 남쪽 문, 북쪽 문이 있으며 그 문간의 구조는 바깥뜰과 일치합니다. 29절에서 "문지기방과 벽과 현관도 먼저 척량한 것과 같고 그 문간과 그 현관 좌우에도 창이 있으며"라고 말씀하고 있습니다. 안뜰의 문간은 현관이 바깥뜰을 향해 있습니다(겔 40:31, 34).

(1) 에스겔 40:30의 '현관'은 주랑현관을 가리킵니다.

　　30절에서 "그 사면 현관의 장은 이십오 척이요 광은 오 척이며"라고 하였는데, 앞서 29절에서는 안뜰의 문간 현관이 바깥뜰 문간 현관과 동일하다고 하였습니다. 즉, 안뜰의 문간 현관도 바깥뜰과 동일하게 너비가 22척이며 길이가 8척이라는 것입니다. 그런데 문간 전체의 너비가 25척이므로, 벽면을 고려하면 현관의 너비가 25척이 될 수 없습니다. 이러한 이유로 칠십인경은 30절을 삭제하였으며, 많은 신학자들은 이 구절을 오기(誤記)로 보고 있습니다.

그러나 이 구절은 안뜰 문간의 현관이 아니라 문간을 두르고 있는 주랑현관에 대해서 말씀하는 것입니다. 여기 '현관'이라고 번역된 히브리어는 '엘람'(אֵילָם)의 복수형 '엘라모트'(אֵלַמּוֹת)입니다. 일반적으로 '엘람'의 복수형은 남성형 '엘람밈'(אֵילַמִּים)을 쓰는데, 여기서는 여성형 '엘라모트'를 쓰고 있습니다. 성경에서 '엘라모트'는 단 두 번, 에스겔 40:16, 30에만 사용되었습니다. 16절에서는 문간 내에 있는 현관들을 말하지만, 30절에서는 그 척량의 값도 다를 뿐 아니라 '사면'이라는 표현이 나오는 것을 볼 때, 30절에서는 문간 안의 현관이 아니라 문간 밖에 좌우로 펼쳐진 주랑현관을 가리키는 것입니다.

'엘람'은 '울람'(אוּלָם)이라는 단어와도 교차적으로 사용되는데, 열왕기상 6:3, 7:6-7에서는 솔로몬 성전과 궁전에 있는 주랑현관을 가리킬 때 '울람'이 사용되었습니다(한글 개역성경: '낭실'). '주랑현관'이란 지붕이 있는 긴 복도를 말하는데, 여러 개의 기둥을 나란히 세운 복도에 천장을 덮은 회랑(回廊)을 가리킵니다. 또한 에스겔 40:30에서 '장'은 히브리어로 '오레크'(אֹרֶךְ)인데, '길이'라는 뜻 외에 '높이'라는 의미도 있으며, '광'으로 번역된 '로하브'(רֹחַב)는 '너비'를 의미합니다. 이는 기둥의 지름이 아니라 기둥 중심축에서 다음 기둥 중심축까지의 거리를 의미합니다.

종합해 볼 때, 문간 밖 좌우로 25척(13.3m)의 높은 기둥이 5척 (2.66m) 간격으로 둘러 주랑현관을 이루고 있습니다. 또한 에스겔 40:30은 28-29절과 연결되어 있는데, 29절 하반절에 "먼저 척량한 것과 같고"라고 한 것을 볼 때, 안뜰 문간의 규격이 먼저 척량한 바깥뜰 문간들과 같다는 것입니다. 그러므로 안뜰의 주랑현관과 같이, 바깥뜰에도 문간 좌우로 주랑현관이 둘려 있음을 알 수 있습니다. 만약 솔로몬의 왕궁과 동일한 건축 양식으로 만들어졌다면, 기둥들이 네 줄로 세워지고 그 위가 들보로 연결되어 있을 것입니다 (참고-왕상 7:2-3). 또한 이 주랑현관의 아래에는 박석 깔린 땅이 펼쳐져 있습니다. 주랑현관은 성전에 들어오는 사람들에게 시원한 그늘을 제공하고 전체 건물을 하나로 연결하는 역할을 합니다.

(2) 주랑현관에는 약 1,000개의 기둥이 세워집니다.

성경의 기록과 고대 근동의 건축 문화를 연구하면 에스겔 성전 주랑현관에 세워진 기둥의 개수를 계산해 볼 수 있습니다. 앞서 살펴보았듯이, 에스겔 성전의 주랑현관에는 25척 높이의 기둥이 5척 간격, 네 줄로 세워져 있었습니다. 고대 근동의 건축에서는 질서 체계와 비례를 매우 중요하게 생각했는데, 건축을 시작할 때 각 모서리 부분은 전체 건축물을 구성하는 기준점이 되었습니다. 에스겔 성전의 기둥 역시 모서리를 시작으로 반듯하고 질서정연하게 배치되었을 것입니다.

주랑현관의 기둥의 지름은 당시 기록을 통해서 추정해 볼 수 있습니다. 주전 1세기에 활동한 로마의 건축가 비트루비우스(Marcus Vitruvius Pollio)가 저술한 '건축십서'(*De Architectura*)에 따르면, 당시 가장 흔하게 사용되는 기둥 높이 규격은 지름의 10배 값이었습니다.[12] 또한 석조 구조물의 특성상 막대한 하중을 지지하기 위해 기둥 간격이 매우 조밀해야만 했습니다. 따라서 에스겔 40:30에서 에스겔이 보았던 주랑현관의 모습을 당시 시대상을 고려해서 재구성할 때, 기둥 높이가 25척이기 때문에 지름은 2.5척이 되고 기둥 거리는 5척이 됩니다. 그리고 이 기둥을 바깥뜰과 안뜰의 모서리부터 시작하여 질서정연하게 종과 횡으로 배치하면, 전체 기둥의 개수를 약 1,000개로 추정할 수 있습니다.

주랑현관의 기둥들 | 겔 40:30
The Pillars of the Porch

에스겔 40:30 "그 **사면**(סָבִיב סָבִיב, '사비브 사비브') **현관**(אֵלַמּוֹת, '엘라모트')의 **장**(אֹרֶךְ, '오레크')은 이십오 척이요 **광**(רֹחַב, '로하브')은 오 척이며"

기둥 높이
(אֹרֶךְ, '오레크')
25척(13.3m)

너비 50척의
주랑현관 내(內)
네 줄의 기둥
(참고-솔로몬 궁.
왕상 7:2)

기둥 사이 거리(רֹחַב, '로하브')
5척(2.66m)
(기둥 중앙부터
다음 기둥 중앙까지)

척량자: 놋같이 빛난 사람
(겔 40:3, 5)

박석 깔린 땅
(겔 40:17-18, 42:3)

50척(26.6m)

※ 바깥뜰 박석 깔린 땅의 삼면
(동, 남, 북)에는 30개의 방들이
배치되어 있으나, 본 그림에서는
이해를 돕기 위해서 방들을 생략함

바깥뜰과 안뜰의 주랑현관
The Porticoes of the Outer Court and the Inner Court

> **열왕기상 7:2** "저가 레바논 나무로 궁을 지었으니 장이 일백 규빗이요 광이 오십 규빗이요 고가 삼십 규빗이라 백향목 기둥이 네 줄이요 기둥 위에 백향목 들보가 있으며"

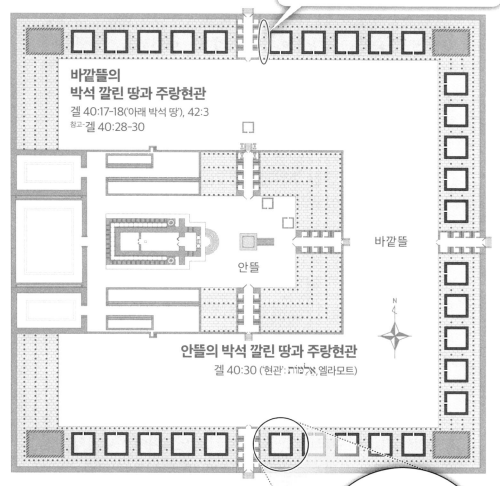

바깥뜰의
박석 깔린 땅과 주랑현관
겔 40:17-18('아래 박석 땅'), 42:3
참고-겔 40:28-30

바깥뜰

안뜰

안뜰의 박석 깔린 땅과 주랑현관
겔 40:30 ('현관': אֵלַמּוֹת, 엘라모트)

5척 5척 5척 5척 5척 5척 5척 5척

에스겔 40:30 "그 사면 현관 (주랑현관)의 장(אֹרֶךְ, '오레크': 기둥 높이)은 **이십오 척이요** 광(רֹחַב, '로하브': 기둥 거리)은 **오 척이며**"

※ **기둥의 규격과 배치**
① 기둥 높이 **25척**(13.3m)
② 기둥 사이 거리 **5척**(2.66m)
③ 너비 **50척** 내(內) 기둥 네 줄(참고-솔로몬 궁, 왕상 7:2)
(기둥 지름 **2.5척**(1.33m) 추정, 기둥 총 개수는 **약 1,000개**)

일반적으로 성경에서 '1000'이라는 숫자는 10을 세 번 곱한 것으로 최고의 충만, 완전한 충만을 가리킵니다. 신명기 1:11에서 최고의 축복을 '천 배'라고 표현하고 있으며, 요한계시록 20:4에서는 "예수의 증거와 하나님의 말씀을 인하여 목 베임을 받은 자의 영혼들과 또 짐승과 그의 우상에게 경배하지도 아니하고 이마와 손에 그의 표를 받지도 아니한 자들이 살아서 그리스도로 더불어 천 년 동안 왕 노릇 하니"라고 하여 '천 년'을 충만한 기간의 의미로 강조하고 있습니다.

(3) 에스겔 성전의 문간 주위에 둘린 기둥은 구속사적으로 성도의 사명을 나타냅니다.

성경에는 이스라엘을 통해 진행되는 하나님의 역사를 기념하기 위해 기둥을 세우는 경우가 많이 등장합니다. 출애굽기 24:4을 볼 때 모세가 시내 광야에서 하나님과 이스라엘과의 언약 체결 시 열두 지파를 대표하는 열두 기둥을 세웠으며, 여호수아 4:5, 8을 볼 때 요단 도하를 기념하며 이스라엘 열두 지파를 대표하는 열두 돌을 세웠습니다(^{참고-}왕상 18:31).

하나님의 언약 안에 부름 받아 예수 그리스도의 피로 구속 받은 성도는 하나님의 교회를 세워 가는 기둥 같은 존재입니다. 우리는 모퉁잇돌 되신 예수 그리스도 안에서 서로 연결되어 하나님의 성전을 이루어 가는 사명자들입니다(엡 2:20-22). 그러므로 교회야말로 유일한 '진리의 기둥과 터'인 것입니다(딤전 3:15). 많은 핍박 속에서도 초대교회의 핵심적인 역할을 한 사도들을 "기둥같이 여기는 야고보와 게바와 요한"이라고 말씀하고 있습니다(갈 2:9). 오늘날 우리에게 주신 소망의 담대함과 자랑을 끝까지 붙잡고 충성하는 가운

데, 하나님의 집을 세워 가며 끝까지 남는 견고한 기둥 같은 사명자
가 되시기를 바랍니다(히 3:6, 계 3:12).

(4) 바깥뜰과 안뜰의 각 문으로 올라가는 계단의 개수가 다릅니다.

바깥뜰의 각 문으로 올라가는 계단은 일곱 개지만(겔 40:22, 26),
안뜰의 각 문으로 올라가는 계단은 여덟 개입니다(겔 40:31, 34, 37).
바깥뜰과 안뜰은 사면을 모두 벽이나 담으로 둘러싸고 있기에, 바
깥쪽에서는 안쪽을 전혀 살펴볼 수 없습니다. 이는 거룩의 정도를
철저하게 구분하는 것입니다. 또한 올라갈수록 계단의 수가 많아지
는 것은 하나님께 가까이 나아갈수록 더욱 높은 수준으로 거룩해야
함을 가르쳐 줍니다.

한편 바깥뜰 계단과 안뜰 계단을 합치면 총 15개입니다. 시편에
기록된 '성전에 올라가는 노래'가 열다섯 편(시 120-134편)인 것은
참으로 의미심장합니다. 전승에 의하면, 바벨론 포로에서 귀환한
후 유대인들은 성전의 계단을 하나씩 오르면서 열다섯 편의 시편을
한 편씩 노래했다고 전해집니다.[13]

성전의 사면 담과 뜰 구성
The Wall of the Temple All Around and the Courts

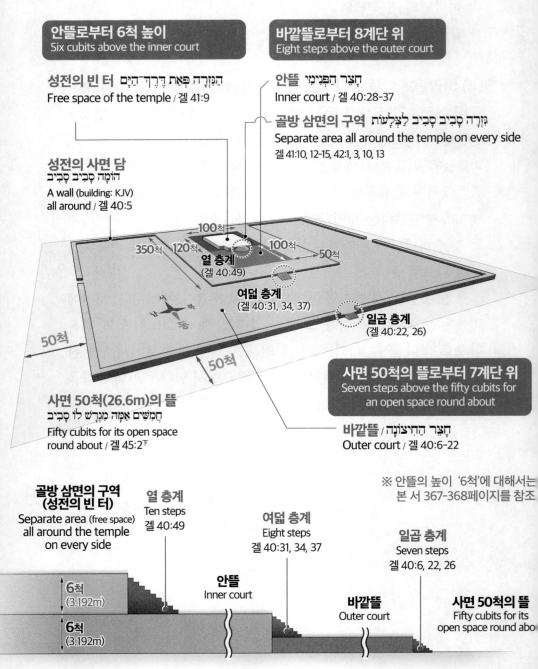

안뜰로부터 6척 높이
Six cubits above the inner court

성전의 빈 터 הַגִּזְרָה פְּאַת דֶּרֶךְ הַיָּם
Free space of the temple / 겔 41:9

성전의 사면 담 הוּמָה סָבִיב סָבִיב
A wall (building: KJV)
all around / 겔 40:5

바깥뜰로부터 8계단 위
Eight steps above the outer court

안뜰 חָצֵר הַפְּנִימִי
Inner court / 겔 40:28-37

골방 삼면의 구역 גִּזְרָה סָבִיב סָבִיב לַצְּלָעוֹת
Separate area all around the temple on every side
겔 41:10, 12-15, 42:1, 3, 10, 13

100척
350척　120척　　　100척　　50척
열 층계
(겔 40:49)

여덟 층계
(겔 40:31, 34, 37)

서 북 남 동

50척

일곱 층계
(겔 40:22, 26)

50척

사면 50척(26.6m)의 뜰 חֲמִשִּׁים אַמָּה מִגְרָשׁ לוֹ סָבִיב
Fifty cubits for its open space
round about / 겔 45:2下

사면 50척의 뜰로부터 7계단 위
Seven steps above the fifty cubits for
an open space round about

바깥뜰 / חָצֵר הַחִיצוֹנָה
Outer court / 겔 40:6-22

※ 안뜰의 높이 '6척'에 대해서는
본 서 367-368페이지를 참조

골방 삼면의 구역
(성전의 빈 터)
Separate area (free space)
all around the temple
on every side

열 층계
Ten steps
겔 40:49

여덟 층계
Eight steps
겔 40:31, 34, 37

일곱 층계
Seven steps
겔 40:6, 22, 26

안뜰
Inner court

바깥뜰
Outer court

사면 50척의 뜰
Fifty cubits for its
open space round abo

6척
(3.192m)

6척
(3.192m)

7. 안뜰 동향한 문간
Gate Which Faced East in the Inner Court
הַשַּׁעַר אֲשֶׁר פָּנָיו דֶּרֶךְ הַקָּדִים לֶהָצֵר הַפְּנִימִי

겔 40:32-34

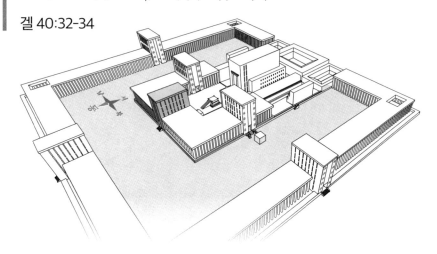

에스겔 선지자가 일곱 번째로 본 새 성전의 모습은 안뜰 동향한 문간이었습니다. 에스겔 40:32에서 "그가 나를 데리고 안뜰 동편으로 가서 그 문간을 척량하니"라고 말씀하고 있습니다. 그 척수는 장이 50척이요 광이 25척으로(겔 40:33), 지금까지 살펴본 모든 문간의 크기와 같습니다. 나머지 부분도 위에서 살펴본 문간들의 식양과 같습니다.

에스겔 40:33-34 "장이 오십 척이요 광이 이십오 척이며 그 문지기방과 벽과 현관이 먼저 척량한 것과 같고 그 문간과 그 현관 좌우에도 창이 있으며 ³⁴ 그 현관이 바깥뜰로 향하였고 그 이편, 저편 문벽 위에도 종려나무를 새겼으며 그 문간으로 올라가는 여덟 층계가 있더라"

8. 안뜰 북향한 문간
Gate Which Faced North in the Inner Court
הַשַּׁעַר אֲשֶׁר פָּנָיו דֶּרֶךְ הַצָּפוֹן לֶחָצֵר הַפְּנִימִי

겔 40:35-37

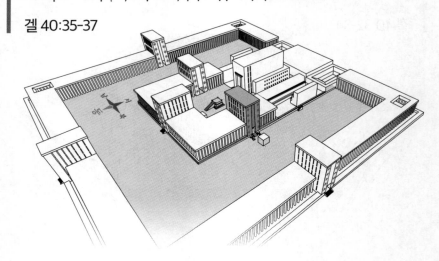

　　에스겔 선지자가 여덟 번째로 본 새 성전의 모습은 안뜰 북향한 문간이었습니다. 에스겔 40:35에서 "그가 또 나를 데리고 북문에 이르러 척량하니"라고 말씀하고 있습니다. 그 척수는 장이 50척이요 광이 25척이었습니다(겔 40:36). 이것 역시 지금까지 살펴본 모든 문간의 크기와 같은 것입니다. 현관이 바깥뜰로 향한 것과 계단의 개수 8개, 문벽 위에 종려나무를 새긴 것까지(겔 40:37) 모두 위에서 살펴본 문간들의 식양과 같습니다(겔 40:31, 34).

　　에스겔 성전의 북향한 문간은 많은 사람들이 출입하는 곳입니다. 에스겔 44:1-2을 볼 때, 바깥뜰 동향한 문간은 하나님께서 들어오신 문간이기 때문에 아무도 출입하지 못하도록 닫아 두게 하셨습니다. 왕이라 해도 반드시 북쪽이나 남쪽 문간의 현관을 통해서 안으로 들어와야 했습니다. 안식일과 월삭의 경우에는 안뜰 동향한 문간의 문통에서 경배한 후에 왔던 문으로 다시 돌아가야 했으며 (겔 46:1-2), 그 외의 절기에는 몸을 돌리지 않고 북쪽에서 들어온 자는 남쪽으로, 남쪽에서 들어온 자는 북쪽으로 나가야 했습니다(겔 46:9-10).

에스겔이 사로잡힌 지 6년 6월 5일(주전 592년)에 받은 이상을 볼 때, "안뜰로 들어가는 북향한 문"(겔 8:3)은 당시 솔로몬 성전에서 우상숭배의 죄악이 극심했던 곳으로 언급되었습니다. 에스겔 8:5에서 "그가 내게 이르시되 인자야 이제 너는 눈을 들어 북편을 바라보라 하시기로 내가 눈을 들어 북편을 바라보니 제단 문 어귀 북편에 그 투기의 우상이 있더라"라고 말씀하고 있습니다. 여기 북향한 문을 가리켜 '제단 문'이라고 한 것은 하나님께 바칠 제물들이 주로 북문을 통해 운반되었기 때문입니다(참고-레 1:11, 4:24, 33, 7:2).

북향한 문에서 행하는 가증한 일 때문에 하나님께서는 마침내 성전을 떠나겠다고 선포하셨습니다(겔 8:6). 여기 '가증'은 히브리어 '토에바'(תּוֹעֵבָה)로, '혐오스러운 것, 증오스러운 것'이라는 의미입니다. 이 단어는 일반적인 원칙을 벗어나 혐오를 자아내는 각종 불법에 대해서 사용됩니다(참고-신 7:25-26, 12:31, 13:14, 17:4, 27:15, 왕하 16:3). 하나님께서는 악인의 제사를 혐오스러워하시며(잠 15:8-9), 외식적인 예배에 대해 가증하다고 말씀하셨습니다(사 1:11-15). 심지어 '토에바'는 우상과 동의어로 사용되기도 합니다(왕하 23:13, 사 44:19). 에스겔 선지자는 이스라엘 백성이 안뜰 북향한 문에서 행했던 가증한 우상숭배에 대하여 그 정도가 심각해진 상태를 다음 네 단계로 강조하였습니다.

첫째, "크게 가증한 일"

에스겔 8:6 상반절에서는 "인자야 이스라엘 족속의 행하는 일을 보느냐 그들이 여기서 크게 가증한 일을 행하여 나로 내 성소를 멀리 떠나게 하느니라"라고 말씀하고 있습니다. 여기 '크게 가증한 일'은 히브리어 '토에보트 게돌로트'(תּוֹעֲבוֹת גְּדֹלוֹת)로, '토에바'(תּוֹעֵבָה)의 복수형과 '큰, 엄청난'이라는 뜻의 '가돌'(גָּדוֹל)이 합쳐진 단어입니다.

'크게 가증한 일'은 투기의 우상 곧 투기를 격발케 하는 우상(겔 8:5-6)이 제단 문 어귀 북편에 있었던 것입니다. 이는 이스라엘이 우상을 섬김으로 하나님의 질투를 불러일으켰음을 뜻합니다(출 20:5, 34:14, 신 5:9, 29:18-21, 32:16, 참고-민 25:11). 하나님은 언약 맺은 자기 백성이 허탄한 우상에 빠져 있을 때, 그것을 책망하실 뿐 아니라 그들을 바른 길로 돌이키고자 맹렬한 질투를 발하여 심판을 단행하십니다.

둘째, "너는 다시 다른 큰 가증한 일을 보리라"

에스겔 8:6 하반절에서는 "너는 다시 다른 큰 가증한 일을 보리라 하시더라"라고 말씀하고 있습니다. 여기 '큰 가증한 일'은 상반절의 '크게 가증한 일'과 같은 '토에보트 게돌로트'(תּוֹעֲבוֹת גְּדֹלוֹת)이며, 9절에서는 "가증하고 악한 일"로 말씀하고 있습니다.

에스겔 선지자가 여호와의 이끌림을 받아 뜰 문에 이르러 본즉, 담에 구멍이 있었습니다(겔 8:7). 에스겔이 하나님의 말씀대로 그 담을 헐자 한 문이 있었고, 하나님께서는 그 문에 들어가 이스라엘 백성이 행하는 "가증하고 악한 일을 보라"라고 하셨습니다(겔 8:8-9). 에스겔 선지자가 그 문으로 들어가 보니, "각양 곤충과 가증한 짐승과 이스라엘 족속의 모든 우상"이 그 사면 벽에 그려져 있었습니다(겔 8:10, ^{참고}신 4:17-18). 담에 구멍이 있고 또 안으로 들어가는 한 문이 있었던 것은, 성전에서 죄를 짓되 남의 눈에 결코 띄지 않는 곳에서 은밀히 행하였음을 강조하며, 죄를 짓고도 철저하게 감추려 했음을 보여 줍니다. 에스겔이 더 놀란 것은, 우상숭배한 장본인들이 자기가 전혀 생각지 못한 '장로 중 70인과 사반의 아들 야아사냐'였기 때문입니다(겔 8:11). 그들은 "그 우상의 방 안 어두운 가운데서" 죄를 짓고 '하나님께서 우리를 보지 않는다'고 했습니다(겔 8:12). 제아무리 스스로 완전한 범죄라 여길지라도 하나님의 눈에는 숨길 수 없습니다(시 10:11-16, 139:1-4).

셋째, "너는 다시 그들의 행하는바 다른 큰 가증한 일을 보리라"

에스겔 8:13에서는 "너는 다시 그들의 행하는바 다른 큰 가증한 일을 보리라"라고 말씀하고 있습니다. 여기 '큰 가증한 일'도 '토에보트 게돌로트'(תּוֹעֵבוֹת גְּדֹלוֹת)입니다.

에스겔 선지자가 여호와의 전으로 들어가는 북문에 이르자, 여인들이 앉아 담무스 우상을 위하여 애곡하고 있었습니다(겔 8:14). 담무스는 고대 바벨론으로부터 숭배해 온 남신이며 봄의 식물을 보호하는 신으로, 주로 여자들이 섬겼습니다. 다니엘 11:37에 '여자의 사모하는 것'은 담무스 신을 가리키며, 그것에 제사할 때는 매우 음란한 의식을 행하였습니다. 바벨론 사람들은 이 신이 4월에 지하 세계로 내려갔다가 이듬해 봄에 소생하여 만물을 소성케 한다고 믿었기 때문에 4월을 '담무스월'이라고 불렀습니다. 그리고 담무스가 지하 세계로 내려가는 4월에는 이를 슬퍼하며 애곡하는 의식이 행해졌습니다. 이러한 허무한 이방 우상 담무스 신이 남 유다에 들어 왔을 뿐 아니라 성전 입구에서 주인 행세를 하고 있었던 것입니다.

넷째, "너는 또 이보다 더 큰 가증한 일을 보리라"

이어서 에스겔 8:15 하반절에서 하나님께서는 "또 이보다 더 큰 가증한 일을 보리라(greater abominations than these)"라고 말씀하셨습니다.

여기 '더 큰 가증한 일'은 히브리어 '토에보트 게돌로트 메엘 레'(תוֹעֵבוֹת גְּדֹלוֹת מֵאֵלֶּה)로, 직역하면 '이것들보다 더 큰 가증한 일' 입니다. '이것들'은 앞서 살폈던 가증한 일들입니다. 현재까지 본 것 도 도저히 있을 수 없는 역겨운 일인데, 지금까지 언급한 모든 가 증한 일들보다 더 큰 가증한 일들을 본다는 것입니다. 그것은 바로 "여호와의 전 문 앞 현관과 제단 사이에서 약 이십오 인이 여호와 의 전을 등지고 낯을 동으로 향하여 동방 태양에 경배"하는 것이었 습니다(겔 8:16). '약 이십오 인'이라는 표현은 아마도 그들이 위치 한 자리를 볼 때, 제사장 24인과 대제사장 1인을 합한 숫자일 것입 니다. 이에 하나님께서는 "유다 족속이 여기서 행한 가증한 일을 적 다 하겠느냐"(겔 8:17上)라고 탄식하시며, "심지어 나무가지를 그 코 에 두었느니라"(겔 8:17下)라고 말씀하셨습니다. 나뭇가지를 코에 두 는 것은 당시 고대 근동에서 우상을 숭배하는 제의 행동을 가리키 는 것으로 보입니다.[14]

에스겔 성전에서 번제물을 씻는 방은 예루살렘 성전에서 온갖 가증한 우상숭배가 들끓었던 곳과 위치가 같습니다. 하나님의 임재 의 상징인 성전에서 감히 갖가지 우상숭배가 아무 거리낌 없이 행해진 것은 너무나 크고 가증한 범죄였습니다. 오늘날도 하나님의 성전에서 하나님이 가장 싫어하시는 우상숭배가 자행되고 있습니다. 하나님의 말씀보다 사람의 생각과 사상을 앞세우거나, 하나님께 대한 사랑보다 물질과 명예에 대한 욕구가 더 크거나, 하나님께 대한 헌신과 봉사, 충성보다 자신과 자기 사업과 가족에 대한 일이 우선시되는 것입니다. 그것은 분명 우상숭배입니다(^{참고-}마 10:37, 롬 8:5-8, 골 3:5). 더 나아가 하나님 앞에 순종치 않고 교만한 것도 가증스러운 우상숭배인 것입니다(삼상 15:23, ^{참고-}시 101:5, 잠 18:12, 29:1, 호 13:6).

하나님께서는 번제물 씻는 방을 안뜰로 들어가는 북향한 문간 입구에 두게 하심으로써, 선민의 과거 죄악을 상기하게 하시고 회복된 새 성전을 통해 과거의 죄악을 반복하지 말아야 된다는 사실을 깨우쳐 주셨습니다.

9. 번제물을 씻는 방
Chamber Where the Burnt Offering Is Rinsed
לְשָׁפָה יָדִיחוּ אֶת־הָעֹלָה

겔 40:38-43

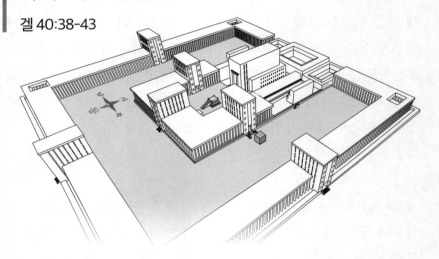

　　에스겔 선지자가 아홉 번째로 본 새 성전의 모습은 번제물을 씻는 방이었습니다. 에스겔 40:38에서 "그 문벽 곁에 문이 있는 방이 있는데 그것은 번제물을 씻는 방이며"라고 말씀하고 있습니다. 여기 '씻는'은 히브리어 '두아흐'(דּוּחַ)로, '내던지다, 내버리다, 깨끗케 하다'라는 뜻이며, 희생 제물을 제단 위에 올리기 전에 그 더러움을 씻는 것을 의미합니다(레 1:9, 13). 번제물을 씻는 방은 이미 구별된 제물들을 재차 정결케 하는 곳으로, 하나님께 드리는 제물이 반드시 거룩히 구별되어야 함을 강조합니다.

　　여기 '방'은 히브리어 '리쉬카'(לִשְׁכָּה)인데, 이는 단수로서 번제물을 씻는 방은 성전에서 북향한 문벽 맞은편에 단 한 군데에만 있다는 것입니다. 한글 개역성경의 '그 문벽 곁에'에서 '문벽'은 히브리어 '아일'(אַיִל)의 복수형인 '엘림'(אֵילִים)으로, 북향한 문간의 출입구 양 옆에 서있는 벽을 의미합니다. 또한 '곁'은 히브리어 전치사 '베'(בְ)로, 여기서는 '마주하여, 반대하여'라는 뜻으로 해석해야 합니다. 안뜰의 북문을 통과하면 바로 번제물을 씻는 방의 문이 마주하고 있었던 것입니다. 레위기 1장에 기록된 번제의 규례에서도 번제물을 잡는 곳은 '단 북편'(레 1:11, ^{참고}레 4:24, 33, 7:2)으로 규정되어 있습니다.

또한 에스겔 선지자는 그 북문 입구에서 희생 제물을 잡는 상과 갈고리를 보았습니다(겔 40:39-43).

첫째, 희생 제물을 잡는 상은 여덟 개였습니다.

에스겔 40:39에서 "그 문의 현관 이편에 상 둘이 있고 저편에 상 둘이 있으니 그 위에서 번제와 속죄제와 속건제의 희생을 잡게 한 것이며"라고 말씀하고 있습니다. 여기 '현관'은 히브리어 '베울람'(בְּאֻלָם)으로, '현관 안에'라는 뜻입니다. 그러므로 안뜰의 북향한 문간의 현관 안쪽에 좌우로 상이 두 개씩 있는 것입니다. 영어 성경 NASB에서도 "And in the porch of the gate were two tables on each side"라고 번역하고 있습니다. 이 상들 위에서 번제와 속죄제와 속건제의 희생 제물을 잡게 하였습니다. 그리고 북문 바깥쪽 곧 입구로 올라가는 곳 좌우로도 상이 둘씩 있으며(겔 40:40^上), 39절에서 살펴보았듯 문의 현관 안쪽 좌우에도 상이 둘씩 있습니다(겔 40:40). 즉, 문간 안쪽에 두 쌍, 바깥쪽에 두 쌍 합해서 모두 여덟 개의 상이 있으며 이것들은 희생 제물을 잡는 데 사용됩니다. 41절에 "문 곁 이편에 상이 넷이 있고 저편에 상이 넷이 있어 합이 여덟 상이라 그 위에서 희생을 잡는 소용이며"라고 말씀하고 있습니다.

한편, 모세의 장막 성전이나 솔로몬 성전에서는 상에 관한 언급이 전혀 없습니다. 에스겔 성전에서 희생 제물을 잡는 데 여덟 개나 되는 많은 상들이 언급된 것은, 하나님께 희생물들이 많이 드려질 것이며, 그 많은 번제물들을 즉시 처리하기 위하여 일하는 사람도 많다는 것입니다. 이는 단지 과거의 제사 제도의 부활을 강조하기보다는, 이전과 다른 참제사를 통해 이스라엘 백성과 하나님과의 관계가 온전한 상태로 회복된다는 소망의 메시지입니다. 이를 통해 포로지에 있는 이스라엘 백성은 과거에 자신들이 우상을 섬기고 온전치 못한 제사를 드림으로 하나님께서 징계하셨지만, 이제 다시 옛 땅으로 돌아가면 더 큰 성전을 짓고 더 많은 제사를 온전히 드림으로 하나님과의 언약 관계를 회복할 것이라는 소망을 가지게 되었을 것입니다.

둘째, 다듬은 돌로 만든 상이 네 개 더 있습니다.

북문 입구에는 번제에 쓰는 상 넷이 더 있습니다(겔 40:42). 이 상들은 재료뿐 아니라 크기까지 특별히 언급되었는데 그 재료는 '다듬은 돌'이었으며, 크기는 장 1.5척(79.8cm), 광 1.5척(79.8cm), 고 1척(53.2cm)입니다(겔 40:42上). 그 상 위에는 번제의 희생을 잡을 때 쓰이는 도구들, 곧 각을 뜨거나 자르거나 제물을 손질하는 데 필요한 각종 기구들이 놓여 있습니다(겔 40:42下). 이 상은 희생 제물을 잡는 상 사이에 하나씩 놓여져, 현관 안에 한 쌍, 현관 바깥에 한 쌍이 있습니다.

셋째, 길이가 손바닥 넓이 만한 갈고리가 사방에 박혀 있었습니다.

현관 안의 사면에는 길이가 손바닥 넓이 만한 갈고리가 박혀 있습니다(겔 40:43). 이 갈고리는 번제물 짐승을 잡은 후 그 가죽을 벗기고 내장과 정강이를 취해 씻은 것들을 걸어 놓기 위한 도구입니다(레 1:9, 13, 8:21, 9:14).

번제물을 씻는 방과
안뜰 북향한 문간 | 겔 40:38-43
The Chamber Where the Burnt Offering
Is Rinsed and Gate of the Inner Court
Which Faced the North

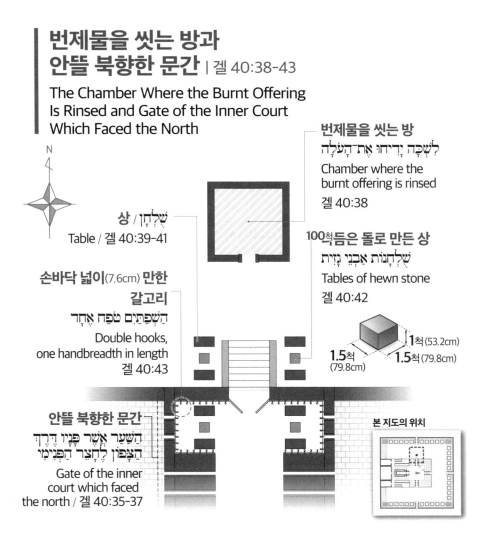

번제물을 씻는 방
לִשְׁכָּה יָדִיחוּ אֶת־הָעֹלָה
Chamber where the
burnt offering is rinsed
겔 40:38

상 / שֻׁלְחָן
Table / 겔 40:39-41

100척듬은 돌로 만든 상
שֻׁלְחָנוֹת אַבְנֵי גָזִית
Tables of hewn stone
겔 40:42

손바닥 넓이(7.6cm) 만한
갈고리
הַשְׁפַתַּיִם טֹפַח אֶחָד
Double hooks,
one handbreadth in length
겔 40:43

1척(53.2cm)
1.5척(79.8cm)
1.5척(79.8cm)

안뜰 북향한 문간
הַשַּׁעַר אֲשֶׁר פָּנָיו דֶּרֶךְ
הַצָּפוֹן לֶחָצֵר הַפְּנִימִי
Gate of the inner
court which faced
the north / 겔 40:35-37

본 지도의 위치

10. 노래하는 자들의 방
Chambers for the Singers
לִשְׁכוֹת שָׁרִים

겔 40:44-47

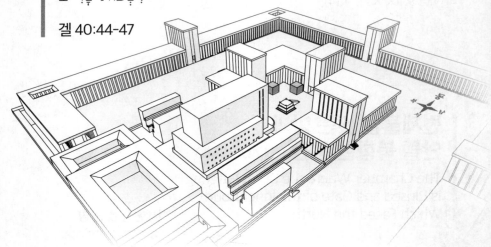

　　에스겔 선지자가 열 번째로 본 새 성전의 모습은 노래하는 자들
의 방이었습니다. 에스겔 40:44에서 "안문 안 안뜰에는 방 둘이 있
는데 북문 곁에 있는 방은 남으로 향하였고 남문 곁에 있는 방은 북
으로 향하였더라"라고 말씀하고 있습니다.

　　여기 "안문 안 안뜰"은 원어적으로 '안 문간 외부의 안뜰'이라는
의미입니다. 이 표현은 에스겔이 안뜰 북향한 문간을 본 뒤 바깥뜰
로 나가 번제물을 씻는 방을 보고, 다시 안뜰 북향한 문간을 통과
해 들어와서 안뜰 쪽을 보았다는 의미입니다. 그리고 '방 둘이 있
는데'는 히브리어 '리쉬코트 샤림'(לִשְׁכוֹת שָׁרִים)인데, '리쉬코트'는
'방들', '샤림'은 '노래하다'라는 뜻이므로 '노래하는 자들의 방들
이 있는데'라는 뜻입니다. 바른성경(노래하는 자들의 방), 영어 성경
KJV(the chambers of the singers), NASB(chambers for the singers)는 이

러한 입장에서 '노래하는 자들의 방'으로 번역한 것입니다. 그런데 한글 개역성경에서는, '샤림'(שָׁרִים)이 '둘'(두 개)을 뜻하는 '쉐타임'(שְׁתַּיִם)을 잘못 기록한 것으로 판단하여 "방 둘이 있는데"라고 번역하였습니다. 표준새번역(방 두 개), 공동번역(방이 둘), 현대인의성경(두 개의 방), NIV(two rooms), RSV(two chambers)도 이러한 입장에서 '방들로' 번역한 것입니다.

그런데 에스겔 40:45-46을 볼 때 '노래하는 자들'을 "성전을 수직하는 제사장들"과 "제단을 수직하는 제사장들"이라고 말씀하고 있습니다. 하나님께 드리는 제사에는 항상 찬양이 동반되기 때문에 성전과 제단을 맡아 직무를 수행하는 제사장들은 모두 '노래하는 자들'입니다(참고-대하 30:21, 31:2). 그들의 입에서 늘 찬송이 끊어지지 않을 때, 항상 감사와 기쁨과 즐거움 속에서 맡겨주신 사명을 감당할 수 있습니다. 이스라엘은 개인적으로나 국가적으로 신앙적 체험을 노래로 기념하고 축하했으며, 특히 하나님께서 베푸신 구원의 은혜를 노래로 감사했고(참고-출 15:1-18, 삿 5:1-31) 하나님과 동행하는 삶에서 얻어진 기쁨과 감격 등의 감정을 노래로 표현하였습니다. 사도 바울은 신령한 노래를 권했고(엡 5:19, 골 3:16), 사도 요한은 하늘에서 부를 새 노래를 말씀하였습니다(계 5:9, 14:3).

① 북문 곁에 있는 남향한 방(성전을 수직하는 제사장들의 방)

이 방은 "안문 안 안뜰에" 위치하되, "문 곁에" 있어야 합니다(겔 40:44). 하나님께서는 북문 안뜰 쪽에 방을 두고 남쪽으로 향하게 하

---

* 개역개정 성경은 두 견해를 혼합하여 '노래하는 자의 방 둘'이라고 번역하였습니다.

시고, 동문 안뜰 쪽에 방을 두고 북쪽으로 향하게 하여 서로 반대되게 하셨습니다. 북문 곁에 있는 남향한 방은 성전을 수직하는 제사장들이 사용했습니다(겔 40:45).

여기 '수직하는'에 해당하는 히브리어는 '쇼메레 미쉬메레트'(שֹׁמְרֵי מִשְׁמֶרֶת)입니다. '미쉬메레트'(מִשְׁמֶרֶת)는 '파수, 감시, 의무'라는 뜻이고, '쇼메레'(שֹׁמְרֵי)는 '보호하다, 지키다, 시중들다' 등을 의미합니다. 그러므로 '성전을 수직하는 제사장들'이란, 성전에서 하나님께 각종 제사를 드릴 때에 모든 제사 과정이 거룩하고 순조롭게 진행될 수 있도록 성전 주변을 살피고 관리하는 제사장들을 가리킵니다.

② 동문 곁에 있는 북향한 방(제단을 수직하는 제사장들의 방)

에스겔 40:44 하반절에서 "남문 곁에 있는 방은 북으로 향하였더라"라고 말씀하고 있습니다. 한글 개역성경에서 '남문'(南門)은 칠십인경의 번역과 일치하지만, 히브리어 원문을 볼 때는 '샤아르 하카딤'(שַׁעַר הַקָּדִים)으로, '카딤'이 '동쪽'이라는 뜻이기 때문에 '동문'(東門, east gate)을 말하는 것입니다. 이 방은 동문 곁에 있는 북향한 방이었으며, 제단을 수직하는 제사장들이 사용하였습니다(겔 40:46 上). 그러므로 히브리어 원문에 따르면, 성전을 수직하는 제사장들의 방과 제단을 수직하는 제사장들의 방은 번제단을 사이에 두고 서로 마주 보고 있는 것이 아니라, 안뜰의 북문과 동문 사이의 공간에 위치하고 있습니다. 에스겔 선지자가 성전을 수직하는 제사장들의 방과 제단을 수직하는 제사장들의 방을 연속하여 보고 설명하는 것을 볼 때, 두 방은 번제단 북쪽, 남쪽으로 멀리 떨어져 있는 것이 아니라 한눈에 들어올 정도로 가까이 있다고 보는 것이 더 설득력이 있습니다.

'제단을 수직하는 제사장들'은 제사를 드리는 일을 전담했던 제사장들로, 이는 본래 아론의 후손에게 주어진 직책이었습니다(출 28:1-4, 29:9, 44). 그러나 하나님께서는 성전에서 변함없이 그 직무를 행한 사독 계열의 제사장들과 비(非)사독 계열의 제사장들을 구별하시고, 비(非)사독 계열에게서는 제사장의 고유 직무를 박탈하셨습니다(겔 44:9-13).

> **에스겔 44:15** "이스라엘 족속이 그릇하여 나를 떠날 때에 사독의 자손 레위 사람 제사장들은 내 성소의 직분을 지켰은즉 그들은 내게 가까이 나아와 수종을 들되 내 앞에 서서 기름과 피를 내게 드릴찌니라 나 주 여호와의 말이니라"

그런 점에서 성전을 수직하는 제사장들과 제단을 수직하는 제사장들은 모두 사독 자손으로, 여호와께 가까이 나아가 수종 들었습니다(겔 40:45-46, ^{참고-}삼상 2:27-36, 왕상 2:26-27, 35, 느 11:11).

한편, 전 앞에 있는 안뜰은 길이 100척, 너비 100척으로 네모반듯합니다. 그리고 그 안뜰 가운데 번제단이 있습니다. 에스겔 40:47 에서 "그가 또 그 뜰을 척량하니 장이 일백 척이요 광이 일백 척이라 네모반듯하며 제단은 전 앞에 있더라"라고 말씀하고 있습니다.

안뜰에 위치한 노래하는 자들의 방
The Rooms for the Singers in the Inner Court

에스겔 40:44 "안문 안 안뜰에는 방 둘이 있는데 **북문 곁에 있는 방은 남으로 향하였고 남문**(הַקָּדִים שַׁעַר, '샤아르 하카딤': **동문**) **곁에 있는 방은** 북으로 향하였더라"

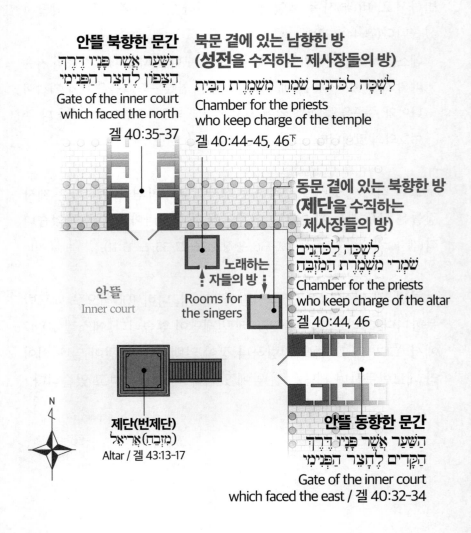

안뜰 북향한 문간
הַשַּׁעַר אֲשֶׁר פָּנָיו דֶּרֶךְ
הַצָּפוֹן לֶחָצֵר הַפְּנִימִי
Gate of the inner court
which faced the north
겔 40:35-37

북문 곁에 있는 남향한 방
(성전을 수직하는 제사장들의 방)
לִשְׁכָּה לַכֹּהֲנִים שֹׁמְרֵי מִשְׁמֶרֶת הַבַּיִת
Chamber for the priests
who keep charge of the temple
겔 40:44-45, 46下

동문 곁에 있는 북향한 방
(제단을 수직하는
제사장들의 방)
לִשְׁכָּה לַכֹּהֲנִים
שֹׁמְרֵי מִשְׁמֶרֶת הַמִּזְבֵּחַ
Chamber for the priests
who keep charge of the altar
겔 40:44, 46

안뜰
Inner court

노래하는
자들의 방
Rooms for
the singers

제단(번제단)
(מִזְבֵּחַ)אֲרִיאֵל
Altar / 겔 43:13-17

안뜰 동향한 문간
הַשַּׁעַר אֲשֶׁר פָּנָיו דֶּרֶךְ
הַקָּדִים לֶחָצֵר הַפְּנִימִי
Gate of the inner court
which faced the east / 겔 40:32-34

11. 성전 문 현관
Porch of the Temple
אוּלָם דֶּלֶת הַהֵיכָל

겔 40:48-49

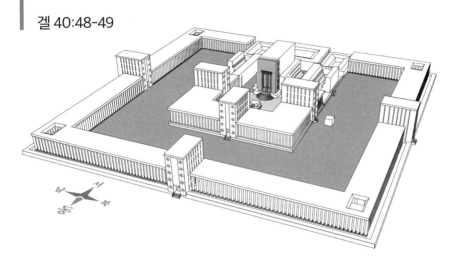

에스겔 선지자가 열한 번째로 본 새 성전의 모습은 성전 문 현관이었습니다. 에스겔 40:48에서 "그가 나를 데리고 전 문 현관에 이르러"라고 말씀하고 있습니다. 성소의 현관 좌우 벽은 각각 광이 5척이요, 두께는 3척이었습니다(겔 40:48). *356-357페이지,「에스겔 성전의 성소와 지성소의 평면도」참조

현관 폭에 대해서 맛소라 사본과 칠십인경의 기록 사이에 차이가 있습니다. 둘 다 현관의 길이는 20척으로 기록하고 있지만 맛소라 사본은 폭을 11척으로(겔 40:49), 칠십인경은 12척으로 기록하고 있습니다.

성전 문 현관의 폭은 칠십인경의 12척으로 해석해야 합니다. 에스겔 41:13에서는 성전의 동서 간의 길이가 100척이라고 했는데, 전문 현관 문벽의 두께 5척(겔 40:48)과 성전 문통의 벽 두께 6척(겔

41:1), 외전(성소)의 길이 40척(겔 41:2), 내전(지성소) 문통의 벽 길이 2척(겔 41:3), 내전의 길이 20척(겔 41:4), 성전의 서쪽 내벽 길이 6척(겔 41:5上)과 골방의 동서 방향 너비 4척(겔 41:5下), 성전을 두른 골방의 외벽 5척(겔 41:9)을 더하면 총 88척이 나옵니다. 따라서 나머지 12척이 현관 폭의 올바른 수치임을 알 수 있습니다.[15]

또한 "문간으로 올라가는 층계"가 있고 문벽 좌우에 기둥이 있었습니다(겔 40:49). 칠십인경에서는 여기 '층계'를 '열 층계'로 번역하였습니다(영어 성경 RSV, 'ten steps'). 그렇다면 성전 바깥 입구에서부터 성소까지 계단이 총 25개(7+8+10)가 있는 것입니다. 계단의 개수가 성소에 가까워질수록 더 많아지는 것은 하나님의 임재의 장소인 성전 안쪽의 지성소가 가장 거룩한 곳임을 나타냅니다.

성전 문 현관으로 올라가는 계단이 10개라면, 각 계단 한 개의 높이는 약 31.92cm로 상당히 높은 편입니다. 성전 본관이 지면에 바로 세워진 것이 아니라 한 장대(6척=3.192m) 높이의 지대 위에 세워졌기 때문입니다(겔 41:8). 고대 사회에서는 계단의 실용성보다 계단의 수가 가지는 상징성을 더 중요하게 생각했는데, 헬라의 파르테논 신전의 '크레피도마'(Crepidoma)라는 계단형 기단(基壇)은 계단 하나의 높이가 자그마치 71cm나 됩니다. 이는 신전에 오르는 계단 수를 3개로 맞추기 위한 것이었습니다.[16]

성전의 현관에는 두 기둥이 세워져 있습니다. 에스겔 40:49에는 "그 현관의 광은 이십 척이요 장은 십일 척이며 문간으로 올라가는 층계가 있고 문벽 곁에는 기둥이 있는데 하나는 이편에 있고 하나는 저편에 있더라"라고 기록하고 있습니다. 기둥은 성전의 위엄과 권위를 강조하기 위해 높게 세워진 것으로, 이 기둥도 솔로몬 성전의 '야긴과 보아스' 두 기둥처럼 원기둥 모양이었을 것입니다(왕상 7:15-21).

성전 본관의 전면부 | 겔 40:48-49, 41:25-26
Front View of the Temple

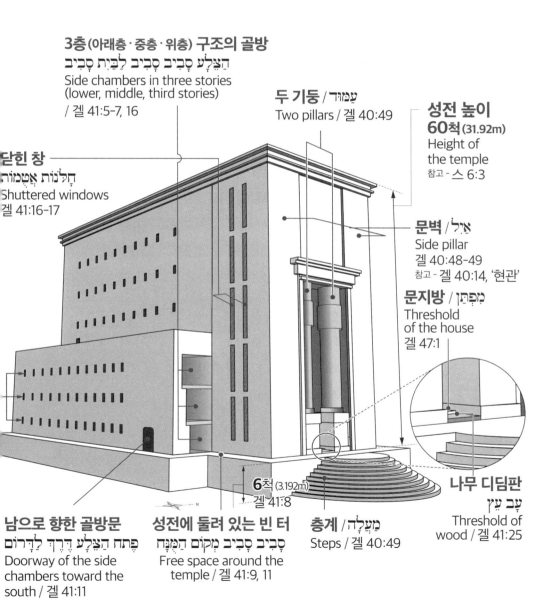

3층 (아래층·중층·위층) 구조의 골방
הַצֵּלָע סָבִיב סָבִיב לַבַּיִת סָבִיב
Side chambers in three stories
(lower, middle, third stories)
/ 겔 41:5-7, 16

두 기둥 / עַמּוּד
Two pillars / 겔 40:49

성전 높이
60척 (31.92m)
Height of
the temple
참고 - 스 6:3

닫힌 창
חַלּוֹנוֹת אֲטֻמוֹת
Shuttered windows
겔 41:16-17

문벽 / אַיִל
Side pillar
겔 40:48-49
참고 - 겔 40:14, '현관'

문지방 / מִפְתָּן
Threshold
of the house
겔 47:1

6척 (3.192m)
겔 41:8

남으로 향한 골방문
פֶּתַח הַצֵּלָע דֶּרֶךְ לַדָּרוֹם
Doorway of the side
chambers toward the
south / 겔 41:11

성전에 둘려 있는 빈 터
סָבִיב סָבִיב מְקוֹם הַמֻּנָּח
Free space around the
temple / 겔 41:9, 11

층계 / מַעֲלָה
Steps / 겔 40:49

나무 디딤판
עֵץ עַב
Threshold of
wood / 겔 41:25

12. 성소와 지성소

The Nave and the Most Holy Place

הַהֵיכָל וְקֹדֶשׁ הַקֳּדָשִׁים

겔 41:1-4

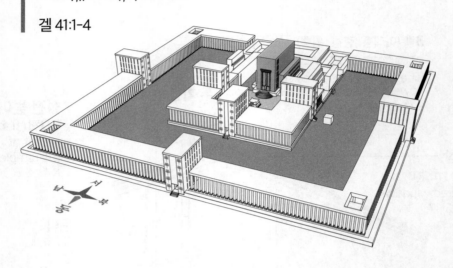

　　에스겔 선지자가 열두 번째로 본 새 성전의 모습은 성전 안에 있는 성소와 지성소의 모습이었습니다. 에스겔 41:1에서 "그가 나를 데리고 성소에 이르러"라고 하였고, 4절에서 "그가 내전을 척량하니 장이 이십 척이요 광이 이십 척이라 그가 내게 이르되 이는 지성소니라"라고 말씀하고 있습니다. 성소와 지성소의 크기에 대한 기록이 솔로몬 성전과 수치상으로는 거의 일치하지만(왕상 6:2, 겔 41:2-4) 솔로몬 성전은 일반 규빗(약 45.6cm)을 사용하고, 에스겔 성전은 그보다 7.6cm정도 더 큰 척(53.2cm)을 사용하기 때문에(겔 40:5, 43:13) 에스겔 성전의 규모가 조금 더 큽니다.

(1) 성소(외전)

　　현관에서 성소로 들어가는 입구에는 좌우로 문벽이 있습니다. 이

'문벽'은 히브리어 '아일'(אַיִל)이며, 두께가 6척(3.192m)이나 됩니다
(겔 41:1).

현관에서 성소로 들어가는 두 문벽 사이의 문통(문의 통로)은
10척(5.32m)이고, 거기서 좌우로 들어간 문벽의 너비는 각각 5척
(2.66m)입니다(겔 41:2). 그리고 성소 외전의 크기는 동서 길이가 40
척, 남북 길이가 20척입니다(겔 41:2).

(2) 지성소(내전)

'지성소'에 해당하는 '코데쉬 하코다쉼'(קֹדֶשׁ הַקֳּדָשִׁים)은 '거룩'이
라는 뜻의 '코데쉬'라는 단어와 '코데쉬'의 복수형 '코다쉼'이 결합
된 형태입니다. 히브리어에서 동일한 명사의 반복은 그 명사를 최
상급으로 강조하는 역할을 합니다. 그러므로 지성소는 '거룩한 곳들
중에 거룩한 곳'(the holy of holies)이며, '가장 거룩한 곳'(KJV, NASB:
the most holy place)입니다.

첫째, 들어가는 입구에 좌우로 문벽이 있습니다.

성소에서 지성소로 들어가는 입구에는 좌우로 문벽이 있습니다.
이 벽의 너비는 7척, 두께는 2척이며, 문통(문의 통로)은 6척입니다
(겔 41:3). 문벽은 기둥 역할을 하였으며 그 모양은 네모졌고 좌우가
같습니다(겔 41:21, '문설주').

둘째, 성전 본체 가장 안쪽에 위치한 정방형 구조입니다.

지성소의 크기는 동서 길이 20척, 남북 길이 20척으로 네모반듯
합니다(겔 41:4). 지성소의 높이는 나와 있지 않지만 솔로몬 성전 지
성소의 넓이와 길이와 높이가 모두 20규빗인 것을 고려할 때(왕상

6:20), 에스겔 성전의 지성소 높이도 20척일 것으로 예상됩니다.

한편, 동향한 문 앞에 있는 안뜰도 장광 100척씩으로 정방형입니다(겔 40:47). 그리고 성전 본체의 동서 길이도 100척이며(겔 41:13), 성전 본체와 20척씩 되는 골방 삼면의 구역을 포함하여 남북 길이도 100척으로 정방형입니다(겔 41:14ᴸ, ᵃᵍᵒ겔 41:10, 42:3).

셋째, 성전 안으로 들어갈수록 문이 좁아집니다.

새 성전 현관의 문통 너비는 현관 너비 20척에서 좌우의 벽 3척씩을 뺀 14척(겔 40:48-49)인데, 성소 문통의 너비는 10척(겔 41:2)이며, 지성소 문통의 너비는 6척(겔 41:3)입니다. 지성소로 다가갈수록 문통의 너비가 좁아집니다. 이는 곧 거룩하신 하나님 앞으로 나아갈수록 그 거룩함과 경건함이 더욱 심화되고 있음을 보여 줍니다. 하나님께서는 거룩하시므로 하나님 앞에 가까이 가는 자는 더욱더 거룩과 경건에 심혈을 기울여야 합니다. 하나님 앞에 가까이 나아가는 길, 천국으로 가는 길은 협착(狹窄)하며 문은 좁기 때문입니다(마 7:13-14).

(3) 성소와 지성소의 지대

에스겔 성전의 본체는 땅 위에 바로 세워지는 것이 아니라 높이가 한 장대(6척=3.192m) 되는 지대 위에 세워져 계단으로 올라가야 했습니다. 에스겔 41:8에서 "내가 보니 전 삼면의 지대 곧 모든 골방 밑 지대의 고가 한 장대 곧 큰 자로 육 척인데"라고 말씀하고 있습니다. 그래서 계단을 통해 올라가도록 되어 있는 것입니다(겔 40:49). 전 삼면의 지대는 성소와 지성소, 그 삼면에 둘린 골방을 세우는 기초이자, 골방 앞에 5척 너비로 둘러진 빈 터가 되었습니다(겔 41:9).

여기 전 삼면의 '지대'는 히브리어 '고바흐'(גֹּבַהּ)로, '높음, 키'라는 뜻입니다. 이 단어는 성소와 지성소의 지대가 안뜰보다 높은 것을 나타내는 단어입니다. '고바흐'는 '높다, 고귀하다'라는 뜻의 '가바흐'(גָּבַהּ)에서 유래되었는데, 하나님의 높으심과 관련해서도 사용됩니다(사 5:16, 55:9). 특별히 '가바흐'는 '승귀'와 관련 있는 단어로, 이사야 52:13의 "여호와께서 가라사대 보라 내 종이 형통하리니 받들어 높이 들려서 지극히 존귀하게 되리라"라는 말씀에서 '높이 들리다'라는 의미로 사용되었습니다(시 113:5).

또한 모든 골방 '밑 지대'에 쓰인 히브리어 '메유스도트'(מֻיסָדוֹת)는 '세우다, 발견하다, 장소를 정하다'라는 뜻의 '야사드'(יָסַד)의 강조분사형입니다. '야사드'는 솔로몬 성전이나 스룹바벨 성전의 '기초석'을 놓는 것을 말씀할 때도 사용되었습니다(왕상 5:17, 6:37, 7:10, 대하 3:3, 스 3:6, 12, 학 2:18, 슥 4:9, 8:9). 유대인들은 에스겔 41:8의 "밑 지대"를 읽을 때 그들의 읽는 관습에 따라 '무사도트'로 읽기도 합니다. 이 단어는 히브리어 '야사드'에서 유래하여 '기초, 예정된 것'이라는 뜻을 가진 히브리어 '무사다'(מוּסָדָה. 사 30:32)의 복수형으로, 성전의 지대가 하나님께서 미리 세우시고 정해 두신 장소임을 강조하는 표현입니다(겔 20:6).

성전의 기초석은 영원한 기초석이 되시는 예수 그리스도를 나타냅니다. 이사야 28:16에서 "그러므로 주 여호와께서 가라사대 보라 내가 한 돌을 시온에 두어 기초를 삼았노니 곧 시험한 돌이요 귀하고 견고한 기초 돌이라 그것을 믿는 자는 급절하게 되지 아니하리로다"라고 말씀하고 있으며, 베드로전서 2:4-5에서는 "보배로운 산 돌이신 예수에게 나아와 5 너희도 산 돌같이 신령한 집으로 세워지고"라고 말씀하고 있습니다(시 118:22, 사 8:14, 마 7:24-25, 고전 10:4, 벧전 2:6-8).

에스겔 성전의 성소와 지성소 평면도 | 겔 40:48-41:26
The Floor Plan of the Holy Place and the Most Holy Place

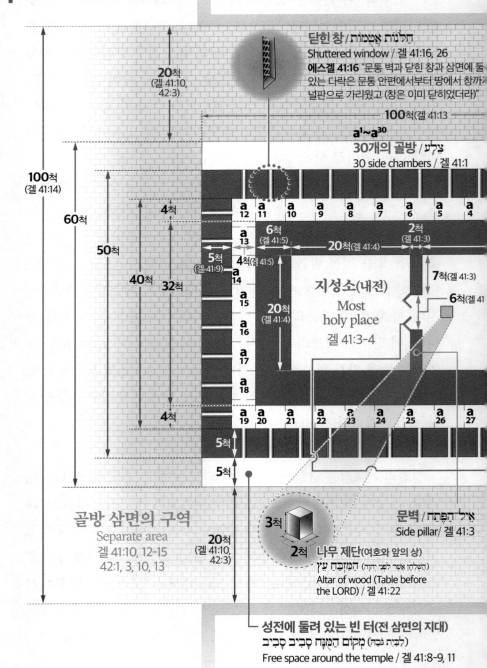

닫힌 창 / חַלּוֹנוֹת אֲטֻמוֹת
Shuttered window / 겔 41:16, 26
에스겔 41:16 "문통 벽과 닫힌 창과 삼면에 둘러 있는 다락은 문통 안편에서부터 땅에서 창까지 널판으로 가리웠고 (창은 이미 닫히었더라)"

100척(겔 41:13)

a¹~a³⁰
30개의 골방 / צֵלָע
30 side chambers / 겔 41:1

20척 (겔 41:10, 42:3)

100척 (겔 41:14)

60척

50척

40척

32척

4척

6척 (겔 41:5)

2척 (겔 41:3)

20척(겔 41:4)

5척 (겔 41:9)

4척(겔 41:5)

20척 (겔 41:4)

7척(겔 41:3)

6척(겔 41

지성소(내전)
Most
holy place
겔 41:3-4

5척

5척

| a₁₂ | a₁₁ | a₁₀ | a₉ | a₈ | a₇ | a₆ | a₅ | a₄ |
a₁₃
a₁₄
a₁₅
a₁₆
a₁₇
a₁₈
| a₁₉ | a₂₀ | a₂₁ | a₂₂ | a₂₃ | a₂₄ | a₂₅ | a₂₆ | a₂₇ |

골방 삼면의 구역
Separate area
겔 41:10, 12-15
42:1, 3, 10, 13

20척 (겔 41:10, 42:3)

3척

2척 **나무 제단**(여호와 앞의 상)
(הַשֻּׁלְחָן אֲשֶׁר לִפְנֵי יְהוָה) הַמִּזְבֵּחַ עֵץ
Altar of wood (Table before
the LORD) / 겔 41:22

문벽 / אֵיל הַפֶּתַח
Side pillar/ 겔 41:3

성전에 둘려 있는 빈 터(전 삼면의 지대)
(לַבַּיִת גֹּבַהּ) מְקוֹם הַמֻּנָּח סָבִיב סָבִיב
Free space around the temple / 겔 41:8-9, 11

357

에스겔 **41:7** "이 두루 있는 골방이 그 층이 높아갈수록 넓으므로 전에 둘린 이 골방이 높아갈수록 전에 가까와졌으나 전의 넓이는 아래 위가 같으며 골방은 아랫층에서 중층으로 윗층에 올라가게 되었더라"

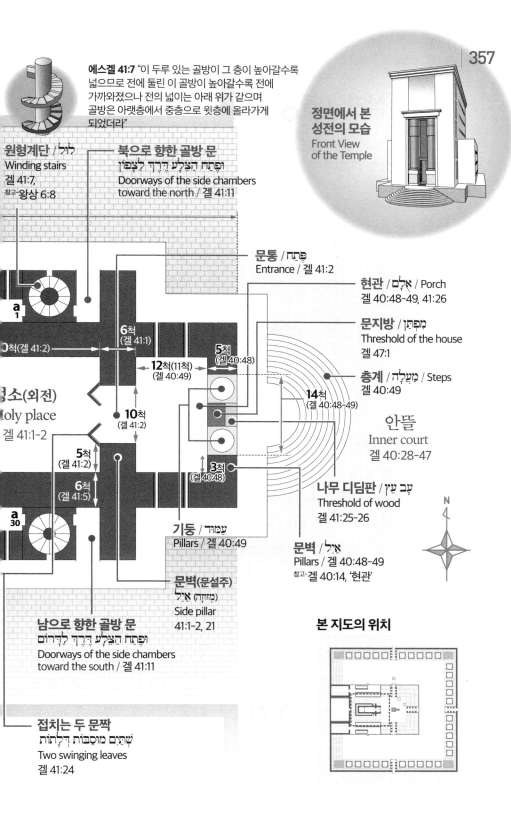

정면에서 본 성전의 모습
Front View
of the Temple

원형계단 / לוּל / Winding stairs
겔 41:7,
참고·왕상 6:8

북으로 향한 골방 문
וּפֶתַח הַצֵּלָע דֶּרֶךְ לַצָּפוֹן
Doorways of the side chambers
toward the north / 겔 41:11

문통 / פֶּתַח
Entrance / 겔 41:2

현관 / אֻלָם / Porch
겔 40:48-49, 41:26

문지방 / מִפְתָּן
Threshold of the house
겔 47:1

층계 / מַעֲלָה / Steps
겔 40:49

안뜰
Inner court
겔 40:28-47

0척(겔 41:2)

6척 (겔 41:1)

5척 (겔 40:48)

12척(11척) (겔 40:49)

14척 (겔 40:48-49)

ᅵ소(외전)
loly place
겔 41:1-2

10척 (겔 41:2)

5척 (겔 41:2)

6척 (겔 41:5)

3척 (겔 40:48)

나무 디딤판 / עֵץ עָב
Threshold of wood
겔 41:25-26

기둥 / עַמּוּד
Pillars / 겔 40:49

문벽 / אַיִל
Pillars / 겔 40:48-49
참고·겔 40:14, '현관'

N

a 1

a 30

문벽(문설주)
(מְזוּזָה) אַיִל
Side pillar
41:1-2, 21

남으로 향한 골방 문
וּפֶתַח הַצֵּלָע דֶּרֶךְ לַדָּרוֹם
Doorways of the side chambers
toward the south / 겔 41:11

본 지도의 위치

접치는 두 문짝
שְׁתַּיִם מוּסַבּוֹת דְּלָתוֹת
Two swinging leaves
겔 41:24

13. 전 삼면의 골방들과 20척의 뜰
Side Chambers All Around About the House on Every Side,
and the Outer Chambers Twenty Cubits in Width
לַבַּיִת סָבִיב וְהַגִּזְרָה עֶשְׂרִים אַמָּה הַצֵּלָע סָבִיב סָבִיב

겔 41:5-11

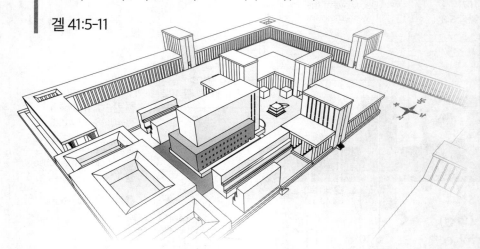

에스겔 선지자가 열세 번째로 본 새 성전의 모습은 성전의 벽과 전 삼면의 골방들과 20척의 뜰이었습니다. 에스겔 41:5에서 "전의 벽을 척량하니 두께가 육 척이며 전 삼면에 골방이 있는데"라고 하였고, 9-10절에서는 "그 외에 빈 터가 남았으며 전 골방 삼면에 광이 이십 척 되는 뜰이 둘려 있으며"라고 말씀하고 있습니다.

(1) 성전의 내벽

현관과 성소와 지성소로 이루어진 성전 본체를 둘러싸고 있는 벽의 두께는 6척입니다(겔 41:5). 6척은 약 3.192m로, 벽이 굉장히 두꺼운 것을 알 수 있습니다. 이는 성전을 보호하시는 하나님의 절대적인 은혜를 나타냅니다.

(2) 골방

① 성전 본체를 중심으로 삼면에 골방들이 있습니다.

에스겔 41:5 하반절에 "전 삼면에 골방이 있는데 광이 각기 사 척이며"라고 말씀하고 있습니다. 여기 '삼면에'는 히브리어로 '사비브 사비브'(סָבִיב סָבִיב)이며, '둘러싸고 둘러싸고'라는 뜻입니다. 이어서 '성전 둘레에'를 뜻하는 히브리어 '라바이트 사비브'(לַבַּיִת סָבִיב)가 나옵니다. 이는 건물의 현관 쪽을 제외한 나머지 삼면에 3층으로 된 골방이 둘러싸고 있음을 강조하고 있습니다(겔 41:6). 가장 아래층의 골방 너비는 4척(약 2.128m)입니다. 이를 근거로 골방 길이를 계산해 보면, 서편 골방 8개 기준 40척(내전20+내벽6+내벽6+골방 너비4+골방 너비4)이므로 골방의 길이는 한 개당 약 5척입니다(겔 41:4-5).

신앙이 성숙하고 깊은 사람일수록 남이 알지 못하는 은밀한 기도의 골방이 있어야 합니다. 예수님께서는 "골방에 들어가 문을 닫고 은밀한 중에 계신 네 아버지께 기도하라"라고 말씀하셨습니다(마 6:4, 6). 기도의 골방을 잃어버린 사람은 하나님의 신령한 은혜를 깊이 체험할 수 없습니다(시 31:20-21, 91:1-2).

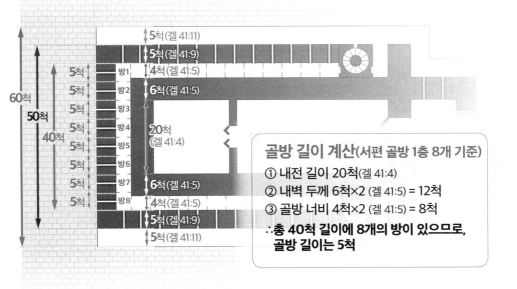

골방 길이 계산(서편 골방 1층 8개 기준)

① 내전 길이 20척(겔 41:4)

② 내벽 두께 6척×2 (겔 41:5) = 12척

③ 골방 너비 4척×2 (겔 41:5) = 8척

∴ **총 40척 길이에 8개의 방이 있으므로, 골방 길이는 5척**

② 골방은 히브리어로 '첼라'(צֵלָע)이며,
  '갈빗대, 옆구리, 측면'이라는 뜻입니다.

  골방들은 성전 본체의 삼면에 갈빗대처럼 둘려 있습니다(겔 41:5).
'첼라'는 성막이나 성전에서 언약궤 혹은 제단의 측면(출 25:12, 14,
27:7, 37:5, 27, 38:7), 골방(왕상 6:5, 8), 짝(왕상 6:34), 널판(왕상 6:15-16)
등으로 번역되어 자주 사용된 단어입니다.

③ 골방은 삼 층으로 되어 있습니다.

  30개씩 3층으로 총 90개의 골방이 있었습니다(겔 41:6). 이를 표
준새번역에서는 "층마다 방이 서른 개씩 있었다"라고 번역하였습
니다. 골방의 위층들은 그곳으로 바로 출입하는 외부 계단이 없으
며 골방의 1층에서 2층으로, 2층에서 3층으로 올라가는 구조입니다
(겔 41:7).

  성전 안에 방이 많다는 사실은 "내 아버지 집에 거할 곳이 많도
다"라고 하신 예수님의 말씀을 생각나게 합니다(요 14:2ㄴ). 예수님
께서는 사랑하는 제자들에게 "가서 너희를 위하여 처소를 예비하
면 내가 다시 와서 너희를 내게로 영접하여 나 있는 곳에 너희도 있
게 하리라"라고 말씀하셨습니다(요 14:3).

④ 골방의 삼 층 구조는 올라갈수록 방이 넓어집니다.

  골방은 2층, 3층으로 올라갈수록 더 넓어져 성전 벽에 의지하였으
나 성전 벽 속을 범하지는 않았습니다(겔 41:6-7). 에스겔 41:6-7ㄴ에
서 "골방은 삼 층인데 골방 위에 골방이 있어 모두 삼십이라 그 삼
면 골방이 전 벽 밖으로 그 벽에 의지하였고 전 벽 속은 범하지 아
니하였으며 7 이 두루 있는 골방이 그 층이 높아갈수록 넓으므로 전

성전과 삼면의 골방 | 겔 41:1-11
The Temple and the Side Chambers All Around the Temple

성전 삼면을 두르고 있는
**3층(아래층·중층·위층)
구조의 골방**
הַצֵּלָע סָבִיב סָבִיב לַבַּיִת סָבִיב
Side chambers in three stories
(lower, middle, third stories)
겔 41:5-7, 16

성전 높이 60척(31.92m)
עַמּוּד / Height of the temple
참고·스 6:3

두 기둥 / עַמּוּד
Two pillars / 겔 40:49

문벽 / אַיִל / Side pillars
겔 40:48-49
참고·겔 40:14, 41:1, 3

북으로 향한 골방 문
פֶּתַח הַצֵּלָע הָרֶךְ לַצָּפוֹן
Doorway of the side
chambers toward the north
겔 41:11

성전에 둘려 있는 빈 터
מְקוֹם הַמֻּנָּח סָבִיב סָבִיב
Free space around the temple
겔 41:9, 11

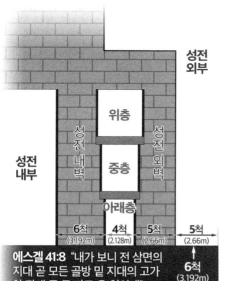

**성전
외부**

위층

**성전
내벽** / **성전
외벽**

중층

아래층

**성전
내부**

6척
(3.192m)　4척
(2.128m)　5척
(2.66m)　5척
(2.66m)

에스겔 41:8 "내가 보니 전 삼면의
지대 곧 모든 골방 밑 지대의 고가
한 장대 곧 큰 자로 육 척인데"

6척
(3.192m)

에스겔 41:5-7 "전의 벽을 척량하니 두께가 육 척이며 전 삼면에 골방이 있는데 광이 각각 사 척이며 ⁶골방은 삼 층인데 골방 위에 골방이 있어 모두 삼십이라 그 삼면 골방이 전 벽 밖으로 그 벽에 의지하였고 전 벽 속은 범하지 아니하였으며 ⁷이 두루 있는 골방이 그 층이 높아갈수록 넓으므로 전에 둘린 이 골방이 높아갈 수록 전에 가까와졌으나 전의 넓이는 아래 위가 같으며 골방은 아랫층에서 중층으로 윗층에 올라가게 되었더라"

에 둘린 이 골방이 높아갈수록 전에 가까와졌으나 전의 넓이는 아래 위가 같으며"라고 말씀하고 있습니다. 여기 '전 벽(성전 벽)'은 성전의 내부와 골방을 구분하는 성전 내벽을 가리킵니다. '성전 내벽에 의지하였다'는 말씀은 골방이 성전의 외벽과 내벽 사이의 공간에 위치하므로, 벽 속에 들어가 있는 것처럼 보이는 모습을 표현한 것입니다. 또 "전 벽 속은 범하지 아니하였으며"라는 말씀은, 골방이 1층에서 2층으로, 2층에서 3층으로 올라갈수록 성전 쪽으로 넓어지지만 성전 내벽을 뚫고 성전 안으로 들어가지는 않았다는 뜻입니다. 즉, 층이 높아갈수록 골방이 성전 내벽과 외벽 양쪽으로 넓어지며 성전에 가까워졌습니다. 이렇게 올라갈수록 넓어지는 골방 구조는 솔로몬 성전의 형식과 동일한 것입니다.

> **열왕기상 6:6-8** "하층 다락의 광은 다섯 규빗이요 중층 다락의 광은 여섯 규빗이요 제삼층 다락의 광은 일곱 규빗이라 전의 벽 바깥으로 돌아가며 턱을 내어 골방 들보들로 전의 벽에 박히지 않게 하였으며 … ⁸ 중층 골방의 문은 전 오른편에 있는데 나사 모양 사닥다리로 말미암아 하층에서 중층에 오르고 중층에서 제삼층에 오르게 하였더라"

올라갈수록 넓어지고 성전에 가까워지는 이 특이한 구조는, 우리의 신앙이 자라갈수록 넓어지고 하나님께 더 가까이 나아가는 이치를 깨닫게 합니다.

⑤ 골방의 출입구는 남쪽과 북쪽에 각각 한 개씩이며,
   빈 터로 향하여 있습니다.

에스겔 41:11 상반절에 "그 골방 문은 다 빈 터로 향하였는데 한 문은 북으로 향하였고 한 문은 남으로 향하였으며"라고 말씀하고 있습니다. 여기에서 '문'은 단수로, 북쪽과 남쪽에 각각 하나씩 있고 그 문은 빈 터로 향하였습니다.

골방으로 들어가는 남과 북의 출입구의 모양과 규격에 대해서는 성경에 나와 있지는 않으나 기록되어 있는 각 부분의 치수를 통해 유추해 볼 수 있습니다. 전체 성전의 동서 길이는 100척(겔 41:13)에서 성전 외벽 두께(5척), 서편 골방 너비(4척), 11개 골방 길이(55척), 외전 입구의 문벽 두께(6척), 현관 길이(12척)*, 현관 입구의 문벽 두께(5척)를 제하면 13척(6.916m)이 남습니다(겔 40:48-41:1, 3-5, 9). 그리고 남, 북쪽에서 각각 성전 외벽 두께(5척)와 골방 너비(4척)를 합하면 9척씩입니다. 가로 13척, 세로 9척의 공간에 골방 출입구와 1층부터 3층까지 올라가는 계단이 설치되어 있었을 것입니다.

⑥ 삼 층 골방을 오르내리는 원형계단

에스겔 41:7에서 "골방은 아랫층에서 중층으로 윗층에 올라가게 되었더라"라고 말씀하고 있습니다. 이 골방의 구조와 계단의 모양은 분명 솔로몬 성전을 반영했을 것입니다. 열왕기상 6:8은 "중층 골방의 문은 전 오른편에 있는데 나사 모양 사닥다리로 말미암아 하층에서 중층에 오르고 중층에서 제삼층에 오르게 하였더라"라고 말씀하고 있습니다. 여기 '나사 모양의 사닥다리'는 히브리어 '룰'(לוּל)로, '나선형의 모양, 나선형의 계단'이라는 뜻입니다. 나선형 계단은 가장 아름답고 고도의 기술이 필요한 형태로, 주전 959년 건축된 솔로몬 성전에 나선형 계단이 있었다는 것이 놀라울 따름입니다.

---

*에스겔 40:49 상반절의 "그 현관의 광은 이십 척이요 장은 십일 척이며"는 맛소라 사본보다 칠십인경의 번역대로 '십이 척'으로 해석해야 합니다. 349페이지 참고.

현존하는 가장 오래된 나선형 계단은 주전 480년경에 지어진 것으로 추정되는 헬라의 셀리눈테(*Selinunte*) 신전에 있습니다. 이 계단은 정방형의 방을 만들고 계단이 외벽에 맞물려 돌아가는 형태로 만들어졌습니다. 주후 113년경에 지어진 로마의 '트라얀 승전탑'은 원통형 건물 외벽 안으로 나선형의 계단이 있는 구조인데, 오늘날까지 그 형태를 보존하고 있습니다.

이러한 고대 유적들의 모습을 근거로 할 때, 에스겔 성전의 나선형 계단도 정방형의 외벽에 계단이 맞물려 돌아가는 형태를 가지고 있었을 것입니다. 성전 골방의 출입구를 통해 정방형의 계단실을 지나 아래층의 방들로 가거나 계단을 이용해 중층과 위층으로 오를 수 있었던 것으로 추정됩니다.

(3) 외벽과 빈 터와 뜰

가장 아래층의 골방이 위치한 외벽 두께는 5척(2.66m)이었으며(겔 41:9), 외벽부터 성전 지대가 끝나는 부분까지는 빈 터가 둘려 있었는데, 이 공간의 광(폭)은 5척이었습니다(겔 41:11).

'빈 터'는 히브리어 '무나'(מֻנָּח)로, '텅 빈 공간, 구조물 사이의 빈 공간'이라는 뜻입니다. 그런데 성전 지대의 높이가 한 장대(3.192m)로 매우 높은 것임을 고려할 때, 빈 터 가장자리에는 사람이 넘어가지 않도록 난간을 둘러 놓았을 것으로 보입니다(참고-신 22:8).

골방으로 들어가려고 할 때, 빈 터의 여유 공간을 거쳐 출입문을 통해 골방으로 들어가며, 골방에서 나온 사람은 골방 출입구와 빈 터를 거쳐 안뜰(골방 삼면의 구역)로 나갈 수 있었습니다.

이 빈 터로부터 시작하여 동쪽을 제외한 성전 주변에는 20척 되는 안뜰(골방 삼면의 구역)이 둘려 있었습니다. 에스겔 41:10에서 "전 골방 삼면에 광이 이십 척 되는 뜰이 둘려 있으며"라고 말씀하고 있습니다(겔 42:3).

골방 삼 층을 오르는 원형계단 | 겔 41:7, ^{참고·}왕상 6:8
Winding Stairs for the Three Stories of the Side Chambers

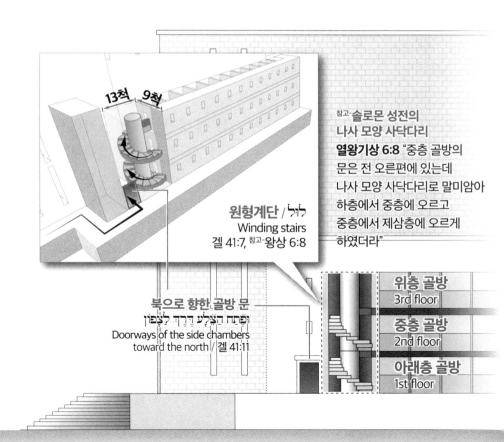

13척 9척

^{참고·}**솔로몬 성전의
나사 모양 사닥다리**
열왕기상 6:8 "중층 골방의
문은 전 오른편에 있는데
나사 모양 사닥다리로 말미암아
하층에서 중층에 오르고
중층에서 제삼층에 오르게
하였더라"

원형계단 / לוּל
Winding stairs
겔 41:7, ^{참고·}왕상 6:8

위층 골방
3rd floor

중층 골방
2nd floor

아래층 골방
1st floor

북으로 향한 골방 문
וּפֶתַח הַצֵּלָע דֶּרֶךְ לַצָּפוֹן
Doorways of the side chambers
toward the north / 겔 41:11

14. 서편 뜰(서쪽 구역) 뒤의 건물

Building in Front of the Separate Area at the Side Toward the West

הַבִּנְיָן אֲשֶׁר אֶל־פְּנֵי הַגִּזְרָה פְּאַת דֶּרֶךְ־הַיָּם

겔 41:12-15上

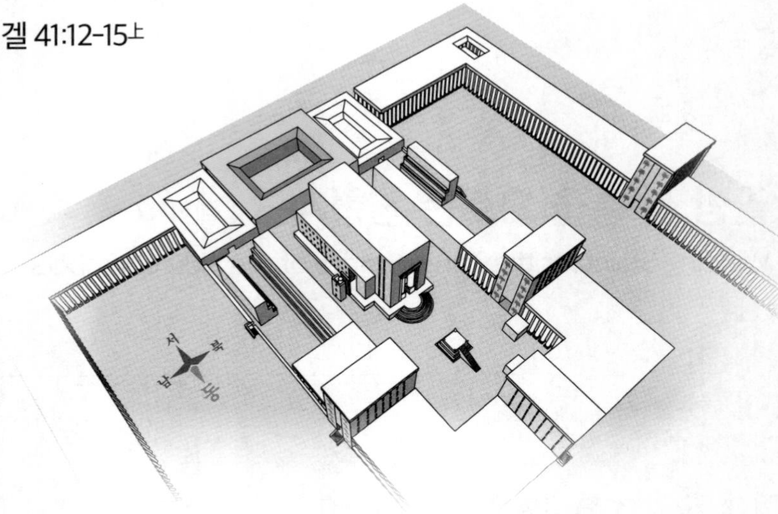

에스겔 선지자가 열네 번째로 본 새 성전의 모습은 서쪽 구역 뒤의 건물이었습니다. 에스겔 41:12에서 "서편 뜰 뒤에 건물이 있는데"라고 하였습니다. 여기 서쪽 구역의 '뜰'을 가리키는 히브리어 '기즈라'는 일반적으로 안뜰, 바깥뜰에서 '뜰'을 가리키는 히브리어 '하체르'(חָצֵר)와 다른 단어이며, 특별히 골방 삼면을 둘러싸고 있는 구역을 가리킵니다. 이는 성전 골방을 중심으로 북·남·서쪽의 'ㄷ'자 모양의 구역인데, 그 중 서쪽 구역의 뒤에 이 건물이 위치합니다. 15절에서는 "그가 뒷뜰 뒤에 있는 건물을 척량하니"라고 말씀하고 있습니다. 그리고 이어서 성전 전체의 규모에 대해서도 알려 주고 있습니다.

본 서에서는 독자의 이해를 돕기 위해 이 건물을 '서쪽 구역 뒤의 건물'이라고 표기하였습니다.

(1) 서편 뜰(서쪽 구역) 뒤의 건물

서쪽 구역 뒤에 있는 이 건물은 성전으로부터 떨어져 있는 독립된 건물로, 내부의 규격이 장 90척(47.88m), 광 70척(37.24m)이고, 건물 사면의 벽 두께는 5척(2.66m)입니다(겔 41:12).

지금까지는 주로 건물 외곽의 치수를 측정했는데, 서쪽 구역 뒤의 건물을 내부 면적을 기준으로 척량한 것은 벽 두께 5척을 강조하기 위한 것으로 보입니다. 벽의 두께를 알려 주는 경우는 문간들과 성전, 서쪽 구역 뒤의 건물뿐인데, 모두 규모가 큰 건물들입니다. 따라서 벽 두께의 5척을 계산하면 건물 외부의 장은 100척(53.2m), 광은 80척(42.56m)입니다.

평면도 상에서 서쪽 구역 뒤의 건물의 서쪽 벽의 두께 5척(2.66m)은 6척(3.192m) 두께의 성전의 사면 담(겔 40:5)과 1척이 차이가 납니다. 그런데 성전 사면의 담 높이는 6척(3.192m)이고(겔 40:5), 서쪽 구역 뒤의 건물이 안뜰과 같은 지면에 세워진 것을 볼 때, 서쪽 구역과 안뜰은 성전의 지대로부터 6척(3.192m) 높이에 맞물려 위치했을

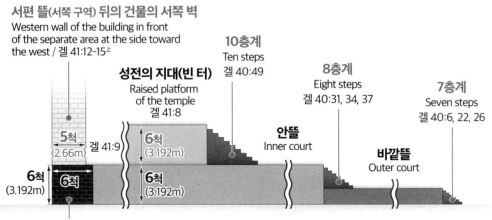

서편 뜰(서쪽 구역) 뒤의 건물의 서쪽 벽
Western wall of the building in front of the separate area at the side toward the west / 겔 41:12-15ᵗ

성전의 지대(빈 터)
Raised platform of the temple
겔 41:8

10층계
Ten steps
겔 40:49

8층계
Eight steps
겔 40:31, 34, 37

7층계
Seven steps
겔 40:6, 22, 26

5척
(2.66m)   겔 41:9

6척
(3.192m)

6척
(3.192m)   6척   6척
(3.192m)   (3.192m)

안뜰
Inner court

바깥뜰
Outer court

성전의 서쪽 담
Western wall of the temple / 겔 40:5, ᵃ참고ᵇ-겔 45:2

것입니다. 성전의 사면 담은 곧 안뜰의 지대 경계선이 되며, 그 위에 5척 두께의 벽을 쌓아 건물을 세운 것입니다. 이 건물의 좌우편(북쪽, 남쪽)에는 5척 벽 사이에 '다락'(אַתִּיק, '아티크')이 있었습니다. 같은 단어를 제사장들의 방에서는 '툇마루'라고 번역했는데, 오늘날의 베란다에 해당합니다.

서쪽 구역 '뜰'의 히브리어 '기즈라'(גִּזְרָה)의 어원 '가자르'(גָזַר)는 '분리되다' 혹은 '버리다'라는 뜻입니다. 즉, 성전 뒤편의 뜰은 '분리된 곳' 혹은 '버리는 곳'이라는 뜻입니다. '기즈라'의 단어 의미를 참고할 때, 이 건물은 성전에서 나오는 일체의 폐기물들을 처리하여 성전 밖으로 내보내기 위하여 만들어진 일종의 창고로 볼 수 있습니다. 그러나 이 장소도 성전을 위한 봉사가 이어지는 곳이므로 반드시 깨끗하게 보존되어야 합니다. 에스겔 43:21에서는 속죄 제물의 수송아지를 처리할 때 "전의 정한 처소 곧 성소 밖에서 불사를찌며"라고 말씀하고 있습니다. 서쪽 구역 건물은 지성소와 성소를 기준으로 할 때 외부이지만, 성전 전체로 보면 내부에 있는 것입니다.

성전 바깥뜰과 안뜰의 문간은 동·남·북쪽에만 있고 서쪽에는 없습니다. '서쪽'은 히브리어 '마아라브'(מַעֲרָב)로, '해 지는 곳'이라는 뜻입니다. 해가 지는 서쪽 방향에는 문간이 없습니다. 우리 삶 속에 신령한 해가 되시는 하나님(시 84:11, 말 4:2, 눅 1:78, 참고-겔 8:16-18)이 계시지 않는다면 그것은 영적으로 서쪽입니다. 하나님을 모시지 않는 삶은, 애쓰고 수고하여도 열매가 없고 문이 없는 삶입니다. 의의 태양이신 하나님과 함께할 때 범사에 형통하고, 하나님께서 친히 우리의 출입을 영원히 지켜 주십니다(신 28:6, 시 121:8).

서편 뜰(서쪽 구역) 뒤의 건물 | 겔 41:12-15上

Building in Front of the Separate Area at the Side Toward the West

에스겔 41:12-15上 "서편 뜰 뒤에 건물이 있는데 광이 칠십 척이요 장이 구십 척이며 그 사면 벽의 두께가 오 척이더라 13 그가 전을 척량하니 장이 일백 척이요 또 서편 뜰과 그 건물과 그 벽을 합하여 장이 일백 척이요 14 전 전면의 광이 일백 척이요 그 앞 동향한 뜰의 광도 그러하며 15 그가 뒷뜰 뒤에 있는 건물을 척량하니 그 좌우편 다락까지 일백 척이더라

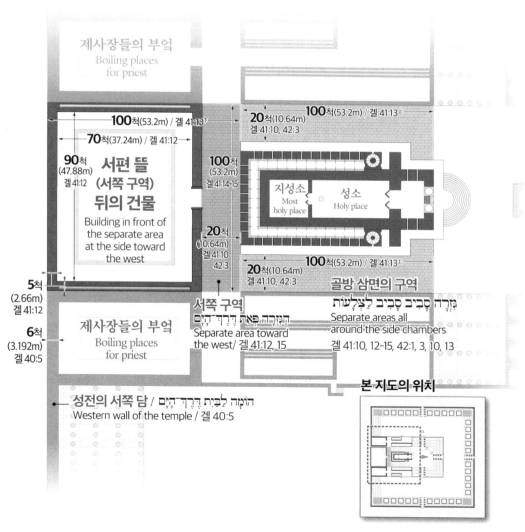

100척(53.2m) / 겔 41:13上

70척(37.24m) / 겔 41:12

90척
(47.88m)
겔 41:12

서편 뜰
(서쪽 구역)
뒤의 건물
Building in front of
the separate area
at the side toward
the west

20척(10.64m)
겔 41:10, 42:3

100척(53.2m) / 겔 41:13上

100척
(53.2m)
겔 41:14-15

지성소
Most
holy place

성소
Holy place

20척
(10.64m)
겔 41:10
42:3

5척
(2.66m)
겔 41:12

6척
(3.192m)
겔 40:5

제사장들의 부엌
Boiling places
for priest

20척(10.64m)
겔 41:10, 42:3

100척(53.2m) / 겔 41:13上

골방 삼면의 구역

서쪽 구역
הַנִּזְרָה פְּאַת דֶּרֶךְ הַיָּם
Separate area toward
the west/ 겔 41:12, 15

גִּזְרָה סָבִיב סָבִיב לַצְּלָעוֹת
Separate areas all
around the side chambers
겔 41:10, 12-15, 42:1, 3, 10, 13

제사장들의 부엌
Boiling places
for priest

성전의 서쪽 담 / חוֹמָה לַבַּיִת דֶּרֶךְ הַיָּם
Western wall of the temple / 겔 40:5

본 지도의 위치

(2) 전체 크기 *성소와 지성소 길이 계산은 356페이지 에스겔 성전의 성소와 지성소 평면도 참조

① 서편 뜰(서쪽 구역)의 크기

에스겔 41:13에서 "또 서편 뜰과 그 건물과 그 벽을 합하여 장이 일백 척이요"라고 말씀하고 있습니다. 여기 '장'은 동서 방향 길이로, 서쪽 구역의 길이와 서쪽 구역 뒤의 건물 내부 길이, 그리고 그 건물 벽의 길이의 총합이 100척이라는 것입니다. 여기 '뜰'은 히브리어 '기즈라'(גִּזְרָה)로, 골방 삼면을 두르고 있는 구역 중에 서쪽을 가리키며 동서 길이는 20척입니다(겔 41:10, ^{참고}-겔 42:3). 서쪽 구역 뒤의 건물 내부의 동서 길이는 70척이며(겔 41:12上), 그 건물 벽의 길이는 앞뒤에 5척씩 총 10척입니다(겔 41:12下). 이를 한꺼번에 언급한 것은 골방 삼면의 서쪽 구역과 그 뒤의 건물의 기능이 연결되어 있기 때문일 것입니다.

100척의 길이를 다시 정리하면 다음과 같습니다.

골방 삼면의 서쪽 구역과 그 뒤 건물의 동서 길이

서쪽 건물과 성전 건물 사이의 구역(겔 41:10) (골방 삼면의 서쪽 구역)	20척
서쪽 건물 한쪽 벽 두께(겔 41:12)	5척
서쪽 건물 너비(겔 41:12)	70척
서쪽 건물 다른 쪽 벽 두께(겔 41:12)	5척
총 합	**100척**

서편 건물의 남북 방향의 길이 역시 100척입니다.

에스겔 41:15 상반절에서는 "그가 뒷뜰 뒤에 있는 건물을 척량하니 그 좌우편 다락까지 일백 척이더라"라고 말씀하고 있습니다. 여

기 '다락'은 히브리어 '앗투크'(אתוק)로, '건물의 발코니나 건물의 끝
부분'을 가리킵니다. 즉, 서쪽 건물의 길이가 90척이요 양쪽의 벽의
두께가 각각 5척씩이므로 합하면 100척이 되는 것입니다(겔 41:12).

골방 삼면의 서쪽 구역과 그 뒤의 건물의 남북 길이

서쪽 건물 한쪽 벽 두께(겔 41:12)	5척
서쪽 건물의 길이(겔 41:12)	90척
서쪽 건물 다른 쪽 벽 두께(겔 41:12)	5척
총 합	**100척**

② 성전의 크기

　에스겔 41:13 상반절에서 "그가 전을 척량하니 장이 일백 척이
요"라고 말씀하고 있는데, 이를 표로 정리하면 다음과 같습니다. 여
기서 성전의 장이 일백 척이라는 것은 성전을 두른 빈 터와 계단의
길이를 제외한 성전 건물의 길이만을 가리킵니다.

성전의 동서 길이

현관 문벽 두께 (겔 40:48)	5척	지성소 길이(겔 41:4)	20척
현관 길이(겔 40:49)	12척(11척)*	성전 내벽(겔 41:5)	6척
성소 입구 문벽 두께 (겔 41:1)	6척	골방(겔 41:5)	4척
성소 길이(겔 41:2)	40척	성전 외벽(겔 41:9)	5척
지성소 입구 문벽 두께 (겔 41:3)	2척	**총 합**	**100척**

*에스겔 40:49 상반절의 "그 현관의 광은 이십 척이요 장은 십일 척이며"는 맛소
라 사본보다 칠십인경의 번역대로 '십이 척'으로 해석해야 합니다. 349페이지 참고.

에스겔 41:14에서 "전 전면의 광이 일백 척이요 그 앞 동향한 뜰의 광도 그러하며"라고 말씀하고 있습니다. 공동번역에서는 "또 성전 본관 동쪽 정면 나비가 옆마당까지 합해서 백 척이었다"라고 번역하고 있습니다. 이를 표로 정리하면 다음과 같습니다.

성전의 남북 길이

골방 삼면의 남쪽 구역 (겔 41:10)	20척	북쪽 내벽(겔 41:5)	6척
남쪽 빈 터(겔 41:11)	5척	북쪽 골방(겔 41:5)	4척
남쪽 외벽(겔 41:9)	5척	북쪽 외벽(겔 41:9)	5척
남쪽 골방(겔 41:5)	4척	북쪽 빈 터(겔 41:11)	5척
남쪽 내벽(겔 41:5)	6척	골방 삼면의 북쪽 구역 (겔 41:10)	20척
지성소 너비(겔 41:4)	20척	총 합	100척

15절의 척량에서도 계속하여 '100척'이라는 숫자가 강조되고 있습니다. 성전의 서쪽 구역도 장광이 100척인 정방형이고(겔 41:10-13, 15), 성전을 중심으로 남북의 구역을 합치면 장광이 100척인 정방형입니다(겔 41:13上, 14上). 성전 앞의 안뜰 구역도 장광 100척의 정방형입니다(겔 40:47, 41:14下). 성전을 중심으로 세 개의 정방형 구조 척량은 성전이 매우 짜임새 있고 완벽하게 건축되었음을 보여 줍니다(참고-시 122:3). 마찬가지로, 인류의 구원을 위한 하나님의 구속 경륜도 태초부터 종말까지 조금도 빈틈없이 치밀하고 완벽하며, 반드시 그대로 이루어질 것입니다(참고-엡 3:16-19).

15. 그룹과 종려나무가 새겨진 성전 내부
The Inner Nave that was Carved with Cherubim and Palm Trees

קֶרֶב הַהֵיכָל אֲשֶׁר עֲשׂוּי כְּרוּבִים וְתִמֹרִים

겔 41:15下-20

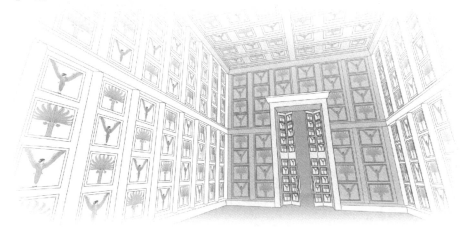

에스겔 선지자가 열다섯 번째로 본 새 성전의 모습은 그룹과 종려나무가 새겨진 성전 내부였습니다. 에스겔 41:15下-20에 성전 내부의 모습을 설명하고 있습니다. 에스겔 41:15下-16에서 "내전과 외전과 그 뜰의 현관과 16문통 벽과 닫힌 창과 삼면에 둘려 있는 다락은 문통 안편에서부터 땅에서 창까지 널판으로 가리웠고"라고 하였고, 19下-20절에서는 "온 전 사면이 다 그러하여 20땅에서부터 문통 위에까지 그룹들과 종려나무들을 새겼으니 성전 벽이 다 그러하더라"라고 말씀하고 있습니다.

첫째, 성전 내부는 나무 널판으로 가렸습니다.

성전의 외전(성소), 내전(지성소), 그 뜰의 현관과 문통 벽과 닫힌 창과 삼면에 둘려 있는 다락(골방)은 모두 널판으로 가리워 있었습니다(겔 41:15下-17). 에스겔 41:16의 "널판으로 가리웠고"에서 '가리다'에 해당하는 히브리어는 '목재 판자를 대다'라는 뜻의 '샤히프'(שָׂחִיף)입니다.

솔로몬 성전도 이와 비슷합니다. 솔로몬 성전의 외벽은 돌로 만들어졌으나, 마루는 잣나무 널판으로 성전 내벽은 백향목 널판으로 덧대었습니다. 그리고 거기에 금을 입혔습니다(왕상 6:14-22). 성전 안을 모두 백향목으로 덧대어 돌이 보이지 않았고(왕상 6:18下), 온 전을 금으로 입히고 내소에 속한 단의 전부도 금으로 입혔으며, 내외 전 마루도 금으로 입혔습니다(왕상 6:22, 30).

에스겔 성전의 경우에는 성전 건축 재료가 자세히 나오지 않고 '나무'와 '다듬은 돌'(겔 40:42)정도가 언급되었습니다. '나무'를 사용한 곳은 세 군데입니다. 내부 벽에 덧대는 널판 외에 '여호와 앞의 상'도 나무 제단이었고(겔 41:22), 현관 앞에 '나무 디딤판'도 나무로 만들어졌습니다(겔 41:25下).

'나무'는 새로운 성전의 실체이신 그리스도의 사역을 떠오르게 합니다. 예수님께서는 자신을 사시사철 푸르고 수액이 풍부한 '푸른 나무'(ὑγρῷ ξύλῳ, '휘그로 크쉴로')에 비유하셨습니다(눅 23:31). 또한 예수님께서 우리의 죄악을 친히 담당하기 위해 나무 십자가에 달리셨습니다(갈 3:13, 참고-신 21:23). 베드로전서 2:24에서 "친히 나무에 달려 그 몸으로 우리 죄를 담당하셨으니 이는 우리로 죄에 대하여 죽고 의에 대하여 살게 하려 하심이라 저가 채찍에 맞음으로 너희는 나음을 얻었나니"라고 말씀하고 있습니다. 새 성전의 나무 제단은 그리스도께서 사람의 손으로 지은 전을 헐고 친히 성소가 되신 십자가 대속의 역사(요 2:19-21, 히 10:19-20)를 생각하게 합니다.

둘째, 나무 널판에는 그룹들과 종려나무를 새겼습니다.

성전 내부에 덧대어진 나무 널판에는 그룹들과 종려나무를 새겼는데, 두 그룹 사이에 한 종려나무를 하나의 문양처럼 새겼습니다. 에스겔 41:18에 "널판에는 그룹들과 종려나무를 새겼는데 두 그룹 사이에 종려나무 하나가 있으며 매 그룹에 두 얼굴이 있으니"라고 기록하고 있습니다. 매 그룹의 두 얼굴 중 하나는 사람의 얼굴이고 다른 하나는 어린 사자의 얼굴입니다(겔 41:18-19). 사람의 얼굴은 이편 종려나무를 향하여 있고 어린 사자의 얼굴은 저편 종려나무를 향하여 있습니다(겔 41:19). 한편, 성전 문에도 동일하게 그룹과 종려나무 모양을 새겼습니다(겔 41:25).

사람의 얼굴은 이성과 지혜를 상징하며, 어린 사자의 얼굴은 힘과 용기를 상징합니다. 그룹의 두 얼굴이 종려나무를 향해 있다는 것은 악의 세력에 대한 완전한 승리를 표현한 것입니다. 이는 종려나무 가지가 승리의 왕을 환영할 때 사용되었기 때문입니다(요 12:13, 계 7:9, 참고-마카비상 13:37, 51, 마카비하 10:7). 예수님의 십자가 피로 구속 받고 하나님께 하늘의 지혜와 용기를 얻은 자만이 최후의 승리자가 될 수 있습니다(요 16:33, 계 7:9, 13-14).

한편, 솔로몬 성전의 내외소 사면 벽에는 그룹들과 종려나무와 핀 꽃 형상을 아로새겼습니다(왕상 6:29). 하지만 에스겔 성전의 벽에는 종려나무와 그룹만 새겨져 있고 꽃 형상이 없습니다. 꽃은 열매를 맺기 전에 피는 것입니다. 에스겔 성전은 종말적인 성전으로, 이미 믿음의 열매를 맺은 성도들만이 들어갈 수 있는 성전이기 때문에 꽃을 새길 필요가 없는 것입니다. 마태복음 21:43에서 "그러므로 내가 너희에게 이르노니 하나님의 나라를 너희는 빼앗기고 그 나라의 열매 맺는 백성이 받으리라"라고 말씀하고 있습니다. 베드로전서 1:24-25에서는 "그러므로 모든 육체는 풀과 같고 그 모든 영광이 풀의 꽃과 같으니 풀은 마르고 꽃은 떨어지되 ²⁵ 오직 주의 말씀은 세세토록 있도다 하였으니 너희에게 전한 복음이 곧 이 말씀이니라"라고 말씀하고 있습니다(사 40:8). 하나님의 말씀만이 우리의 믿음을 하나님께서 기뻐하시는 아름다운 열매로 맺게 합니다.

셋째, 문양이 새겨진 나무 널판을 성전 내부에 빠짐없이 골고루 덧대었습니다.

에스겔 41:20에서 "땅에서부터 문통 위에까지 그룹들과 종려나무들을 새겼으니 성전 벽이 다 그러하더라"라고 말씀하고 있습니다. 이는 하나님께서 임재하시는 거룩한 처소인 성전 내부를 외부 세계와 철저하게 구별한다는 뜻입니다.

16절 하반절에서 "창은 이미 닫히었더라"라고 말씀하고 있는데, 창문은 이미 나무로 된 창살로 막아 사람들이 들어오지 못하도록 보호하였으므로 널판으로 다시 막을 필요가 없었습니다(겔 40:16).

닫힌 창을 강조하는 이유는 문 외의 다른 곳으로 출입할 수 없음을 나타내기 위함입니다. 에스겔 성전은 외부에서 함부로 들어오지 못하도록 철저히 차단되고 닫힌 성전으로, 구속에서 제외된 불신자들은 들어올 수 없습니다. 예수님께서 말씀하신 열 처녀의 비유에서도 슬기로운 다섯 처녀가 혼인 잔치에 들어가고, 문이 닫힌 다음에 미련한 다섯 처녀가 "주여 주여 우리에게 열어 주소서"라고 애원했지만 문이 닫혔으므로 들어갈 수 없었습니다(마 25:11-12). 성도는 환난의 겨울이 닥치기 전에 열린 문을 통해 성전 안으로 들어가야 합니다(참고-마 24:20, 막 13:18, 눅 16:26).

그룹과 종려나무가 새겨진 성전 내부

The Inner Nave That Was Carved With Cherubim and Palm Trees

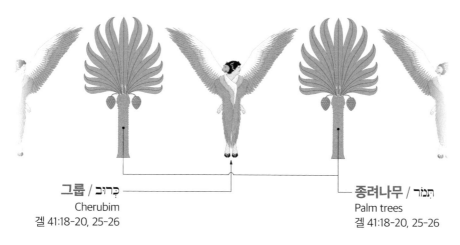

그룹 / כְּרוּב
Cherubim
겔 41:18-20, 25-26

종려나무 / תָּמֹר
Palm trees
겔 41:18-20, 25-26

에스겔 41:19-20

"하나는 사람의 얼굴이라 이편 종려나무를 향하였고 하나는 어린 사자의 얼굴이라 저편 종려나무를 향하였으며 온 전 사면이 다 그러하여 [20] 땅에서부터 문통 위에까지 그룹들과 종려나무들을 새겼으니 성전 벽이 다 그러하더라

16. 나무 제단, 내전과 외전의 문, 나무 디딤판
The Altar of Wood, the Door of the Nave and the Sanctuary, a Threshold of Wood

הַמִּזְבֵּחַ עֵץ, דְּלָתוֹת לַהֵיכָל וְלַקֹּדֶשׁ. עַב עֵץ

겔 41:21-26

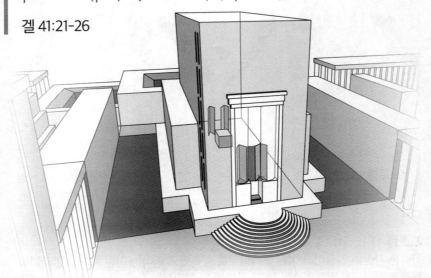

에스겔 선지자가 열여섯 번째로 본 새 성전의 모습은 나무 제단과 내전과 외전의 문과 나무 디딤판이었습니다. 에스겔 41:22에서 "곧 나무 제단의 고가 삼 척이요 장이 이 척이며"라고 하였고, 23절에서 "내전과 외전에 각기 문이 있는데"라고 하였으며, 25절 하반절에서 "현관 앞에는 나무 디딤판이 있으며"라고 말씀하고 있습니다.

(1) 나무 제단

에스겔 41:22에서 "곧 나무 제단의 고가 삼 척이요 장이 이 척이며 그 모퉁이와 옆과 면을 다 나무로 만들었더라 그가 내게 이르되 이는 여호와의 앞의 상이라 하더라"라고 말씀하고 있습니다. 여기 '나무 제단'은 히브리어로 '하미즈베아흐 에츠'(הַמִּזְבֵּחַ עֵץ)입니다.

원래 분향단은 히브리어로 '미즈바흐 하케토레트'(מִזְבַּח הַקְּטֹרֶת)이며, '제단'을 뜻하는 '미즈베아흐'(מִזְבֵּחַ)와 '분향, 제물의 향기로운 향'을 뜻하는 '케토레트'(קְטֹרֶת)가 합성된 단어입니다. 그런데 에스겔 성전의 나무 제단에는 '케토레트'라는 단어가 기록되어 있지 않습니다. 이는 새 성전의 나무 제단은 분향을 목적으로 하는 제단이 아님을 알려 줍니다.

이 나무 제단의 다른 이름은 "여호와의 앞의 상"입니다(겔 41:22下). 여기서 '상'은 '식탁'이라는 뜻의 히브리어 '슐한'(שֻׁלְחָן)으로, '진설병 상'에 사용된 단어입니다(출 25:30, 35:13, 민 4:7). 그러므로 이 나무 제단은 진설병 상으로 보는 것이 합당하며, 그 크기는 높이 3척, 길이 2척이었습니다(겔 41:22). 이 상은 생명의 떡이신 예수 그리스도께서 우리를 위해 자기 몸을 내어 주신 십자가 희생을 상징합니다(고전 5:7, 11:23-26). 하늘에서 내려온 생명의 떡이신 그리스도를 통해서만 참생명을 얻을 수 있습니다(요 6:33, 35, 48, 51).

(2) 내전과 외전의 문

성전의 내전(지성소)과 외전(성소)에 각기 문이 있는데, 문마다 접치는 두 개의 문짝으로 만들어져 좌우에 설치됩니다. 에스겔 41:23-24에서는 "내전과 외전에 각기 문이 있는데 24 문마다 각기 두 문짝 곧 접치는 두 문짝이 있어 이 문에 두 짝이요 저 문에 두 짝이며"라고 말씀하고 있습니다.

여기에 사용된 "접치는"이라는 단어는 히브리어 '무사바'(מוּסַבָּה)로, '회전하다'라는 뜻입니다. 각 문짝에는 아래 위로 두 개의 돌쩌귀(잠 26:14, '경첩')가 있어, 한쪽 방향 여닫이가 아니라 앞뒤로 움직이면서 열리는 방식입니다. 영어 성경 NASB에서는 "two swinging leaves"라고 번역하고 있습니다. 성전 문에도 그룹과 종려나무를 새 겼는데 이는 성전 벽 내부의 모습과 같습니다(겔 41:25ㄴ).

(3) 나무 디딤판

성전 현관 앞에는 '나무 디딤판'이 있습니다(겔 41:25ㄱ). 디딤판은 히브리어 '아브'(עָב)로, 열왕기상 7:6에서는 '섬돌(뜰에서 집으로 들어 가는 돌층계)'로 해석하고 있습니다. 디딤판은 '높은 곳에 오르기 위해 발로 디딜 수 있도록 만든 판'입니다. 나무 디딤판의 위치는 바깥쪽 현관 입구입니다. 아마도 내전으로 들어가는 현관의 문지방이 다소 높았기 때문에 디딤판을 두었을 것입니다(참고-겔 47:1). 문지방 은 문 아래 '문설주 사이에 가로놓은 틀'을 가리킵니다(삿 19:27, 삼 상 5:4).

한편, 종려나무의 문양은 현관 좌우편과 골방, 심지어 디딤판에 까지 새겨져 있습니다(겔 41:26).

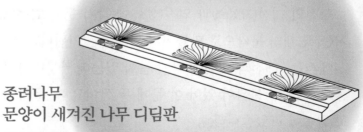

종려나무
문양이 새겨진 나무 디딤판

에스겔 41:25-26 "이 성전 문에 그룹과 종려나무를 새겼는데 벽에 있는 것과 같고 현관 앞에는 나무 디딤판이 있으며 ²⁶ 현관 좌우편에는 닫힌 창도 있고 종려나무도 새겼고 전의 골방과 디딤판도 그러하더라"

17. 제사장들의 거룩한 방

Holy Chambers for the Priests

הַלְּשָׁכוֹת הַקֹּדֶשׁ אֶל־הַכֹּהֲנִים

겔 42:1-14

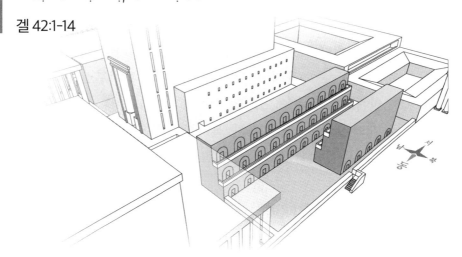

에스겔 선지자가 열일곱 번째로 본 새 성전의 모습은 제사장들의 거룩한 방이었습니다. 에스겔 42:1에서 "그가 나를 데리고 밖으로 나가 북편 뜰로 가서 두 방에 이르니 그 두 방의 하나는 골방 앞 뜰을 향하였고 하나는 북편 건물을 향하였는데"라고 말씀하고 있습니다.

(1) 북편 뜰과 남편 뜰 두 곳에 위치

에스겔 42:13 상반절에 "좌우 골방 뜰 앞 곧 북편 남편에 있는 방들은 거룩한 방이라"라고 기록하고 있습니다. 북편과 남편에 있는 거룩한 방들은 동일한 크기와 모양입니다. 북편의 거룩한 방들을 자세히 보여 준 후에(겔 42:1-9), 남편의 거룩한 방들에 대해서는 "그 방들의 모양은 북편 방 같고 그 장광도 같으며 그 출입구와 문도 그와 같으며"(겔 42:11)라고 간략하게 기록하고 있습니다.

① 북편 뜰에 위치한 거룩한 방 두 개

에스겔 42:1 상반절에서 "그가 나를 데리고 밖으로 나가 북편 뜰로 가서 두 방에 이르니"라고 말씀하고 있습니다. 안뜰의 북문을 통하여 북편 뜰로 나간 후 8개의 계단을 올라 통행구로 들어가면 두 방이 있습니다(겔 40:31, 34, 37, 42:9).

두 개의 방 중에 '골방 앞뜰을 향한 방'은 성소의 북편 골방 앞뜰 방향으로 툇마루가 있습니다. 또 하나의 방은 '북편 건물을 향한 방'입니다.

"골방 앞뜰을 향하였고"에서 '향하였고'에 쓰인 히브리어 '네게드'(נֶגֶד)는 '맞은편'을 의미합니다. 이 뜰은 성전 삼면의 골방 중 북쪽 골방 맞은편의 공간으로, 넓은 의미에서 안뜰에 포함됩니다.

즉, 한 방은 안뜰의 성전 북쪽 구역을 마주한 방이었고 나머지 다른 방은 그 북편 건물의 맞은편에 있는 방입니다.

한편, 두 방 사이에는 10척 너비, 100척 길이의 복도(통한 길)가 있습니다(겔 42:4).

② 두 방의 크기

에스겔 42:2에서 "그 방들의 자리의 장이 일백 척이요 광이 오십 척이며 그 문은 북을 향하였고"라고 말씀하고 있습니다. '방들의 자리의 길이'는 히브리어 '오레크'(אֹרֶךְ)로, '방의 길이'를 말합니다. 장(길이)이 100척(53.2m), 광(너비)이 50척(26.6m)으로 성전 건물의 크기(100척, 겔 41:13)와 비슷한 매우 큰 규모의 방이었습니다.

두 방의 길이는 서로 차이가 있었는데, 8절을 볼 때 "바깥뜰로 향한 방(바깥뜰 쪽에 위치한 방)의 장이 오십 척임이며 성전 앞을 향한 방(성전 쪽에 위치한 방)은 일백 척이며"라고 기록함으로, 바깥뜰로 향한 방의 길이가 성전을 향한 방의 길이보다 50척 짧다고 설명하고 있습니다. 에스겔 42:7에서는 그 짧은 50척 길이에 해당하는 부분에 대하여 "그 한 방의 바깥담 곧 뜰의 담과 마주 대한 담의 장이 오십 척이니"라고 기록하고 있습니다.

③ 북편 뜰에 위치한 방들의 통행구와 문들 - 북을 향함

북편 뜰에 위치한 거룩한 방들은 '북을 향한 문'이 있다고 두 번 기록되어 있습니다(겔 42:2, 4).

첫째, "그 문은 북을 향하였고"(겔 42:2)입니다.

여기 '문'은 히브리어로 '페타흐'(פֶּתַח)이며, 단수형이 쓰였습니다. 이는 바깥뜰에서 들어가는 통행구(겔 42:9)를 가리키는 것으로 보입니다. "동편에서 들어가는 통행구"(겔 42:9)라고 한 것은, 통행구의 위치는 북쪽으로 나 있지만 들어가는 문은 동편에 있기 때문입니다. 남편의 통행구의 설명에서도 "담 동편 길머리"(겔 42:12下)라고 밝힘으로 북편이나 남편이나 동일하게 통행구의 문이 '동쪽'에 있음을 강조하고 있습니다.

성전 안뜰로 들어가는 문은 방향별(남, 동, 북)로 각각 한 개씩 있으나 제사장의 방의 경우는 특별히 직접 들어가는 별도의 '문'이 있습니다. 이 통행구는 모든 안뜰의 문과 같이 8개의 계단 높이만큼 위에 있게 되는데(겔 40:31, 34, 37), 바깥뜰에서 8개의 계단 높이만큼 올라가면 제사장들의 거룩한 방 앞으로 들어갈 수 있습니다. 그래서 에스겔 42:9에 이 통행구가 방들의 "아래에"(תַּחַת, '타하트': 아랫 부분,

바다) 있는 것으로 기록되었습니다. 제사장의 거룩한 방들이 높은 곳에 있다는 것은 제사장의 위치와 사역의 귀중함을 보여 줍니다.

둘째, "그 문들은 북을 향하였으며"(겔 42:4)입니다.

여기 '문들'(פְּתְחֵיהֶם, '피트헤헴')은 통행구와 달리 복수형이 쓰였습니다. 이는 제사장의 방에 딸린 객실들의 문을 가리키는 것으로 보입니다. 제사장의 방은 통으로 된 큰 공간이 아닌 객실로 나뉘어진 형태입니다. "방"(겔 42:5)은 히브리어 '리쉬카'(לִשְׁכָּה)의 복수형이며, 주로 '건물 안에 있는 방, 객실, 골방'이라는 의미로 쓰였습니다(참고-삼상 9:22, 대상 9:33). 100척(53.2m) 혹은 50척(26.6m)되는 방의 큰 크기만 보아도(겔 42:2, 4, 8), 여러 개의 객실로 나뉘었을 것이라는 추측을 가능케 합니다. 이 객실의 문들은 모두 북쪽을 향해 있습니다. 남편에 있는 거룩한 방들도 북편처럼 객실마다 '방들의 문들'(פְּתְחֵיהֶן, '피트헤헨')이 있으며, 북편의 방들과 대칭 구조이므로 그 문들은 모두 남쪽을 향해 있는 것입니다.

에스겔 42:10-11에서 "남편 골방 뜰 맞은편과 남편 건물 맞은편에도 방 둘이 있는데 ¹¹ 그 두 방 사이에 길이 있고 그 방들의 모양은 북편 방 같고 그 장광도 같으며 그 출입구와 문도 그와 같으며"라고 말씀하고 있습니다. 공동번역에서는 11절을 "그 거실들 앞에는 북쪽에 있는 거실들과 같은 식으로 복도가 있었다. 그 길이도 나비도, 나가는 곳도, 구조도, 들어가는 곳도 같은 식이었다"라고 번역하고 있습니다.

④ 올라갈수록 좁아지는 삼 층 구조

에스겔 42:3 상반절의 "그 방 삼 층에"라는 말씀을 통해 제사장의 방이 삼 층 구조임을 알 수 있습니다. 그리고 삼 층을 오르내리는 계단이 있을 것으로 보입니다.

이 삼층 구조의 방들은 위로 올라갈수록 좁아집니다. 에스겔 42:5에서 "툇마루들을 인하여 하층과 중층보다 상층이 더 줄어짐이라"라고 하였고, 6절에서도 "그 상층이 하층과 중층보다 더욱 좁아짐이더라"라고 기록하고 있습니다. 여기 5, 6절의 히브리어 표현을 보면, '하층'과 '중층' 모두 비교에 사용되는 전치사 '민'(מִן)이 붙어서 '상층이 하층보다 좁아지고 중층보다도 좁아졌다'라는 의미입니다. 따라서 밖에서 본 제사장들의 방 모습은 위로 올라갈수록 크기가 줄어드는 계단 모양이었습니다.

이렇게 점점 줄어드는 형태의 삼 층 구조로 건물을 세운 이유는 그 안에 상층부를 지지해 줄 만한 기둥이 없기 때문입니다(겔 42:6ᄂ). 2층 이상으로 건물을 올리기 위해 부득이 상층부를 좁게 짓고 면적의 일부를 툇마루로 사용한 것입니다. 이러한 양식은 건축공학상 벽면 사이를 아치로 만들어서 하중을 지탱하는 형태로, 이렇게 하여 기둥 없이도 100척(53.2m), 50척(26.6m)이라는 긴 길이의 3층 건물이 안전하게 유지될 수 있는 것입니다.

방의 층수가 올라갈수록 너비가 넓어지는 성전의 골방과 달리, 제사장들의 거룩한 방은 층수가 올라갈수록 방이 좁아집니다. 성도가 왕 같은 제사장으로서 하나님의 말씀대로 순종하여 살려고 할 때 좁은 문, 좁은 길이 닥칩니다(마 7:13-14, 눅 13:24). 그 길은 세상과 타협하지 않는 길이요, 신앙 양심에 따라 깨끗하고 바르게 사는 길이므로 많은 사람들의 오해와 비방이 따르기 마련입니다. 하지만 그 길의 결국은 천하를 주고도 바꿀 수 없는 생명을 얻는 길, 곧 영생의 길입니다(마 16:26).

⑤ 툇마루(베란다)

제사장들의 거룩한 방은 북쪽과 남쪽에 대칭을 이루고 있으므로, 본 서에서는 북쪽을 기준으로 살펴보겠습니다.

한 방(50척 길이)의 툇마루는 20척 되는 안뜰 방향을 바라보고 있으며, 다른 한 방(100척 길이)의 툇마루는 바깥뜰 박석 깔린 곳의 방향을 바라보고 있습니다(겔 42:3). 여기에 사용된 히브리어 '네게드'(נֶגֶד)는 주로 '맞은편 방향'을 나타냅니다.

50척 길이의 방의 문은 북쪽에 있었지만, 툇마루는 남쪽으로 있었습니다. 그래서 에스겔 42:1에서 "골방 앞뜰을 향하였고"('네게드': 맞은편 방향)라고 말씀하고 있으며, 3절에서는 골방 앞뜰을 "이십 척 되는 안뜰"이라고 표현하고 있습니다. 100척 길이의 방은 문과 툇마루 모두 북쪽에 있습니다. 그래서 에스겔 42:1에서 "북편 건물을 향하였는데"('네게드': 맞은편 방향)라고 말씀하고 있으며, 3절에서는 "바깥뜰 박석 깔린 곳"이라고 구체적으로 말씀하고 있습니다. 따라서 50척 길이의 방과 100척 길이의 방 모두 문은 북쪽으로 향하였고 툇마루는 서로를 마주 보고 있는 것입니다.

한편, 한글 개역성경의 에스겔 42:8에서는 50척 길이의 방을 "바깥뜰로 향한 방", 100척 길이의 방을 "성전 앞을 향한 방"이라고 표현하고 있습니다. 여기에 50척 길이의 방에 사용된 '향한'은 히브리어 전치사 '레'(לְ)로, 여기에서는 소유와 위치의 개념을 나타냅니다. 그래서 '소속된, 위치한'이라는 의미로 해석하여 '바깥뜰 쪽에 위치한 방'이라고 해석해야 합니다. 또한 100척 길이의 방에 사용된 '향한'은 히브리어 '알 페네'(עַל־פְּנֵי)로, 이것은 성전 쪽에 위치하였다는 의미입니다. 그러므로 100척 길이의 방은 '성전 쪽에 위치한 방'이라고 해석해야 합니다. 정리하자면, 에스겔 42:8은 건물이 보고

제사장들의 거룩한 방 | 겔 42:1-14
Holy Chambers for the Priests

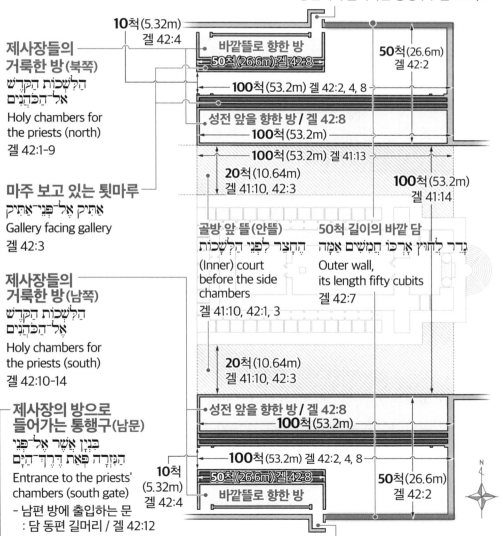

제사장의 방으로 들어가는 통행구(북문)
בִּנְיָן אֲשֶׁר אֶל־פְּנֵי הַגִּזְרָה פְּאַת דֶּרֶךְ הַיָּם
Entrance to the priests' chambers (north gate)
- 동편에서 들어가는 통행구 / 겔 42:2, 9

10척(5.32m)
겔 42:4

제사장들의 거룩한 방(북쪽)
הַלְּשָׁכוֹת הַקֹּדֶשׁ אֶל־הַכֹּהֲנִים
Holy chambers for the priests (north)
겔 42:1-9

바깥뜰로 향한 방
50척(26.6m) 겔 42:8

50척(26.6m)
겔 42:2

100척(53.2m) 겔 42:2, 4, 8

성전 앞을 향한 방 / 겔 42:8
100척(53.2m)

100척(53.2m) 겔 41:13

20척(10.64m)
겔 41:10, 42:3

100척(53.2m)
겔 41:14

마주 보고 있는 툇마루
אַתִּיק אֶל־פְּנֵי־אַתִּיק
Gallery facing gallery
겔 42:3

골방 앞 뜰(안뜰)
הֶחָצֵר לִפְנֵי הַלְּשָׁכוֹת
(Inner) court before the side chambers
겔 41:10, 42:1, 3

50척 길이의 바깥 담
גֶּדֶר לֶחָצֵר אָרְכּוֹ חֲמִשִּׁים אַמָּה
Outer wall, its length fifty cubits
겔 42:7

제사장들의 거룩한 방(남쪽)
הַלְּשָׁכוֹת הַקֹּדֶשׁ אֶל־הַכֹּהֲנִים
Holy chambers for the priests (south)
겔 42:10-14

20척(10.64m)
겔 41:10, 42:3

제사장의 방으로 들어가는 통행구(남문)
בִּנְיָן אֲשֶׁר אֶל־פְּנֵי הַגִּזְרָה פְּאַת דֶּרֶךְ הַיָּם
Entrance to the priests' chambers (south gate)
- 남편 방에 출입하는 문
  : 담 동편 길머리 / 겔 42:12

성전 앞을 향한 방 / 겔 42:8
100척(53.2m)

100척(53.2m) 겔 42:2, 4, 8

10척
(5.32m)
겔 42:4

50척(26.6m) 겔 42:8
바깥뜰로 향한 방

50척(26.6m)
겔 42:2

N

있는 방향을 말하는 것이 아니라 각각의 위치가 바깥뜰 쪽인지 성전 쪽인지를 설명한 것입니다.

참고로 제사장들의 방에 사용된 방향과 위치를 나타내는 표현들을 정리하면 다음과 같습니다.

에스겔	50척짜리 방(북쪽)	100척짜리 방(성전 쪽)
42:1	골방 앞뜰을 향하였고 (נֶגֶד, '네게드')	북편 건물을 향하였는데 (נֶגֶד, '네게드')
42:3	이십 척 되는 안뜰과 마주 대하였고(נֶגֶד, '네게드')	바깥뜰 박석 깔린 곳과 마주 대하였으며(נֶגֶד, '네게드')
42:8	바깥뜰로 향한 방 (לְ, 전치사 '레')	성전 앞을 향한 방 (עַל־פְּנֵי, '알프네')

종합해 보면 제일 위층은 방의 크기가 가장 작고 툇마루가 있었으며, 중간층은 방의 크기가 위층보다 약간 크고 툇마루가 있었고, 아래층은 툇마루는 없고 모두 방으로만 이루어졌을 것입니다.

⑥ 50척 길이의 담

에스겔 42:7에서 "그 한 방의 바깥담 곧 뜰의 담과 마주 대한 담의 장이 오십 척이니"라고 말씀하고 있습니다. 한글 개역성경에는 '담'이라는 단어가 세 번이나 나오지만, 히브리어 원문으로 보면 '담'이나 '벽'을 뜻하는 '가데르'(גָּדֵר)가 한 번 나옵니다. 공동번역은 "이 거실들 앞에는 바깥 마당 쪽으로 이 거실들과 나란히 길이 오십 척 되는 바깥담이 있었다"라고 번역하고 있습니다. 길이가 100척인 방 앞쪽으로 그 방들과 평행한 바깥담이 있는데, 그 길이가 50척인 것입니다.

(2) 제사장들의 거룩한 방의 기능

에스겔 42:1-14에 기록된 "거룩한 방"은 여호와를 가까이하는 제사장들의 방으로(겔 42:13), 하나님의 거룩한 법을 지키는 장소였습니다. 거룩한 방의 기능은 다음과 같습니다.

① 거룩한 방은 여호와를 가까이하는 제사장들이
지성물(至聖物)을 먹고 보관하는 방입니다(겔 42:13).

지성물은 히브리어로 '코데쉐 하코다쉼'(קָדְשֵׁי הַקֳּדָשִׁים)입니다. '거룩한'이란 뜻의 '코데쉬'(קֹדֶשׁ)를 반복한 최상급 표현으로, '지극히 거룩한 것'이라는 뜻입니다. 이는 지성소와 동일한 표현으로, 제사장들이 먹는 지성물이 하나님의 임재의 상징인 지성소만큼 거룩함을 강조한 것입니다.

거룩한 방 뒤 서쪽에 있는 제사장들의 부엌에서 지성물을 삶거나 구운 후에 제사장들의 방으로 가지고 와서 먹는 것으로 보입니다(겔 46:19-20). 한편, 제사장의 부엌이 백성의 부엌(겔 46:21-24)과 따로 있는 이유는 제사장들이 먹을 지성물과 백성이 먹을 제물이 구별되기 때문입니다(레 7:15-21, 31-36).

② 지성물, 곧 소제와 속죄제와 속건제의 제물을 두는 곳입니다.

지성물이 곧바로 제단에 올려질 수 없는 경우에 제단에 올려질 때까지 거룩한 방 안에 두도록 했습니다(겔 42:13).

③ 제사장이 수종 들 때 입던 거룩한 의복을 갈아입는 곳입니다
(겔 42:14).

제사장이 백성의 출입하는 바깥뜰로 나가고자 할 때에는 성소에

서 수종 들 때 입던 거룩한 의복을 거룩한 방에 두고 다른 옷을 입어야 합니다(겔 42:14). 에스겔 44:19을 볼 때 "그들이 바깥뜰 백성에게로 나갈 때에는 수종 드는 옷을 벗어 거룩한 방에 두고 다른 옷을 입을찌니 이는 그 옷으로 백성을 거룩케 할까 함이니라"라고 말씀하고 있습니다(참고-출 28:43, 31:10, 레 16:23).

로마서 13:14 "오직 주 예수 그리스도로 옷 입고 정욕을 위하여 육신의 일을 도모하지 말라"

이렇듯 제사장이 먹고 마시며 옷을 갈아입는 등의 육체적인 행위까지도 거룩한 방에서 구별하여 행하도록 한 것은, 하나님의 일을 하는 하나님의 사람은 먹든지 마시든지 무엇을 하든지 모든 행위가 거룩해야 함을 보여 줍니다(고전 10:31). 이는 하나님께 드리는 예배뿐만 아니라 모든 일상생활도 하나님께 거룩하게 드리는 삶이 되어야 함을 뜻합니다(롬 12:1, 14:7-8).

18. 외곽 사면 담의 척량
The Measurement of the Temple All Around
מִדָּה חוֹמָה סָבִיב סָבִיב

겔 42:15-20

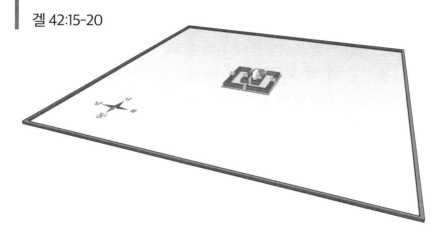

에스겔 선지자가 열여덟 번째로 본 새 성전의 모습은 사면 담을 척량하는 것이었습니다. 에스겔 42:15에서 "그가 안에 있는 전 척량하기를 마친 후에 나를 데리고 동향한 문 길로 나가서 사면 담을 척량하는데"라고 말씀하고 있습니다.

한글 개역성경은 16-20절에서 사방 담의 규격을 '오백 척'이라고 번역하였습니다. 그러나 히브리어 원문을 보면 '척'을 뜻하는 '암마'(אַמָּה)가 아니라, '장대'라는 뜻의 '카네'(קָנֶה)가 사용되었습니다. 따라서 외곽 사면 담의 길이는 각각 500장대로, 약 1,596m입니다.

에스겔 42:15-20 "그가 안에 있는 전 척량하기를 마친 후에 나를 데리고 동향한 문 길로 나가서 사면 담을 척량하는데 ¹⁶ 그가 척량하는 장대 곧 그 장대로 동편을 척량하니 오백 척(**장대**)이요 ¹⁷ 그 장대로 북편을 척량하니 오백 척(**장대**)이요 ¹⁸ 그 장대로 남편을 척량하니 오백 척(**장대**)이요 ¹⁹ 서편으로 돌이켜 그 장대로 척량하니 오백 척(**장대**)이라 ²⁰ 그가 이와 같이 그 사방을 척량하니 그 사방 담 안 마당의 장과 광이 오백 척*씩이라 그 담은 거룩한 것과 속된 것을 구별하는 것이더라"

이 담은 거룩한 것과 속된 것을 구별하는 것으로, 하나님의 거룩함을 보존하기 위한 것이었습니다(겔 42:20, ^{참고}시 125:2, 계 21:27). 스가랴 2장을 볼 때, 하나님께서는 예루살렘의 척량에 대해 말씀하신 후에 "내가 그 사면에서 불 성곽이 되며"라고 말씀하셨습니다(슥 2:5). 하나님께서 예루살렘 둘레를 불로 감싸서 보호하실 뿐 아니라, 아무나 성안으로 들어갈 수 없게 하신 것입니다(^{참고}창 3:24). 하박국 2:11에서는 "담에서 돌이 부르짖고 집에서 들보가 응답하리라"라고 말씀하시면서 담이 살아서 백성의 죄를 고발한다고 말씀하고 있습니다(^{참고}눅 19:40). 에스겔 성전의 외곽 사면 담은 하나님의 불꽃 같은 눈동자가 철저하게 거룩을 지키고 있음을 보여 주는 듯합니다(계 1:14, 2:18, 19:12).

이러한 담의 구조가 견고하고 정방형의 형태인 것은 앞으로 이루어질 새 예루살렘 성이 한치의 오차도 없는 완벽한 성전임을 가르쳐 줍니다(계 21:16-17).

---

*히브리어에는 '장대'를 의미하는 '카네'(קָנֶה)가 없이 '오백'만 기록되어 있습니다.

19. 동향한 문과 안뜰과 번제단

Gate Which Faced East and the Inner court and the altar of burnt offering

הַשַּׁעַר אֲשֶׁר פָּנָיו דֶּרֶךְ הַקָּדִים וְהֶחָצֵר הַפְּנִימִי וּמִזְבַּח הָעֹלָה

겔 43:1-27

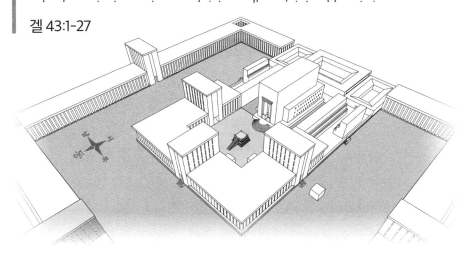

에스겔 선지자가 열아홉 번째로 본 새 성전의 모습은 동향한 문과 안뜰, 번제단이었습니다. 에스겔 43:1에서 "그 후에 그가 나를 데리고 문에 이르니 곧 동향한 문이라"라고 하였고, 5절에서 "성신이 나를 들어 데리고 안뜰에 들어가시기로"라고 말씀하고 있습니다.

(1) 바깥뜰 동향한 문간과 안뜰

성전 내부를 둘러보고 성전 사면 담의 척량을 마친 후에, 천사는 에스겔을 다시 동향한 문으로 인도했습니다. 이 동향한 문은 성전 외부에서 바깥뜰로 들어가는 동쪽의 문이었습니다. 에스겔 선지자는 처음 성전 내부에 들어갈 때 이 문을 통해서 들어갔습니다(겔 40:6). 그리고 성전 내부를 다 본 후에 성전 사면 담을 척량할 때도 이 문으로 나가서 척량을 시작하였습니다(겔 42:15). 이 문은 여호와의 영광이 들어오는 문이었습니다. 에스겔 43:4에서 "여호와의 영광이 동문으로 말미암아 전으로 들어가고"라고 말씀하고 있습니다. 하나님께서 에스겔 선지자를 당시 예루살렘으로 데려가서 이상을 보여 주실 때도 하나님의 영광이 그룹들과 함께 예루살렘 성전을 나가면서 동문에 머물렀고(겔 10:19), 25명의 악인을 보여 주신 곳도 동문이었습니다(겔 11:1).

또한 천사는 에스겔 선지자를 성전 안뜰로 데리고 갔는데, 성전에 여호와의 영광이 가득하였습니다. 5절에서 "성신이 나를 들어 데리고 안뜰에 들어가시기로 내가 보니 여호와의 영광이 전에 가득하더라"라고 말씀하고 있습니다. 이때 하나님의 말씀을 대언하는 자가 "인자야 이는 내 보좌의 처소, 내 발을 두는 처소, 내가 이스라엘 족속 가운데 영원히 거할 곳이라"라고 말씀하셨습니다(겔 43:7ㄴ). 그러나 성경에서는 하나님께서 영원히 그들 가운데 거하시게 하려면 "이제는 그들이 그 음란과 그 왕들의 시체를 내게서 멀리 제하여 버려야 할 것이라"라고 말씀하셨습니다(겔 43:9). 거룩하지 않은 곳에는 하나님의 영광이 머무르지 않는다는 것을 알 수 있습니다. 11절 하반절에서도 "그 모든 규례와 그 모든 법도와 그 모든 율례를 알게 하고 그 목전에 그것을 써서 그들로 그 모든 법도와 그 모든 규례를 지켜 행하게 하라"라고 말씀하고 있습니다.

(2) 번제단에 대한 규례

이어서 에스겔 선지자는 번제단의 모양과 크기와 봉헌 규례에 대한 말씀을 들었습니다. 에스겔 43:13에서 "제단의 척수는 이러하니라"라고 말씀하고 있습니다. 여기 '제단'은 히브리어 '미즈베아흐'(מִזְבֵּחַ)로, '번제단'을 가리킵니다. 성전에서 이루어지는 가장 중요한 일 중 하나가 속죄 역사이므로 성전의 중심은 '번제단'입니다. 번제단은 희생 제물을 드림으로 하나님의 임재와 용서를 체험하는 매우 중요한 장소입니다. 예루살렘 성전이 파괴된 후 바벨론에 포로로 끌려온 백성은 자신들의 죄를 회개할 성전이 없다는 현실에 쓰라린 아픔을 절감하면서 어느 때보다 성전을 그리워했습니다. 이러한 때에 에스겔 성전의 큰 번제단의 계시는 포로 된 백성에게 크나큰 소망을 주었을 것입니다.

에스겔에게 계시된 성전에서 다른 내부 시설물에 관해서는 거의 설명되어 있지 않으나 '제단'에 대하여는 유독 길게 기록되어 있습니다. 특별히 제단은 에스겔 성전의 정중앙에 위치하고 있습니다. 이 번제단은 밑받침이 있고 총 3층이며 정방형으로 이루어져 있습니다. 각 층의 한 변의 길이는 아래 층보다 2척씩 짧으며, 번제단의 계단은 동쪽을 향하여 있습니다(겔 43:17). 자세한 규격을 살펴보면 다음과 같습니다.

① 척량의 기준

에스겔 43:13 상반절에서 "제단의 척수는 이러하니라 (한 자는 팔꿈치에서부터 손가락에 이르고 한 손바닥 넓이가 더한 것이라)"라고 말씀하고 있습니다. 번제단을 척량할 때도 일반 규빗이 아니라 큰 규빗(척)을 사용했다는 것입니다.

성전 척량의 기준은 에스겔 40:5에서 성전 척량을 시작하면서 이미 제시되었습니다. 그런데 번제단을 척량하면서 다시 성전 척량의 기준을 제시하는 것은, 번제단이 곧 성전의 축소판과도 같다는 것을 강조하기 위해서입니다.

② 제단의 기초(밑받침과 턱, 홈통)

에스겔 43:13 하반절에서 "제단 밑받침의 고가 일 척이요 그 사면 가장자리의 광이 일 척이며 그 가으로 둘린 턱의 광이 한 뼘이니 이는 제단 밑받침이요"라고 말씀하고 있습니다. 이 부분을 히브리어의 원문의 내용을 살려 해석하면 다음과 같습니다.

제일 먼저 '밑받침'을 척량했습니다. 여기 '밑받침'은 히브리어 '헤크'(חֵיק)로, '우묵한 곳, 가슴, 중앙'을 의미합니다. 이 단어의 어원은 옷을 입었을 때 움푹 파여진 홈을 일컫는 것으로, 사람의 신체로 사용될 때는 품에 안기는 것을 묘사할 때 사용됩니다(룻 4:16, 시 35:13, 89:50, 사 40:11). 이 '헤크'는 번제단의 기초로 지면 밑으로 묻히는 밑받침을 가리킵니다. 밑받침의 너비와 높이는 1척이었습니다. 그래서 "제단 밑받침의 고가 일 척이요 그 사면 가장자리의 광이 일 척이며(וְחֵיק הָאַמָּה וְאַמָּה־רֹחַב)"를 히브리어 원문대로 번역하면 '그리고 밑받침은 (높이)가 한 척이며 너비도 한 척이다'입니다.

이 밑받침 위에는 한 뼘 너비의 턱이 둘려 있었습니다. 이 '턱'은 히브리어 '입술'이라는 뜻의 '사파'(שָׂפָה)로, 사람의 입술처럼 튀어나온 경계턱을 의미합니다. 한글 개역성경에서 '제단 밑받침'은 13절 하반절에서 두 번 사용되고 있는데, 앞의 것은 '헤크'이지만 뒤의 것은 '볼록한 면, 돌출부'라는 뜻의 '가브'(גַּב)입니다. '헤크'가 번제단 전체의 밑받침이라면, '가브'는 밑받침 위에 세워진 턱과 그 사이의 홈통까지를 포함합니다.

그러므로 에스겔 43:13 하반절인 "그 가으로 둘린 턱의 광이 한 뼘이니 이는 제단 밑받침('가브')이요"(וּגְבוּלָהּ אֶל־שְׂפָתָהּ סָבִיב זֶרֶת גַּב הַמִּזְבֵּחַ)를 히브리어 원문대로 번역하면, '그리고 그 사면 경계의 턱은 한 뼘이니 이것은 제단의 볼록한 면이다'입니다.

이어 에스겔 43:17을 히브리어 원문으로 보면 한글 개역성경의 번역과 약간 뉘앙스가 다릅니다. 에스겔 43:17에서 "그 아랫층의 장이 십사 척이요 광이 십사 척이니 네모반듯하고 그 밑받침에 둘린 턱의 광이 반 척이며 그 가장자리의 광이 일 척이니라 그 층계는 동을 향하게 할찌니라"라고 말씀하고 있습니다. 한글 개역성경의 번역을 볼 때, 17절의 '밑받침'은 장과 광이 14척이 되는 번제단 중간층의 바닥 부분을 가리키는 것처럼 보입니다. 그러나 히브리어 원문에서는 번제단 중간층의 바닥 부분이 아니라 전체 번제단의 바닥 부분을 가리킵니다. 그래서 에스겔 43:13에 처음 등장하여 번제단 전체의 밑받침을 가리키는 단어인 히브리어 '헤크'가 여기 17절에서도 똑같이 사용된 것입니다.

그러므로 에스겔 43:17 하반절 "그 밑받침에 둘린 턱의 광이 반 척이며 그 가장자리의 광이 일 척이니라"(וְהַגְּבוּל סָבִיב אוֹתָהּ חֲצִי הָאַמָּה וְהַחֵיק־לָהּ אַמָּה סָבִיב)를 히브리어 원문대로 번역하면, '그리고 그 사면 경계가 반 척이며, 그리고 그 밑받침('헤크')의 사면이 한 척이다'입니다. 여기에서 번제단 전체의 밑받침 위에 돌출된 사방의 턱('사파')을 반 척(26.6cm)으로 표시하고 있는데, 에스겔 43:13에서는 이 '반 척'을 '한 뼘'으로 표현하고 있습니다. 그러므로 에스겔 43:13의 '한 뼘'은 작은 규빗의 절반인 한 뼘(22.8cm)이 아니라 큰 규빗(척)의 절반인 큰 한 뼘(26.6cm)을 가리킵니다.

③ 번제단

에스겔 43:14 상반절에서 "이 땅에 닿은 밑받침 면에서 아랫층의 고가 이 척이요 그 가장자리의 광이 일 척이며"라고 말씀하고 있습니다. 여기 '이 땅에 닿은 밑받침 면'이라는 것은 13절에서 살폈던 밑받침('헤크')의 윗면이 땅 위에 올라가 있다는 것이 아니라, 지면에 닿아 있다는 것입니다. 그러나 밑받침에 달린 '턱'은 앞에서 살펴본 대로 밑받침 위에 한 뼘(26.6cm) 높이가 더 올라갑니다.

또한 '아래층'의 '층'이란 단어는 히브리어 '아자라'(עֲזָרָה)로, '둘러싼 구역, 울타리'라는 의미입니다. 이것은 번제단의 각 층의 측면을 가리키는 단어로 사용되었습니다. 그러므로 번제단 맨 아래층의 높이는 2척이요 그 위쪽 가장자리의 너비가 1척이었습니다(겔 43:14).

에스겔 43:14 하반절에서 "이 아래층 면에서 이 층의 고가 사 척이요 그 가장자리의 광이 일척이며"라고 말씀하고 있습니다. 이 번역은 다분히 모호한 번역으로, 히브리어 원문의 의미를 살려서 직역하면 '그 작은 층('아자라')으로부터 큰 층('아자라')까지가 사 척이며 너비가 일 척이다'라는 의미입니다. 여기 '작은 층'은 장과 광 각각 14척인 번제단의 2층을 가리키며, '큰 층'은 장과 광 각각 16척인 번제단의 1층을 가리킵니다. 즉 번제단 1층 위쪽 가장자리부터 번제단 2층 위쪽 가장자리까지의 높이가 4척이라는 말씀입니다. 그리고 번제단 2층 위쪽 가장자리 너비 역시 1척이었습니다(겔 43:13-17).

이어 에스겔 43:15에서 "그 번제단 윗층의 고가 사 척이며 그 번제하는 바닥에서 솟은 뿔이 넷이며"라고 말씀하고 있습니다. 이것은 번제단 맨 위에 있는 3층의 높이가 4척이며, 그 맨 위에 솟은 뿔이 4개가 있다는 의미입니다. 특히 '그 번제단 윗층'이라는 표현은 '화로'를 뜻하는 히브리어 '아리엘'(אֲרִיאֵל)로, 불을 피우는 번제단의 맨 위층을 가리킵니다. 에스겔 43:16에서 "그 번제하는 바닥('아리엘')의 장이 십이 척이요 광이 십이 척이니 네모반듯하고"라고 말씀하고 있는데, 이것은 번제단 맨 위층의 장·광이 각각 12척씩의 정방형이라는 의미입니다. 이어 에스겔 43:17에서 번제단 2층의 장·광이 각각 14척씩의 정방형이라고 말씀하고 있습니다. 번제단의 맨 아래층 역시 그 사방의 위쪽 가장자리가 1척이므로 장·광이 각각 16척씩인 정방형입니다.

④ 번제단을 오르는 층계

번제단 밑받침 위 지면으로부터 번제단 맨 위층의 번제 드리는 바닥까지는 10척(2+4+4, 겔 43:14-15)으로 매우 높았기 때문에(5.32m), 번제단에는 계단이 있었으며 위치는 동을 향하도록(겔 43:17下) 성소의 반대편에 설치되었습니다.

에스겔 성전의 이상을 보기 전, 사로잡힌 지 제육년 유월 오일에 에스겔 선지자는 성전 현관과 제단 사이에서 25인이 성전을 등지고 동쪽을 바라보며 동방 태양에 경배하는 모습을 보았습니다(겔 8:16). 고대 근동의 일반적인 제의는 태양이 있는 동쪽을 바라보며 진행했습니다. 그러나 에스겔 성전의 이상 가운데 번제단의 계단은 동쪽을 향하기 때문에 제사장은 제사를 드리기 위해 얼굴을 서쪽으로 향해야 했습니다. 번제단을 오르는 제사장은 그 앞의 성전과 마주하게 됩니다. 따라서 동방 태양에 경배하던 모습과 정반대되는 모습을 보여 주고 있습니다(참고-시 121:1-2, 123:1-2, 롬 12:1-2, 골 3:5-10).

하나님께서는 번제단을 하나님의 정하신 척수대로 만들어 놓으시고 그 위에서 번제를 드리며 피를 뿌리도록 하셨습니다(겔 43:18). "피를 뿌리는 규례"는 장차 죄악된 인간들을 그리스도의 피로 정결케 할 것을 상징합니다. 그러므로 정방형의 번제단은 속죄와 구원을 온전히 이루시기 위해 자기 몸을 제물로 단번에 바치신 예수 그리스도의 속죄 사역을 바라보게 합니다(히 9:12-14, 26, 10:10-12). 요한계시록을 볼 때도 종말까지 예수님의 십자가 속죄에 대하여 거듭 강조하고 있는데, 요한계시록 5:9을 볼 때, 어린양에 대해서 "일찍 죽임을 당하사 각 족속과 방언과 백성과 나라 가운데서 사람들을 피로 사서 하나님께 드리시고"라고 말씀하고 있습니다(계 2:8, 5:6, 12, 19:13). 성전의 중심이 번제단이듯이, 십자가는 구속사 완성의 날까지 모든 교회의 중심입니다. 예수 그리스도의 십자가 피를 마음 중심에 모시고 의지하는 자마다 모든 죄를 사함 받고 거룩하신 하나님과의 교제에 동참하게 될 것입니다(^{참고}마 26:28, 눅 1:77-79, 행 5:31, 10:43, 26:18, 엡 1:7, 골 1:13-14, 요일 2:12).

특히 번제단의 핵심은 '불'입니다(레 6:12-13). 번제단에서 끊임없이 타오르는 불은 죄를 소멸하는 그리스도의 복음의 위대한 능력을 나타냅니다. 예수 그리스도의 십자가의 죽음과 부활은 죄와 사망을 종결하는 영원한 생명의 불입니다(롬 8:1-2, 딤후 1:10, ^{참고}렘 5:14, 23:29). 그러므로 이 땅의 모든 교회들마다 예수님의 십자가 복음의 불이 꺼지지 않고 항상 타오르도록 힘써야 합니다(마 3:10-12, 눅 12:49, 행 2:1-4, 롬 12:11, 계 3:15).

(3) 번제단 봉헌에 대한 규례

번제단을 봉헌할 때는 어린 수송아지 하나로 속죄제를 드리고 그 피를 제단에 바르는데, 번제단의 네 뿔과 아래층 네 모퉁이와 사면 가장자리에 발라 속죄하여 제단을 정결케 해야 합니다(겔 43:19-21).

다음날에는 흠 없는 숫염소 하나로 속죄제를 드리고 그 피를 수송아지 드릴 때와 똑같이 제단에 바릅니다(겔 43:22). 이 정결 예식 후에 "흠 없는 수송아지 하나와 떼 가운데서 흠 없는 수양 하나"를 드리되 소금을 쳐서 번제로 드립니다(겔 43:23-24). 이는 무엇에든 소금을 치면 변하지 않고 오래 가는 것처럼 예배자의 하나님을 향한 믿음과 거룩이 변함없이 영원히 지속되어야 함을 나타냅니다(엡 6:24, 히 12:14, 참고-민 18:19, 대하 13:5).

다음으로 7일 동안은 속죄제를 드립니다. 속죄 제물은 매일 염소 하나를 드리며, 어린 수송아지 하나와 숫양 하나를 흠 없는 것으로 드려야 합니다(겔 43:25).

마지막으로 8일째 드리는 제사는 번제와 화목제입니다. 에스겔 43:27에서 "이 모든 날이 찬 후 제팔일에와 그 다음에는 제사장이 제단 위에서 너희 번제와 감사제(שְׁלֶם, '셸렘': 화목제)를 드릴 것이라 그리하면 내가 너희를 즐겁게 받으리라 나 주 여호와의 말이니라"라고 말씀하고 있습니다. 모든 번제단 봉헌 의식이 끝나고 드리는 번제는 전적인 헌신으로 하나님께 드리는 제사이며, 화목제는 하나님과 사람 사이, 이웃과 이웃 사이에 화평을 선언하는 제사입니다.

예수님께서는 이 땅에 오셔서 우리를 위하여 번제물과 화목 제물이 되셨습니다. 예수님은 많은 사람의 죄를 담당하시려고 그 몸을 단번에 제물로 드리셨고(히 9:12, 28, 10:10), 또 예수님은 우리 죄와 온 세상의 죄를 위하여 화목 제물이 되셨습니다(롬 3:25, 엡 2:12-16, 요일 2:2). 예수님의 십자가를 통해 우리는 능히 '하나님을 사랑하고 이웃을 사랑하라'는 계명에 순종할 수 있습니다(마 22:34-40). 우리가 예수님 안에서 십자가 사랑을 실천하며 살 때(요 13:34-35, 15:12, 17, 살전 4:9, 벧전 4:8, 요일 3:11, 16, 23, 4:7-8, 11-12, 요이 1:5), 에스겔 43:27에서 "내가 너희를 즐겁게 받으리라"라고 하신 것과 같이 우리의 삶을 기쁘게 받아 주실 것입니다(롬 12:1).

번제단 | 겔 43:13-17
The Altar of Burnt Offering

에스겔 43:13-17 "제단의 척수는 이러하니라 (한 자는 팔꿈치에서부터 손가락에 이르고 한 손바닥 넓이가 더한 것이라) 제단 밑받침의 고가 일 척이요 그 사면 가장자리의 광이 일 척이며 그 가로 둘린 턱의 광이 한 뼘이니 이는 제단 밑받침이요 ¹⁴ 이 땅에 닿은 밑받침 면에서 아랫층의 고가 이 척이요 그 가장자리의 광이 일 척이며 이 아랫층 면에서 이층의 고가 사 척이요 그 가장자리의 광이 일 척이며 ¹⁵ 그 번제단 윗층의 고가 사 척이며 그 번제하는 바닥에서 솟은 뿔이 넷이며 ¹⁶ 그 번제하는 바닥의 장이 십이 척이요 광이 십이 척이니 네모반듯하고 ¹⁷ 그 아랫층의 장이 십사 척이요 광이 십사 척이니 네모 반듯하고 그 밑받침에 둘린 턱의 광이 반 척이며 그 가장자리의 광이 일 척이니라 그 층계는 동을 향하게 할찌니라"

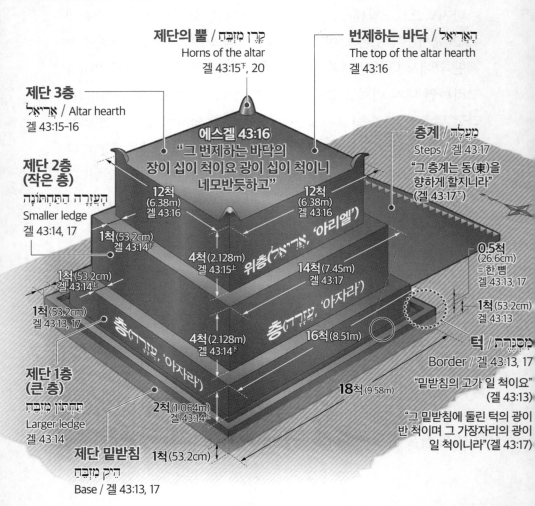

제단의 뿔 / קֶרֶן מִזְבֵּחַ
Horns of the altar
겔 43:15下, 20

번제하는 바닥 / הָאֲרִיאֵל
The top of the altar hearth
겔 43:16

제단 3층
אֲרִיאֵל / Altar hearth
겔 43:15-16

에스겔 43:16
"그 번제하는 바닥의 장이 십이 척이요 광이 십이 척이니 네모반듯하고"

층계 / מַעֲלָה
Steps / 겔 43:17
"그 층계는 동(東)을 향하게 할지니라"
(겔 43:17下)

제단 2층 (작은 층)
הָעֲזָרָה הַתַּחְתּוֹנָה
Smaller ledge
겔 43:14, 17

12척 (6.38m) 겔 43:16

12척 (6.38m) 겔 43:16

1척 (53.2cm) 겔 43:14上

4척 (2.128m) 겔 43:15上

14척 (7.45m) 겔 43:17

0.5척 (26.6cm) = 한 뼘
겔 43:13, 17

1척 (53.2cm) 겔 43:14上

위층(אֲרִאֵל, '아리엘')

1척 (53.2cm) 겔 43:13

1척 (53.2cm) 겔 43:13, 17

층(עֲזָרָה, '아자라')

4척 (2.128m) 겔 43:14下

층(עֲזָרָה, '아자라')

16척 (8.51m)

제단 1층 (큰 층)
תַּחְתּוֹן מִזְבֵּחַ
Larger ledge
겔 43:14

2척 (1.064m) 겔 43:14下

18척 (9.58m)

턱
Border / 겔 43:13, 17
"밑받침의 고가 일 척이요"
(겔 43:13)

제단 밑받침
חֵיק מִזְבֵּחַ
Base / 겔 43:13, 17

1척 (53.2cm)

"그 밑받침에 둘린 턱의 광이 반 척이며 그 가장자리의 광이 일 척이니라"(겔 43:17)

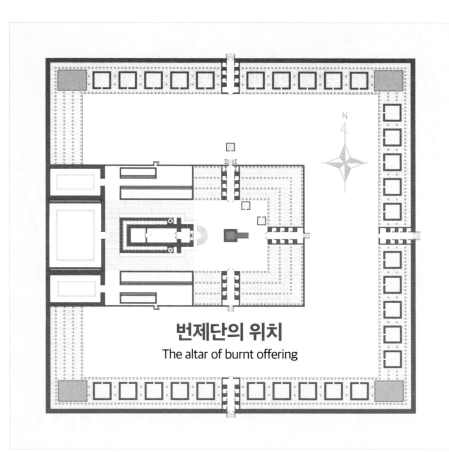

번제단의 위치
The altar of burnt offering

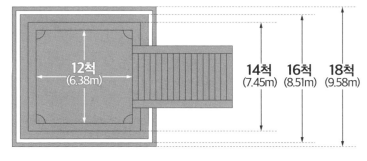

위에서 본 제단의 모습
A bird's eye view of the altar

12척 (6.38m)

14척 (7.45m) 16척 (8.51m) 18척 (9.58m)

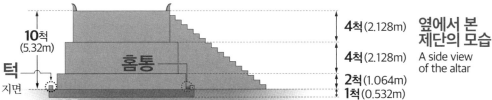

옆에서 본 제단의 모습
A side view of the altar

10척 (5.32m)

턱
지면

홈통

4척 (2.128m)
4척 (2.128m)
2척 (1.064m)
1척 (0.532m)

높이 **0.5**척(26.6cm) = 한 뼘 / 겔 43:13, 17

20. 성소 동향한 바깥문과 성전 앞
The Outer Gate of the Sanctuary Which Faced East,
and the Temple Court

הַשַּׁעַר הַמִּקְדָּשׁ הַחִיצוֹן הַפֹּנֶה קָדִים וּפְנֵי הַבָּיִת

겔 44:1-46:18

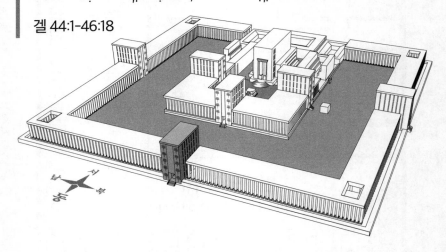

에스겔 선지자가 스무 번째로 본 새 성전의 모습은 성소 동향한 바깥문과 성전 앞이었습니다. 에스겔 44:1에서 "그가 나를 데리고 성소 동향한 바깥문에 돌아오시니 그 문이 닫히었더라"라고 하였고, 4절에서 "그가 또 나를 데리고 북문을 통하여 전 앞에 이르시기로 내가 보니 여호와의 영광이 여호와의 전에 가득한지라 내가 얼굴을 땅에 대고 엎드린대"라고 말씀하고 있습니다.

(1) 성소 동향한 바깥문(겔 44:1-3)

천사는 에스겔 선지자를 "성소 동향한 바깥문"으로 이끌어 오셨습니다(겔 44:1). 이 문에 대해서는 많은 논쟁이 있지만 바깥뜰의 동향한 문으로 보는 것이 합리적입니다. 에스겔 44:2에서 "이 문은 닫고 다시 열지 못할찌니"라고 말씀하고 있는데, 여기 '다시 열지 못할찌니'는 강력한 부정을 나타내는 히브리어 '로'(לֹא)와 '열다'라는 히브리어 '파타흐'(פָּתַח)의 미완료형이 사용되어, 계속 확실하게 닫아야 한다는 뜻입니다. 그러나 '안뜰 동향한 문'은 안식일과 월삭에 열리는 것을 볼 때(겔 46:1), 성소 동향한 바깥문은 '안뜰 동향한 문'이 아니라 '바깥뜰의 동향한 문'을 가리키는 것이 확실합니다. 하나님께서는 "이 문은 닫고 다시 열지 못할찌니 아무 사람도 그리로 들어오지 못할 것은 이스라엘 하나님 나 여호와가 그리로 들어왔음이라 그러므로 닫아 둘찌니라"라고 말씀하셨습니다(겔 44:2). 그러므로 왕일지라도, 남문이나 북문을 통해 '성소 동향한 바깥문'의 현관에 들어갈 수는 있지만(참고-겔 46:2) 동문을 통해 들어올 수는 없었습니다. 하나님께서 이 문을 통해 들어오셨기 때문에 사람은 이 문으로 들어올 수 없는 것입니다(겔 44:2下-3).

(2) 북문을 통해 들어간 성전 앞(겔 44:4-8)

천사는 바깥뜰 동향한 문에서 에스겔 선지자를 데리고 북문을 통하여 성전 앞으로 갔습니다. 에스겔 선지자는 여호와의 영광이 성전에 가득한 것을 보고 얼굴을 땅에 대고 엎드렸습니다(겔 44:4).

이어 하나님께서는 과거에 마음과 몸에 할례를 받지 아니한 이방인들을 성전 안으로 데리고 온 죄를 상기시키시면서(겔 44:7-8), 앞으로는 "이스라엘 족속 중에 있는 이방인 중에 마음과 몸이 할례를 받지 아니한 이방인은 내 성소에 들어오지 못하리라"라고 선언하셨습니다(겔 44:9). 그러나 이 말씀은 마음과 몸에 할례를 받은 이방인은 성소에 들어올 수 있다는 뜻으로, 장차 예수 그리스도 안에서 베풀어지는 영적 할례인 세례를 통하여 세계 열방의 많은 사람들이 구원 받게 될 것을 암시하고 있습니다(골 2:11-12).

(3) 제사장이 지켜야 할 규례와 기업(겔 44:10-31)

하나님께서는 계속해서 에스겔 44:10-27에서 제사장이 지켜야 할 규례에 대하여, 에스겔 44:28-31에서는 제사장의 기업에 대하여 말씀하셨습니다. 제사장이 지켜야 할 규례는 비(非)사독 계열 제사장과 사독 계열 제사장이 지켜야 할 규례로 각각 나누어집니다.

먼저, 에스겔 44:10-14에서 사독 계열이 아닌 제사장들이 지켜야 할 규례에 대하여 말씀하고 있습니다. 14절을 보면 "그러나 내가 그들을 세워 전을 수직하게 하고 전에 모든 수종 드는 일과 그 가운데서 행하는 모든 일을 맡기리라"라고 말씀하고 있습니다. 여기에서 '성전을 수직하는 일'은 성전 문을 지키는 문지기의 일을 가리키며, '성전에 모든 수종 드는 일'은 백성의 희생 제물을 잡아 백성 앞에 서서 수종 드는 일을 가리킵니다(겔 44:11). 이들은 과거에 분명히 제사장이었는데 범죄하므로 그 제사장직을 박탈당하였으며(겔 44:13), 이제 다시 회복되었지만 과거처럼 제사장의 일이 아니라 일반 레위인들의 직무만 담당하게 되었던 것입니다(겔 44:14).

다음으로, 에스겔 44:15-27에서 사독 계열의 제사장들이 지켜야 할 규례에 대하여 말씀하고 있습니다. 15절을 보면 "사독의 자손 레위 사람 제사장들은 내 성소의 직분을 지켰은즉 그들은 내게 가까이 나아와 수종을 들되 내 앞에 서서 기름과 피를 내게 드릴찌니라"라고 말씀하고 있습니다. 사독은 대제사장 엘르아살과 그의 아들 비느하스의 자손으로, 다윗 통치 때부터 솔로몬 통치 초기까지 활동한 대제사장이었습니다. 솔로몬이 왕이 되었을 때 엘르아살 계열의 제사장은 사독이었고 이다말 계열의 제사장은 아비아달이었습니다(대상 6:3-8, 50-53, 24:3). 그런데 아비아달은 반역자 아도니야의 편에 섰기 때문에 제사장직에서 파면당하였고, 이후로 사독 계열이 제사장직을 독점하게 된 것입니다(왕상 1:7-8, 2:26-27, ^{참고-}삼상 2:30, 35).

이어서 하나님께서는 제사장들의 기업은 바로 하나님 자신임을 선포하셨습니다. 에스겔 44:28에서 "그들은 기업이 있으리니 내가 곧 그 기업이라 너희는 이스라엘 가운데서 그들에게 산업을 주지 말라 나는 그 산업이 됨이니라"라고 말씀하고 있습니다(민 18:20, 신 18:1-5). 이는 하나님의 일에 전념하는 자는 하나님께서 반드시 책임져 주시고 하나님께서 기업이 되어 주신다는 말씀입니다.

(4) 땅의 분배(겔 45:1-8)
이제 하나님께서는 땅의 분배에 대하여 말씀하셨습니다. 땅을 분배하는 법칙은 이미 앞 장에서 살펴본 대로 다음과 같습니다.
첫째, 한 구역을 거룩한 땅으로 삼아 하나님께 예물로 드려야 합니다(겔 45:1-4, 48:8-12, 20).
둘째, 레위인들의 땅이 있었습니다(겔 45:5, 48:13).
셋째, 성읍의 기지가 있었습니다(겔 45:6, 48:15).
넷째, 왕의 땅이 있었습니다(겔 45:7-8).
다섯째, 회복될 땅의 경계와 12지파의 기업 분배에 대하여 말씀하셨습니다(겔 45:8, 47:13-48:7, 23-29).

21. 제사장들을 위한 부엌
The Boiling Places for the Priests
הַטִּירוֹת לְכֹהֲנִים

겔 46:19-20

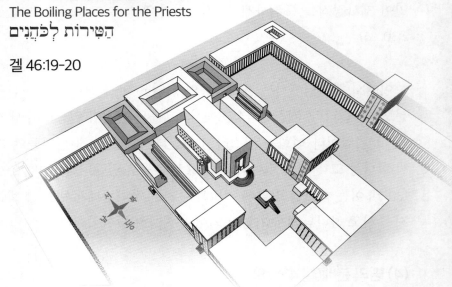

에스겔 선지자가 스물한 번째로 본 새 성전의 모습은 제사장들을 위한 부엌이었습니다. 에스겔 46:19에서 "그 후에 그가 나를 데리고 문 곁 통행구로 말미암아 제사장의 북향한 거룩한 방에 들어가시니 그 방 뒤 서편에 한 처소가 있더라"라고 말씀하고 있습니다.

제사장들을 위한 부엌으로 가기 위하여 에스겔 선지자는 '제사장의 북향한 거룩한 방'을 지나갔습니다. 이 방은 에스겔 42:1-14에 나오는 '거룩한 방'으로, 에스겔 선지자가 17번째로 본 모습이었습니다. 제사장들을 위한 부엌은 제사장들이 희생 제물을 삶거나 굽는 처소였습니다. 에스겔 46:20에서 "이는 제사장이 속건제와 속죄제 희생을 삶으며 소제 제물을 구울 처소니"라고 말씀하고 있습니다. 하나님께서는 일반 백성을 위한 부엌(겔 46:24)과 제사장들을 위한 부엌을 구별시켜서 하나님께 드려지는 제사를 더욱 거룩하게 하셨습니다.

22. 백성의 제물을 삶는 부엌
The Boiling Places for the People's Sacrifices
בֵּית הַמְבַשְּׁלִים לָעָם

겔 46:21-24

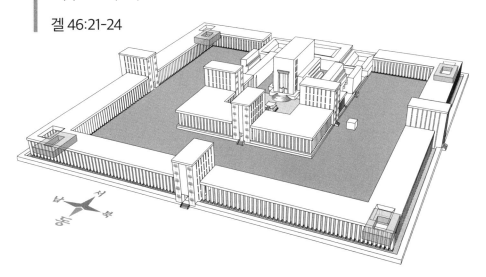

　에스겔 선지자가 스물두 번째로 본 새 성전의 모습은 백성의 제물을 삶는 부엌이었습니다. 에스겔 46:21에서 "나를 데리고 바깥뜰로 나가서 나로 뜰 네 구석을 지나가게 하시는데 본즉 그 뜰 매 구석에 또 뜰이 있는데"라고 말씀하고 있습니다.

　네 구석의 공간과 뜰에 둘린 담은 모두 동일한 크기였습니다. 에스겔 46:22에서 "뜰 네 구석에 있는 그 뜰에 담이 둘렸으니 뜰의 장이 사십 척이요 광이 삼십 척이라 구석의 네 뜰이 한 척수며"라고 말씀하고 있습니다.

　이곳은 전에서 수종 드는 자가 백성의 제물을 삶는 부엌으로(겔 46:24), 담이 둘려 있었습니다. 22절에 '담이 둘렸으니'는 히브리어로 '케투로트'(קְטֻרוֹת)로, 원형 '카타르'(קָטַר)는 '에워싸다, 연합하다, 거두다, 울타리를 치다'라는 뜻이 있습니다. 사방을 담으로 둘러친

이 공간은 제물을 삶을 때 나오는 연기가 쉽게 빠져나갈 수 있도록 지붕이 없었던 것으로 보입니다.

에스겔 46:23에서는 "그 작은 네 뜰 사면으로 돌아가며 부엌이 있고 그 사면 부엌에 삶는 기구가 설비되었는데"라고 말씀하고 있습니다. 여기서 '부엌'은 '담, 벽'이라는 뜻의 히브리어 '투르'(טור)로, 한 줄씩 쌓여진 형태의 구조물을 가리킵니다(참고-출 28:17-20, 39:10-13, 왕상 7:4). 그래서 표준새번역은 "그 작은 네 뜰에는 돌담이 둘러쳐 있었고"라고 번역했습니다.

뜰 사면의 네 부엌에는 '삶는 기구'가 설비되어 있었으며, 여기서 성전에 수종 드는 레위인들이 백성의 제물을 삶았습니다(겔 46:23-24). 24절의 "제물"은 히브리어 '제바흐'(זֶבַח)로, 주로 '희생 제물'을 가리킵니다. 에스겔 40:42의 "희생", 에스겔 44:11의 "다른 희생"에 '제바흐'가 사용되었습니다. 예수님께서는 전 세계 백성을 대신하여 유월절 어린양으로 '희생'이 되셨습니다(고전 5:7). 이제 우리도 예수님을 위해서 나 자신을 기꺼이 희생하는 삶을 살아야 합니다.

23. 성전 문
The Door of the Temple
פֶּתַח הַבַּיִת

겔 47:1

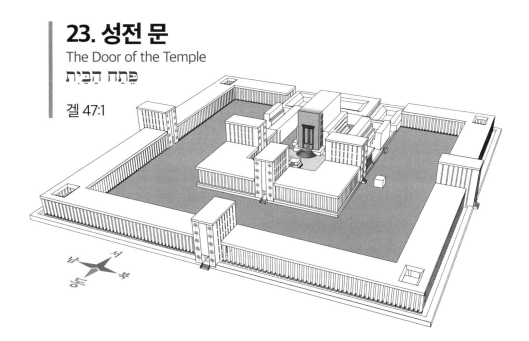

에스겔 선지자가 스물세 번째로 본 새 성전의 모습은 성전 문지방 밑에서 물이 나오는 모습이었습니다. 에스겔 47:1에서 "그가 나를 데리고 전 문에 이르시니 전의 전면이 동을 향하였는데 그 문지방 밑에서 물이 나와서 동으로 흐르다가 전 우편 제단 남편으로 흘러내리더라"라고 말씀하고 있습니다.

물이 흘러나오는 모습은 너무도 놀라운 광경이어서, 히브리어 '베힌네'(וְהִנֵּה)로 시작되고 있습니다. 이는 '그리고 보라'라는 뜻으로, 특별히 주목해야 할 중요한 사건을 설명할 때 사용되는 표현입니다. 1절의 "흐르다가"(יָצָא, 야차)와 "흘러내리더라"(יָרַד, 야라드)는 둘 다 동사의 분사형이 쓰여, 에스겔의 눈 앞에서 생명수가 솟구쳐 흘러가는 생생한 모습을 묘사하고 있습니다.

분명 생명수는 성전 문지방 밑에서 흘러나오기 시작하였습니다

(겔 47:1). 물이 흘러나오는 성전은 바로 하나님의 보좌를 나타냅니다. 요한계시록 22:1에서는 "수정같이 맑은 생명수의 강"이 "하나님과 및 어린양의 보좌"로부터 나온다고 말씀하고 있습니다. 그러므로 우리는 세상을 살리는 생명수가 오직 하나님으로부터 나온다는 것을 깨달아야 할 것입니다(요 4:10-11, 14, 7:38, ^{참고}슥 14:8). 예수님께서는 "이 물을 먹는 자마다 다시 목마르려니와 ¹⁴ 내가 주는 물을 먹는 자는 영원히 목마르지 아니하리니 나의 주는 물은 그 속에서 영생하도록 솟아나는 샘물이 되리라"라고 말씀하셨고(요4:13-14), "나를 믿는 자는 성경에 이름과 같이 그 배에서 생수의 강이 흘러나리라"라고 말씀하셨습니다(요 7:38).

예수님께서 영원한 생명수의 근본 출처이십니다. 수가 성 여자는 물을 길러 왔다가 예수님을 만난 후, 사람들에게 "와 보라 이는 그리스도가 아니냐"(요 4:29)라고 외치며 영원한 생명수의 근원이신 예수님을 증거하였습니다. 우리도 수가 성 여자처럼 세상의 물을 버리고 영원한 생명수를 마시고 나누는 삶을 살아야 합니다.

24. 동향한 바깥문
The Outer Gate Which Faced East
הַשַּׁעַר הַחוּץ דֶּרֶךְ הַפּוֹנֶה קָדִים

겔 47:2

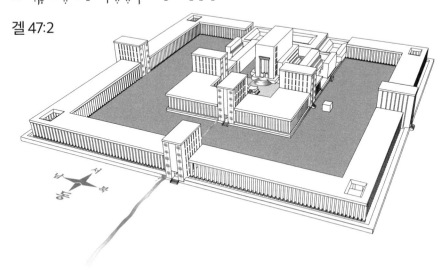

에스겔 선지자가 스물네 번째로 본 새 성전의 모습은 동향한 바깥문의 우편에서 물이 스미어 나오는 모습이었습니다. 에스겔 47:2에서 "그가 또 나를 데리고 북문으로 나가서 바깥 길로 말미암아 꺾여 동향한 바깥문에 이르시기로 본즉 물이 그 우편에서 스미어 나오더라"라고 말씀하고 있습니다.

천사는 성전 문 앞에 있던 에스겔 선지자를 데리고 북문으로 나가서 동향한 바깥문에 이르게 하였습니다. 그런데 문 우편에서 물이 스미어 나왔습니다. 성전 문지방에서 나오던 물이 번제단 남쪽을 지나서(겔 47:1) 동향한 바깥문의 우편에서 흘러나왔습니다(겔 47:2). 여기 "우편"의 '우'는 히브리어 '예마니'(יְמָנִי)로, '오른쪽의'라는 뜻입니다. 이 단어는 1절의 "전 우편"이라는 표현에도 똑같이 사용되고 있습니다. 성전에서 발원하여 나오는 생명수가 성전의 우편으로 흘러서 다시 바깥뜰 동향한 문의 우편으로 나오는 모습에서 두 번씩이나 '우편'이 강조되고 있습니다.

에스겔 47:3의 "동으로 나아가며"라는 말씀을 볼 때, 물은 동향한 바깥문을 지나 계속 동쪽으로 흘러갔음을 알 수 있습니다.

에스겔 선지자는 이 물의 흐름을 따라 일천 척씩 이동하였습니다. 일천 척(532m)이 지나서 물은 발목에 올랐고(겔 47:3), 일천 척이 지나서 무릎에 올랐고(겔 47:4), 일천 척이 지나 허리에 올랐고(겔 47:4), 다시 일천 척이 지나 "창일하여 헤엄할 물이요 사람이 능히 건너지 못할 강"이 되었습니다(겔 47:5). 이렇게 물이 갑자기 불어난 것은 성전에서 시작된 하나님의 생명수의 역사가 순식간에 온 땅을 덮게 된다는 것을 가르쳐 줍니다(참고-사 11:9, 합 2:14).

예수님께서는 우리를 위해 십자가에서 죽으시고 부활 승천하시어 지금도 보좌 우편에서 우리를 위해 쉬지 않고 기도하시고 일하고 계십니다(행 2:25-35, 7:55-56, 롬 8:34, 골 3:1, 히 1:3, 13, 8:1, 10:12, 12:2, 벧전 3:22). 과거에나, 현재에나, 미래에나, 우편에서 여러 모습으로 일하시는 하나님의 섭리 앞에 우리는 오직 감사할 따름입니다.

25. 성전 문지방 밑에서 나오는 물로 창일해진 강가

Banks of the River That are
Formed by the Rising Water
That Had Come Forth from Under
the House

שְׂפַת הַנַּחַל אֲשֶׁר גָּאוּ מַיִם
יֹצְאִים מִתַּחַת מִפְּתַן הַבַּיִת

겔 47:3-12

에스겔 선지자가 스물다섯 번째, 마지막으로 본 새 성전의 모습은 '강가'였습니다. 에스겔 47:6에서 "그가 내게 이르시되 인자야 네가 이것을 보았느냐 하시고 나를 인도하여 강가로 돌아가게 하시기로"라고 말씀하고 있습니다.

이 문장을 얼핏 보면 하나님께서 헤엄하지 못할 큰 강(겔 47:5)에 들어가 있는 에스겔 선지자를 강가로 인도하신 것처럼 보입니다. 그러나 히브리어 원문을 보면 그렇지 않습니다. 만약 에스겔 선지자가 헤엄하지 못할 큰 강에서 강가로 나왔다면, 걸어서 나오지 못하고 분명 헤엄을 쳐서 나와야 했을 것입니다. 그런데 6절의 "나를 인도하여"에는 히브리어 '할라크'(הָלַךְ)의 히필(사역)형이 쓰여, '걷게 시키다'라는 뜻입니다. 강물이 창일하여 능히 건널 수 없게 되었기 때문에 거기서 걸어 나올 수는 없었습니다.

그런데 에스겔 47:6에서 "강가로 돌아가게 하시기로"라고 말씀하고 있으며, 7절에서도 "내가 돌아간즉"이라고 말씀하고 있습니다. 6절의 "강가로 돌아가게"는 다른 지역에서 강가로(to the bank of the river) 돌아온다는 뜻이 아니라, '강가를 따라'(along the bank of the river) 되돌아온다는 뜻입니다(영어 성경 NRSV, NLT, RSV). 왜냐하면 그는 강가를 떠난 적이 없기 때문입니다. 이는 지금까지 강물의 흐름을 따라 사천 척을 지나왔는데 다시 강가를 따라 되돌아가라는 명령입니다(겔 47:3-5). 에스겔 선지자는 다시 강가를 따라가면서 비로소 강가에 나무들이 심히 많은 것을 확인하게 됩니다(겔 47:7下).[17)]

에스겔 47:8-10에서는 성전에서 나온 물이 일으킬 위력에 대해 말씀하고 있습니다. 그 강물이 이르는 곳마다 바닷물이 소성함을 얻고, 모든 생물이 살며 고기가 각기 종류를 따라 큰 바다의 고기같이 심히 많아지고, 강 좌우에 달마다 새 실과를 맺는 각종 과실나무가 자라나게 됩니다.

에스겔 47:12 "강 좌우 가에는 각종 먹을 실과나무가 자라서 그 잎이 시들지 아니하며 실과가 끊치지 아니하고 달마다 새 실과를 맺으리니 그 물이 성소로 말미암아 나옴이라 그 실과는 먹을 만하고 그 잎사귀는 약재료가 되리라"

그런데 에스겔 47:11에서는 "그 진펄과 개펄은 소성되지 못하고 소금 땅이 될 것이며"라고 말씀하고 있습니다. 모든 생물과 바닷물이 소성함을 얻는데, '진펄'과 '개펄'은 회복되지 않는다는 것입니다. 여기 '진펄'은 히브리어 '비차'(בִּצָּה)로, '늪, 수렁'을 의미하며,

'개펄'은 히브리어 '게베'(גֶּבֶא)로, '물웅덩이'를 의미합니다. 예레미야 선지자는 하나님을 버리고 우상을 섬기는 이스라엘 백성을 가리켜 '터진 웅덩이'라고 비유하였습니다(렘 2:13). 하나님을 버리고 스스로 물을 저축하려는 자들은 생명수 강물을 만나지 못하고 진펄과 개펄 같은 세상의 늪에 빠져 허우적거리며 나오지 못하게 되는 것입니다.

실로 이 모든 생명의 역사, 기적의 역사, 풍성한 역사는 하나님의 성소에서 시작되었습니다(겔 47:1). "물이 성소로 말미암아 나옴이라"(겔 47:12)! 오늘날 전 세계에 퍼진 모든 주님의 교회가 생명을 살리는 역사의 진원지가 되기를 간절히 소망합니다(계 22:1-2).

참된 교회는 영원히 목마르지 않는 생명수의 말씀이 나오는 강단이 되어야 합니다. '말씀의 기갈'의 시대(암 8:11-13)에 생명수의 역사를 일으켜야 합니다. 예수님의 보혈, 십자가의 말씀이 영원한 생명수입니다(엡 1:7, 벧전 1:19). 예수 그리스도만이 우리를 생명수 샘으로 인도하십니다(요 7:37-38, 계 7:17). 주께서 재림하시는 날, 에스겔에게 보여 주신 계시와 같이 생명수 강물이 온 세상에 충만케 되고(참고-사 11:9, 합 2:14) 마침내 구속사의 완성이 이루어질 것입니다.

성전 문지방에서 나오는 물로 창일해진 강가 | 겔 47:1-12

Banks of the River That Are Formed by the Rising Water
That Had Come Forth from under the Threshold of the House

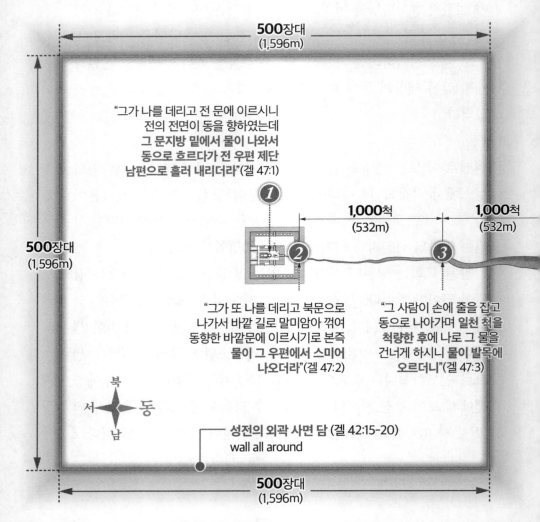

500장대 (1,596m)

500장대 (1,596m)

500장대 (1,596m)

1,000척 (532m)

1,000척 (532m)

"그가 나를 데리고 전 문에 이르시니
전의 전면이 동을 향하였는데
그 문지방 밑에서 물이 나와서
동으로 흐르다가 전 우편 제단
남편으로 흘러 내리더라"(겔 47:1)

①

②

③

"그가 또 나를 데리고 북문으로
나가서 바깥 길로 말미암아 꺾여
동향한 바깥문에 이르시기로 본즉
물이 그 우편에서 스미어
나오더라"(겔 47:2)

"그 사람이 손에 줄을 잡고
동으로 나아가며 일천 척을
척량한 후에 나로 그 물을
건너게 하시니 물이 발목에
오르더니"(겔 47:3)

북
서 ← → 동
남

성전의 외곽 사면 담 (겔 42:15-20)
wall all around

참고-스가랴 14:7-11에서도 예루살렘 회복의 날을 선포하면서 예루살렘에서 생수가 솟아날 것을 말씀하고 있다. 이 생수는 절반은 동해로, 절반은 서해로 사시사철 흘러가며, 예루살렘은 온 땅이 아라바(요단강 남쪽 광야의 낮은 저지대)처럼 보일 정도로 높이 들려 올라갈 것이라고 말씀하고 있다.

스가랴 14:7-11 "여호와의 아시는 한 날이 있으리니 낮도 아니요 밤도 아니라 어두워 갈 때에 빛이 있으리로다 ⁸ 그 날에 생수가 예루살렘에서 솟아나서 절반은 동해로, 절반은 서해로 흐를 것이라 여름에도 겨울에도 그러하리라 ⁹ 여호와께서 천하의 왕이 되시리니 그 날에는 여호와께서 홀로 하나이실 것이요 그 이름이 홀로 하나이실 것이며 ¹⁰ 온 땅이 아라바 같이 되되 게바에서 예루살렘 남편 림몬까지 미칠 것이며 예루살렘이 높이 들려 그 본처에 있으리니 베냐민 문에서부터 첫문 자리와 성 모퉁이 문까지 또 하나넬 망대에서부터 왕의 포도주 짜는 곳까지라 ¹¹ 사람이 그 가운데 거하며 다시는 저주가 있지 아니하리니 예루살렘이 안연히 서리로다"

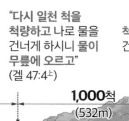

"다시 일천 척을
척량하고 나로 물을
건너게 하시니 물이
무릎에 오르고"
(겔 47:4ᄂ)

"다시 일천 척을
척량하고 나로 물을
건너게 하시니 물이
허리에 오르고"
(겔 47:4ᄃ)

"다시 일천 척을 척량
하시니 물이 내가 건너지
못할 강이 된지라
그 물이 창일하여 헤엄 할
물이요 사람이 능히 건너지
못할 강이더라"(겔 47:5)

1,000척
(532m)

1,000척
(532m)

④ ⑤ ⑥

지중해
Mediterranean Sea

예물로 드리는 땅
The allotment to the Lord

왕의 땅
Area belonging
to the prince

엔게디
Engedi

30km

에네글라임
Eneglaim

사해
Dead Sea
겔 47:8

에스겔 47:6-12 "그가 내게 이르시되 이 물이 동방으로 향하여
흘러 아라바로 내려가서 바다에 이르리니 이 흘러내리는 물로
그 바다의 물이 소성함을 얻을지라 9 이 강물이 이르는 곳마다
번성하는 모든 생물이 살고 또 고기가 심히 많으리니 이 물이
흘러 들어가므로 바닷물이 소성함을 얻겠고 이 강이 이르는
각처에 모든 것이 살 것이며 10 또 이 강가에 어부가 설 것이니
엔게디에서부터 에네글라임까지 그물 치는 곳이 될 것이라 …
12 강 좌우 가에는 각종 먹을 실과나무가 자라서 그 잎이 시들지
아니하며 실과가 끊치지 아니하고 달마다 새 실과를 맺으리니
그 물이 성소로 말미암아 나옴이라 그 실과는 먹을만하고 그
잎사귀는 약 재료가 되리라"

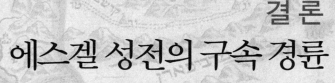

결 론

에스겔 성전의 구속 경륜

The Redemptive Administration of
Ezekiel's Temple

에스겔 성전의 구속 경륜
THE REDEMPTIVE ADMINISTRATION OF EZEKIEL'S TEMPLE

에스겔 성전은 역사상 실제로 지어지지 않은 성전이며, 인간의 언어로는 도저히 표현하기 어려울 만큼 신비롭고 장엄하며 엄청난 규모의 성전입니다. 하나님께서 에스겔 성전의 모습을 하나하나 보여 주실 때마다 에스겔 선지자는 너무 놀라서 충격에 사로잡혔습니다. 그래서 성전과 관련된 모습을 묘사할 때마다 히브리어로 '그리고 보라'는 감탄의 표현인 '베힌네'(וְהִנֵּה)가 반복적으로 등장하고 있습니다. '힌네'(הִנֵּה)만 사용된 곳까지 포함하면 총 열네 번이 나옵니다. 한글 개역성경에서는 아예 '베힌네'를 생략하거나, '내가 보다'로 번역하고 있습니다.

에스겔 40:3 "나를 데리시고 거기 이르시니 (그리고 보라!) 모양이 놋 같이 빛난 사람 하나가 손에 삼줄과 척량하는 장대를 가지고 문에 서 서 있더니"

에스겔 40:5 "내가 본즉 (그리고 보라!) 집 바깥 사면으로 담이 있더라 그 사람의 손에 척량하는 장대를 잡았는데 그 장이 팔꿈치에서 손가락에 이르고 한 손바닥 넓이가 더한 자로 육 척이라 그 담을 척량하니 두께가 한 장대요 고도 한 장대며"

에스겔 40:17 "그가 나를 데리고 바깥뜰에 들어가니 (그리고 보라!) 뜰 삼면에 박석 깔린 땅이 있고 그 박석 깔린 땅 위에 여러 방이 있는데 모두 삼십이며"

에스겔 40:24 "그가 또 나를 이끌고 남으로 간즉 (그리고 보라!) 남향한 문간이 있는데 그 벽과 현관을 척량하니 먼저 척량한 것과 같고"

에스겔 42:8 "바깥뜰로 향한 방의 장이 오십 척임이며 (그리고 보라!) 성전 앞을 향한 방은 일백 척이며"

에스겔 43:2 "(그리고 보라!) 이스라엘 하나님의 영광이 동편에서부터 오는데 하나님의 음성이 많은 물소리 같고 땅은 그 영광으로 인하여 빛나니"

에스겔 43:5 "성신이 나를 들어 데리고 안뜰에 들어가시기로 내가 보니 (그리고 보라!) 여호와의 영광이 전에 가득하더라"

에스겔 43:12 "전의 법은 이러하니라 산꼭대기 지점의 주위는 지극히 거룩하리라 (보라!) 전의 법은 이러하니라"

에스겔 44:4 "그가 또 나를 데리고 북문을 통하여 전 앞에 이르시기로 내가 보니 (그리고 보라!)* 여호와의 영광이 여호와의 전에 가득한지라 내가 얼굴을 땅에 대고 엎드린대"

에스겔 46:19 "그 후에 그가 나를 데리고 문 곁 통행구로 말미암아 제사장의 북향한 거룩한 방에 들어가시니 (그리고 보라!) 그 방 뒤 서편에 한 처소가 있더라"

에스겔 46:21 "나를 데리고 바깥뜰로 나가서 나로 뜰 네 구석을 지나가게 하시는데 본즉(그리고 보라!) 그 뜰 매 구석에 또 뜰이 있는데"

에스겔 47:1 "그가 나를 데리고 전 문에 이르시니 (그리고 보라!) 전의 전면이 동을 향하였는데 그 문지방 밑에서 물이 나와서 동으로 흐르다가 전 우편 제단 남편으로 흘러내리더라"

---

* 에스겔 44:4의 '내가 보니'는 히브리어 '바에레 베힌네'(וָאֵ֖רֶא וְהִנֵּ֛ה)로, '라아'(וָאֵ֖רֶא)만을 번역한 것이며, '베힌네'는 번역에서 생략되었습니다.

에스겔 47:2 "그가 또 나를 데리고 북문으로 나가서 바깥 길로 말미암아 꺾여 동향한 바깥문에 이르시기로 본즉(**그리고 보라!**) 물이 그 우편에서 스미어 나오더라"

에스겔 47:7 "내가 돌아간즉 (**그리고 보라!**) 강 좌우편에 나무가 심히 많더라"

1. 성전과 하나님의 영광
The Temple and the Glory of God

에스겔서는 하나님의 영광을 크게 강조하고 있습니다. 에스겔 선지자는 하나님의 영광이 성전을 떠났다가 다시 돌아오는 과정을 자세히 설명하고 있는데, 하나님의 영광이 성전을 떠난 것은 이스라엘에 대한 하나님의 심판이요, 하나님의 영광이 성전에 다시 돌아온 것은 이스라엘의 회복을 의미합니다(겔 43:1-5, 44:4).

(1) 성전을 떠나시는 하나님의 영광

에스겔 선지자는 제2차 바벨론 포로(주전 597년) 때에 끌려와서, 5년째(주전 593년) 되던 해에 그발강 가에서 하나님의 영광을 보았습니다(겔 1:1-2). 에스겔은 보좌의 형상을 보았는데, 이는 "여호와의 영광의 형상의 모양"이었습니다(겔 1:28). 그리고 바벨론의 들에서 이 하나님의 영광을 다시 보았습니다. 에스겔 3:23에서 "내가 일어나 들로 나아가니 여호와의 영광이 거기 머물렀는데 내가 전에 그발강 가에서 보던 영광과 같은지라 내가 곧 엎드리니"라고 말씀하고 있습니다.

그렇다면 하나님의 영광은 어떻게 예루살렘 성전을 떠나게 되었습니까? 에스겔 8장부터 11장까지는 이 과정을 자세히 설명하고 있습니다.

첫째, 에스겔 선지자는 이스라엘 백성이 제2차로 바벨론에 포로된 지 제6년 6월 5일(주전 592년)에, 장로들과 함께 있을 때 이전에 들에서 보았던 그 하나님의 영광을 다시 목격하였습니다(겔 8:1-4, 특히 4절).

둘째, 하나님의 영광이 그룹들에 머물러 있는 것을 보았습니다(겔 9:3上).

셋째, 여호와의 영광이 그룹에서 올라 성전 문지방에 머무르는 것을 보았습니다(겔 9:3上, 10:4).

넷째, 문지방에 머물러 있던 하나님의 영광이 문지방을 떠나서 그룹들 위에 머무르는 것을 보았습니다(겔 10:18, 참고-겔 11:22).

다섯째, 그룹들 위에 머물러 있던 하나님의 영광이 여호와의 전으로 들어가는 동문에 머물고 그 위에 덮였습니다(겔 10:19).

여섯째, 하나님의 영광이 동문을 떠나 성읍 중에서부터 올라가서 성읍 동편 산에 머물렀습니다(겔 11:23).

이렇게 하나님의 영광이 성전을 떠난 것은 이스라엘이 우상숭배와 가증하고 악한 일을 행했기 때문이며(겔 8:5-18, 9:9-11), 그것은 이스라엘의 극악한 죄에 대한 하나님의 심판이었습니다. 죄는 하나님을 근심하시게 만들고(창 6:5-7, 삼상 15:11, 시 95:10, 사 63:10, 엡 4:30), 하나님을 슬프시게 하며(시 78:40), 하나님의 능력이 역사하지 못하게 하고(사 59:1-2), 마침내 하나님께서 곁을 떠나시게 만듭니다(삿 16:20, 삼상 16:14). 그러므로 성도는 죄 짓는 것을 죽는 것보다 두려워

해야 하며(창 39:9, 단 3:18), 성결한 생활을 해야 합니다(엡 4:22-5:21).

(2) 새 성전에 다시 들어오시는 하나님의 영광

성전을 모두 척량한 후 에스겔 선지자가 바깥 동향한 문에 이르렀을 때, 하나님의 영광이 새 성전으로 다시 들어오는 것을 보았습니다.

남 유다의 멸망 후 동문으로 나갔던 하나님의 영광은 다시 동문을 통하여 들어와 성전에 임하였습니다(겔 43:1-4). 이 영광은 그발 하숫가에서 보던 이상과도 같았으며, 그것을 보는 순간 에스겔은 땅에 얼굴을 대고 엎드렸습니다(겔 43:3, ^{참고-}겔 1:28).

첫째, 하나님의 영광이 동편에서부터 왔습니다.

에스겔 43:2에서 "이스라엘 하나님의 영광이 동편에서부터 오는데 하나님의 음성이 많은 물소리 같고 땅은 그 영광으로 인하여 빛나니"라고 말씀하고 있습니다.

둘째, 하나님의 영광이 동문으로 들어왔습니다.

에스겔 43:4에서 "여호와의 영광이 동문으로 말미암아 전으로 들어가고"라고 말씀하고 있습니다.

셋째, 하나님의 영광이 성전에 가득하였습니다.

에스겔 43:5에서 "성신이 나를 들어 데리고 안뜰에 들어가시기로 내가 보니 여호와의 영광이 전에 가득하더라"라고 말씀하고 있습니다. 에스겔은 여호와의 영광이 전에 가득한 것을 보고 얼굴을 땅에 대고 엎드렸습니다(겔 43:3^下). 에스겔 44:4에서도 "그가 또 나를 데리고 북문을 통하여 전 앞에 이르시기로 내가 보니 여호와의 영광이 여호와의 전에 가득한지라 내가 얼굴을 땅에 대고 엎드린대"라고 말씀하고 있습니다.

넷째, 하나님의 영광이 영원히 거하십니다.

하나님께서는 새 성전을 지으셔서 그 거처를 회복하실 뿐 아니라 그 백성 가운데 영원히 거하십니다. 에스겔 44:1-2에서 "그가 나를 데리고 성소 동향한 바깥문에 돌아오시니 그 문이 닫히었더라 ² 여호와께서 내게 이르시되 이 문을 닫고 다시 열지 못할찌니 아무 사람도 그리로 들어오지 못할 것은 이스라엘 하나님 나 여호와가 그리로 들어왔음이라 그러므로 닫아 둘찌니라"라고 말씀하고 있습니다. 이 말씀은 하나님께서 들어오신 문이므로 사람이 그 문을 통과하지 못한다는 의미요, 또한 하나님께서 성전에 계시므로 이제 그 문은 항상 닫혀 있어야 한다는 의미입니다. 이후로는 하나님께서 그곳을 떠나지 않고 자기 백성과 항상 함께하시겠다는 선언입니다.

하나님의 영광이 성전에 다시 가득하여 백성 가운데 영원히 거하신다는 것은 이스라엘의 완전한 회복을 의미합니다. 출애굽 한 후 처음으로 세운 성막에도 여호와의 영광이 충만하였습니다(출 40:34-35). 솔로몬 왕이 성전을 건축하고 제사장들이 언약궤를 지성소에 안치하였을 때와 솔로몬 왕이 기도를 마쳤을 때도 성전에 여호와의 영광이 가득하였습니다(왕상 8:10-11, 대하 5:14, 7:1-3). 학개 선지자는 만국의 보배이신 예수 그리스도가 오심으로 성전에 하나님의 영광이 충만케 된다고 예언하였습니다(학 2:7). 종말에 새 예루살렘 성도 하나님의 영광으로 가득하게 됩니다(계 21:11, 23). 주님께서 재림하시는 세상 마지막에 하나님의 영광이 온 땅에 충만하게 될 것입니다(민 14:21, 시 72:19, 사 6:3). 때가 이르면 하나님께서 '열방과 열족(all nations and tongues)'을 모으시고, 그들이 와서 하나님의 영광을 보게 될 것입니다(사 40:5, 66:18, ^{참고}막 13:26-27).

2. 에스겔 성전에 없는 기구들
The Instruments Not Included in Ezekiel's Temple

에스겔 성전에는, 모세의 장막 성전이나 솔로몬 성전과 비교할 때 없는 것들이 있습니다. 제사장의 아들인 에스겔 선지자는 성전의 구조와 부속 기구에 대해서 아주 잘 알고 있었을 것입니다(겔 1:3). 그런데 에스겔이 본 새 성전에는 과거에 건축되었던 성전의 식양과 몇 가지 중요한 차이가 있었는데, 그것은 에스겔 성전이 장차 이루어질 완전히 회복된 세계를 상징적으로 보여 주는 성전이기 때문입니다(히 8:5, 9:23-24). 에스겔 성전에서 기록이 없는 것들은 다음과 같습니다.

첫째, **휘장이 없습니다.**

이는 성도들이 직접 하나님께 나아가 섬길 수 있게 됨을 의미합니다. 성소와 지성소 사이의 휘장은 예수님께서 운명하실 때 위로부터 아래까지 찢어졌는데(마 27:51), 이 휘장은 곧 예수님의 몸을 나타냅니다(히 10:20). 요한계시록 7:14-15에서는 어린양의 피에 그 옷을 씻어 희게 된 성도들이 "하나님의 보좌 앞에 있고 또 그의 성전에서 밤낮 하나님을 섬기매"라고 말씀하고 있습니다(히 10:19).

둘째, 분향단과 향, 그리고 진설병이 없습니다.

에스겔 성전에는 분향단과 거기에서 분향할 향이 없습니다. 향은 성도들의 기도를 나타냅니다(시 141:2, 계 5:8, 8:3-5). 그러므로 향이 없다는 것은, 성도들이 직접 하나님과 만나고 교제하기 때문에 굳이 기도로 물을 필요가 없음을 나타냅니다. 요한계시록 21:3에서 "하나님이 저희와 함께 거하시리니 저희는 하나님의 백성이 되고 하나님은 친히 저희와 함께 계셔서"라고 하였고, 요한계시록 22:3-4에서 "그의 종들이 그를 섬기며 ⁴그의 얼굴을 볼 터이요"라고 말씀하고 있습니다.

에스겔 성전에는 나무 제단이 있었는데(겔 41:22), 이 제단의 다른 이름은 "여호와 앞의 상"이었습니다. 이 상은 히브리어 '슐한'(שֻׁלְחָן)으로, '진설병 상'에 사용된 단어입니다(출 25:30). 그러나 이 나무 제단에 떡은 없었습니다. 왜냐하면 예수님 자신이 하늘에서 내려온 신령한 떡이므로(요 6:41, 48, 50-51, 58), 예수님께서 재림하시면 보이는 떡은 필요 없기 때문입니다.

셋째, 금등대가 없습니다.

예수님은 세상의 빛이십니다. 예수님께서 "나는 세상의 빛이니 나를 따르는 자는 어두움에 다니지 아니하고 생명의 빛을 얻으리라"라고 하셨고, 또 "내가 세상에 있는 동안에는 세상의 빛이로라"라고 말씀하셨습니다(요 8:12, 9:5). 예수님께서 빛이시므로 세상 빛은 필요 없게 된 것입니다. 요한계시록 21:23에서 "그 성은 해나 달의 비췸이 쓸데없으니 이는 하나님의 영광이 비취고 어린양이 그 등이 되심이라"라고 말씀하고 있습니다. 요한계시록 22:5에서도 "다시 밤이 없겠고 등불과 햇빛이 쓸데없으니 이는 주 하나님이 저희에게 비춰심이라"라고 말씀하고 있습니다(사 60:19-20).

넷째, 언약궤가 없습니다.

예수님께서는 언약궤 안에 있는 세 가지 성물의 실체이십니다. 예수님께서는 두 돌판이 의미하는 하나님 사랑의 실체요(마 22:37-40, 막 12:30-34, 눅 10:27, 롬 13:8-10, 갈 5:13-15), 아론의 싹 난 지팡이가 의미하는 부활의 실체요(요 11:25, 롬 1:4, 고전 15:4), 항아리에 담긴 만나가 의미하는 하늘 양식의 실체이십니다(요 6:35, 47-51, 55-58). 그러므로 실체이신 예수 그리스도 앞에 모든 그림자는 사라지게 된 것입니다(요 2:21, 히 8:5, 9:23-24).

요한계시록에서는 '하늘에 있는 하나님의 성전'에 대해서 말씀하고 있는데(계 3:12, 7:15), 요한계시록 11:19을 볼 때, "이에 하늘에 있는 하나님의 성전이 열리니 성전 안에 하나님의 언약궤가 보이며 또 번개와 음성들과 뇌성과 지진과 큰 우박이 있더라"라고 말씀하고 있습니다. 이 말씀은, 보이는 언약궤는 사라졌으나 언약궤의 실체인 하나님의 말씀은 세세토록 살아서, 번개와 음성들과 뇌성과 지진과 큰 우박 같은 말씀의 권능으로 반드시 주의 이름을 경외하는 자들에게 상 주시며 또 땅을 망하게 하는 자들을 멸망시키실 것을 선포하고 있습니다(렘 3:16, 계 11:18). 요한계시록 21:22에서는 "성 안에 성전을 내가 보지 못하였으니 이는 주 하나님 곧 전능하신 이와 및 어린양이 그 성전이심이라"라고 말씀하고 있습니다. 이 말씀은 앞서 언급했던 '하늘에 있는 하나님의 성전'과 상충하는 것이 아니라, 하늘에 있는 하나님의 성전의 실체가 바로 우리 주 하나님과 예수 그리스도이심을 선포하는 것입니다. 마침내 보이는 성전을 통해 계시되었던 언약의 말씀이 완전하게 성취되어, 참된 성도들에게 그 실체가 되시는 하나님과 영원토록 함께하는 세계가 열리게 되는 것입니다.

새롭게 회복될 하나님의 나라는 오직 예수님께서 중심이 되시는 나라입니다. 예수님께서 머리가 되시는 참된 교회(엡 1:22, 골 1:18)야말로 온 세상의 중심입니다. 그리고 우리 자신이 예수님을 중심으로 지어져 가는 성전입니다. 에베소서 2:21-22을 볼 때, "그의 안에서 건물마다 서로 연결하여 주 안에서 성전이 되어 가고 ²² 너희도 성령 안에서 하나님의 거하실 처소가 되기 위하여 예수 안에서 함께 지어져 가느니라"라고 말씀하고 있습니다(고전 3:16, 6:19). 또한 우리는 이 시대의 제사장으로 부름을 받았습니다(벧전 2:5, 9, 계 1:6, 4:10). 그러므로 우리는 예수 그리스도의 몸 된 교회를 중심으로, 참 성전 되시는 예수님을 모시고(계 22:3) 만민을 예수님께로 인도하는 사명의 삶을 살아야 합니다.

3. 에스겔 성전 주요 규격의 구속 경륜
The Redemptive Administration of the Main Measurements in Ezekiel's Temple

(1) 새 성전의 정방형 구조

에스겔 선지자가 본 새 성전은 정방형의 구조를 가지고 있습니다. 에스겔 45:2을 볼 때, 성소에 속할 땅이 장(長)과 광(廣)이 각각 500척으로 네모반듯하였습니다. 에스겔 48:20을 볼 때, 하나님께 예물로 드리는 땅도 장과 광이 각각 25,000척으로 네모반듯하였습니다. 에스겔 41:4을 볼 때, 성전 안의 지성소의 크기도 장과 광이 각각 20척으로 네모반듯하였습니다. 이렇게 장과 광이 같은 것은

'하나님 통치의 완전함'을 나타냅니다.

이와 비슷하게 과거 솔로몬 성전의 지성소도 장·광·고가 각각 20규빗으로 정입방형이었습니다(왕상 6:20). 요한계시록에 나타나는 하늘에서 내려오는 새 예루살렘 성(계 21:2)도 정입방형입니다. 요한계시록 21:16에서 "그 성은 네모가 반듯하여 장광이 같은지라 그 갈대로 그 성을 척량하니 일만 이천 스다디온이요 장과 광과 고가 같더라"라고 말씀하고 있습니다. 1 스다디온은 보통 185m로 알려져 있으므로, 일만 이천 스다디온은 2,220km입니다. 한반도의 최남단인 마라도부터 최북단인 함경북도 온성군까지 약 1,200km 정도됩니다. 따라서 12,000 스다디온(2,220km)은 한반도의 종단 거리의 약 2배 정도 되는 것입니다.

여기 12,000이라는 숫자는 완전수 12와 충만의 수 10의 세제곱을 곱한 수치(12×10^3)로 새 예루살렘 성의 완전함을 상징합니다. 에스겔 성전은 정방형의 수치를 통해, 새 예루살렘 성처럼 하나님 나라에서의 통치가 완전함을 보여 주고 있습니다. 이는 하나님과 그 어린양의 보좌가 가운데 있고 거기에서 하나님께서 직접 통치하시기 때문에 가능한 것입니다(계 19:6, 22:3).

(2) 새 성전의 기본 숫자

새 성전의 구조를 나타내는 수치에는 주로 '50'과 그 절반인 '25'라는 숫자가 많이 사용되고 있습니다. 에스겔 성전에서 25는 7번 사용되었습니다(겔 40:13, 21, 25, 29, 30, 33, 36). 그리고 50은 10번 사용되었습니다(겔 40:15, 21, 25, 29, 33, 36, 42:2, 7, 8, 45:2). '25'와 '50'이 사용된 예를 합치면 총 17번입니다. 50이 25의 배수임을 생각할 때, 에스겔 성전의 기본이 되는 숫자는 25입니다.

① 제사장과 레위인의 분깃의 장이 25,000척, 광이 10,000척입니다(겔 45:1, 3, 5, 48:8-10, 13). 25,000은 25의 1,000배수이며, 10,000은 25의 400배수입니다.

② 성읍의 기지는 장이 25,000척, 광이 5,000척입니다(겔 45:6, 48:15). 5,000은 25의 200배수입니다.

③ 성읍은 동서남북 사방으로 각각 4,500척씩이며(겔 48:16), 성읍 주위의 들이 동서남북 사방으로 각각 250척씩 있습니다(겔 48:17). 4,500척씩 네 방향이므로 총 18,000척입니다(겔 48:35). 18,000은 25의 720배수이고, 4,500은 25의 180배수이며, 250은 25의 10배수입니다.

④ 에스겔 성전의 외곽 담은 500장대(3,000척)입니다(겔 42:15-19). 여기 500은 25의 20배수이며, 3,000은 25의 120배수입니다.

⑤ 성전의 사면 담은 500척이며, 그 주위의 뜰은 50척입니다(겔 45:2).

⑥ 동쪽과 남쪽과 북쪽의 문간의 크기가 장이 50척, 광이 25척입니다(겔 40:13, 21, 25, 29, 33, 36).

⑦ 바깥뜰 문간 좌우의 폭이 50척입니다(겔 40:15, 20-21, 24-25).

⑧ 안뜰 문간 좌우의 폭이 50척입니다(겔 40:28-29, 32-33, 35-36).

⑨ 번제단이 있는 안뜰의 장·광이 100척입니다(겔 40:47). 100은 25의 4배수입니다.

⑩ 성전의 길이가 100척이며, 서쪽 구역과 그 뒤 건물과 벽을 합하여 100척이며, 그 건물의 남북의 길이가 100척입니다(겔 41:13, 15).

⑪ 골방 삼면 구역 북편에 위치한 거룩한 방 두 개 사이에는 100척 길이의 복도(통한 길)가 있었습니다(겔 42:4). 두 방이 있는 거

리는 장이 100척, 광이 50척입니다(겔 42:2, 7-8, 11). 또한 길이가
100척 되는 제사장들을 위한 방 앞쪽으로 바깥 담이 있었는데
그 길이가 50척입니다(겔 42:7). 남편의 방들과 길도 그와 같았
습니다(겔 42:10-11).

⑫ 성전에 올라가기까지 전체 층계의 숫자는 스물다섯 개였습니
다. 성전에 올라가기 위해서는 다시 바깥뜰 문간의 일곱 계단
(겔 40:22, 26), 안뜰 문간의 여덟 계단(겔 40:31, 34, 37), 또 성전
으로 들어가는 열 계단(겔 40:49, 칠십인경)을 올라가야 합니다.

25는 10과 7과 8로 이루어진 숫자인데, 25의 배수인 50은 희년과
관련된 숫자입니다. 하나님께서는 희년을 맞이하여 빚을 탕감해 주
시고 종들을 해방시키셨습니다(레 25:10-13, 28-33, 40, 50-55). 영원한
희년은 주님이 재림하심으로 이루어지며(참고-사 61:1-2, 눅 4:18-19, 21,
계 1:5下), 그때 우리는 새 예루살렘 성에 들어가게 됩니다. 이처럼 에
스겔 성전에 가장 많이 사용된 25와 50이라는 숫자는 이스라엘 백
성에게 영원한 해방을 바라보게 합니다.

요한계시록에서 우리는 하나님께서 중심이 되시는 스물다섯 개
의 보좌를 보게 됩니다. 하나님의 보좌가 있고 그 보좌를 중심으로
24보좌가 있습니다. 요한계시록 4:4에서 "또 보좌에 둘려 이십사
보좌들이 있고 그 보좌들 위에 이십사 장로들이 흰옷을 입고 머리
에 금 면류관을 쓰고 앉았더라"라고 말씀하고 있습니다. 24장로는
자신들의 면류관을 벗어서 하나님께 던지며 모든 영광과 존귀와 능
력을 하나님께 돌립니다. 10-11절에서 "이십사 장로들이 보좌에 앉
으신 이 앞에 엎드려 세세토록 사시는 이에게 경배하고 자기의 면
류관을 보좌 앞에 던지며 가로되 ¹¹ 우리 주 하나님이여 영광과 존귀

와 능력을 받으시는 것이 합당하오니 주께서 만물을 지으신지라 만물이 주의 뜻대로 있었고 또 지으심을 받았나이다 하더라"라고 말씀하고 있습니다. 에스겔 성전에 들어가는 거룩한 성도는 모든 영광과 존귀를 오직 하나님께 돌리는 자가 되어야 합니다(사 43:7, 고전 10:31).

4. 에스겔 성전에서 흘러나오는 생명수의 역사
The Work of the Water of Life Flowing from Ezekiel's Temple

에스겔 47장에서는 성전 문지방 밑에서 나오는 생명수가 큰 강을 이루어 바닷물까지 소생시키는 놀라운 모습을 보여 주고 있습니다. 앞서 44-46장에서는 하나님의 영광이 다시 돌아와 영원히 임재하게 될 새 성전에서 이루어질 각종 제사 규례를 소개했습니다. 하나님께 매일 희생을 드리고 안식일마다 예배를 드릴 때, 그 성전에서 생수가 솟아 나오는 역사가 있음을 보여 주고 있는 것입니다. 에스겔 47:1에서 "그가 나를 데리고 전 문에 이르시니 전의 전면이 동을 향하였는데 그 문지방 밑에서 물이 나와서 동으로 흐르다가 전 우편 제단 남편으로 흘러내리더라"라고 말씀하고 있습니다.

(1) 강물은 생명수입니다.

에스겔 47:9에서 "이 강물이 이르는 곳마다 번성하는 모든 생물이 살고 … 이 강이 이르는 각처에 모든 것이 살 것이며"라고 하였고, 12절에서 "강 좌우 가에는 각종 먹을 실과나무가 자라서 그 잎이 시들지 아니하며 실과가 끊치지 아니하고 달마다 새 실과를 맺으리니"라고 말씀하고 있습니다. 성전 문지방에서 나온 물이 강이 되어 강물이 이르는 곳마다 생명이 살아나는 역사가 나타나는 것을 볼 때, 여기 강물은 신령한 생명수입니다. 요한계시록 22:1에서는 "생명수의 강"이라고 말씀하고 있습니다(요 4:13-14, 7:38).

(2) 생명수의 출처는 성소입니다.

에스겔 47:1에서 "그가 나를 데리고 전 문에 이르시니 전의 전면이 동을 향하였는데 그 문지방 밑에서 물이 나와서"라고 말씀하고 있습니다. 그러므로 생명수의 출처는 성소입니다. 12절에서 "그 물이 성소로 말미암아 나옴이라"라고 말씀하고 있습니다. 하나님의 말씀은 하나님의 성전에서 나옵니다(사 2:2-3, 미 4:1-2). 요엘 3:18에서도 "여호와의 전에서 샘이 흘러나와서 싯딤 골짜기에 대리라"라고 말씀하고 있습니다.

요한계시록 22:1에서는 이 생명수의 강물이 하나님과 및 어린양의 보좌로부터 나온다고 말씀하고 있습니다. 성소는 곧 어린양의 보좌를 가리킵니다. 그러므로 예수님께서 영원한 생명수의 출처이십니다(사 49:10, 요 4:10, 14, 계 7:17). 요한복음 7:38에서 "나를 믿는 자는 성경에 이름과 같이 그 배에서 생수의 강이 흘러나리라"라고 말씀하셨습니다. 바야흐로 구속사가 종말을 향하여 치닫고 있는 이때에 예수 그리스도의 몸 된 교회는 생명수의 말씀이 나오는 출처입니다. 에베소서 3:10에서 "이는 이제 교회로 말미암아 하늘에서 정사와 권세들에게 하나님의 각종 지혜를 알게 하려 하심이니"라고 말씀하고 있습니다. 주의 피로 값 주고 사신 교회(고전 6:19-20, 계 5:9)가 미약해 보일지라도, 그곳에서 선포되는 예수 그리스도의 십자가 복음은 온 우주 가운데 큰 권능으로 역사하시는 것입니다(행 4:33, 19:20). 그러므로 교회를 지키며 교회를 사랑하는 자를 하나님은 크게 형통하게 하십니다(시 122:6).

(3) 생명수가 지나간 곳은 제단의 남쪽입니다.

에스겔 47:1 하반절에서 "그 문지방 밑에서 물이 나와서 동으로 흐르다가 전 우편 제단 남편으로 흘러내리더라"라고 말씀하고 있습니다. 여기 '제단'은 히브리어 '미즈베아흐'(מִזְבֵּחַ)로, '번제단'을 뜻합니다. 번제단은 제물이 희생되는 곳으로, 예수 그리스도의 십자가를 나타냅니다. 십자가의 피 묻은 복음, 십자가 대속의 말씀(고전 1:18, 엡 1:7)이 곧 죽은 바다 같은 세상을 살립니다.

성전에서 흘러나온 물이 흘러 들어가므로 바닷물이 소성함을 얻듯이(겔 47:8-9), 오직 예수님의 피 묻은 십자가의 복음만이 전 우주와 세계, 곧 "만국"(계 22:2)을 살릴 수 있는 유일한 생명수입니다. 요엘 선지자도 이러한 역사를 "그날에 산들이 단 포도주를 떨어뜨릴 것이며 작은 산들이 젖을 흘릴 것이며 유다 모든 시내가 물을 흘릴 것이며 여호와의 전에서 샘이 흘러나와서 싯딤 골짜기에 대리라"라고 묘사하였습니다(욜 3:18). 스가랴 선지자도 "그날에 생수가 예루살렘에서 솟아나서 절반은 동해로, 절반은 서해로 흐를 것이라 여름에도 겨울에도 그러하리라"라고 선포하였습니다(슥 14:8).

(4) 생명수 복음의 역사는 작게 시작되어 점점 흥왕하여 갑니다.

새 성전에서 발원한 생명수는 하나님의 영광이 출입했던 닫힌 그 동문 아래에서 스미어 나왔습니다. 에스겔 47:2에 "그가 또 나를 데리고 북문으로 나가서 바깥 길로 말미암아 꺾여 동향한 바깥문에 이르시기로 본즉 물이 그 우편에서 스미어 나오더라"라고 기록하고 있습니다. 여기 "스미어 나오더라"에 해당하는 히브리어 '파카'(תֶּכָה)는 '똑똑 떨어지다, 솟구치다'라는 뜻입니다. '파카'는 물병 주둥이에서 조금씩 떨어지는 것을 연상시키는데, '파카'가 유래한 '파크'(פַּךְ)가 '물병'이라는 뜻이기 때문입니다.

천사가 이렇게 성전 문지방 밑에서 조금씩 솟아나온 물을 일천 척(532m)씩 거리를 재면서 에스겔 선지자로 하여금 그 물을 건너게 하였습니다. 물이 처음에는 발목, 다음에 무릎, 그 다음에 허리 높이까지 오다가 마침내 사람이 능히 건너지 못할 거대한 강이 되었습니다(겔 47:3-5). 에스겔 47:5에서 "다시 일천 척을 척량하시니 물이 내가 건너지 못할 강이 된지라 그 물이 창일하여 헤엄할 물이요 사람이 능히 건너지 못할 강이더라"라고 말씀하고 있습니다.

그리고 강가로 돌아가자 눈 앞에 심히 많은 나무들이 강 좌우편에 펼쳐졌습니다(겔 47:7). 그리고 그 물이 동방으로 향하여 아라바로 흘러 내려가서 드디어 바다에 이르면, 그 죽은 바다가 소성함을 얻게 됩니다(겔 47:8). 그리고 강물이 이르는 곳마다 번성하는 모든 생물이 살고, 고기가 각기 종류를 따라 큰 바다의 고기같이 심히 많아집니다(겔 47:9-10). 강 좌우 가에는 각종 먹을 실과나무가 자라서 그 잎이 시들지 아니하며 실과가 끊이지 않고 달마다 새 실과를 맺으며 그 잎사귀는 약재료가 됩니다(겔 47:12).

성전에서 흘러나오는 작은 생수가 거대한 강이 되어 바다로 흘러 들어가므로, 모든 나무(식물)와 물고기와 대자연과 모든 인생이 치료되고 생명을 되찾는 놀라운 변화의 역사가 일어납니다.

작게 시작된 생수가 거대한 생명수의 강을 이루듯이, 작은 고을 베들레헴에 오신 예수님으로부터 시작된 복음의 역사는(미 5:2), 점차 커져서 마침내 거대한 생명수의 강을 이루었습니다. 예수님께서는 십자가에서 죽으시고 부활하신 후, 승천하시기 직전에 제자들에게 "오직 성령이 너희에게 임하시면 너희가 권능을 받고 예루살렘과 온 유대와 사마리아와 땅 끝까지 이르러 내 증인이 되리라"라고 말씀하셨습니다(행 1:8). 그리고 그 후에 복음은 초대교회와 사도 바울을 통해 전 세계로 뻗어 나갔습니다(롬 15:19). 이제 우리는 예수님께서 "그러므로 너희는 가서 모든 족속으로 제자를 삼아 아버지와 아들과 성령의 이름으로 세례를 주고 내가 너희에게 분부한 모든 것을 가르쳐 지키게 하라"라고 하신 마지막 명령(마 28:19-20)을 성취하는 자들이 되어야 합니다.

요한계시록을 볼 때, 하나님께서는 사도 요한에게 펴 놓인 작은 책을 가지라고 명령하셨고, 사도 요한이 천사에게 나아가 작은 책을 달라고 하자, 천사가 "갖다 먹어 버리라 네 배에는 쓰나 네 입에는 꿀같이 달리라"라고 하였습니다(계 10:8-9). 그리고 사도 요한이 작은 책을 갖다 먹었을 때, "네가 많은 백성과 나라와 방언과 임금에게 다시 예언하여야 하리라"라고 하였습니다(계 10:11). 이것은 주님께서 승천하시기 전에 주신 선교의 대명령(마 28:19-20)이 종말에 반드시 이루어질 것을 보여 주신 것입니다. 요한계시록 14:6-7에서도 하나님의 종말적 심판을 앞두고 "여러 나라와 족속과 방언과 백성에게 전할 영원한 복음"이 선포된다고 말씀하고 있습니다.

(5) 생명수의 역사는 회복의 역사입니다.
첫째, 에덴동산 회복의 역사입니다.

에스겔 47장의 내용은 에덴동산의 회복과 관련이 있습니다. 성소에서 흘러나온 물이 큰 강을 이루는 모습은, 마치 에덴에서 강이 발원하여 동산을 적시고 거기서 갈라져 네 강을 이루는 모습을 보는 듯합니다(창 2:10-14, 시 46:4). 성경을 볼 때, 에덴의 네 강에 대해 그 강들이 흐르는 지역이 어떤 곳이며 그곳에 무엇이 풍부한지도 매우 사실적으로 밝히고 있습니다.

첫째, **비손강**은 '뛰다, 점프(jump)하다'라는 뜻의 '푸쉬'(פּוּשׁ)에서 유래하여, '창일하다, 풍부하게 흐르다'라는 의미입니다(창 2:11-12). 둘째, **기혼강**은 '터져 나오다'라는 뜻의 '기아흐'(גּיח)에서 유래하여, '넘쳐서 터지고 나오다'라는 의미입니다(창 2:13). 셋째, **힛데겔강**은 '찌르다, 찔러 넣다'라는 뜻의 '헤데크'(חֶדֶק)에서 유래하여, '화살처럼 급하고 빠르다'는 의미입니다(창 2:14上). 이 강은 '티그리스강'이라 불리며, "큰 강"(단 10:4)입니다. 마지막 네 번째, **유브라데강**은 '솟아 나오다'라는 뜻을 가진 오늘날 사용하지 않는 말의 어근에서 유래하여, '달다, 비옥하다, 번창하다'라는 의미입니다(창 2:14下). 유브라데강은 힛데겔강(티그리스강)과 함께 현재까지 존재하는 강입니다. 유브라데강은 서아시아 최대의 강으로, 길이는 2,850km이며, 하류에서 합류하는 티그리스강과 더불어 메소포타미아 수운과 농업 발달에 원동력이 되었으며, 그 유역(流域)은 고대 문명의 발상지가 되었습니다. 에덴에서 발원한 강이 동산을 적시고 거기서부터 갈라져 네 근원이 되었습니다(창 2:10).

예수님께서 십자가에서 죽으실 때 예수님의 한 벌의 겉옷이 네 깃으로 나눠져 흩어진 것은, 구속사적으로 많은 것을 시사해 주는 사건입니다(요 19:23). 예수님께서 십자가에서 흘리신 피는 모든 사람을 살리는 영원한 생명수가 되었습니다.

에스겔 선지자가 본 새 성전에서 흘러나온 물로 인하여 강 좌우가에 각종 먹을 실과나무가 자랐습니다(겔 47:7, 12). 이것은 에덴동산에 각종 나무가 열린 것과 유사합니다(창 2:9, 16). 에스겔 47:12의 '각종 나무'는 히브리어 '콜 에츠'(כָּל עֵץ)로, 창세기 2:9의 '나무'

(כָּל־עֵץ, 콜 에츠), 16절의 '각종 나무'(כָּל עֵץ, 콜 에츠)와 정확히 일치하고 있습니다. 하나님께서는 에스겔 성전의 계시를 통해서 이스라엘의 회복뿐만 아니라 에덴동산의 회복까지도 보여 주신 것입니다.

둘째, 새 예루살렘 성에서 일어날 생명의 역사입니다.

에스겔 선지자가 본 모습은 요한계시록에서 사도 요한이 본 계시와 일치하고 있습니다. 에스겔 47:12에서 "강 좌우 가에는 각종 먹을 실과나무가 자라서 그 잎이 시들지 아니하며 실과가 끊치지 아니하고 달마다 새 실과를 맺으리니 그 물이 성소로 말미암아 나옴이라 그 실과는 먹을 만하고 그 잎사귀는 약재료가 되리라"라고 말씀하고 있습니다. 그런데 요한계시록 22:1-2에서 "또 저가 수정같이 맑은 생명수의 강을 내게 보이니 하나님과 및 어린양의 보좌로부터 나서 ²길 가운데로 흐르더라 강 좌우에 생명나무가 있어 열두 가지 실과를 맺히되 달마다 그 실과를 맺히고 그 나무 잎사귀들은 만국을 소성하기 위하여 있더라"라고 말씀하고 있습니다. 하나님께서는 에스겔 성전의 계시를 통해서 이스라엘의 회복뿐만 아니라 종말적인 새 예루살렘 성의 도래까지도 보여 주신 것입니다(사 33:20-21).

셋째, 진펄과 개펄은 소성되지 못하고 소금 땅이 됩니다.

참으로 놀라운 것은 에스겔 47:11의 "그 진펄과 개펄은 소성되지 못하고 소금 땅이 될 것이며"라는 말씀입니다. 생명수가 흘러 이르는 곳마다 회복이 되는데, '진펄'과 '개펄'은 회복되지 않는다니 얼마나 두려운 말씀입니까?

'진펄'은 히브리어 '비차'(בִּצָּה)로, '수렁, 늪'을 의미합니다. 진펄과 같은 사람은 수렁 같은 세상으로 자꾸만 빠져 들어갑니다(시 69:2). 욥기 8:11-13에서는 "왕골이 진펄이 아니고 나겠으며 갈대가 물 없이 자라겠느냐 ¹² 이런 것은 푸르러도 아직 벨 때 되기 전에 다른 풀보다 일찌기 마르느니라 ¹³ 하나님을 잊어버리는 자의 길은 다 이와 같고 사곡한 자의 소망은 없어지리니"라고 말씀하고 있습니다. 세상 것들이 멋지고 좋아 보여도, 하나님을 잊어버린 성공은 잠시일 뿐입니다(욥 20:5). 또한 늪이 입자가 고운 진흙으로 가득 차 있어서 새로운 물을 잘 받아들이지 못하는 것처럼, 진펄과 같은 사람은 하나님의 말씀을 잘 받아들이지 않습니다. 우리는 말씀을 들을 때 사람의 말이 아니라 살아 계신 하나님의 말씀으로 받아서(살전 2:13), 받은바 말씀을 깨닫고 지켜 인내로 결실하는 자가 되어야 합니다(마 13:23, 막 4:20, 눅 8:15).

에스겔 47:11에서 '개펄'은 히브리어 '게베'(גֶּבֶא)로, '물웅덩이'를 가리킵니다. 이는 팔레스타인과 같이 우기가 짧고 건기가 긴 지역에서, 물을 저장해 두는 좁고 깊은 웅덩이를 말합니다. 이렇게 물웅덩이에 자기 나름대로 물을 가득 저장해 두고 만족하는 사람은 새로운 생명수 강물을 받지 않습니다. 생명수가 되시는 예수님을 만난 수가 성 여인은 자기 물동이를 버리고 예수님의 말씀을 받았습니다(요 4:13-14, 28-29).

그런데 예레미야 2:13를 볼 때 "내 백성이 두 가지 악을 행하였나니 곧 생수의 근원 되는 나를 버린 것과 스스로 웅덩이를 판 것인데 그것은 물을 저축지 못할 터진 웅덩이니라"라고 말씀하고 있습니다. 하나님을 버리고 우상을 섬기는 이스라엘 백성을 '터진 웅덩이'라고 비유한 것입니다(골 3:5). 터진 웅덩이와 같은 사람은 아무리 열심히 노력해도 결과를 얻지 못합니다. 학개 1:6에서는 "너희가 많이 뿌릴지라도 수입이 적으며 먹을찌라도 배부르지 못하며 마실찌라도 흡족하지 못하며 입어도 따뜻하지 못하며 일군이 삯을 받아도 그것을 구멍 뚫어진 전대에 넣음이 되느니라"라고 말씀하고 있습니다.

이러한 진펄과 개펄은 물이 찼다가 마르기를 반복하면서 점점 소금 땅이 되고 맙니다. 에스겔 41:11에서 '소성되지 못하고'는 '치료하다'(רָפָא)라는 뜻을 가진 히브리어 '라파'가 미완료형으로 쓰여, 하나님께서 계속적으로 치료하지 않으신다는 뜻입니다. 하나님께서 기회를 주실 때 붙잡지 않고 반복해서 세상에 빠져 가는 사람은, 결국 하나님의 은혜에서 완전히 떠난 자가 되는 것입니다(참고-습 2:9). 소돔 성이 멸망할 때 롯의 처가 하나님의 말씀에 불순종하여 뒤를 돌아보다가 소금 기둥이 되어 버린 사건을 잊지 말아야 합니다(창 19:26, 눅 17:31-32).

우리는 진펄과 개펄처럼 세상의 늪에 빠져서 허우적거리며 나오지 못하고 생명수 강물의 역사를 외면하는 자가 되어서는 안 될 것입니다. 바라옵기는, 전 세계 모든 하나님의 백성 가운데 진펄과 개펄의 자리에 앉아 있는 자는 한 사람도 없기를 간곡히 소원합니다.

(6) 생명수의 역사는 전 세계 열방에 성취될 성령의 역사입니다.

생명수의 역사는 곧 성령의 역사입니다. 요한복음 7:37-39에서 "누구든지 목마르거든 내게로 와서 마시라 [38] 나를 믿는 자는 성경에 이름과 같이 그 배에서 생수의 강이 흘러나리라 하시니 [39] 이는 그를 믿는 자의 받을 성령을 가리켜 말씀하신 것이라 (예수께서 아직 영광을 받지 못하신 고로 성령이 아직 저희에게 계시지 아니하시더라)"라고 말씀하고 있습니다. 이 성령의 역사는 곧 복음의 역사요 영원히 목마르지 않는 말씀의 역사입니다(요 4:13-14, 행 10:44).

하나님의 성전에서 조금씩 스며 나온 생수는 그 능력이 너무나 강력해서 그 물이 이르는 곳마다 생명의 역사가 엄청나고 거대하게 일어났습니다. 각종 생명체들, 곧 "나무", "고기", "큰 바다의 고기 같은 각종 고기들"이 "심히 많더라"(רַב מְאֹד, 라브 메오드)라고 세 번이나 강조되었습니다(겔 47:7, 9-10).

예수님께서는 제자들을 부르시면서 "나를 따라오너라 내가 너희로 사람을 낚는 어부가 되게 하리라"라고 말씀하셨습니다(마 4:19). 에스겔 47:10에서 "또 이 강가에 어부가 설 것이니 엔게디에서부터 에네글라임까지 그물 치는 곳이 될 것이라"라고 말씀하고 있습니다. 엔게디에서부터 에네글라임까지의 거리는 약 30㎞가 넘습니다. 이렇게 멀리 떨어진 곳 전체에 그물이 쳐진다는 것은 고기가 엄청나게 많아진다는 말씀입니다. 이것은 마가 요한의 다락방에 임하였던 오순절 성령의 역사로(행 2:1-4), 만세 전에 구원 받기로 예정된 사람들이 다 교회로 나아오게 되고, 이들을 인도할 예수님의 제자들과 같은 신령한 어부들이 많아질 것에 대한 풍요로운 약속인 것입니다.

그러므로 하나님의 하시는 일은 처음에는 미약해 보여도, 그 작은 시작을 무시하거나 간과해서는 안 됩니다. 거대한 생명수 복음의 역사는 마가 요한의 다락방의 120명이라는 작은 시작으로부터 출발하였습니다. 작은 시작이 큰 역사의 출발일 때가 많습니다. 아합 왕 시대에 3년 6개월 동안 기근이 있을 때 엘리야 선지자의 기도를 통해 큰 비를 내리신 하나님의 큰 역사는, "손만 한 작은 구름"으로 시작되었습니다(왕상 18:41-46). 예수님께서도 하나님의 나라는 겨자씨같이 작은 것으로부터 시작된다고 말씀하셨습니다(마

13:31-32, 막 4:30-32, 눅 13:18-19).

하나님의 말씀은 온 세상을 살리는 생명의 젖줄이요, 죽은 자를 살리고 병든 자를 치료하는 놀라운 생명수입니다. 이 생명수는 값 없이 주시는 하나님의 은혜입니다(사 55:1, 계 22:17). 하나님의 말씀 이 이르는 곳마다 성령의 충만함을 입고(행 4:31, 10:44), 죽은 자가 살아납니다. 영원한 생명수의 말씀은 서서히 조금씩 흐르는 것 같지만, 하나님의 정하신 때가 되면 순식간에 오대양 육대주를 적시고 전 세계 열방에 가득하게 될 것입니다. 성전 문지방 밑에서 나온 물이 밖으로 흘러나와 발목을 적시고 무릎을 적시고 허리를 적실 때까지는 서서히 늘어나는 것처럼 보이지만, 그 이후에는 헤엄을 쳐야 하는 거대한 강물이 되어 순식간에 온 땅을 덮는 것처럼, 영원한 생명수 말씀의 역사는 하나님의 때가 되면 순식간에 온 우주에 창일해질 것입니다(사 11:9, 66:12, 18-19, 합 2:14, 슥 8:20-23, 마 24:14, 계 10:1-11).

그러므로 사랑하는 전 세계 예수 그리스도의 성도들이여!

영원한 생명수의 말씀을 가지고 열방을 향하여 달려 나가 담대히 외치면서, 은혜의 복음(행 20:24), 영원한 복음(계 14:6), 천국 복음(마 24:14), 펴 놓인 작은 책(계 10:2)과 같은 십자가 구속의 말씀을 전하는 주님의 신실하고 충성스러운 일꾼들이 다 되시기를 주님의 이름으로 간절히 기도드립니다(고전 4:1-2).

5. 영원히 지속되는 '여호와 삼마'의 복
The Perpetual Blessing of "Jehovah Shammah"

에스겔 선지자가 본 새 성전의 이상은 당시 포로 되어 있던 이스라엘 백성을 향해 선포되었습니다. 그것은 곧 그들이 고향 땅으로 돌아가 예전과 비교할 수 없는 새로운 성전을 중심으로 이상적인 신앙 공동체를 회복한다는 약속이었습니다. 우리는 에스겔이 본 이스라엘의 회복을 통해, 전 세계 예수 그리스도를 믿는 영적 이스라엘(롬 2:28-29, 갈 3:7, 29)의 완전한 회복을 내다볼 수 있습니다. 에스겔 47:22-23을 볼 때, 기업을 분배하면서 이스라엘 백성 중에 거하는 외인에게도 기업을 주었듯이(참고-사 56:6-7), 에스겔 성전을 통해서 보여 주신 하나님의 나라는 모든 혈통을 초월하여(롬 3:29, 15:9-12) 전 우주적인 영원한 나라가 될 것입니다(시 145:13, 단 7:14, 벧후 1:11). 그 나라는 하나님 중심의 나라요, 하나님께서 영원히 임재하실 집입니다(계 21:1-3).

　에스겔서의 마지막 구절은 "그 사면의 도합이 일만 팔천 척이라 그날 후로는 그 성읍의 이름을 여호와 삼마라 하리라"라고 결론짓고 있습니다(겔 48:35). 여기 '그날'은 일차적으로 이스라엘이 바벨론에서 해방되어 다시 예루살렘으로 돌아오는 날이지만, 궁극적으로 새 하늘과 새 땅이 이루어지는 날이요, 하나님의 나라가 완성되는 날입니다(사 65:17-25). 그때 그 성읍의 이름을 '여호와 삼마'라고 부르게 될 것입니다.

　'여호와 삼마'(יְהוָה שָׁמָּה, '예호바 샴마')는 '여호와께서 거기 계시다'라는 뜻입니다. 하나님께서는 바벨론에 포로로 끌려와 완전히 절망과 비탄에 빠져 있는 자기 백성 이스라엘에게 찾아오셨습니다. 그리고 주전 586년에 완전히 파괴된 도성 예루살렘, 불타 버린 채 잊혀진 성전, 하나님은 '바로 거기에 지금 계신다'라고 선포하고 계십니다. 이스라엘 백성이 볼 때는 불가능한 상황일지라도, 하나님께서 말씀하셨기 때문에 반드시 그대로 이루어진다는 말씀입니다. 더 나아가 하나님의 나라가 완성되는 날, 하나님께서 영원히 하나님의 백성과 함께하실 것이라는 약속입니다(참고·사 7:14, 8:8, 10, 마 1:23). 요한계시록 21:3에서 "하나님이 저희와 함께 거하시리니 저희는 하나님의 백성이 되고 하나님은 친히 저희와 함께 계셔서"라는 말씀대로 이루어질 것입니다.

하나님께서는 어느 곳을 '여호와 삼마'로 선포하셨습니까? 바로 속된 땅의 중앙에 있는 성읍을 '여호와 삼마'로 선포하셨습니다(겔 48:15, 35).

오늘 하나님의 백성이 사는 세상은 비록 속된 땅이지만, 우리가 영원한 임마누엘로 오신 예수님을 모시고 살기만 하면 바로 그곳이 '여호와 삼마'의 거룩한 땅이 되고, 하나님께서 영원히 함께하시는 복을 받아 누리게 된다는 것입니다.

에스겔 48:18을 볼 때, "성읍에서 역사하는 자"들이 있습니다. 이들은 이스라엘 각 지파들에게 분배된 땅을 떠나 하나님께 가까이 나아와 '여호와께 예물을 삼아 거룩히 구별하여 드리는 땅'(겔 48:20)에 속한 성읍에서 일하는 자들입니다. 19절에서 "이스라엘 모든 지파 중에 그 성읍에서 역사하는 자"라고 말씀하고 있습니다.

오늘날 우리가 "성읍에서 역사하는 자"들이 되어야 합니다. 오직 중심에 영원한 참성전이 되시는 전능하신 하나님과 어린양을 모시고(계 21:22) 그 입에서 나오는 영원한 생명수의 말씀을 양식 삼아 살아가는 그 사람이 바로 '여호와 삼마'의 축복을 누리며 사는 이들이 아니겠습니까?

하나님께서는 영원부터 영원까지 살아 계시고, 그래서 '영원한 오늘'이십니다(시 95:7, 눅 23:43, 히 4:7). 그러므로 '여호와 삼마'의 축복은 모든 믿는 자에게 오늘 선포되는 축복이고, 지금 여기서부터 영원까지 누릴 축복입니다.

이제 전 세계 모든 예수 그리스도의 성도들이 에스겔 성전으로부터 흘러나와서 넘쳐흐르는 거대한 생명수 말씀으로 '여호와 삼마'의 축복을 받아 누리면서 이 귀한 생명수의 말씀을 널리 널리 전파하므로, 만세 전에 영생 얻기로 작정된 수많은 사람들이 만국의 영광과 존귀를 가지고 거룩한 성 새 예루살렘으로 들어오는 그날이 앞당겨지기를 소망합니다(행 13:48, 계 21:26).

참으로 에스겔 선지자가 본 생생한 이상은 오늘날 우리들의 영혼을 울리며, 하나님께서 이루실 장엄한 구속사의 완성을 예고해 주고 있습니다. 그것은 궁극적으로 주님의 재림과 함께 이루어질 새 예루살렘 성의 모습이요, 이제 도래할 하나님 나라의 영광이요, 하나님 백성의 완전한 회복입니다. 우리의 구원이 완성되고 최후의 심판이 종결되며 하나님 나라가 완성되는 그날까지, 여호와 삼마의 대역사를 간절히 소망하시기 바랍니다.

'여호와 삼마!' 지금부터 영원까지 '거기 계시는 하나님 아버지'와 함께하는 자는, 죄와 사망을 능히 이기고(요 16:33, 엡 6:10-11, 계 17:14) 사단 마귀와의 모든 싸움에서 끝까지 승리할 것입니다. 주님 재림하시는 날, 마침내 마지막 나팔에 모두 부활과 변화의 주인공이 되어(고전 15:51-54, 살전 4:16-17) 그 영화로운 하나님의 나라에 최후의 승리자로 우뚝 서기를 예수 그리스도의 이름으로 간절히 축복합니다(계 14:1-5). 할렐루야!

편집자 주(註)

아래 주(註)는 독자들의 편의를 위하여 편집 과정에서 추가한 것입니다.

1) 39권으로 분류하는 기독교의 구약 성경과 달리, 히브리어 성경(תנ״ך, '타나크')은 24권으로 분류하고 있으며 순서에 차이가 있습니다. 율법서(תורה, '토라')는 창세기, 출애굽기, 레위기, 민수기, 신명기의 다섯 권이며, 예언서(נביאים, '네비임')는 전기 예언서로 여호수아, 사사기, 사무엘, 열왕기서로의 네 권과 후기 예언서의 이사야, 예레미야, 에스겔, 소선지서(12권을 한 권으로 분류)의 네 권으로 구분합니다. 성문서(כתובים, '케투빔')는 시편, 잠언, 욥기, 아가, 룻기, 예레미야애가, 전도서, 에스더, 다니엘, 에스라와 느헤미야(한 권으로 분류), 역대기의 11권으로 분류합니다.

2) 박윤식, 「횃불 언약의 성취」(서울: 휘선, 2017), 218.

3) Edwin R. Thiele, *The Mysterious Numbers of the Hebrew Kings* (Grand Rapids: Kregel, 1983), 187.

4) Paul R. House, *Daniel, Tyndale Old Testament Commentaries* (London: InterVarsity Press, 2018), 116.

5) 에스겔 6:14의 '디블라'(רִבְלָה)는 아마도 '리블라'(רִבְלָה)를 필사하는 과정에서 '레쉬'(ר)가 '달렛'(ד)으로 바뀐 것으로 보입니다. 한글 개역성경은 '리블라'를 '립나'로 번역하였습니다(왕하 23:33).

6) John H. Walton·Victor H Matthews·Mark W Chavalas, *The IVP Bible background commentary : Old Testament* (Downer: IVP, 2000); 정옥배 역, 「IVP 성경배경주석」(서울: IVP, 2010), 1007.

7) 박윤식, 「영원한 언약의 약속」(서울: 휘선, 2018), 298-299.

8) 일부 신학자들은 '닫힌 창'을 바깥쪽은 넓고 안쪽은 좁은 마름모형 창문으로 보기도 합니다(공동번역, 현대인의성경). 그러나 '아탐'(אָטַם)이 '닫다, 막다'라는 의미로, 입술을 닫거나(잠 17:28), 귀를 막을 때(시 58:5, 잠 21:13, 사 33:15)에도 사용되는 것을 볼 때, 창문 구멍을 통과하지 못하도록 창살을 댄 형태로 보는 것이 더 자연스럽습니다.

9) Walther Zimmerli, *Hermeneia Ezekiel 2 : A Commentary on the Book of the Prophet Ezekiel, Chapters 25–48* (Philadelphia: Fortress Press, 1983), 341-342.

10) Walton, 「IVP 성경배경주석」, 1052.

11) 에스겔 40:7의 히브리어 원문은 동사가 하나도 없이 모두 명사나 분사를 쓰고 있습니다. 동사가 없이 명사의 나열로 단순하게 문장을 구성하는 히브리어의 독특한 형식을 '명사 문장'이라고 합니다. 명사 문장은 주로 존재나 상황의 묘사 등에 사용되는데, 에스겔 성전과 관련해서는 에스겔이 자리에 멈춰서 성전의 각 부분을 실감나게 묘사하는 데에 사용되었습니다.

12) Moris H. Morgan, Vitruvius, *The Ten Books on Architecture* (Cambridge: Cambridge Univ. Press, 1999); 오덕성 역, 「건축십서」(서울: 기문당, 2011), 108.

13) *Middot* 2.5., Leen Ritmeyer, *The Quest: Revealing the Temple Mount in Jerusalem* (Jerusalem: Carta, 2006), 354.

14) 앗수르의 신들을 숭배하는 산헤립의 바비안 조각상(the Bavian sculpture of Sennacherib)에서 왕은 나뭇가지로 보이는 물체를 손에 들고 코 앞에 두고 미소 짓고 있습니다. 아마도 이 행위는 앗수르의 신을 숭배하는 제의적인 모습일 것입니다. Leslie C. Allen, *Ezekiel 1-19*, WBC (Waco: Word Books, 1994), 정일오 역, 「WBC 성경주석: 에스겔上」(서울: 솔로몬, 2008), 306-307.

15) 가장 오래된 히브리어 원문 사본인 사해 사본은 주전 125년경에 기록되었습니다. 반면에 칠십인경은 대략 주전 3세기경에 번역된 것으로 알려져 있습니다. 칠십인경을 번역하는 데 사용된 히브리어 원문은 오늘날 발견되지는 않았지만, 사해 사본보다 더 오래된 원본을 번역한 것입니다. 따라서 칠십인경이 맛소라 사본보다 더 정확한 히브리어 원문을 반영하는 경우도 있습니다.

16) 임석재, 「계단, 문명을 오르다」(서울: 휴머니스트, 2009), 149.

17) Carl Friedrich Keil and Franz Delitzsch, *Commentary on the Old Testament, Ezekiel, 47:1–12* (Peabody, MA: Hendrickson, 1996).

원어
히브리어·헬라어

ㄱ

가데르 / 192, 388
가바흐 / 355
가브 / 396
가온 / 160
가자르 / 294, 368
갈라 / 119
게데라 / 192
게베 / 417, 443
게불 / 310
고바흐/ 56, 354
기아흐 / 441
기즈라 / 283, 294,
    295, 368, 370

ㄴ

나시 / 216
나아 / 271

나카 / 110, 138
나하르 / 189
나할라 / 205
네게드 / 310, 382,
    386
네타흐 / 148
누아흐 / 140, 256

ㄷ

다락 / 368
다예크 / 89
두아흐 / 340
데겔 / 106
데레크 / 117, 250
데무트 / 59
데아가 / 104, 124
델레트/ 194

ㄹ

라바쉬 / 237
라브 메오드 / 445
라샤크 / 195
라아 / 424
라아쉬 / 124
라카/ 111

라카흐 / 159
라키아 / 59, 110
라타크 / 113
라파 / 444
라호데쉬/ 38
레 / 386
레겔/ 110
레마을라 레마을라 /
    291
레베나 / 88
레헴 / 157
로 / 404
로그자 / 124
로하브 / 307, 319,
    328, 329
루아흐/ 58
룰 / 363
룸 / 209
리쉬코트 샤림 / 197,
    344
리쉬카 / 195, 211,
    339, 383
리츠파 / 269, 270

ㅁ

마라드 / 66
마라르 / 132

마라트 / 136
마르 / 74
마르아 / 18
마사 / 168, 169
마아라브 / 368
마아스 / 137
마알 / 291
마카크 / 104
마하네/ 89
마하바트 바르젤 / 90
마하스 / 137
마할로케트 / 205
마흐마드/ 155, 160
마흐말 / 160
막게파/ 159
맛타트 야도 / 248
말레 / 73, 298
메리 / 66
메리루트 / 132
메유스도트 / 355
메주자트 하샤아르 / 247
메주자트하쇠아르 / 193
모페트 / 168
무나 / 364
무사다 / 355

무사바 / 379
무카님 / 281
미브네 / 190
미브하르 / 148
미쉬메레트 / 226, 309, 346
미쉬파트 / 114, 117, 232
미즈바흐 하테로레트 / 379
미즈베아흐 / 379, 394, 438
미츠네페트/ 145, 238
미치데카 엘치데가 / 100
미크나스 / 238
미크다쉬/ 158
미프탄 / 250, 308
민 / 385

ㅂ

바달 / 265
바하르 / 148
바하키노타 에트 파네카 엘레하 / 91
바헴 / 271

방들의 문들 / 384
베하예타 바마초르 베차레타 / 92
베힌네 / 411, 423, 426
베 / 341
베게드 / 237
베울람 / 341
베힌네 / 304, 320, 326, 423
벤 / 231
벤아담 / 65
벤 하타임 / 315
보 / 289
비쉬나트 아하트 / 96
비차 / 416, 442
빈얀 / 304

ㅅ

사마크 / 146
사바브 / 259, 298
사비브 / 60, 286, 298, 299, 312
사비브 바헴 사비브 / 271
사비브 사비브 / 259,

260, 264, 267,
271, 311
사비브 사비브 리바이
트 사비브 / 288
사퀘 /66
사파 / 396
사파드 / 156
사파크 / 135
사프 / 194, 307
사프 에하드 / 315
사프 하샤아르 / 313,
315
사프 하샤아르 메에첼
울람 하샤아르
메하바이트 / 315
사프 하샤아르 에하드
/ 313
샤라트 / 227
샤림 / 345
샤마 / 64
샤마르 / 226
샤아르 하카딤 / 346,
348
샤멤 / 22, 75, 82
샤미르 / 74
샤아르 / 194
샤파트 / 116

샤하 / 252
샤히프 / 374
샬라흐 / 233
세히프 / 283
셰쿠핌 / 274
셀렘 / 248, 401
솔레라 / 89
솔레트 / 249, 238
쇼메레 / 346
쇼메레 미쉬메레트 /
226, 346
쉐말리 / 93
쉐타임 / 345
쉬네르게오 / 51
쉬브론/ 133
쉼마몬 / 104, 125
쉬브아 바호데쉬 /
244
쉿심 암마 / 268, 273,
316, 319
슐한 / 379, 430

ㅇ

아나흐 / 132, 133
아리엘 / 398
아브 / 380

아인 / 121
아일 / 192, 268, 315,
316, 319, 353
아자라 / 398
아칼/ 73
아타라 / 145
아탐 / 274
아하딤 / 167
아훗자 / 212
알-페네 / 386
알라 / 237
알티라/ 68
암마 / 199, 391
앗투크 / 371
야다 / 171, 231
야드/ 19, 287
야라 / 231
야라드 / 411
야레/ 59
야레크 / 135
야사드 / 355
야삼/ 125
야샤르 / 51
야차 / 411
얄랄 / 135
에벤사피르 / 61
에츠 / 283

에하드 / 167, 313
엘 / 16
엘라모트 / 73, 312,
     326, 328, 329
엘람 / 272, 273, 312,
     326
엘람밈/ 326
엘림 /194, 340
여호와 삼마 / 188,
     220
예마니 / 413
예헤즈켈/ 16
예호바 샴마/ 31, 447
오레크 / 308, 319,
     326, 328, 329, 382
오즈 / 160
오트 / 92
올라 타미드 / 246
울람 / 194, 326
울람 하샤아르 /313,
     315
울람 하샤아르 메하바
     이트 / 313, 315
유스케모노스 / 233
이르아 / 56
이쉬 케아히브 / 205
임마누엘 / 220

ㅈ
자아크 / 135
자하르 / 75
제바흐 / 410
짐마 / 151

ㅊ
차도크 / 242
차파 / 75
찰라 / 196
체데크 / 215, 238
체히아흐 / 150
첼라 / 195, 288, 360
치데카 하쉐말리 / 93
초르 / 74

ㅋ
카네 / 191, 200, 265,
     391
카데쉬 하코다쉼 /
     389
카라브 / 167, 227
카르 / 89
카타르 / 409
카타브 / 146

카팔 / 139
카프 / 110
카프 엘카프 / 138
칼라모스 / 191
칼릴 / 228
케토네트 / 237, 238
케토레트 / 379
케투로트 / 409
켈리 골라 / 121
코데쉬 / 389
코데쉬 카다쉼 / 264
코데쉬 하코다쉼 /
     353, 389
콜 에츠 / 441
쿤 / 91, 281
클라이오 / 134
키나 / 69
키르 / 122, 192
키르 바르젤 / 90

ㅌ
타 / 195, 315
타마르 / 317
타메이온 / 288
타르쉬쉬 / 54
타베크 / 218, 219

타부르 / 6
타아 / 195
타하트 / 383
타헤르 / 151
테루마 / 209
토라 / 232
토에바 / 335
토에보트 게돌로트 /
    336, 337
토에보트 게돌로트
    메엘레 / 338
토크니트 / 191
투르 / 410
툽아 / 150

ㅍ
파아레이 피쉬팀 /
    238
파아르 / 238
파차 / 71
파카 / 439
파크 / 439
파타흐 / 307, 405
페에르 / 157, 238
페타흐 /194, 250, 383
페타흐 하샤아르 / 307

푸쉬 / 441
피쉬테 / 237
피트헤헴 / 384

ㅎ
하나 / 299
하마드 / 160
하마스 / 115, 126
하미즈베아흐 에츠 /
    378
하바르 / 51
하사프 / 99
하쉬말 / 63
하야 / 136
하요하야 / 19
하옴하제 / 186
하자크 / 16, 67
하체르 / 270, 283,
    294, 366
하체르 하페니미 /
    294
하코헨 / 16
하타르 / 120
할라크 / 190, 415
할랄 / 161, 312
할로네 셰쿠핌 아투밈

/ 274
할로노트 아투모트 /
    274
할론 / 274, 312
헤게/ 70
헤데크 / 441
헤마 / 74
헤크 / 396
헬아 / 150
호마 / 192, 304
홀 / 217
히 / 70
힌네 / 423

숫자
24보좌 / 435
25인 / 399
390일 / 93, 94, 173
40일 / 97, 98, 174
60척 / 268, 316
7년 6개월 / 82, 83, 173

주요 단어

ㄱ

가증한 / 27, 28, 109,
 115, 128, 133,
 170, 181, 240,
 274, 309, 335,
 336, 337, 338
갈고리 / 191, 200,
 433, 443
갈대 / 191, 200, 433,
 443
갈빗대 / 360
감사제 / 248, 250, 252,
 253, 308, 401
강팍 / 66
강포 / 113, 114, 115,
 125, 126, 175,
 215, 279
개펄 / 416, 442, 443,
 444
거룩한 것과 속된 것 /
 190, 230, 231, 261,
 265, 305, 392
거룩한 방 / 194, 198,
 381, 382, 383, 384,
 386, 389
거룩한 성읍 / 211, 212
거룩한 옷 / 237
건축십서 / 327
고레스 / 94, 96, 98,
 173
골방 / 194, 196, 198,
 263, 282, 286, 289,
 291, 293, 294, 296,
 311, 317, 350, 354,
 358, 359, 360, 363,
 364, 370, 434
골방 삼면의 구역 /
 364
공동 소유지 / 212
공성퇴 / 89, 173
교만 / 29
구별 / 91, 192, 194,
 203, 204, 209, 211,
 212, 214, 215, 216,
 218, 219
궁창 형상의 환상 / 58
권능의 손 / 20
규례와 법도 / 127, 128
그룹 / 45, 46, 48,
 50, 52, 53, 54,
 56, 61, 62
그룹과 종려나무가
 새겨진 성전 내부 / 373
그발강 / 16, 18, 21, 22,
 41, 45, 82,
 425
극히 높은 산 / 22, 188,
 190
기초석 / 355
끓는 가마 / 147

ㄴ

나무 널판 / 373
나무 디딤판 / 317, 374,
 378, 380
나무 제단 / 374, 378,
 430
나사 모양의 사닥다리
 / 363
날개 / 45, 50, 51, 52
남보석 / 61
낭실 / 272, 326
내장과 정강이 / 343
널판 / 262, 283, 284,
 317, 360, 373,
 375, 376
넓은 벽면 / 192

넓적다리 / 135, 147, 148, 176

네 가지 얼굴 / 42

네 가지 환상 / 42

네게드 / 388

네 바퀴 / 53

네 생물 / 46, 50, 52, 56

노래하는 자 / 197, 344

녹슨 가마 / 147, 149, 177

니산 기준 방식 / 30, 33, 34, 35, 36, 37, 87

도단 성 / 298

독수리 / 45

돌층계 / 380

동방 / 208, 338, 439

동방 태양 / 338, 399

동행 / 171, 229, 345

동향한 문 / 393

두꺼운 담 / 192, 304

두 돌판 / 431

두루마리 책 / 65, 68, 69, 70, 71

둘린 턱 / 396, 397

뒤편의 뜰 / 368

땅의 분배 / 203, 407

ㄷ

다듬은 돌 / 342, 374

다락 / 262, 283, 284, 289, 368, 370, 373, 445

단쇠 / 62, 63

닫힌 창 / 376

담무스 우상 / 337

대제사장 / 54, 61, 145, 235, 238, 241, 338, 406

ㄹ

레위인 / 227, 241, 255, 406, 407, 410, 434

리블라 / 143, 144

ㅁ

마른 뼈 / 30, 162

막대기 / 162, 163, 164, 165, 166, 170, 178

맞은편 386

면류관 / 145, 435

멸망 / 27

무지개 / 63

문벽 / 192, 193, 197, 247, 248, 250, 252, 274, 279, 280, 308, 317, 324, 333, 334, 340, 349, 350, 352, 353, 363, 371

문지기방 / 193, 194, 195, 196, 274, 277, 278, 279, 308, 309, 310, 311, 313, 314, 316

문지방 / 183, 194, 250, 307, 308, 380, 411, 415, 424, 426, 436, 437, 438, 439, 446

문통 / 193, 194, 247, 250, 252, 269,

283, 284, 307,
308, 311, 313,
314, 316
민답 / 22, 75
밑받침 / 390

ㅂ
바깥뜰 동향한 문간 /
393
바깥뜰로 향한 방 /
386
바퀴 / 55
바퀴 안에 바퀴 / 54
박석 / 88, 173
박석 깔린 땅 / 196,
261, 269, 270, 273,
320
발원 / 413, 438, 440,
441
번제 / 215, 228, 245,
246, 248, 249,
250, 252, 253,
254
번제단 / 393, 394, 395,
396, 397, 398,

399, 400, 401,
434
번제물을 씻는 방 /
338, 340
벙어리 / 77, 82, 83,
84, 85, 86
벽기둥 / 192, 193, 195,
311, 312, 316
보좌 / 41, 42, 46, 49,
58, 59, 60, 61,
63, 69, 184,
280, 318, 394,
414, 425, 433,
435, 437, 442
분깃 / 203, 204, 205,
206, 208, 209,
210, 217, 218
분향단 / 379, 430
불성곽 / 392
빈 터 / 263, 362, 364,
372
뺨 / 201, 297, 298
뿔 / 398, 400

ㅅ
사독 / 228, 241, 242,
347, 406
사람의 손 / 50
사람의 얼굴 / 42, 43,
45, 263, 286, 375
사면 외곽의 담 / 392
사명 / 16, 41, 43, 45,
46, 52, 54, 68, 75,
77, 83, 100, 195, 225,
230, 239, 330, 345,
432
사명자 / 49, 53, 55,
58, 60, 64,
239, 330
사복음서 / 48
사비브 사비브 / 259,
260, 264, 265, 267,
269, 271, 272, 274,
276, 277, 278, 279,
280, 282, 283, 284,
286, 289, 291, 293,
294, 296, 298, 311,
321, 359,
상번제 / 246, 249, 254
새 예루살렘 성 / 31,

59, 61, 183, 184, 203,
219, 225, 245, 392,
428, 434, 445, 442,
449
생명수 / 411, 417, 436,
437, 438, 440,
441, 442, 443,
444, 445, 446,
448
생명수의 강 / 52, 184,
412, 437, 439, 442
서편 뜰(서쪽 구역) /
366
성읍의 기지 / 204,
209, 211, 212, 214,
216, 217, 218, 407,
434
성전 앞을 향한 방 /
386
성전을 수직 / 197, 226,
345, 346, 347, 406
세상 중앙 / 187, 219,
셀리눈테 / 364
소명 / 16, 23, 41, 42,
65
소제 / 215, 245, 246,
248, 249, 253, 255

속건제 / 255, 341, 389,
408
속된 땅 / 216, 217, 448
속죄제 / 215, 235, 236,
244, 245, 246,
249, 255, 389,
400, 401,
408
시드기야 / 21, 27, 114,
122, 137, 139, 143,
144
시온산 / 187
신년절 / 243, 244
십자가 대속 / 242,
245, 374, 438

ㅇ

아도니야 / 241, 406
아비아달 / 241, 406
안뜰 / 233, 236, 237,
247, 294, 296,
393
안식일 / 127, 206, 232,
243, 253, 334,
436
안식일과 월삭 / 247,

248, 250, 253, 405
암마 / 199, 200, 268,
316, 391
애가와 애곡 / 69
야긴과 보아스 / 350
언약궤 / 428, 431
엘르아살 / 241, 406
여덟 개의 상 / 341
여호와께서 거기
계신다 / 447
여호와 삼마 / 26, 31,
188, 220, 446, 447,
448
여호와 앞의 상 / 374,
430
여호와인 줄 알리라 /
24, 25, 26, 27, 30,
66, 87, 109, 111, 116,
117, 125, 168, 169,
170, 171
영광 / 26, 52, 61, 63,
64, 116, 160,
181, 270, 394,
404, 426, 427,
449
영원한 대제사장 / 145,
284

영원한 안식 / 141

영원한 언약 / 26, 32, 63, 221

영원한 제사장 / 241, 242

예루살렘 성전 / 158, 160, 161, 178, 182, 338, 394, 395, 426

오예물 / 28

온전한 번제 / 228

올라갈수록 좁아지는 삼 층 구조 / 384

왕실 규빗 / 200

외곽 사면 담 / 391

우상숭배 / 28, 151, 181, 335, 337, 338, 426

운제 / 89, 173

원형계단 / 363

유브라데 / 22, 441

유월절 / 33, 185, 243, 244, 245, 246,

음행 / 28, 29

이다말 계열 / 241, 406

이상 / 18, 20

인분 / 101, 102, 103, 174

인자 / 48, 65

일천 척 / 414, 439

임재 / 26, 32, 184, 187, 189, 219, 221, 233, 296, 297, 338, 350, 376, 389, 395, 436, 447

ㅈ

작은 책 / 69, 71, 440, 446

장대 / 200, 201, 305

장막절 / 243, 245

재앙 / 69, 70

전철 / 90, 173, 214

정방형 / 305, 353, 364 372, 392, 395, 399, 432

정중앙 / 395

제사장들의 거룩한 방 / 198, 381, 387, 389

제사장의 분깃 / 209, 217

제사장의 사명 / 230

종려나무 / 261, 262, 274, 279, 280, 284, 286, 374

종용히 탄식 / 154, 157

주님의 재림 / 159, 284, 286, 449

주랑현관 / 272, 325, 326, 327, 328

주전 959년 / 363

지극히 거룩한 땅 / 210, 217

직무 / 226, 228, 229, 240

진설병 상 / 379, 430

진펄 / 416, 442, 444

징조 / 92, 168

ㅊ

창살 / 274, 311, 376

척 / 199, 201

척량 도구 / 202

초막절 / 318

출애굽 / 33, 185, 219

출입구 / 268, 307, 340, 362, 364

ㅌ

터진 웅덩이 / 417, 443
토둔 / 89, 173
통행구 / 194, 382, 383, 384
툇마루 / 198, 368, 385, 386, 388
투기의 우상 / 29, 335, 336
트라얀 승전탑 / 364
티쉬리 기준 방식 / 20, 30, 33, 34, 35, 36, 37

ㅍ

파수꾼 / 41, 75, 76, 77
패역 / 66
포로 귀환 / 94
표징 / 86, 127, 159, 168, 170
피를 뿌리는 규례 / 399

ㅎ

하나님의 나라 / 432

하나님의 보좌 / 59, 61, 62, 412, 429, 435
하나님의 손 / 19, 112
하나님의 위엄 / 160, 161
하나님의 인치심 / 134
하나님의 주권 / 144, 171, 177, 273
한 손바닥 / 199, 200
함락 / 34, 35, 36, 181, 185
행동 예언 / 81
허리띠 / 238
화목제 / 248, 401
화평의 언약 / 26, 32, 221
환상 / 18, 31, 42, 53, 58, 60, 64
황옥 / 54
회랑 / 326
휘장 / 429
희년 / 215, 435
희생 / 48, 143, 436, 438
희생 제물 / 248, 281, 321, 340, 341

하나님의 구속사적 경륜으로 본

여호와 삼마 에스겔 성전

초판 1쇄 2019년 12월 17일
3쇄 2020년 1월 15일

저 자 박윤식
발행인 이승현

펴낸곳 도서출판 휘선
주 소 08345 서울시 구로구 오류로 8라길 50
전 화 02-2684-6082
팩 스 02-2614-6082
이메일 Huisun@pyungkang.com

ⓒ 저자와의 협약 아래 인지는 생략되었습니다.
이 책은 저작권법에 의해 보호를 받는 저작물이므로 저작권자의 허락 없이
이 책의 일부 또는 전체를 무단 복제, 전재, 발췌하면 저작권법에 의해 처벌을 받습니다.

저작권 등록번호: 제 C-2017-031157호

등 록 제 25100-2007-000041호
책 값 20,000원

Printed in Korea
ISBN 979-11-89611-17-0 04230
ISBN 979-11-964006-3-7 (세트) 04230

도서출판 **휘선**

휘선(暉宣)은 예수 그리스도의 복음의 참빛이 전 세계 속에 흩어져 있는 수많은 영혼들에게 널리 알려지고 전파되기를 소원하는 이름입니다.